魁阁学术文库
Kui Ge Academic Library

本书受教育部人文社会科学重点研究基地
云南大学西南边疆少数民族研究中心资助

———————————————

本书为国家社科基金项目
"'魁阁'时期云南九村镇再研究"（16BSH003）
最终研究成果之一

———————————————

本书为云南大学"双一流"建设
民族学一流学科建设项目成果

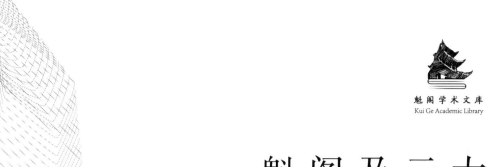

魁阁学术文库
Kui Ge Academic Library

魁阁及云大
社会学系档案
1938—1954

ARCHIVES OF KUI GE AND
THE DEPARTMENT OF SOCIOLOGY,
YUNNAN UNIVERSITY
(1938-1954)

马雪峰 丁靖 编

社会科学文献出版社
SOCIAL SCIENCES ACADEMIC PRESS (CHINA)

"魁阁学术文库"编委会

"魁阁学术文库"总序

1939年7月，在熊庆来、吴文藻、顾毓琇等诸位先生的努力下，云南大学正式设立社会学系。在这之前的1938年8月到9月间，吴文藻已携家人及学生李有义、郑安仑、薛观涛辗转经越南从河口入境云南，差不多两个月后，其学生费孝通亦从英国学成后经越南到昆，主持云南大学社会学系附设的燕京大学－云南大学实地研究工作站（亦称社会学研究室）。1940年代初，社会学研究室因日军飞机轰炸昆明而搬迁至昆明市郊的呈贡县魁星阁，"魁阁"之名因此而得。此后差不多6年的时间里，在费孝通的带领下，"魁阁"会集了一批当时中国杰出的社会学家和人类学家，如许烺光、张之毅、田汝康、史国衡、谷苞、胡庆钧、李有义等，进行了大量的田野调查，出版了一系列今日依然熠熠生辉的学术精品。由于吴文藻、费孝通、杨堃等诸位先生在1940年代的努力，云南大学社会学系及其社会学研究室（"魁阁"）成为当时全球最重要的社会学学术机构之一，其中涌现了一大批20世纪中国最重要的社会学家、人类学家。"魁阁"因其非凡的成就，成为中国现代学术史上的一个里程碑。

"魁阁"的传统是多面相的，其主要者，吴文藻先生将之概括为"社会学中国化"，其含义我们可简单概括为：引进西方现代社会科学的理论与方法，以之为工具在中国开展实地研究，理解与认知中国社会，生产符合国情的社会科学知识，以满足建设现代中国之需要。

为实现其"社会学中国化"的学术理想，1940年代，吴文藻先生在商务印书馆主持出版大型丛书"社会学丛刊"，在为"社会学丛刊"写的总序中，吴先生开篇即指出，"本丛刊之发行，起于两种信念及要求：一为促使社会学之中国化，以发挥中国社会学之特长；一为供给社会学上的基本参考书，以辅助大学教本之不足"。丛刊之主旨乃是"要在中国建立起比较社会学的基础"。"魁阁"的实地研究报告，如费孝通的《禄村农田》、张之毅的《易村手工业》、史国衡的《昆厂劳工》、田汝康的《芒市边民的摆》等多是在"社会学丛刊"乙集中出版的。

80 多年前，社会学的前辈先贤正是以这样的方式奠定了中国社会学的基础。为发扬"魁阁"精神，承继"魁阁"传统，在谢寿光教授的主持下，云南大学民族学与社会学学院和社会科学文献出版社共同出版"魁阁学术文库"，以期延续"魁阁"先辈"社会学中国化"的理论关怀，在新的时代背景下，倡导有理论关怀的实地研究，以"魁阁学术文库"为平台，整合社会学、人类学、社会工作、民族学、民俗学、人口学等学科，推进有关当代中国社会的社会科学研究。受"社会学丛刊"的启发，"魁阁学术文库"将包含甲乙丙三"集"，分别收入上述学科综合性的论著、优秀的实地研究报告，以及国外优秀著作的译本，文库征稿的范围包括学者们完成的国家各类课题的优秀成果、新毕业博士的博士学位论文、博士后出站报告、已退休的知名学者的文集、国外优秀著作的译本等。我们将聘请国内外知名的学者作为遴选委员会的成员，以期选出优秀的作品，贡献世界。

是为序。

第十三届全国人大常委会委员、社会建设委员会副主任委员
中国社会科学院学部委员、社会政法学部主任

云南大学党委书记

前　言

马雪峰

21 世纪初，我在北京大学社会学系及社会学人类学研究所渡过了愉快的六年研究生生活。在六年的研究生学习生涯中，"魁阁""费先生"是我的老师们经常提及的名字，"魁阁"及其精神是引导我们进行学术研究的重要力量。2007 年，抱着对"魁阁"的向往，我到云南大学社会学系工作。2012 年我们全家搬到了"魁阁"所在的呈贡居住。大概也是从这一年开始，我和我的同事开始筹划有关"魁阁"的研究。我们模仿"魁阁"，尝试建构一种平等的师生关系，带着学生边读书、边调查，边讨论，一起做研究。以这样的方式，我们陆续完成了对"魁阁"十多个田野点的再研究，部分成果见《魁阁时期村庄再研究》（全 4 卷）。在进行"再研究"的过程中，作为对今天田野调查的一个历史关照，我们对"魁阁"时期的一些零散文献以及云大社会学系的各类史料、档案进行了较系统的整理，前一部分材料于 2019 年在社会科学文献出版社出版——《魁阁文献》（全 4 卷），摆在读者面前的这个本子是我们对"魁阁"及云大社会学系这一时期各类档案的整理。了解 1930 年代末至 1950 年代初的"魁阁"及云大社会学系，对于我们理解中国社会学史、20 世纪上半叶中国社会的知识生产转型、中国知识精英有关建设现代中国的思考及其学术实践等议题有极其重要的意义。以往有关"魁阁"的研究多注重"魁阁"学术共同体的学术作品与学术实践，对于学术作品、学术实践背后的思考与规划，以及与之相关的教学实践（学生培养、课程设置、论文指导等）、社会服务、系科建设等议题鲜有关注。本书尽力搜集了自吴文藻先生 1938 年夏秋之际入昆开始筹建"魁阁"及云大社会学系至 1954 年云大社会学系及社会学专业被取消十多年间的档案资料，对于上述诸议题的探讨，以及这一时期曾供职、就读于"魁阁"与云大社会学系的诸位先生的研究，本书所提供的资料当会有所助益。希望这个集子的出版能方便学术同仁。

档案整理的基础性工作主要是由丁靖完成的，她花了许多功夫，而后利用这些档案材料，完成了硕士论文《社会学本土化的实践——云南大学社会学系（1938—1954）》，该论文曾获云南大学优秀硕士论文称号。我们将按照社会学系的成立、教职员情况、招生与毕业、教学安排、学术研究、调查实习、院系调整后情况等几个方面来呈现云南大学社会学系 1938～1954 年系史档案的基本情况。有关文本编辑方面，有如下几点说明。

　　1. 档案材料以档案类别归类、大致按时间先后顺序排列；

　　2. 我们根据档案事由为档案拟了标题，以对档案内容进行必要的概括，方便读者；

　　3. 对于档案中可以辨别的文字尽可能采用通用规范简体字表达，年月日等忠实于原档案书写方式；对于多数未断句档案，编者进行了断句处理；对于字迹不清、无法辨别的字，编者用□表示；

　　4. 对于档案时间的界定，原档案有时间的，按照原档案表示；若原档案有多个时间，则按照信函发出时间或者最早时间表示；若原档案没有明确的时间，则按照档案目录时间表示；若档案原文标注时间与档案标注时间不一致的，是因该档案中包含多份档案，如信函来往等，书中尽量选择一份内容较详尽的档案，因此会出现与档案时间不一致的情况。

　　5. 虽然在教育部的函件中"社会学系"为正式名称，但在许多档案材料中，"社会学系"与"社会系"混用，我们在整理档案时，尽量忠实于原档案内容，不做修改。

　　档案材料芜杂，多数档案为手写材料，许多材料字迹不清，难以辨认，我们非档案、历史或相关专业出身，未受过适当的训练，尽管在档案整理过程中我们已尽力而为，然而我们深知自身能力有限，这个本子一定仍然存在不少错漏之处；当然，我们亦相信，学术乃公共的志业，需要学术社群中不同学者共同的努力。读者在阅读过程中，若发现错误之处，烦请致信告知，以便将来再版时修正。

　　在整理档案材料的过程中，我们得到了许多人的帮助，没有他们的帮助，这项工作难以完成，他们是：原云南大学校史办刘兴育老师，原云南大学档案馆胡兴仕馆长，云南大学民社院苏敏老师，云南大学政治系段鑫老师，云南大学档案馆刘大巧老师、李国红老师、王小慧老师，以及余华、李雄、刘兴旺、袁婷婷、谢雯雯、李成乾、吴金燕、李欢、蒋晴尔、李佳、侯太军、丁宇、李舟等同学。同时，还要感谢社会科学文献出版社童根兴副总编辑、群学出版分社谢蕊芬社长的帮助，以及孙海龙、胡庆英老师的编辑工作，没有他们的帮助，这本书不会呈现今天这个样子。

通信邮箱：xuefengma@ outlook. com。

第一部分 社会学系的成立与发展

第二部分　教职员情况

目录

第三部分　学生课程与调查实习

目录

第四部分　院系调整后的社会学系情况

第 一 部 分

社会学系的成立与发展

社会学系的成立得益于当时云南大学校长熊庆来为建设、发展边疆培养人才的理念，对于云南大学所处西南边陲的地理位置、产生之社会问题以及培养在滇治滇人才的敏锐知觉与迫切渴望，他对于吴文藻来校建系抱持完全支持态度，社会学系也在各方努力下得以成立。

　　此部分主要集结了云南大学社会学系的建立与发展、社会学系的发展概况、西南边疆研究室等档案。

一　社会学系的成立

教育部长令国立云南大学就环境需要酌量增设建设边疆之科系[①]

教育部训令　第 2081 号

令国立云南大学

　　查第三次全国教育会议通过之边疆教育改进案第四类推进边疆学校教育第八项关于大学增设有关建设边疆之科系，经议决："教育部指定各大学酌量增设有关建设边疆之科系或补助已立案之私立专科以上各校设立之。"该项有关建设边疆之科系应由各大学各就环境需要酌量增设，并先拟具计划呈核。除分令外，合行令仰该校遵照。此令。

部长　陈立夫

中华民国二十八年六月五日

[《熊庆来呈请教育部准予成立社会系》（1939 年 6 月 19 日），云南省档案馆藏，云南大学全宗，档案号：1016 – 001 – 00004 – 043]

函谢教育部次长吴文藻添设社会学系之呈文请代转呈由[②]

　　一樵次长吾兄勋鉴：教部敦惠本校添设社会学系，请我兄呈以部长兄予拟任诸蒙鼎力，呈文已遵嘱备具随函由陈勋即代为转呈。本月部令吕开文理法三院课程讨论会已请吴文藻兄出席，届时为如期到会，所有意见由吴文藻兄代为说明表示，后述汪系派人在各校运动，命来严密注意□□。

　　关系校职前途，来自省事令训导所属切实注意、严密防范，□不能容其活动，请□□念可也。专此，函复。敬请勋祺，谢忱。

弟熊庆来　谨肃

---

　　①②　原文无标点，标点断句为编者所加。

廿八年六月

计呈呈文一件

为呈请核示奉案　奉钧部廿八年五月廿二日△△字△△号①指令，据本校呈请添设社会人类学系一节，碍难照准等因，奉此查职校前请设立社会人类学系，原以促进实地社会研究与训练社会服务人材，照录原文。

谨呈

教育部部长　陈立夫

中华民国廿八年六月十七日

[《熊庆来呈请教育部准予成立社会系》（1939 年 6 月 19 日），云南省档案馆藏，云南大学全宗，档案号：1016 – 001 – 00004 – 043]

1939 年熊庆来呈请教育部准予成立社会学系

呈为呈请改设社会学系并报告筹备经过事：案查本校于五月八日呈请部准予于廿八年八月起设立"社会人类学系"。后奉钧部五月廿六日［字01174 号］复令，批示"……"等因，奉此。查本校前请设立"社会人类学系"，原以促进实地社会研究与训练社会服务人材，以应地方需要为目的，未蒙俯允，惶悚奚似。兹经详加考虑，以为该系名称应改为"社会学系"，该系方针应完全遵照部颁社会学系科目推进。谨以筹备经过呈报，幸钧部垂察，准予成立备案为祷。云南地处边陲，人文制度与他省异，风俗习尚亦较不同，社会问题既多，研究资料亦富，自调查研究立场言，本省为治社会学优美环境；自实地需要立场言，本省为社会服务人员理想工作地，其应有一研究社会问题与训练社会服务人才之学术机构者久矣。惟以省瘠民穷，教育落后，财力、人力双感缺乏，是以早应着手之工作，迁延未举，久感缺乏之人才，仍未养成，而云大虽已成立多年，至今仍无社会学系以应环境之需要也。迩者抗战爆发，全国震动，后方建设，急不容缓，开发边疆顿成重要。值此之时，滇省问题之研究、人才之养成尤有迫不及待之势。本校为云南唯一之大学、于本省各项人才之培植负有不可避免之责任；因鉴及此种迫切需要，故去岁即有筹设社会学系之计划。"当

① 原档案如此。

筹改国立时，曾于呈报钧部发展本校计划书中，列有日后添设社会学系一节。而今春庆来在渝时，亦曾以是计划向钧部作口头之报告。惟以预算上困难，无法解决，故未早日呈请设立该系。近经与各方接洽及重核预算之结果，经费困难暂可解决，故呈请自廿八年八月起成立该系：缘中英庚款管理委员会本学年即津贴社会学教授一人、研究员一人、研究生三人来校授课及研究，近与该会接洽，请其下学年继续津贴该人员等留校工作，据该会负责人口头答复，似可同意。北平燕京大学近谋与本校合作，在本校继续训练其社会学系之学，以二校名义向美国罗氏基金会请求协助，若本校之社会学系成立，可年得国币万余元之津贴，以作维持燕京来校人员及实地调查之用。又中国农民银行最近自动建议本校，年以国币一万元，请为作云南农村之社会经济调查。若本校之社会学系成立，该经费之一部分，自可供该系调查研究之用。上述三者，皆可校外之协助，经本校接洽，已有成议者也。此外，则本校拟于常年经费内，年拨国币一万元充社会学系常年经费，专作聘请基本教员与购置图书之用，以完成该系之需要。此本校等备'社会学系'经过之详情也。因有此经过，本校现实有不能不设立该系之困难，用敢不避咎戾，重自申请。伏乞钧部垂察云南环境之需要，与本校筹备经过之情形，准予自廿八年八月起成立社会学系，不胜屏营待命之至。"

　　此呈

教育部

校长　熊庆来

中华民国廿八年六月十九日

第 2194 号　事：据请设立社会学系应予照准。

教育部指令

　　令国立云南大学二十八年六月十九日呈一件——呈请设立社会学系。呈悉。所请设立社会学系一节，既经该校陈述筹备经过，应予照准。该系课程应遵照部令方针，拟订呈核。该系设立后，并应注重社会实际问题之调查研究，以训练社会服务之人才。除部颁社会学系课程纲要，另候本部课程讨论会结束后，令知饬遵外，仰即知照。

　　此令。

部长　陈立夫

民国二十八年七月一日

［《熊庆来呈请教育部准予成立社会系》（1939 年 6 月 19 日），云南省档案馆藏，云南大学全宗，档案号：1016 - 001 - 00004 - 043］

二　社会学系与社会学研究室的发展

云南全省经济委员会、国立云南大学合组社会学研究室办法①

一、为训练高级社会学研究工作人才及进行研究云南省社会情形起见，国立云南大学（后简称"校方"）及云南省经济委员会（后简称"会方"）同意合组社会学研究室，英文名：Yunnan Station of Sociological Reseach。

二、该研究室定名为云南全省经济委员会、国立云南大学合组社会学研究室。

三、该研究室设主任一人，由校方提出，经会方同意，共同聘任之。另设研究员五人至十人。助理研究员五人至十人，书记一人至二人，由主任推荐，双方共同聘派之。

四、该研究室经费自民国三十二年起，由会方每年担负国币十万元，其余所需经费概由校方担负。该十万元经费之支配由该研究室主任编定预算，经双方同意后，于每年年初一次拨给，年终将该室经费决算情形报告双方备案。

五、该研究室之工作由该室主任拟订计划，由双方批准后实行之，如有特别需要或扩充组织，得由双方筹划之。

六、本合作计划实施期间，所进行之研究工作所得结果，出版时概以本室名义发行，出版费用双方共同筹拨。如研究工作同时曾受他方资助时出版时得加以声明。

七、该研究室将设法充实现有图书、设备，经费由双方共同筹划之。

八、本办法自签订日起实行有效。

云南全省经济委员会代表人②

国立云南大学代表人

---

① 原文无标点，标点断句为编者所加。

② 从原校史办刘兴育老师处得知，该合同未签。

五月廿九日①

附：社会学研究室人员

计开社会学研究室人员

费孝通先生　　　　　主任
许烺光先生　　　　　研究员兼代主任
瞿同祖先生　　　　　副研究员
李有义先生　　　　　副研究员
张之毅先生　　　　　助理研究员
史国衡先生　　　　　助理研究员
田汝康先生　　　　　助理研究员
谷　苞先生　　　　　助理研究员
游凌霄女士　　　　　试用助理研究员
董一男女士　　　　　图书管理员

[《合组社会学研究室办法》（1943 年 5 月 29 日），云南省档案馆藏，云南大学全宗，档案号：1016 - 001 - 00098 - 025]

社会学系函请熊庆来开具公函以便向民政厅接洽

谨呈者。顷接民政厅来函称"该厅所存边疆文物多件可全部借与本系陈列研究，并希派员持据前往提取"等由②，兹经本系派定江应樑教授随同助教陈年榜、刘尧汉等三员前往提取该项边疆文物。盼即由文书组具函民政厅，以便该员等持函前往洽商接交事宜为荷。

此致
校长　熊

社会学系
四月五日

[《为所存边疆文物多件可全部借供本校社会系陈列研究致函云南民政厅》（1949），云南省档案馆藏，云南大学全宗，档案号：1016 - 001 - 00132 -

---

① 1943 年，据档案目录得。
② 原文无标点，标点断句为编者所加。

019〕

熊庆来致函云南省民政厅①

文别：公函

送达机关：民政厅

国立云南大学公函　〔（卅八）国字第二六六号〕

径复者：

　　顷准贵厅大函，以所存边疆文物多件可全部借供本校社会系陈列研究，嘱派员持据前来洽办等由，准此。兹由敝校社会系教授江应樑先生随同助教陈年榜、刘尧汉持函前来洽取。即希查照，惠予办理为荷。

　　此致

云南省民政厅

校长　熊庆来

三十八年四月五日

〔《为所存边疆文物多件可全部借供本校社会系陈列研究致函云南民政厅》（1949 年），云南省档案馆藏，云南大学全宗，档案号：1016 - 001 - 00132 - 019〕

为本校在昆明市近郊成立工作站函昆明县政府

文别：公函

送达机关：昆明县政府

学字第 4658 号

迳启者：

　　查本校社会系师生为从事实地研究工作起见，拟于本市近郊成立一工作站，经选定贵县属之（一）玉案乡、大墨雨村、小墨雨村、茨沟、龙潭等村，（二）北新乡清水沟等村，（三）西碧镇赤甲壁等村，（四）义合乡大麻苴等村，（五）灵源乡大小昭宗等村为初步调查地点，拟请贵县惠赠昆明西郊详图一份，并通饬该村，各乡镇公所及保甲人员予以调查之便

利，相应函达，至希查照办理，见复为荷。

　　此致

昆明县政府

校长熊庆来公函

中华民国卅七年十月十五日

敬启者：

　　查本系研究室于昆明县属玉案乡大墨雨村所设之"国立云南大学社会学研究室工作站"，业经筹备完峻。即日起，开始工作，站址即设于该乡大墨雨村保国民小学校内，请以本校名义致函昆明县府，备上该乡乡长转铭所属，对今后本站所有工作人员，加意保护并尽量给予工作上各种方便及合作，为荷。

　　此致

文书组

社会学研究室启

十一月八日

[《为本校在该县市成立工作站函昆明县政府》(1948 年)，云南省档案馆藏，云南大学全宗，档案号：1016 - 001 - 00132 - 016]

文别：公函

送达机关：昆明县政府

事由：为本校社会系研究室于大墨雨村设立工作站函请查照饬属保护并予以工作上之便利由

学字第 4785 号

迳启者：

　　查本校社会系师生为推行实地研究工作拟于贵县属之附城乡镇设立云南大学社会学研究室工作站，曾于十月十五日以学字第四六五八号函达。查照在□现已筹备就绪，选定大墨雨村保国民学校为工作站站址即日开始工作。相应函请贵府查照转饬所属乡镇对工作人员加意保护，并给予工作之上便利，是为至荷。

　　此致

昆明县政府

校长　熊庆来

中华民国卅七年十一月十日

［《为本校在该县市成立工作站函昆明县政府》，1948，云南省档案馆藏，云南大学全宗，档案号：1016 – 001 – 00132 – 016］

1942 年社会学系设置边疆建设科目及讲座概况

奉令呈拟具本校社会学系设置边疆建设科目及讲座概况请教育部核示

　　教育部训令　蒙字第 44515 号　中华民国三十一年十月

令国立云南大学：

　　兹为明了本部辅助各校院设置边疆建设科目及讲座办理概况起见，特制定编报科目随文附发，仰即按照规定各项于三十二年一月底编制报部为要！

　　此令

发各校院设置边疆建设科目及讲座概况编报纲目一份。

呈阅后存查并函费主任查照办理。

十二月八日

社会学系设置边疆建设科目及讲座概况

照报部一月十五日　文书组办一月十六日

一、设置沿革

　　本校于二十八年设立社会学系之初即拟以训练边疆建设人才为主要工作之一，固本校地处西南边省且系沟通缅越之孔道，实为发展边疆教育及研究之理想地点，该系教员之多对于人类学素有研究及贡献者，故于各科教材中特别注重安齐各地土著文化等外并逐步增设对于边疆建设直接有关之科目（详四），惟该系创立伊始，学生人数尚少，故主要工作偏重于研究方面，特设社会学研究室边疆研究所为该室工作之一，工作进行历四载，略有成绩（详七）现仍一秉过去之方针尽力之所及，予以继续与扩充。

二、行政组织

　　边疆建设课程系社会学系之一部分，在行政组织上并与特列专习之机构，惟研究工作则由社会学研究室担任，该室初系受中国农民银行之资助由本校在教授中聘请委员若干，组织委员会秉承校长之意现于研究计划并聘研究室主任一人，专订其事，由社会学系教员从事实地研究边疆建设研究工作之部分，曾受部补助有专任该项工作之助教一人。

三、经费

边疆研究工作所需经费为数较大且因边地通用现金与国币，折换率在过去四年中已增加四十余倍，故该项工作之推进社会学研究室经费全年所受各方资助之总数均在四万元之下，以此担负边疆研究，实感支绌，幸蒙钧部于民国三十年补助三千元，民国三十一年增至八千元，不无补益，但欲维持该项工作之全部费用仍属不易，故该室工作人员不能不尽量利用个人与边地土司之私交，获取膳宿及工作之方便，此固非长久之计，但系一时权宜办法以便于艰苦环境中完成专项任务。故深望钧部能提高补助款项使本校边疆研究工作能有健全之基础。

四、设置科目及内容

本校设置与边疆建设有关科目如下。

（一）民族学：分析文化之本质内容及其变迁之原因与方式并比较世界各地文化形式之分布（偏重于土著文化）。

（二）人类学：人类体质之构造，种族之分类、分布及混合。

（三）比较语言学：语言之性质形态及分类，并偏重于语言意义之分析。

（四）人类学理论：人类学发展之历史比较及批评人类学各宗之理论。

（五）社区研究方法论：实地研究一社区，包括（边疆社区）之生活所用各种方法、理论基础。

（六）社会调查：实习调查方法（此项方法上可用于研究边疆社区）。

（七）边疆问题：讨论边疆问题并特别注重我国边疆。

五、担任人员

姓名	学历	职务	所授科目及研究工作
吴文藻	哥伦比亚大学博士	社会系主任（在假）	民族学（民国二七至二八年）
费孝通	伦敦大学博士	教授兼代理社会学系兼社会学研究室主任	社区研究方法论
陶云逵	柏林大学博士	教授在假	民族学（民国二八至二九）人类学（民国二九至三一）
林耀华	哈佛大学博士	教授在假	民族学（民国三零至三一）

姓名	学历	职务	所授科目及研究工作
许烺光	伦敦大学博士	教授	社会调查（民国三一年）
李有义	燕京大学硕士	副教授	边疆问题（民国三一年）
吴富恒	哈佛大学硕士	兼任讲师	比较语言学（民国三零至三一）
田汝康	西南联合大学学士	助教	专任边疆实地研究工作（民国二九至三一）

各员待遇依职务按教部通告规定之。

六、选习学生

（一）社会学系学生人数：四年级三人；三年级三人；二年级一人。

（二）社会系接受杨志成先生之捐助特设奖学金五名，每名一千元，以奖励本系学生之成绩优秀者。

（三）社会学系二十八年设立，故尚无毕业生。

七、研究工作与设备

（一）研究事项：本校之边疆研究工作注重实地调查，于民国二十七年起即由讲师李有义在路南县进行杂区经济研究所著《汉夷杂区经济》一书已油印发行（社会学研究室　第五种）。民国二十九年，助教田汝康在芒市进行摆夷宗教活动之研究，所著《摆夷的摆》一书已油印发行（社会学研究室　第三种），现还在编审《腾龙边区土地制度》并在大理附近实地研究民家社区，民国三十年教授许烺光在大理喜洲研究民家社区所著有 *Medicine and Magic in Min Chia*（英文本在油印中）以上各书英文摘要曾应太平洋学会之约提出该会宣读。

（二）研究人数：专任边疆建设研究之人员有三：教授许烺光，副教授李有义助教田汝康。

（三）研究设备：本校社会学研究室有关边疆图书约二万余种，并在呈贡古城。

（四）科目扩充及研究工作计划：本校有关边疆建设科目因限于人力及物力未克充分设置，苟经费能增加，则拟添设下列科目。

（1）西南边地民族史。

（2）西南边地语言。

（3）回教及佛教史。

研究工作则仍一贯过去之精神，在艰苦环境下推进云南各土著社区之实地研究，现因军事关系只能以腾龙边区为主要工作地点，并以民家为研究对象。

[《奉令呈拟具本校社会学系设置边疆建设科目及讲座概况请教育部核示》，云南省档案馆藏，云南大学全宗，档案号：1016 - 001 - 00098 - 017]

函告本校社会系主任费孝通教育部蒙藏教育司催编撰设置边疆科目及讲座概况

教育部蒙藏教育司函催国立云南大学编报边疆建设科目及讲座概况

迳启者：

　　查关于编报各校院设置边疆建设科目及讲座一案，已由部规定纲目，于本年十一月三日以［蒙字第四四五一五号］训令，饬于三十二年一月底编竣报部在案。兹查原订纲目相当繁复，本部需要亦甚急切，务请早日着手编撰，如期报部，以便汇编。除分函外，特函奉达，即希查照办理为荷。

　　此致

国立云南大学

教育部蒙藏教育司　启

中华民国三十一年十二月十一日

国立云南大学函催费孝通编撰边疆建设科目及讲座概况

函催编撰设置边疆科目及讲座概况一案希迅赐签复由

1943 年 1 月 7 日　中华民国三十二年一月初九发出

案准　教育部蒙藏教育司函开："迳启者：查关于编报各校院设置边疆科目，云云。此致"等由；准此，自应照办！查此案前奉教育部蒙字第四四五一五号训令，当于三十一年十二月一日抄同奉须纲目送请台端编撰在案。兹准前由，应请迅赐签拟具覆，俾便如期报部。相应函达，即希查照办理为荷！

　　此致

费孝通主任

盖校章　启

[《函告本校社会系主任费孝通教育部蒙藏教育司催编撰设置边疆科目及讲座概况》，云南省档案馆藏，云南大学全宗，档案号：1016 - 001 - 00098 - 021]

云南大学社会学系边疆民族实验室计划书

本系一向着重在边疆兄弟民族研究，现已集有边疆兄弟民族之实物标本照片共二百余种图书百余册，今后仍拟继续此优良传统并以新观点研究边疆兄弟民族为目标，拟在一二年级侧重在马列主义理论之基本训练至三四年级始正式进入边疆兄弟民族之实地研究作有重点之发展培养服务边疆之专门人才现尚需基本参考书、杂志及仪器多种。

特请校务委员会主任委员秦转请西南高教会 查核

社会学系主任 杨堃（及章）

附仪器及参考书杂志单（图书杂志可以在昆明购买，书单略）

（一）仪器

①测体高尺架②测体重磅秤③测头形枕④照相机（附胶片）⑤录音器（附钢线）⑥投影器⑦统计计算机⑧皮尺⑨寒暑表①

［《云南大学社会学系边疆民族实验室计划书云南大学档案馆藏》（1950年），云南大学档案馆藏，云南大学全宗，档案号：1950 - Ⅱ -21/149］

---

① 缺少后部分档案。

三　社会学系沿革

关于一九五一年度上学期本系概况的报告

云南大学社会系　一九五二年一月廿五日

现谨遵照中央教育部关于"全国高等学校文、政法、财经各系科一九五一年度上学期概况调查纲要"的规定，将本系概况报告如下：

（一）本系沿革——成立经过

本系成立于一九三九年秋季，第一任系主任为吴文藻氏。吴氏原任燕京大学法学院院长，故在最初两年内与燕大社会系颇多合作，如出有社会学从刊十余册等；一九四一年吴氏去职后，由陶云逵氏主持系务，一九四二年至一九四六年夏止，由费孝通氏任系主任。

一九三九年秋季，在吴文藻氏主持下，创设研究室，初设于昆明，后迁至呈贡魁星阁内，故又名魁阁研究室，一九四二年后，此研究室亦由费孝通氏负责，参加研究人员有许烺光、张之毅、史国衡、瞿同祖、郑安仑①、李有义、林耀华、胡庆钧、李树青、田汝康诸氏；一方面研究理论，一方面从事调查云南实际社会情况；至一九四六年七月，李、闻惨案发生后，费、许诸氏均相继去职，魁阁研究室停办，本系教师顿感缺乏，费氏去职后，至一九四八年夏止，曾由张之毅诸氏代理系务。

至一九四八年七月起，杨堃氏主持系务，增聘江应樑、李慰祖、石堉壬诸先生，初步解决了教师缺乏的困难。

至昆明解放，云大被人民政府接管之后，本系各位先生经过了一段时间的政治学习，即逐渐认识到了过去在教学及研究方面的错误，无论在观点、立场和方法上，大都是资本主义式的，实际上是为反动统治阶级服务的，例如在民族问题方面，几乎每位先生都存在有大汉族主义或狭隘民族主义的色彩，谈不到有国际主义及爱国主义教育的认识，又如在社会调

---

① 原档案为"伦"，而多数档案为"郑安仑"，因此，统一为"仑"。

查与研究方面，虽然多少做到了一点理论与实际的配合，但就观点、立场和方法来说，却都是错误的，没有能够认识到和分析到现在社会的本质及其发展的方向，因此解放以后，本系同人即认为必须根据文教政策实行课改。

由一九五一年度起，本系即依照教育部课程草案的指示，分为民族与劳动两组，明确了本系的任务和发展的方向，并确定了应当学习并应用马列主义的观点、立场和方法来进行教育工作，至今虽获得了一定的成绩，但因解放时间尚短，教学与课改经验尚在摸索之中，需要今后更多的努力，才能使本系完全符合于新民主主义教育的标准。

（二）发展计划

1. 发展方向：本系根据地方需要及现有条件，依照教育部课程草案，自一九五一年度起，分设民族与劳动两组，培养政府所需有关专业干部。

2. 培养学生的最大量：每年最多招收新生一百人。

（三）教学研究组织：本系尚无是项组织。

（四）教师及课程：见另表，附后。

（五）学生：

1. 组别：分民族组与劳动组两组。

2. 年级：共有一、二、三、四，四个年级。

3. 修业年限：四年。

4. 入学程度：高中毕业或同等学力。

（六）研究生：本系尚无研究生。

（七）设备概况：本系研究室藏有兄弟民族文物、标本数百件，照片百余幅，专门图书杂志共千余册。

（八）附设专修科概况：本系尚无专修科

（九）与有关部门联系情况

1. 部门：民族组与云南省民族事务委员会、云南人民博物馆筹委会及民族学院联系。劳动组与昆明市劳动局联系。

2. 联系内容及方式：

一、在调查研究工作上，双方合作，在必要时，本系得对有关部门之调查研究工作予以协助。

二、有关政策：课程请有关部门负责同志来校担任。

三、在实习方面请有关部门给予指导或协助。

（十）教学中存在的问题：

1. 图书、仪器设备需要充实：民族组需要搜集大量兄弟民族文物、照片、录音片，及有关图书杂志，成立专门陈列室及研究室。

劳动组需要大量有关劳动问题的新书籍，并在今后多多实习，以便使理论与实际能够密切配合，目前本组师生均缺乏实际工作经验。

2. 教员需要增加：本系专任教员太少，又多兼他职，在教学方面颇感课多人少之困难，最低限度民族组需要增聘语言学专任教员一人，劳动组专任教员一人，及两组共同助教一人。

此致

教务科 转呈

中央人民政府教育部

［《关于一九五一年度上学期本系概况的报告、教职员表》（1951 年），云南大学档案馆藏，云南大学全宗，档案号：1951－Ⅱ－04］

云大沿革

一、私立时期

校址在昆明原私立东陆大学。封建省长唐继尧创办。一九二二年一二月八日成立。校长董泽。办预科二班。二五年办文、工二本科。分政、经、教育、土木、采冶五系。内容简陋。二七年办附中。全校学生 120 人。是年唐死，龙云任省主席。兼大学董事长。

二、省立时期

一九三零年改省立东陆大学，经费由省拨。是年，华秀升继任校长。三一年改科为院。增设法律系。停办预科及附中。三二年增数理系及医专。同年秋何瑶继任校长。三四年更名为省立云南大学。设文法，理工二学院及医专。迄三六年两院计有政经，中文，法律教育，采冶，土木，数理等系及医专，学生达 302 人。并恢复附中。曾接受"中英庚款"二次补助，增加设备。三七年夏，熊庆来继任校长。增设院系，分文法，理，工，医四学院，计有文史，政经，法律，教育，算学，植物，理化，土木，矿冶等系及医专。

三、国立时期

一九三八年七月在熊庆来活动下，改为国立。经费由伪中央与省分担。并有"中英庚款""罗氏基金"等补助，增加设备。教育系归并西南联大。增社会系及采矿专修班。此时因抗战关系，学生增达七百人，国内各大学在昆明师资延聘较易。三九年成立农学院，分农艺、森林两系。次年添蚕专。四一年增铁皮系及附属医院。政经分系。四四年设航空系。四五年理化分系，增外语系。四六年设机械系。

这时期，国民党反动派加强对全国人民的法西斯统治。[①] 在地下党领导下的民青、新联、工盟三革命组织团结全校师生员工对反动派展开不屈不挠的斗争。如四五年的"一二·一"反内战运动。四七年的"反饥饿""反迫害"运动及"助学"运动。四八年的"反美抗日"运动。由于同学反美蒋情绪高涨，发动全市大游行，在美帝领事馆前大示威，反动政府竟派军警包围云大，大批同学被捕入狱。造成"七·一五"事件。四九年五月，反动政府改换帝制，对人民，特别是对公教人员施以残酷剥削，本校全体师生员工掀起历时二月的罢工罢教。由教授会、讲助会、职员联谊会，学生系级代表会，工警联谊会等五单位合组云大五联会，五月卅日成立。伪教育部先后派来刘求南、刘英士企图破坏云大团结，结果因五联会的团结斗争而相继狼狈归去。九月伪教育部派来特务任泰等，将学校解散整理，成立伪"云大整理委员会"进行迫害，造成"九·一三"事件。

四、解放后情况

一九四九年一二月九日卢汉主席宣布起义。五联会立即复会。担负维持校内革命秩序及肃特护校工作。遵省人民临时军政委员会指示，取消伪"整理委员会"。以五联会暂时维持校务。五零年一月廿一日，在五联会下由各单位各选代表二人组成临时校务执行委员会。同年九月，西南军政委员会命令组临时校务管理委员会，任命秦瓒为主委。张一夫，寸树声等十人为委员，后加工会代表三人，学生会二人。十二月增设副主委，寸树声充任。五一年十月改校长制，省人民政府周保中副主席兼校长，寸树声为秘书长。

1. 行政组织：设总教两处，教务处下设教务科（分注册，课业，生活三股）出版组，图书馆，术生教育科（膳食，体育，文娱，三股）。总务处下设总务科（分财务，庶务，供应，三股及配电室）校产科（分保管，修建两股）文书组生产组，托儿所。除两处外设人事室。又组织聘任，经

---

① 此处有删减。

济，图书，修建，工资评议，人助金评议，教学研究指导等七个委员会。

2. 党支部及工会，学生会，青年团，中苏友协等群众组织：

云大党支部

①工会：五零年七月成立基层工会筹委会，申请入会者达百分之九十以上。五一年五月正式建会，目前有会员五百八十人（包括附设医院）。成立以来，领导全校会员展开新民主主义的学习。响应政府号召，并协助学校行政参加各种爱国运动，如寒衣募捐，抗美援朝捐献，丽江区地震赈灾等，发动大部分会员先后参加减租退押与土地改革造林，防疫运动。并办理工业学校，团体保险及各种文娱活动。目前的任务是对领导会员进行三反和思想政治的学习。

②云大中苏友协：一九五一年五月由云大行政、工会、学生会、青年团四单位组织筹委会。申请入会者达九百余人。七月一日正式成立，继续发展会员，现达二千二百二十六人（今年七月份统计），主要业务是经常办理有关苏联之广播，图片展览，幻灯，并举办俄文补习班，现有中级、初级各一班，师生员工均有参加。

③云大学生会：反动政府统治时，经过无数次斗争并遭到解散与迫害，虽曾几度更名。但从未停止过对反动派的斗争。解放后，按全国统一的名称叫"云大学生会"。它的任务在领导同学搞好师生团结，加强爱国主义思想教育，搞好新民主主义的学生，树立为人民服务的思想。响应人民政府及学校行政号召，积极参加社会服务及各种爱国运动。并领导与组织同学进行经常时事学习和文体活动，普遍推行课代表制，并加强小组学习，保证了业务课的学习正常进行，质量上渐有提高。

④新民主主义青年团：解放前，在党领导下的云南民主青年同盟，新民主主义者联盟，新民主主义工人同盟等三个革命组织在云大很早就有发展，在历次反美蒋斗争中，一直起了积极的保证和推动作用。解放后相继公开。五零年五·四新民主主义青年团在云大建团，盟员同志相继转团，并吸收进步同学、先生和工友到团的组织中来，目前全校团员数目达五五九人。它的任务是团结广大同学开展新民主主义的学习，并响应党和人民政府号召，协助学校行政，参加社会服务活动，团结全校师生员工进行政治与业务的学习。

3. 建筑方面：两年来，先后建设了能容一千七百人的大课堂一幢，两千人的大膳堂一幢，新教室三幢，学生宿舍二幢，教职员宿舍一幢，大厨房、米仓、配电室、医院太平间、候诊室、尸池、温室各一座。厕所三座。在校外购买房屋廿九所作为员工宿舍，大体上解决了教室、膳食、住宿的问题。并接收法帝的甘美医院，就原有地址设备作我校医学院附设医院。

4. 系科设置及合并：解放后增设园艺、畜牧兽医两系。文史分两系。受有关业务部门委托开办采矿、医学两专修科及矿砂贸易班。今年五月办先修班及干部补习班。航空系于五一年暑假合并川大。

5. 图书仪器设备：本校图书共十四万七千余册。解放后大部经费购买新书，但仍感不足。图书馆的设备管理不够完善。今年七月设馆长，加强业务。仪器设备各门均感缺乏，但能克服困难，创造条件，为生物系医学院自制标本。物理系配合工学院实习工厂制造普通物理仪器。

6. 课改方面：各院系课程多已照新标准进行逐步改进，利用师生座谈会、代表会商讨课改问题，使课程能与实际密切配合。全校共成立了卅个教研组及教学小组，从事教材内容，教学方法的统一。但专项工作目前正吸取先进大学的经验，创造条件，以求逐渐充实和改善。

两年半来，在党和人民政府正确领导下，逐步从事旧教育制度的改革，树立毛泽东思想在学校内的领导地位，在政治的基础上，各方面都有了一定的进展。解放前毕业学生就业无统计，解放后毕业生由政府统一分配。现在云大共有五院，二十系，三个专修科，一个先修班，一个本部补习班。全校教师三一九人（专任二九三，兼任二六人）职员一三五人，工警一六二人，学生二二八八人，由于学校内尚未经思想改造，资产阶级及小资产阶级思想仍很丰厚。因此课改未能彻底进行，教研组没有很好发挥作用。图书仪器也没有很好合理使用，人力物力都有浪费，距新民主主义的教育目标还有相当距离。这一切都是云大今后努力的方向。

［《云大沿革》（1952年），云南大学档案馆藏，云南大学全宗，档案号：1952 - Ⅱ - 01］

社会系概况（一）

一、沿革

本系成立于一九三八年，先后有吴文藻、陶云逵、费孝通、杨堃等先生相继主持系务。解放前本系未行分组，总重点则放在民族研究方面。并强调理论与实际相结合，成立有社会研究室，当代实地调查研究工作。曾于商务印书馆出版有关民族农村、工厂调查研究的书籍，如芒市边民的摆（田汝康著），禄村农田（费孝通著），昆厂劳工（史国衡著）等。由于那时的观点立场不正确，理论教学工作与研究工作都是为帝国主义和资产阶级服务的，故无成绩可言。但一些同学思想则较教师进步，在历次学运中都起了一定的作用，且有不少同学直接参加了农村的武装斗争。

解放后体系分为民族和内务两组，未久又将内务组取消，另成立劳动组，本系的任务在于学习运用马列主义的立场观点方法，具体分析社会情况，在学习系统的理论基础上培养政府及其他有关部门（如民族事务委员会劳动部工会等）所需的具有专业知识及技能的工作干部并培养师资及研究人员。本系教师都要求进步，曾先后参加中央西南民族访问团。有到北京（中国）人民大学去学习的，大多数都参加过土改。政府的一切号召都积极响应，皆要在实践中得以改造和提高。在教学方面，过去是各自为政，互不相谋的，解放后开始逐步走向集体教学的道路，大半课程皆设有实习与课堂讨论。同学的文化水平与政治觉悟都有显著的提高。

二、现在情况

Ⅰ. 本系有教师十人，其中教授三人，副教授一人，讲师二人（一人在北京（中国）人民大学学习），助教四人（一人在北京（中国）人民大学学习）。

Ⅱ. 学生（五十七人）

民族组：四年级三人，三年级十二人，二年级十一人。

劳动组：四年级五人，三年级七人，二年级十九人。

Ⅲ. 设备

本系原社会研究室已不存在，所有书刊已全部交云大图书馆。现系办公室尚有一部分新旧书籍，不久亦将送交云大图书馆。民族组现存民族文物一百廿余件，亦将交由云南省人民博物馆保管。

Ⅳ. 主要课程内容

1. 两组共修课程

（a）社会科学概论：着重于系统的理论知识，使学生了解社会的结构，社会的发展规律，以及国内社会情况和国际形势，作为学生以后深入的研究各社会科的基础。

（b）辩证唯物论：着重于系统的理论知识，使学生能正确的认识事物，建立无产阶级的世界观，了解马列主义政党的实践活动的意义并明了辩证唯物论如何是改变世界的哲学。

（c）马列名著选读：列宁著的唯物论与经验批判论。

（d）社会调查与研究：着重在农村调查，对土改后农村的人口，土地分配，牲畜占有等状况作实地调查研究。在课堂上讲方法，再把调查所得材料加以分析解释研究，使理论与实践相结合。

（e）普通统计学：以马列主义观点，研究统计资料之收集、整理、计算分析及编制统计图表等。其目的在明确统计学之阶级性，并批判资产阶级统计学之错误观点。

2. 劳动组课程

（a）劳动政策与劳动方法

（b）劳动统计：研究劳动力之数量构成与使用效果，劳动生产率之提高及工资问题等。

（c）劳动保险：分析劳动保险之起源与发展，并依据我国经济条件，研究劳动保险实施之概况及方法。

（d）劳动保护：研究工厂资金、卫生设备，职工劳动条件（工作时间，工资等）的改善和检查等，及对青年工人及妇女的保护。

（e）工人运动：资产阶级的反动剥削本质，及运动的必要性与必然性，运动的总方向及其在不同历史阶段的总任务。

（f）中国社会分析：学习应用马列主义及毛泽东思想的方法论，把中国这个半封建半殖民地社会，从历史发展到现实新的转变，实质地分剖出来，由社会分析里看出今天革命路线及革命政策的正确性。

3. 民族组课程

（a）人类学：经猿到人，种族主义，语言起源，资本主义以前诸社会经济形态，中国西南民族，毛泽东思想的民族学。

（b）中国民族问题与政策：从理论和实际中认识民族问题与民族政策中基本的方针和工作方式。

（c）中国少数民族概况：中国少数民族的分类和分布及其名称、历史、人口、社会组织、经济生活、语言和文化，解放前后的对比及其展望。

（d）中国少数民族史：国内各少数民族的发展。着重反动时代对少数民族之压迫及少数民族之斗争史，解放后民族之翻身史。

（e）世界民族志：以现存世界上各文化落后的民族为对象，从社会经济发展的阶段（狩猎、畜牧、林耕）选择足以代表多阶段的几个民族作为材料讲授。

（f）语言学：语音（语音和分析语音系统的技术）、语法（语词、语句的结构法则）、语义（形、音、词和意义的关系，解释词义和翻译的方法）。

（g）中国兄弟民族语言：中国少数民族语言概况，云南各种重要语言和文字的分析，具体语言的学习。

（h）专题调查研究：中国西南民族的调查研究第一学期讲从调查研究到专题调查报告的书写方法，第二学期讲民族博物馆等课。

三、开展计划

本书发展计划归纳起来可以分为下列几点：

Ⅰ. 进行全系师生的思想改造工作。

Ⅱ. 加强教学内容的政治性与思想性。

Ⅲ. 逐步实现采用集体教学方法。

Ⅳ. 与有关部门联系，加强教学实习，以实现理论与实际合一的理想。

社会系

一九五二年九月廿四

［《社会系概况》（1952 年），云南大学档案馆藏，云南大学全宗，档案号：1952 - Ⅱ - 01］

社会系概况（二）

（一）本系方针任务

方针任务在学习应用科学的观点和方法，具体分析社会情况，培养政府有关部门，如劳动部，民族事务委员会等，所需要的工作干部做专业知识及技能；并培养中等以上学校师资，针对西南环境需要，及本校现有师资及设备，本系成立劳动及民族两组，其中民族组特别欢迎及优待兄弟民族学生投考。

（二）教学内容

本系所开专门课程可分三方面。

①基本理论课程：有马列主义名著选读、辩证唯物论、社会调查与社会研究方法、普通统计学、社会科学概论等。

②民族组课程：有人类学、中国少数民族概况、中国少数民族史、马列主义民族理论、中国民族问题与政策、语言学、少数民族语言、世界民

族志、西藏民族史、民族学民族选读、家庭与婚姻、专题调查研究等。

③劳动组课程：有劳动政策与劳动立法、劳动行政工会工作、工资与生产研究、工人运动、劳动保险与劳动保护、企业管理、劳动力调配、劳动统计、中国社会分析、合作事业、城市社会、实地社会调查等。

（三）教学计划

本系教学原则，着重理论与实际联系，故每一课程，均着重实验与实习，如基本理论课程，必与个人思想结合，才能应用理论以解决实际问题。民族组课程，根据民族实况及各地边疆文物标本，作实际之体验与融合。劳动组课程，均与劳动事业结合教授，各组课程于必要时，均下乡作实际地工作，才能从工作中得到具体经验。本系学生，四年在学期间，必有两个暑期实习工作，例如今年暑假，民族组学生得民族事务委员会之协助，到武定兄弟民族区工作。劳动组学生，得市劳动局协助到劳动局有关部门实习，在工作中，即力求将教室内所得到之抽象知识具体化，将感性认识理性化，将系统理论结合实际经验而产生新的见解。

课堂上课，亦采取启发同学使能自发作深入研究之原则，若于课程，均由二位至三位教师合作教授（共同拟定教学内容及搜集教学资料，由一人主讲）或交换教授（甲教师所开课程，如其中某部分是乙教师所专长者，则请乙教师出席讲授该部分）其目的在能尽量发挥个人所长及集体教学效果，使能充分帮助同学争取进步。

（四）本系设备

本系原有教学研究室，设藏本系课程有关之专门图书，杂志资料及边疆文物标本，图片，统计仪器及语言学仪器，供上课时实验参考之用。近更与人民图书馆及民族事务委员会等合作设云南文化研究室，供本系教学上实习参考之用。

[《社会系概况》（1952年），云南大学档案馆藏云南大学全宗，档案号：1952－Ⅱ－01]

社会系概况（1954）

一九五四年二月社会系民族组并入本校历史系。劳动组并入本校经济系（社会系原有民族组三年级十人，四年级十二人，学生共二十二人，教师二人，劳动组学生三年级十八人，四年级七人，共二十五人，教师二人，同时调整分别并入历史系及经济系）。

　　以上调入调出师生人数，因解放后逐年增加新生名额，教师亦有增加，故变动师生人数颇大。

[《社会系概况》（1954年），云南大学档案馆藏，云南大学全宗，档案号：1954－Ⅱ－01]

四　社会学系受资助情况

函社会部为本校社会系民国三十年度请拨助

呈请社会部协助本校社会学系增设讲座并研究经费函稿

国立云南大学请求教育部补助社会学系设置讲座及调查研究经费公函

　　本系创立伊始，即以"学以致用"为训练与研究之方针。侧重造就青年男女之有志于社政、社教者，使可成为高级服务专门人才。正式成立业已两载，学生班次自本学期始，已增至三年级，课程方面自宜酌增。查"社会服务"及其相关课程，为社会学中最切实用之部门，惟以限于经费，未能延聘适当教师，致该类课程尚付阙如。兹特请求贵部协助经费，增设讲座，训练青年，以应社会之需要。复以社会工作须适合当地环境，教材更宜就地取材，故本系除开设下列课程外，拟从事有计划之长期研究，以昆市及附近农村为范围，对于社会救济、儿童福利、劳工问题、合作经济各项分别加以实地调查。本系原有研究室之设立，于过去两年中曾调查现代工厂之劳工问题，初步工作也已完成，另有报告一俟印就，即行呈报。现拟扩大此类工作，至研究计划俟决定聘请讲座人选后再行补呈。三十年学年度，聘请讲座并研究经费共为二万元，敬恳贵部允如所请，本系发展实利赖之。

　　附：拟增课程并讲座与研究经费预算

　　国立云南大学社会系卅年度增聘讲座、增设课程，推进各项研究工作经费预算。

一、课程

社会行政学	每周三小时	全年	六学分
社会立法	同上	半年	三学分
社会救济	同上	同上	同上
儿童福利	同上	同上	同上

续表

社会行政学	每周三小时	全年	六学分
劳工问题	同上	同上	同上
工商管理	同上	同上	同上
合作经济	同上	同上	同上
社会机关参观	每周三小时	全年	四学分

本课程参观费全年六百元。

二、讲座

教授一人，薪金全年四五六〇元（四千五百六十元）。

副教授一人，薪金全年三八四〇元（三千八百四十元）。

三、研究费

研究员二人，薪金全年（每人二四〇〇元/二千四百元）二人共四八〇〇元（四千八百元）。

研究工作经费，五千二百元。以上三项经费共为贰万元。

民国三十年社会系　拟稿

批文：即由校备公函向社会部声请（用学校名义）十一月一日　国立云南大学校章

公函 为本校社会系卅年度　研究计划 请惠予捐助，以资办理由。

敬启者：

查本校文法学院社会学系，自创立……即行呈报。现亦拟积极扩大工作，决定研究计划，聘请讲座人选；前往评细计算，三十年度增聘讲座，及推进各项研究工作，如需……拟请贵部惠予捐助，以资办理，素仰贵部推进社会工作，不遗余力，对于本校，问切尤多。相应核算，借文函送贵部，请烦查照办理。

此致

社会部

附送预算表

熊庆来

［《函社会部为本校社会系民国三十年度推进各项研究计划所需款请拨助》

（1941 年 11 月 11 日），云南省档案馆藏，云南大学全宗，档案号：1016 -
001 - 00098 - 008］

吴文藻函复熊庆来社会学系发展之重要

迪之校长道鉴：

　　接奉大札，欣悉校中向社会部请求之公函已于十月二十七日发出，未
知是否径寄谷部长？至念！弟于十八日往访朱景暄先生（主任秘书兼社会
福利司司长），渠称未有所闻。依理此类呈件到部时，渠必先知之，未知
邮递有误否？又朱先生自谓从小与吾兄为同学，事关桑梓，必尽力促成
之。日内当再晋谒部长直接接洽，惟此呈件未到时，仍难作具体商讨之。
社会系同人之努力，弟深知之，渠等所以能有若干成绩，全仗吾兄之关
爱、领导，弟极感佩。弟意云大地位日益增高，战后因印度洋之发达，其
地位将益变重要，社会学系如予以发展机会，将来定可为云大争一分光
也。林君耀华之款已收到，渠急救飞滇，只以机座不易得手，如念先闻。

　　并颂

弟　吴文藻　启
中华民国卅年十二月二十日

［《函云南大学校长熊庆来发展社会系之重要》（1941 年），云南省档案馆
藏，云南大学全宗，档案号：1016 - 001 - 00098 - 009］

熊庆来致函社会部准予前函所请社会学系补助经费

　　案查本校社会学系前请贵部补助二万元一案，兹准［社总字第二二九
零号］函复，业经分配完竣，歉难照办等由，准此，自未便自行烦渎。惟
查本校社会学系成立不久，基础未固，而本校又以经费支绌，未克促其长
足发展，自不能不得社会各方之爱护赞助。贵部成立以来，对于国内有关
□□学术事业协助尤多，本校社会学系拟请特予爱护提携，准予照前函所
请补助二万元，俾资充实发展。相应函达，特希俞允见复，无任感纫！

　　此致
社会部

校长　熊庆来

三十一年一月六日

社会部函复国立云南大学补助社会学系贰万元碍难照准

文别：函

送达机关：云南大学

事由：准函嘱补助二万元本部本年度概算仍极逼窄暂难照办覆请亮察

社会部公函 ［总三字第 22546 号］

案准贵校本年一月六日 ［大字第九号］公函，略以社会学系成立未久，亟待发展，嘱照前函补助二万元等由，准此。查本部年度概算仍极逼窄，承嘱一节，暂难照办。相应函复，至希亮察为荷。

此致

国立云南大学

部长　谷正刚

中华民国三十一年三月四日

［《函本校社会系补助费碍难照准》（1942 年），云南省档案馆藏，云南大学全宗，档案号：1016 - 001 - 00098 - 010］

熊庆来函云南全省经济委员会请发给补助本校社会系经费

文别：公函

送达机关：云南大学

事由：为函请发给补助本校社会学系经费十万元由

迳启者：

查本校社会学系前以经费商请台端设法补助为荷。概表同情无任感幸，兹据该系代理主任费孝通先生报称"缪行长面允全省经济委员会补助本校社会学系经费国币十万元可往领取"[①] 等语，用特函达，请烦查照惠赐发给具领，实纫公谊。

此致

云南全省经济委员会主任委员　缪

附印领一纸，已由总务长交出纳组

---

　　① 原文只有此处有标点，其他均无标点，标点断句为编者加。

校长　熊庆来

民国三十二年元月二十七日

[《函云南全省经济委员会请发给补助本校社会系经费》（1943 年），云南省档案馆藏，云南大学全宗，档案号：1016 – 001 – 00098 – 016]

函谢云南合作金库经理杨克成捐款作社会系奖学金

文别：便函

送达机关：杨克成先生

事由：函谢云南合作金库经理杨克成捐款作社会系奖学金

第 00623 号

克成先生大鉴：

兹承台端慨捐国币五千元，作为社会学系奖学金之用。台端纪念先人，奖励后进，至堪钦佩。并而定名为"杨子珍先生奖学金"。函详细办法一俟拟定再行函征同意，用特函达。敬申谢意，并以。

熊庆来　拜谢

中华民国三十一年五月十六日

云大消息

云南合作金库经理杨克成先生为纪念其先君 子珍封翁（号苍逸老人）以国币捐给云南大学社会学系作该系学生奖学金，用该标志定名为苍逸奖学金，获奖详细办法不日即公布云。

中华民国三十一年五月二十二日

[《函谢云南合作金库经理杨克成捐款作社会系奖学金五千元》（1942 年），云南省档案馆藏，云南大学全宗，档案号：1016 – 001 – 00098 – 012]

函杨克诚先生　承拨款五千元作苍逸先生奖学金函发致谢由

克诚先生大鉴：

前承拨款五千元作纪念尊翁奖学金，业经由社会学系拟具奖学金简承送达。深道誊阅并深收简章送给各报致予刊登，藉彰盛意外，用特函复，并致谢忱，即颂，台绥不一。

弟　熊庆来　顿

中华民国卅二年十二月十七日

函中央云南通讯社

　　兹送上苍逸先生奖学金简章一份，即希查照，并允分送各报社刊登，藉贸表彰，为荷。

　　此致
中央通讯社　　云南通讯社

国立云南大学

[《函谢云南合作金库经理杨克成拨款作苍逸先生奖学金》（1943年12月17日），云南省档案馆藏，云南大学全宗，档案号：1016－001－00098－028]

为本校社会研究室之资助费事函云南新富滇银行及云南全省经济委员会①

敬启者：

　　查本校社会学系成立以来已届四载，并与燕京大学合作附设社会学研究室，目的在养成研究院程度之学术人才，以应将来社会经济建设需要。以云南农村，新工业及边疆为研究对象，研究所得亦可直接供本省建设之参考，四年来业已完成报告六种，惜因印刷困难迄未出版，本年太平洋学会在加拿大开会，曾约该研究室将所有研究报告即译英文提交该会宣读。该室研究不避生活之困难，专心工作，略有成绩，以堪告慰。该研究室经费最初曾受中国农民银行之资助，惟自今年起资助合同已届期满，该行对本省研究工作之资助计划亦已中止，故前由该系主任吴文藻先生恳商台端鼎力为助。俾研究工作得以继续，并荷俞兄，感激实深，现已届年终，拟请早日规定补助数目并恳予考虑较长时期之办法，非惟本校之惠，亦本省学术事业之幸也。

　　此致
恳切声请，无任企祷
云南新富滇银行行长、云南全省经济委员会缪

国立云南大学校长　　熊庆来

---

　　①　原文只有此处有标点，其他均无标点，标点断句为编者所加。

中华民国卅一年十二月卅日

[《为本校社会研究室之资助费事函云南新富滇银行及云南全省经济委员会》（1942 年），云南省档案馆藏，云南大学全宗，档案号：1016 - 001 - 00098 - 019]

社会系教授侯振邦将薪津捐给本系购置图书

奉校长室发下社会主任杨堃先生签一件为："本系教授侯振邦先生薪金请发至九月底为止"，又一件为："本系教授侯振邦九月份所得薪津全数捐作本系购置书籍之用"等情。经校长批示"照发""可由系酌量采购"等因。相应通知，即希查照办理为荷。

此致
出纳组

国立云南大学
九月三日

[《社会系教授侯振邦将薪津捐给本系购置图书》，云南省档案馆藏，云南大学全宗，档案号：1016 - 001 - 00467 - 023]

五　西南文化研究室

西南文化研究室是云南大学对于所处位置之本地与域外文化进行研究而成立的机构，方国瑜先生牵头成立，由文学、历史、社会等系教师参与研究，室中曾有陶云逵、费孝通等社会系老师。

函聘西南文化研究员①

兹聘请台端为本校西南文化研究室研究员，研究日起自三十一年六月起至三十二年七月止。敬希惠允为荷。

此致

姜亮夫 徐萝麟 陶云逵 费孝通 楚方鹏 方臞仙 白寿彝 方国瑜

中华民国三十一年六月三日发出

校长　熊庆来

[《分别致函姜亮夫、徐梦麟、陶云逵、费孝通、楚方鹏、方臞仙、方国瑜等人聘其为本校西南文化研究室研究员事由》（1942 年 6 月 3 日），云南省档案馆藏，云南大学全宗，档案号：1016 - 001 - 00115 - 005]

1941 年西南史地研究筹备委员②

文别：聘函

送达机关：方国瑜、楚图南等

事由：为函聘为本校西南史地研究室筹备委员由

查本校拟设西南史地研究室，兹特聘请台端为筹备委员会委员，兹请除请方国瑜先生定期召集开会、台端定期召集开会以资筹备外，相应函达，请烦查照，敬希允诺为荷。

---

①② 原文无标点，标点断句为编者所加。

此致

楚图南、王以忠、向觉民、陶云逵、白寿彝、陈定民先生、方国瑜先生

校长　熊庆来

中华民国三十年三月三十一日

[《为聘本校西南史地研究室筹备委员而给方国瑜、楚图南、王以忠、向觉民、陶云逵、陈定民、白寿彝等的聘函》（1941 年 3 月 31 日），云南省档案馆藏，云南大学全宗，档案号：1016－001－00091－003]

函请西南文化研究室筹备主任委员*

文别：聘函

送达机关：方国瑜先生、楚图南先生、费孝通先生

事由：为聘请为本校文史系西南文化研究室筹备主任、员由

迳启者：

查本校文史系筹设西南文化研究室并特聘请台端为筹借员、主任，敬希，多端为荷。

此致

方国瑜先生、楚图南先生、费孝通先生

校长　熊庆来

中华民国三十年九月十三日

[《函聘方国瑜、楚图南、费孝通为西南文化研究室筹备主任及委员由》(1941 年 9 月 13 日)，云南省档案馆藏，云南大学全宗，档案号：1016－001－00347－022]

方国瑜致函熊庆来聘西南文化研究室研究员*

兹拟聘下列诸位先生为本校西南文化研究室研究员，请即发聘函为祷！即请校长核定：姜亮夫先生、徐梦麟先生、楚方鹏先生、陶云逵先生、陈定民先生、白寿彝先生。

方国瑜　谨上

---

*　原文无标点，标点断句为编者所加。

八月十四日①

[《函聘姜亮夫、徐梦麟、楚方鹏等六人为本校西南文化研究室研究员事由》（1943 年 8 月 14 日），云南省档案馆藏，云南大学全宗，档案号：1016 - 001 - 00115 - 019]

1944 年西南文化研究室概况

国立云南大学西南文化研究室概况

目次

一、设置旨趣

二、组织章程

三、研究项目

四、工作计划

（一）总纲

（二）工作计划

五、西南文化研究丛书书目

六、研究人员一览

一、设置旨趣

　　近岁通用"西南"二字，盖以《史记》《汉书》西南列传所载之境域为范围，即今云南全省、贵州、西康二省之大部分及其四周之地。在此区域，自汉武帝开边，设置郡县，迄东晋治理渐弛，以至唐天宝后，虽未绝朝贡，而形成割据。元初始设行省，明代广置卫所，大量移民，渐进而至今日，与他省不殊。然在元代以前，因政治与地理关系，史家记录视若外域。而吾人所知西南文化，自远古以中国文化为主体，决非独立之文化。先民开拓西南之史迹，足为今日及将来之资鉴，且应为中国文化史之一部。惟记载疏略而多不实，犹待研究作有系统之叙述也。又西南境内多山，古初居民盖稀，四方民族渐移殖之，而交通阻塞，虽多受汉文化之陶融，犹各保持其一部分之故有习尚。故至今号称民族庞杂，合民族文化于一炉为当务之急。然非了解其固有之习尚与所处环境不为功，有待于精密

---

　　① 1943 年，根据档案目录得。

之至察也。又滇之西南区，土壤肥沃，资源极富，而地广人稀，榛莽未开，且地连缅越，与印度、暹罗、马来半岛诸境道途相通，不论民族、宗教、经济诸端，莫不息息相关。当聚豢人民，开发地利，进而求边外诸境之融合，与我协力，必大有助于我。然如何措施，必须实地研究也。故西南文化研究具此三特点，识者以为要图。而其任巨艰，须统等计议，通力合作，必有研究机关之设置。云南大学以地域与人事关系，负有研究西南文化之使命。数年以来，校内同人组织西南文化研究会，努力于此。惟感设备、调查之未周，尤觉有组织为研究室之必要，更期有良好之成绩贡献国家，待将来基础较固，改组为研究所。惟文化之范至广，而工作宜求切实。故初步计划暂以历史与边疆研究为主，待将来推广焉。要之，西南文化之研究虽不能视为特殊事业，而为艰苦之工作，必待竭多数人才智，长期努力，始能有成。将以此为起点，而俟诸异日也。

二、组织章程

第一条，本室为国立云南大学（以下简称本大学）所设立，定名为国立云南大学西南文化研究室，以研究西南文物为宗旨。

第二条，本室设主任一人，由本大学校长（以下简称校长）就本大学教授中聘请兼任之。商承校长办理本室一切研究事宜。

第三条，本室设研究员三至七人，由校长就本大学教授、讲师中聘请兼任之。遇必要时得请专任研究院及编辑员。

第四条，本室得在校外敦请名誉指导员及赞助员。

第五条，本室得在校外聘请名誉研究员、名誉编辑员及特约编辑员。

第六条，本室得就事实需要酌设助理研究员、事务员及书记。

第七条，本室为造就研究西南文化之人才起见，得设研究生，暂由本大学毕业生与在校生中选择之，研究期限定为二至四年，期满得由校发给研究证书。

第八条，本室重要事务，由主任召集专任研究员开会决议后执行之。

第九条，本室为研究便利，由研究员、编辑员及助理员分别担任专题之研究。

第十条，本室为研究工作之需要，设图书、博物、调查、出版各股，就本室人员分配担任之。

第十一条，本室于研究工作之外之一切事务，概由本大学有关各组兼理之。

第十二条，本室之研究工作，得就事实上之需要，与其他研究机关合作。

第十三条，本室各项办事细则及研究生服务规则另定之。

第十四条，本章程自奉教育部核准之日施行。

第十五条，本章程遇有未尽之处，得经研究室会议修改，呈请教育部批准施行。

三、研究项目

本室研究工作之地域以云南、西康、贵州为主，次及西藏、四川、湖南、两广，又及安南、缅甸、印度、马来半岛诸境。所研究问题列之如次。

（一）西南开发之研究

历代经营西南之军事、政治之经过及其影响、如历代治理之成绩及改土归流诸问题。

（二）西南移民之研究

历代中原移民及开拓生产之经过及文化之发展与土族同化诸问题。

（三）西南地理沿革之研究

历代设治之因革及展拓边土与界务诸问题。

（四）西南民族史之研究

土著民族之史迹，如民族生活史、土司制度史诸问题。

（五）西南文化一般问题之研究

古代及近代之一般问题，如经济资源、土宜物产、礼俗文学、艺术、语言文字诸端之实况及其演进。

（六）西南边区之自然与人文之研究

调查边境之地理环境与人民生活，并研究如何改良物质享受及促进教育文化诸问题。

（七）西南边裔之研究

历代经略藩属之史绩与诸境之现状，并与本国有关之政治、经济、文化诸问题。

四、工作计划

（一）总纲

本室为研究之需要，应搜罗资料，研究所得之成绩应刊布于世。兹拟计划如次。

甲、设置

1. 搜集图书、档册、记录民间口传、成立图书部，供本室研究人员参考，并公开阅览。

2. 搜集古器物与民族用具，成立博物部，以供研究并公开展览。

乙、考察

1. 古迹、古物之考察。

2. 边疆民族生活之考察。

丙、出版

1. 文献。为供应研究西南文化者之便利，搜集有关西南文化之前人撰述，详为校注，或翻译他种文字刊印之。又如研究书目、论文索引、地名人名辞典与地图之类，亦分别编纂刊印之。

2. 集刊。本室研究人员与校外专家之撰述论文合刊之，每年二期或四期。

3. 专刊。论文成书者专刊印之。

4. 报告。调查报告与工作报告随时刊布之。

（二）工作计划

1. 第一年度工作计划（自三十一年七月至十二月）

本研究室已于民国三十一年七月正式成立，当经此继续发展，期有成绩贡献国家。惟创设伊始，且当物力困难之时，图书器物之搜罗难于短期完备，多请专任职员亦感限于经费。故第一年度之工作拟利用本校已有之设备，并请本校文史、社会两系教职员中与本室旨趣相投者兼理研究，以出版图书为主要之工作。拟由研究员及助理员分担编纂《二十四史云南文献辑录》及《滇人著述书目》二种，翻译《缅甸史》一种，并在本年度完成。又征集研究员及名誉研究员已成之著述若干种，即将全部经费作出版之用。可利用专刊五种及学报一期。印成之书除分送外，每种若干册出售，计可收回成本约三分之一，作购置图书及其他费用。

2. 第二年度工作计划（自三十三年一月至十二月）

本年度当继续第一年度之工作办法，且为逐渐发展计，出版刊物拟较第一年度加倍，即刊行专刊十种、学报二期。又为研究工作之需要，拟聘专任研究员二人、专任助理员二人，分担历史及边疆之研究工作。又为搜集史地资料，拟组织历史及边疆两边疆考察团。历史考察在昭通、曲靖诸地之汉晋遗迹；边疆考察在车里、佛海诸地之摆夷区域。而本室之人力、物力恐不能负专责，故历史考察拟与北平研究院史学研究所合作，边疆考察拟与本校社会研究所合作，可得相助之效。考察所得成绩归本室专刊发表。

3. 第三年度工作计划

本研究室成立之初，因人才及设备之困难，聘请国内学者为名誉职，编撰之书略酬稿费，以全都经费作印刷之用。将出版书籍赠送，所余寄书坊出售，收回之数以作设备费，冀由此渐图充实。第一年度经费十万，计划出版专著五种、杂志一期。与印刷局订立合同，应在三十一年三月印完，而耽延至今，始印成杂志一期，专刊三种。余二种，各排四、五分之一，以至影响第二年度工作未能顺利进行。第二年度之计算，拟出版图书外，与本校社会研究所及北平研究院史学研究所合作组织边疆及历史两考察团。惟经费十五万，仅能作印刷之用，且物价昂贵，差足三种专书之印刷费。而此时研究之方面，应多经意于中南半岛及印度马来诸境，故决定印刷陈修和编著之《越南古史及其民族文化之研究》，徐嘉瑞译述之《印度美术史》、朱杰勤译之《暹罗史》已先后付印。期在暑假内三种可能出版。

本年度拟继续前二年度之工作办法出版专刊十种。又为研究工作，拟组织边疆、历史两考察团之办法，仍拟照上年度之计划。本研究室聘专任研究员二人、专任助理二人，分担边及历史之研究。与民政厅边疆设计委员会及北平研究院史学研究所合作，分往车里，昭通两处，以半年期限从事考察，半年期限整理报告，作本研究室下年度专刊发表。

五、西南文化研究丛书书目

甲、已出版者

1.《滇西经济地理》

2.《滇西边区考察记》

3.《云南农村戏曲史》

4.《越南古史及其民族文化之研究》

乙、在印刷中者

1.《明清汉人著述书目》

2.《缅甸史纲》（译本）

丙、准备付印者

1.《印度美术史》（译本）

2.《暹罗史》（译本）

六、研究室人员一览

　　主任：方国瑜。

　　研究员：姜亮夫、徐梦麟、楚方鹏、陈定民、陶云逵、费孝通、白寿彝、方瞿仙。

　　编辑员：陶秋英、发靖华。

　　助理研究员：李嵩昌、缪鸾和。

　　名誉研究员：顾颉刚、胡小石、吴文藻、徐旭生、汪典存、向觉民、闻在宥、罗华田、张印堂、陈璧笙、凌纯声、徐益棠、游国恩、王文萱。

　　特约研究员：陈一得、李子廉、严嗣尧、胡羽高、杨万选、岑家梧、张凤岐、江应樑、俞季川。

　　特约编辑员：李拂一、于仲直、张希鲁、李辑五、彭桂萼、李希泌、赵德曾。

［《云南大学西南文化研究室概况》（1944 年 3 月 18 日），云南省档案馆藏，云南大学全宗，档案号：1016 - 001 - 00585 - 002］

西南文化研究室计划书

一、设置旨趣

　　近岁通用西南二字，盖以史记汉书西南列传所载之境域为范围，即今云南全省，贵州西康二省之大部分，及其四周之地，在此区域。自汉武帝开边，设置郡县，迄东晋治理渐弛，以至唐天宝后，虽未绝朝贡，而形成割据。元初始设行省，明代广置卫所，大量移民，渐进而至今日，与他省不殊。然在元代以前，因政治与地理关系，史家记录视若外域，而吾人所知西南文化，自远古以文化为主体，绝非独立之文化。先民开拓西南之史蹟，足为今日及将来之资鉴，且应为中国文化史之一部，惟记载疏略而多不实，犹待研讨作有系统之叙述也，又西南境内多山，古初居民盖稀，四方民族渐移殖之，而交通堵塞，虽多受汉文化之陶融，犹各保持其一部分之故有习尚，故至今号称民族庞杂，合民族文化于一炉，为当务之急，然非了解其固有之习尚与所处环境不为功。有侍于精密之至察也。又滇之西南区，土壤肥沃，资源极富，而地广人稀，榛莽未开，且地连缅越，与印度进罗马来半岛诸境，道途相通，不论民族、宗教、经济诸端，莫不息息相关，当聚豢人民，开发地利，进而求边外诸境之融合，与我协力，必大有助于我。然如何措施，必须实地研究也。故西南文化研究，具此三特点，识者以为要图，而其任巨艰，须统筹计议，通力合作，必有研究机关之设置。云南大学，以地域兴人事关系，负有研究西南文化之使命，数年以来，校内同人，组织西南文化研究会，努力于此，惟感设备调查之未周，尤觉有组织为研究室之必要，更期有良好之成绩，贡献国家，待将来基础较固，改组为研究所，惟文化之范围至广，而功作宜求切实，故初步计划，暂以历史与边疆研究为主，待将来推广焉。要之，西南文化之研究，虽不能视为特殊事业，而为艰苦之工作，必待竭多数人才智，长期努力，始能有成，将以此为起点，而俟诸异日也。

（民国三十一年七月）

二、组织章程

第一条：本室为国立云南大学（以下简称本大学）所设立，定名为国立云南大学西南文化研究室，以研究西南文物为宗旨。

第二条：本室设主任一人，由本大学校长（以下简称校长）就本大学教授中聘请兼任之，商承校长办理本室一切研究事宜。

第三条：本室设研究员三至七人，由校长就本大学教授讲师中聘请兼任之，遇必要时得聘请专任研究院及编辑员。

第四条：本室得在校外敦请名誉指导员及赞助员。

第五条：本室得在校外聘请名誉研究员名誉编辑员及特约编辑员。

第六条：本室得就事实需要酌设助理研究员、事务员、书记及工支各若干人。

第七条：本室为造就研究西南文化之人才起见得设研究生暂由本大学毕业生与在校生中选择之，研究期限定为二至四年，期满得由校发给研究证书。

第八条：本室重要事务由主任召集专任研究员开会决议后执行之。

第九条：本室为研究便利由研究员编辑员及助理员分别担任专题之研究。

第十条：本室为研究工作之需要设图书、博物、调查、出版各股就本室人员分配担任之。

第十一条：本室于研究工作之外之一切事物概由本大学有关各组监理之。

第十二条：本室之研究工作得就事实上之需要与其他研究机关合作。

第十三条：本室各项办事细则及研究生服务规则另定之。

第十四条：本章程自奉教育部核准之日施行。

第十五条：本章程遇有未尽之处得经研究室会议修改呈请教育部批准施行。

三、研究项目

本室研究工作之地域以云南、西康、贵州为主，次及西藏、四川、湖南、两广，又及安南、缅甸、印度、马来半岛诸境，所研究问题列之如次。

（一）西南开发之研究

历代经营西南之军事、政治之经过及其影响，如历代治理之成绩及改土归流诸问题。

（二）西南移民之研究

历代中原移民及开拓生产之经过及文化之发展与土族同化诸问题。

（三）西南地理沿革之研究

历代设治之因革及展拓边土与界务诸问题。

（四）西南民族史之研究

土著民族之史迹，如民族生活史、土司制度史诸问题。

（五）西南文化一般问题之研究

古代及近代之一般问题如经济资源、土宜物产、礼俗文学、艺术语言文字诸端之实况及其演进。

（六）西南边区之自然与人文之研究

调查边境之地理环境与人民生活，并研究如何改良物质享受及促进教育文化诸问题。

（七）西南边裔之研究

历代经略藩属之史绩与诸境之现状，并与本国有关之政治、经济、文化诸问题。

四、工作计划

本室为研究之需要，应搜罗资料、研究所得之成绩应刊布于世，兹拟计划如次。

甲、设备

1. 搜集图书档册，记录民间口传，成立图书部，供本室研究人员参考，并公开阅览。

2. 搜集古器物与民族用具，成立博物部，以供研究并公开展览。

乙、考察

1. 古迹古物只考察。

2. 边疆民族生活及边外诸国只考察。

丙、出版

1. 文献。为供应研究西南文化者之便利，搜集有关西南文化之前人撰述，详为校注，或翻译他种文字刊印之，又如研究书目，论文索引，地名人名辞典与地图之类，亦分别编纂刊印之。

2. 学报。本室研究人员，与校外专家之撰述论文合刊之，每年二期或四期。

3. 丛书。论文成书者专刊印之。

4. 报告。调查报告与工作报告随时刊布之。

5. 经费。预算三十七年八月至三十八年七月。

本室自民国三十一年成立以后募集经费刊印学报丛书未能进行他项研究工作，拟自三十七年度起请求设置专任人员名额之，经费及出版经费兹概算如次。

甲、薪津

1. 专任研究员三人（由一人兼任主任，月薪六百元；又二人各月薪五百四十元）。

2. 助理研究员二人，各月薪二百四十元。

3. 书记一人，月薪九十元。

4. 工友一人，月饷十五元。

乙、出版费

1. 每年出学报二期，每期约十五万字。

2. 每年出丛书二种，每种约十五万字。

3. 每年出西南文献丛刊二种，每种约二十万字。

附注：人员薪金之基本数加赠数及学术研究费等项并照大学教员待遇，出版费因物卷涨跌无定，待批准出版后估价请求拨给。

[《国立云南大学西南文化研究室计划书》（1948 年），云南省档案馆藏，云南大学全宗，档案号：1016 - 001 - 00585 - 012]

函请教部支持西南文化研究室经费

本校文史学系同人，鉴于我国西南史地之研究，前人已有之成绩，率多浅服，且见解未正确。研究国史者，又多疏忽。故谋搜集资料，逐渐整理，乃组织西南史地学会。适时西南为抗战建国基地，留心西南史地者日益多，中央党部会议，方有筹设西南文化研究所之议，为加强研究工作，改组西南史地学会，增聘下外专家十余人，在本校成立西南文化研究室，民国三十二年七月正式设置。而本校苦于经费支绌，自始未列预算，由研究室同人向外募捐，悉数用于出版图书，至今已刊行者学报一期，丛书九种，在印刷者丛书一种，每种仅装订五百册，大都分送国内外学术机关及专家，少数出售。以所得付寄赠书之邮费外，购置参考图书百数十册，尚无其他设备。当成立研究室之初，草拟缘起，自后按年商定计划，兹检一份呈部，其研究旨趣及范围，略具于此，惟因经费短少，原拟计划多未实现，且西南区域广大，顾及全省，力所未逮，故暂偏重于边疆区域及中南半岛诸国，今后计划，亦拟如此。且战后，中南岛局势，已非往昔可比，此区域文化之发展，原受我国扶植，曾经西欧势力所支配，今渐谋独立，而已有之文化，并未充实，本我已达达人之国策，当予以辅助，云南所居地理位置之重要，实负有此种责任，学术方面，应由本校与缅暹越之学术机关作密切联络，以图共同发展，盖利用地理上重要条件，可能有特殊之成就，不可不勉力为之，惟本校各部门，并有专责，此特殊任务，宜委之西南文化研究室。本年一月初，由西南文化研究室主任，致函仰光大学校长，就研究室名誉编辑员李拂一赴缅甸之便，携往商议中缅文化合作，仰光大学及缅甸政府，对此极感兴趣，国务总理达钦汝，招待李拂一，该国各部行政首长及大学校长在座，达钦汝恳切表示，愿与本校竭诚合作，国务副总理及大学校长，亦分别招待李拂一，商谈结果，甚为圆满，在最近即可实现者，为交换教授与共同研究中缅关系。近又由西南文化研究室主任，致函曼谷朱拉銮干大学校长，托旅居暹罗主编中暹学报之许山雨，代为商议中暹文化合作，结果如何，尚无回音。又西南文化研究室同人，前与越南东京之东方博古学院负责人，多有联络，今越南在混乱中，待其局势稍定，再作正式函商中越文化合作。我国与中南半岛诸国，境域相接，诸凡经济政治军事文化，莫不密切相关，当由多方缅与之联络。而文化学术之合作。促进经济政治军事之关系者甚大。本校负有此种特殊任务，故拟健全西南文化研究室之工作，今研究室经费，尚无预算，致无人专负成，拟恳大部准予设置员工六名致预算，计设研究员三人，比照教授待遇，助理员二人，比照助教待遇，工友一人，此外请求事业费，每年刊行杂志二期，丛书二种之经费，至于设备及事务仍由本校设法充实及办理，渐谋扩张。研究室同人，初顾虑无显著成绩，数不敢轻易向大部请求经费，惟今年因出版丛书，风行国内外，远道来函索书者，月必数起，已稍有声誉，且与研究边疆问题之学术团体及边疆人士，多通声息，近复拟与中南半岛诸国学术机关，密切合作，必须有负专责人员。按原定计划，加强工作，故特呈函请求。

[《西南文化研究室计划书》（1948 年），云南省档案馆藏，云南大学全宗，档案号：1016 - 001 - 00585 - 012]

1948 年取消设立西南文化研究室

高字第 38077 号　学字第 4138 号

国立云南大学卅七年五月十七日学字第三九一七号呈件均悉，查大学设置研究机构应依大学研究所拓行组织规程云规定办理，以与有关学系打成一片属准该校以地位关系，本应从事于西南文化研究室自可由校集会有关学科之教授共同研究，但不必成立机构增加员额，所请设置西南文化研究室一节，未便照准，仰即知照，件存教育部□即。

教育部

中华民国卅七年七月九日

[《电云南大学设立西南文化研究室未便照准》（1948 年），云南省档案馆藏，云南大学全宗，档案号：1016 - 001 - 00202 - 109]

第 二 部 分

教职员情况

1938 年，自吴文藻来校时，便有李有义、郑安仑、薛观涛、费孝通等学生相继跟随来系任教，后不断延聘国内外优秀教职员，带领社会学系进行田野调查、开展教学研究、培养学生。

在吴文藻、陶云逵、费孝通、杨堃等系主任的带领下，系内除了外聘老师，还将系内培养的优秀学生留下作为助教、讲师。

一 教职员异动情况

吴文藻

函请准吴文藻到河口时予以便由

迳启者:

　　兹有本校新聘中英庚款补教授吴文藻偕同眷属及学生数人,于八月内来滇,俟该员等入境时,即希予以便利放行,实纫公谊。

　　　　此致

云南河口督办公署

　　　　　　　　　　　　　　　　　　　　云南大学　启

　　　　　　　　　　　　　　　　中华民国二十七年七月三十日

[《函请河口督办署吴文藻教授偕眷属及学生数人来滇请予放行由》(1938年7月28日),云南省档案馆藏,云南大学全宗,档案号:1016 - 001 - 00343 - 011]

就吴文藻等薪金问题,与中英庚款董事会来往信函

云南大学函管理中英庚款董事会

　　"时起可按月加薪二十五元并入原薪额内以八折核计并仍照前定原则由本会及贵校各半负担。准函前由相应函覆察照并请将自下学期起任职已满二年之教授开单送会以便核办为荷"等由;准此,自应照办。惟关于薪金问题,因昆明生活高涨,各系教授均感维持不易。本校及西南联大,均经决定加薪四十元至七十元。本校已将所有由本会补助为教授酌于增加。另函达外,查为办理见覆,为荷!

　　　　此致

管理中英庚款董事会

　　　　附送名单一份

国立云南大学任职已满二年教授名单

职别	姓名	到校年月
教授	蒋导江	二十七年二月
同上	吴文藻	二十七年八月
同上	朱炳南	二十七年九月

（杜业 二十七年十一月）

校长　熊庆来

中华民国廿九年九月七日[①]

[《函复云南大学所送任职已满二年之教授名单准蒋导江、吴文藻、朱炳南分别加薪》（1940年9月7日），云南省档案馆藏，云南大学全宗，档案号：1016 - 001 - 00190 - 033]

管理中英庚款董事会公函

案准贵校七月三十一日云字第零一六一三号公函，敬悉一切蒋导江、吴文藻教授均应自本年八月起加薪，朱炳南教授应自本年九月起照加相应，复请查照办理为荷。

此致

国立云南大学

中华民国二十九年八月三十一日

[《函复云南大学所送任职已满二年之教授名单准蒋导江、吴文藻、朱炳南分别加薪》（1938年7月28日），云南省档案馆藏，云南大学全宗，档案号：1016 - 001 - 00190 - 033]

1940 年吴文藻薪资

自二九年八月一日至三十年七月三十一日

聘：

胡元炜先生，文法学院院长兼文史系主任及教授，月薪国币四四〇元（五十元外八折）；

吴晗先生，教授，三四〇（元）；

……

---

① 具体日期，由档案目录得。

吴文藻先生，社会系主任兼教授，四四〇；

陶云逵，教授 英庚讲座，三四〇（元）。

[《民国二十九年七月份起新聘教职员及教职员变动通知单》（1940 年），云南省档案馆藏，云南大学全宗，档案号：1016 - 001 - 00454 - 004]

1940 年函聘吴文藻为学生贷金委员会委员

敬启者：

本校第一次校务会议：决遵照部令，组织学生贷金委员会，除本校教务长及训导主任为当然委员外，聘请吴文藻先生、沙玉彦先生、涂文先生为该会委员，并由教务长召集相应，函请查照。

此致

（程仰秋代教务长）、伍纯武先生、吴文藻先生、涂文先生

云南大学

中华民国二十七年十二月十六日

[《函聘伍纯武、吴文藻、沙玉彦、涂文、程仰秋为本校学生贷金委员会委员由》（1938 年 12 月 16 日），云南省档案馆藏，云南大学全宗，档案号：1016 - 001 - 00346 - 021]

1939 年聘吴文藻暑讲会讲师会

迳启者：

顷准大函，以本年暑期讲习讨论会，学术、时事演讲，应先期约聘名流担任，嘱为代聘讲师八人，并将名单开示，俾便正式延聘。等由；遏校，兹就敝校教授中代聘八人，除先行公函聘外；相应开送讲师名单，函请查获早办理为荷。

此致

云南省教育厅

附暑期讲习讨论会讲师名单一份

国立云南大学校长　熊庆来　启

七月□日

代聘二十八年暑期讲习讨论会讲师名单

萧叔玉先生　吴文藻先生

林同济先生　王赣愚先生
汤惠荪先生　张正平先生
顾颉刚先生　朱驭欧先生
[《函聘肖叔玉、林同济、汤蕙荪、顾颉刚、吴文藻、王赣愚、张正平、朱驭欧诸先生为暑讲会讲师会》（1939 年 7 月 12 日），云南省档案馆藏，云南大学全宗，档案号：1016 - 001 - 00982 - 005]

1939 年教育部令云大发给吴文藻来渝旅费

事由：拟呈发给吴教授文藻来渝旅费，指令知照
教育部指令
高字第 17517 号

令国立云南大学　二十八年七月一日呈一件——为呈复吴教授文藻业已启行赴渝，旅费亦已照支由。呈悉。查该校教授吴文藻来渝出席大学课程会议，业由本部发给旅费六百元。此令。
存查。

部长　陈立夫
中华民国廿八年七月廿七日

[《令云南大学发给吴文藻教授来渝旅费仰知照由》（1939 年 7 月 27 日），云南省档案馆藏，云南大学全宗，档案号：1016 - 001 - 00982 - 011]

1939 年云南大学函请英庚款会继续补助吴文藻

查敝校社会学系近奉部令于暑假后正式成立，该系主任业由敝校聘请吴文藻先生担任。盖以开发边疆，为今日急务，而边政边教，欲求推进，非有曾受社会学切实训练之专门人材不为功。吴文藻先生有鉴于此，不远来滇，发苦干之宏愿，作远大之计划，除学理之探研外，尤求有补于国计。此种情形，曾屡向贵会及洛氏基金接洽补助，均得慨表同情，允予助力。洛氏基金方面补助重在研究，而贵会方面，则英庚款会杭总干事表示可补助人员，故吴文藻先生仍请由贵会继续照前补助全薪。再查该系协助科学工作人员中研究人类学及民俗者，原为费孝通及江应樑二人，其协款各为一百二十元及八十元，现敝校求聘费孝通先生为副教授，请予补助薪金每月二百八十元。江应樑之协款亦请增为一百元，每月并请补助调查旅

费二十元，实支实报。至费孝通遗缺，拟请张凤岐递补，其协款即请照江应樑之数目发给。以上各人补助，业经敝校吴文藻先生与贵会杭立武总干事面洽。相应函达，敬希查照，惠予办理，实纫公谊，此致。

管理中英庚款董事会

国立云南大学

廿八年七月廿四日

[《函请管理中英庚款董事会继续补助吴文藻先生》（1939 年 7 月 24 日），云南省档案馆藏，云南大学全宗，档案号：1016 - 001 - 00190 - 005]

函聘吴文藻等为东陆一览编辑委员会委员

文别：聘函

送达机关：吴文藻、陈养材先生，楚图南、胡小石、赵诏熊先生

事由：函聘吴文藻先生等为东陆一览编辑委员会委员请查照由

发文第 00044 号

迳启者：

现拟编辑一览，特组织云南大学一览编辑委员会，敦聘台端为本校一览编辑委员会委员，并负责合集，相应检送委员名单，函请查照办理为荷。

此致

吴文藻、陈养材先生，楚图南、胡小石、赵诏熊先生

附送委员名单一份

校长　熊庆来

中华民国二十九年一月九日

[《函聘吴文藻等先生为本校一览编辑委员会委员请查照由》（1940 年 1 月 9 日），云南省档案馆藏，云南大学全宗，档案号：1016 - 001 - 00344 - 074]

吴文藻函熊庆来开办任职证明

吴文藻函校长：

迪之校长勋鉴：

久违道范，时切驰念，战后校中发展情形为何常在念中。弟自去年秋东渡担任此间政法组工作已逾一年，只以国内情况日非国际地位、日降对

外活动，殊受影响。兹以外部人事处催办送审关于在滇服务，须补证件随函附上一纸，倘蒙同意□即签字后用航挂部迳寄南京外交部吴其玉参事收，为防遗失计，请在信封上写明"如吴参事不在部请迳发交人事处处长收"等字样，琐事相烦，不胜感激，专肃敬项。双安诸旧同事请一一代侯为荷，来函可由上海法华路本团（中国驻日代表团）上海通讯处主任庄玉霆转东京。

中华民国卅六年十一月廿八日

学校回复：

NO. 3208

查吴文藻先生曾于民国二十七年九月至二十九年底担任本校英庚款社会学讲座及英庚款研究生之指导员，同时任本校社会学系主任并于二十八年至二十九年间兼任本校文法学院院长诸职。

特此证明

国立云南大学校长

中国民国卅六年十二月三日

［《吴文藻先生在本校任职期间之证明》（1947 年 12 月 3 日），云南省档案馆藏，云南大学全宗，档案号：1016 – 001 – 01260 – 102］

1939 年吴文藻履历

国立云南大学二十七年度下学期教授履历表	
姓名	吴文藻
别号	
籍贯	江苏会阴县
年龄	三十九岁
性别	男
学历	清华大学毕业 1923 美国哥伦比亚大学哲学博士
经历	一九二九 二月 燕京大学社会学系讲师 一九二九 九月 清华大学兼任讲师 一九三四—三四 燕大代理文学院长 一九三四—三五 燕大社会学系主任 一九三六—三七 美国罗氏基金社资助游学教授

续表

经历	一九三七—三八 燕大社会研究荣誉学位筹备主任 一九三八— 云大英庚款讲座
备改	

[《本校民国二十七年下学期教授履历表（王赣愚、肖蘧、范师武、朱驭欧、伍纯武、赵铸、吴文藻、饶重庆、王政、吴晗、陶音、方国瑜、施蛰存、李季伟、沙玉彦、邹恩泳、丘勤宝等）》（1938 年），云南省档案馆藏，云南大学全宗，档案号：1016 - 001 - 00471 - 013]

吴文藻简历

姓名	年龄	略历	职别	到校日期
吴文藻	三十八岁	美国哥伦比亚大学博士，燕京大学社会学教授，代理文学院院长；美国罗氏基金社资助游学教授（一九三六—一九三七）；燕京大学社会研究荣誉学位筹备主任（一九三七—一九三八）	社会学教授	民国二十七年九月

[《肖叔玉、伍纯武、范师武、朱驭欧、王赣愚、王政、吴文藻、朱炳南、徐绳祖、赵铸、费孝通、高仁夫、高直青、方国定、甘师禹的简历表》（1940 年），云南省档案馆藏，云南大学全宗，档案号：1016 - 001 - 00425 - 004]

云南大学教职员变动通知单——吴文藻

教职员变动通知单

职别	姓名	变动情形	月薪	起薪月日	止薪日期	附注
社会系主任	吴文藻	告假一学期			二十九年十月底日	

请即查照
　　此致
会计室
国立云南大学总务处（章）
十一月九日

[《云南大学民国三十年一至八月份教职工和直系亲属及校工警膳食补助费名册等件》（1941 年 11 月 9 日），云南省档案馆藏，云南大学全宗，档案

号：1016 - 001 - 00454 - 001/1016 - 001 - 00424 - 007〕

1940 年吴文藻告假，陶云逵代理系主任

本校社会系主任吴文藻先生告假一学期，其职务由陶云逵先生代理。相应通知，即请查照。

此致

社会学系

出版组

十一月九日

〔《庄国珍、吴新、包乾俊、金蕙苏、马烈薪、刘宝琼、马白良、郑彦澄、薛观涛、马鹤苓、周泳光、范师武、瞿同祖、吴文藻的职务变动通知书》（1940 年 11 月 9 日），云南省档案馆藏，云南大学全宗，档案号：1016 - 001 - 00424 - 007〕

聘吴文藻先生为本校驻渝代表

文别：聘函

送达机关：吴文藻

事由：函聘吴文藻先生为本校驻渝代表由

第 02240 号

国立云南大学聘函

敬启者：

兹敦聘台端为本校驻渝代表，相应备函奉达，敬希台诺为荷。

此致

吴文藻先生

校长　熊庆来

中华民国廿九年十二月十七日

〔《吴文藻先生之聘函》（1940 年 12 月 17 日），云南省档案馆藏，云南大学全宗，档案号：1016 - 1 - 1260 - 103〕

王　政

王政简历表

姓名	别号	年龄	略历	职别	到校日期	备注
王政	子政	三十三	美国斯丹佛大学教育学学士，社会学硕士，中央大学教授，实业部科长，国民经济建设委员会总会专员。云南省立昆华师范学校校长。云南新平	教授	二十七年三月	本年请假

[《肖叔玉、伍纯武、范师武、朱驭欧、王赣愚、王政、吴文藻、朱炳南、徐绳祖、赵镈、费孝通、高仁夫、高直青、方国定、甘师禹的简历表》（1940年），云南省档案馆藏，云南大学全宗，档案号：1016－001－00425－004]

1939 年王政履历表

国立云南大学二十七年度下学期教授履历表

姓名	王政
别号	子政
籍贯	云南新平
年龄	三十三
性别	男
学历	北京清华学校毕业 美国斯丹福大学教育学学士社会学硕士
经历	国立中央大学教授中央政治学校教授 实业部科长 国民经济总动员会总会专员 云南省立昆华师范校长 云南省立云南大学教授
备改	

[《本校民国二十七年下学期教授履历表（王赣愚、肖蘧、范师武、朱驭欧、伍纯武、赵镈、吴文藻、饶重庆、王政、吴晗、陶音、方国瑜、施蛰存、李季伟、沙玉彦、邹恩泳、丘勤宝等）》（1939年），云南省档案馆藏，云南大学全宗，档案号：1016－001－00471－013]

新聘王政

教职员变动通知单

职别	姓名	变动情形	月薪	研究费及其他	起薪及止薪日期	备注
社会系兼任教授	王政	新聘	一四四元		卅六年九月至卅七年六月底止	每周授课三小时

请即查照

此致

国立云南大学总务处

卅六年十月十三日

[《本校教职员异动通知单范继志、徐骏平、凌云骏、秦作良、王政、徐文宣、孙建毅、邹景荣、周耀、黄邻宾、庚家骥、蔡克华、丘勤宝、赵思钜、赵康节、俞家麟、周光倬》（1937年10月13日），云南省档案馆藏，云南大学全宗，档案号：1016-001-00374-028/1016-001-00466-006]

续聘王政

教职员变动通知单

职别	姓名	变动情形	月薪	研究费及其他	起薪及止薪日期	备注
社会系兼任教授	王政	续聘	一四四元		九月至卅八年六月底止	每周授课三小时

请即查照

此致

国立云南大学总务处

卅七年九月十五日

[《周光倬、王政、李德家、杨宜春、董宝芷、段理惠、钟家显、丁举赏、孙希复、孙方、赵澍、杨克成、张骏祥、刘文藻、王云珍、顾学颉、段山、瞿明宙、肖常斐异动通知》（1938年9月15日），云南省档案馆藏，云南大学全宗，档案号：1016-001-00375-013]

1938 年王政未应聘

教职员变动通知单

职别	姓名	变动情形	月薪	研究费及其他	起薪及止薪日期	备注
社会系兼任教授	王政	未应聘			九月一日止	1. 各项津贴照加 2. 每周授课□小时

请即查照

　　此致

国立云南大学总务处

卅七年十一月四日

[《张志承、王伯琦、李秉瑶、任锦缓、赵法源、张德贵、肖敏、姚奠中、冯蓬章、崔之兰、王政、吴薇生、顾光中、陈震宇、冯浩、朱杰勤、潘正涛、韩春元、倪中芳、王仲彦等委令异动通知》（1938 年 11 月 4 日），云南省档案馆藏，云南大学全宗，档案号：1016 - 001 - 00375 - 019/《本校教职员异动通知单江芷庵、杨智、凌达扬、郑智绵、约德、赵荣海、倪中方、冯蓬章、王政、冯浩、吴薇生、韩春光、陈书、徐绍龄、杨培谷、陈东凯、张炳翼、万寿康、吴融清等》（1938 年），云南省档案馆藏，云南大学全宗，档案号：1016 - 001 - 00467 - 020]

任命王政为省政府教育厅厅长

　　案奉国民政府卅四年十一月廿日简字第六五五号任状开："任命王政兼云南省政府教育厅厅长。此状。"等因；奉此，政遵于十二月一日敬谨就职视事。除分别呈报咨行外；相应函请贵校查照为荷！

　　此致

国立云南大学

王政

卅四年十二月廿二日

[《为奉状到职日期函请查照由》（1945 年 12 月 22 日），云南省档案馆藏，云南大学全宗，档案号：1016 - 001 - 01034 - 014]

李有义

聘李有义

教职员变动通知单

职别	姓名	变动情形	月薪	起薪月日	止薪月日	附注
社会系专任讲师	李有义	自一月份起致送津贴	80元	三十年一月一日	三十年七月底	由农行补助费项下致送

请即查照
　此致
会计室
二月十三日

[《教职员变动情况》（1941年2月13日），云南省档案馆藏，云南大学全宗，档案号：1016－001－00424－017/1016－001－00454－015]

李有义教职员情况

社会系费孝通，英庚会科学人员。张之毅、李有义，原薪由农民银行开支。聘李树青先生为社会系兼任讲师，每周任课三小时，月支100元。

　总务处查照

　　　　　　　　　　　　　　　　　　八月三日（卅一年）

[《刘汉、沈来秋、何永佶、由道、李有全、李树青、徐茂、陆忠义、陶云达、张汝汉、朱德祥、杨元坤、鲁昭祎、朱家骏、钱同福的应聘函件及薪金支付方法》（1942年8月3日），云南省档案馆藏，云南大学全宗，档案号：1016－001－00428－013]

1941年国立云南大学教职员录

陶云逵：社会学导论、社会心理学各二小时。
费孝通：《禄村农田》著作，英庚会，人文类型，商务，并在著《生育制度》一册。
林耀华：近代社会学学说、三小时，社会学研究方法：二小时。
瞿同祖：授课六小时，《中国法律与中国社会》著作。
李有义：农行开支、人口问题、社会机关参观、社会调查，各一小时。

吴富恒：语言学一小时。

李树青：农村社会学、都市社会学，各二小时。

史国衡：《昆厂劳工》著作，内力新工业、农行开支。

张之毅：《易村手工业》，《土地和金融》玉村在著中。

俸额	四二〇	一八〇 津贴 八〇－一九五	三四〇	三一五	二八五	一二〇
职别	社会系教授兼代主任	民族学一小时教授		（文法学院）副教授	专任讲师	兼任讲师
姓名	陶云逵	费孝通	林耀华	瞿同祖	李有义	吴富恒
别号				天况		
性别	男	男		男	男	
年龄	三四	三〇		三一	三〇	
籍贯	江苏武进	江苏吴江		湖南长沙	山西太原	河北
学历	德国柏林大学人类学博士	燕京大学学士，清华大学研究院毕业，伦敦哲学博士		燕京大学硕士	燕京大学硕士	
经历	国立中央研究院研究员	曾任广西省政府特约研究专员				
到职年月	二十七年十一月	二十七年十一月	三十年七月一日	二十八年八月	二十八年九月	三十一年二月
永久通信处			复聘自三十年七月一日起至三十一年七月底止，各项津贴自八月份起	送审侯	课程人口问题、社会参观各三小时；著作《比较社会学》	新聘至三十一年六月止，接任语言学概论一课，每周三小时以十元计算
俸额	一二〇	一一〇	一九〇	一七〇	一五〇	月给津贴二十元
职别	讲师	（研究）助教				学生助理
姓名	李树青	史国衡	张之毅	田汝康	谷苞	安庆澜

续表

别号		子毅			
性别		男	男		
年龄		二七	二八		
籍贯		湖北随县	湖南醴陵	云南昆明	
学历		清华大学文学士	同上	同上	
经历					
到职年月		二十八年八月	同上	同上	
永久通信处		曾送审		新聘三十年十月一日起至三十一年七月底止，津贴照加	新聘自九月份，不给津贴

［《本校教职员名录林同济、姜家清、楚图南、赵诏熊、陈逵、徐嘉瑞、袁昌、王玉章、方国瑜、刘汉、陈定民、白寿彝、诸祖耿、冯友兰、朱观、王仲桓、沈来秋、伍纯武、陆忠义、费孝通等》（1941 年），云南省档案馆藏，云南大学全宗，档案号：1016 - 001 - 00474 - 005］

函准电函送李有义等二员服务成绩调查表请

接准贵处核成□代电嘱将宋漱石、李有义、田汝康等三员服务成绩切实考核依照附发表式详注寄奉等由。自应照办，查名单所列内除宋漱石一员，本校未改国立以前，李有义一员已于三十二年十月一日离校，仅田汝康一员现任本校助教，兹为嘱填列李有义、田汝康二员调查表多份省文函送，请烦查照。

此致

军事委员会委员长　第三处

附送调查表二份

云南大学

中华民国三十三年三月六日

［《瞿同祖、王伯琦、丁振麟、宋漱石、李有义、田汝康、陈永健、杨宪

颐、张玉贞、徐仁证明书》（1944 年），云南省档案馆藏，云南大学全宗，档案号：1016 - 001 - 00378 - 011]

李有义请假停职

查本系副教授李有义已于三十二年九月请假停职其薪津自十月起即已停发。讲师史国衡则迄未离职。

请总务处查照

瞿同祖
社会学系
三月二十八日

教职员变动通知单

职别	姓名	变动情形	月薪	起薪月日	止薪日期	附注
社会系副教授	李有义	停薪			三十二年十月一日停薪	

请即查照
此致
三月三十日

[《分别核准李有义、徐仁、史国衡停薪事由》（1944 年 3 月 28 日），云南省档案馆藏，云南大学全宗，档案号：1016 - 001 - 00441 - 016]

李有义停薪

教职员变动通知单

职别	姓名	变动情形	月薪	起薪月日	止薪日期	附注
社会系副教授	李有义	停薪			三十二年十月一日停薪	五十元外八折再加生活补助费二十元，此项生活补助费在未经教部允许照发前由农行补助费项下开支

请即查照
此致
会计室
国立云南大学总务处（章）
十月三十日

[《教职员变动通知》（1943 年），云南省档案馆藏，云南大学全宗，档案
号：1016 - 001 - 00456 - 003]

费孝通

费孝通简历表

姓名	别号	年龄	略历	职别	到校日期	住址
费孝通		二十八	燕京大学文学士，清华大学研究院毕业，伦敦大学哲学博士，曾任广西大省政府特约研究专员	政经系副教授	民二十七年十一月	昆明永华圃街五十一号

[《肖叔玉、伍纯武、范师武、朱驭欧、王赣愚、王政、吴文藻、朱炳南、
徐绳祖、赵铸、费孝通、高仁夫、高直青、方国定、甘师禹的简历表》
（1940 年），云南省档案馆藏，云南大学全宗，档案号：1016 - 001 - 00425 -
004]

管理中英庚款董事会科学研究助理近况调查表

姓名	报到月份	研究计划及研究近况	指定导师	已领生活费数	备注
费孝通	二十八年一月到校工作	结束《禄村农田》一书，准备出版，约于本年二月初，可以交香港商务书馆印行，已得会方同意，列入社会学丛刊乙集第一种，另在编著亲属制度（或家族社会学）已成三章	吴文藻	自九月份起月支生活费共二百元，已领到十二月份	

[《科学研究助理近况调查表（费孝通）》（1948 年 5 月 1 日），云南省档案
馆藏，云南大学全宗，档案号：1016 - 004 - 00491 - 064]

为白寿彝、费孝通协款事函复管理中英庚款董事会

出字第 411 号

案奉钧长发下准英庚董事会 2597 号公函一件并附送继续协助起讫年月
表一份等因，奉此，遵查表列人员关于本校部份起讫年月不无出入之处，
兹特摘抄一份，并加附"本校加注说明"一栏，除白寿彝、费孝通二员
外，拟请函知分别照案汇校，以便按月代发是否有当理合签请转知文书

组，查照办理。

    谨呈

总务长 徐

    附表一份、原文一件、原表一份

云南大学

中华民国二十八年十月三十日

[《为白寿彝、费孝通协款事函复管理中英庚款董事会》（1939 年 11 月 2 日），云南省档案馆藏，云南大学全宗，档案号：1016 – 001 – 00519 – 016]

文别：公函

送达机关：管理中英庚款董事会

事由：为函复关于科学工作人员由有白寿彝、费孝通止聘为本校讲师、教授八月份协款应否增长所列各员起薪年月多有不符，请台查明见复由

    案准贵会十月廿五日函，以科学工作人员，其仍行继续协助，及已停止协助者，汇制一表，送达敝校查照等由，准照，查表列分发本校工作人员计有八员，除表内业已准照停止协助不计外，惟查内有费孝通先生，敝校已聘为副教授，白寿彝先生，敝校照聘为讲师。其聘期均自本年八月份起，照案其以后协款自应停止。但八月份协款，应否增发，请即酌空示复。又查此表所列各员协款，其起讫年月，多有与贵会以前通知敝校年月不符之处，兹特另开一表，并加注说明，随函附案，请即查照，核照赐复。至各员应得协款，请即分别照案迅汇本校，以便按月代发，为荷。

    此致

管理中英庚款董事会

    计附协助科学工作人员起薪年月日表工作

云南大学

民国二十八年十一月二日

国立云南大学中英庚款董事会协助科学工作人员起薪年月表（二十八年度）

姓名	组别	继续协助起讫年月	备注	本校加注说明机制
张维华	历史			

续表

姓名	组别	继续协助起讫年月	备注	本校加注说明机制
白寿彝	同			
费孝通	语言民俗	二十八年八月至二十九年七月底止		由二十八年八月份起已由本校聘为社会学系副教授
周杲	语言民俗			
宓贤璋	政治			
江应樑	语言民俗	二十七年八月份开始	已他就停止协助增开八月份协款一个月	应汇开二十八年八月份一个月之协款
岑家梧	考古艺术史			
丁道衡	地质地理			

二十八年十月三十日　　（章）编制

教职员变动通知单

职别	姓名	变动情形	月薪	起薪月日	止薪月日	附注
社会系副教授	费孝通	增薪	月增二十元	二十九年九月一日	三十年九月底	外加津贴二十元，款由英庚会项下开支款

请即查照
　　此致
文书组、会计室、出纳组
十月二十五日

[《袁同功、姚薇元、王翌金、代望舒、孙大雨、吴传颐、熊廷柱、代弘、俞大绂、陆近仁、殷宏章、卢焕云、张玺、张福华、田汝康的增薪汇款应聘便函》（1941 年），云南省档案馆藏，云南大学全宗，档案号：1016 - 001 - 00519 - 016]

费孝通薪金

奉校长谕：

社会学系副教授费孝通先生支薪办法改订为下。

（一）每月月薪一百六十元，由英庚款补助，上年八月至本年七月止。

（二）每月学校任费开支俸薪七十四元，社会学系常年经费一万元项下支付。

相应通知即希查照为荷。

此致

会计室

国立云南大学总务处（章）

二月二十六日

[《费孝通薪金》，云南省档案馆藏，云南大学全宗，档案号：1016－001－00453－005]

费孝通改聘

教职员变动通知单

职别	姓名	变动情形	月薪	起薪月日	止薪日期	附注
社会系教授	费孝通	改聘	照旧			

请即查照
　此致
会计室
国立云南大学总务处（章）
九月十一日

[《费孝通改聘》，云南省档案馆藏，云南大学全宗，档案号：1016－001－00453－010]

1940 年为请继续费孝通等事函管理中英庚款董事会

案查本校科学工作人员费孝通、白寿彝两先生，前由本校一聘为副教授，一聘为专任讲师，呈请核廿八年八月份起，将是项协款停止在案。兹查，应行停止协助由，仅系白寿彝先生一人，至费孝通先生，则系由本校聘为名誉副教授，按本校副教授月薪每月二百八十元，住居乡间，担任研究工作，本校仅月略送车马费，并未正式发薪，前函呈请与白寿彝先生吕列，同请停止协助，请予更正。查费先生学识优长，本校自应聘请。

拟请贵会惠予继续补助。复查费先生系自二十八年八月聘请口，请仍自是月份起补助。相应函达，致希查照赐予办理见复，实纫公谊。

此致

管理中英庚款董事会

校长　熊庆来

中华民国二十九年一月十八日

[《为请继续费孝通等事函管理中英庚款董事会》（1940年1月18日），云南省档案馆藏，云南大学全宗，档案号：1016－001－00519－022]

为函送协助科学工作人员协款收拨请查照由

出纳组会阅

发文第00305号

列衔公函

案准贵会汇交本校代发协助科学工作人员费孝通先生协款共国币一千九百二十元正，业俟如数收记。相应检于收拨送请查照，为荷。

此致

管理中英庚款董事会

计送收据两张

校长　熊庆来

中华民国二十九年二月二十八日

管理中英庚款董事会事物的公文收据

来文字号：云字三〇五号

附件 总收据两张

来文三月一日　中华民国二十九年三月二十七日

事：函送代发费孝通君协款总收据

右文业于三十九年十三日收到，按照公文改良办法第二项之规定，不再以公文答复此致。

国立云南大学

中华民国二十九年三月

公文收据　科字九九三号

送请会计室、出纳组查照 三月二十七日

中华民国二十九年三月十九日

[《为送费孝通协款收据事函管理中央庚款董事会》（1940 年 3 月），云南省档案馆藏，云南大学全宗，档案号：1016－001－00519－024]

为准中央庚款董事会函催报研究结果事通知费孝通等查照由

案查本会资送贵校继续研究科学人员费孝通、周昈、宓贤璋等三名，其协助期间至本年七月终届满，兹经本会决定限于六月底以前一律将研究结果缮具，详细总报告送会审查以凭决定将来是否再予继续协助，如预期不送则不予考虑至各员协款并予延长一个月至本年八月底止即行备案汇请代发，除分别函知外，相应函达，即希查照并请转知各员迅即办理是为荷。

此致
国立云南大学

中央庚款董事会
中华民国二十九年六月二十七日

通知：汇中英庚款等事公函催报研究结果，通知查照由

案准管理中英庚款董事会函："案查本会资送贵校继续研究科学人员费孝通……（录原函）……是为至荷！"案由；准此，相应通知，请即查照办理，为荷。

此致
费孝通先生、周昈先生、宓贤璋先生

国立云南大学　启
民国二十九年七月八日

[《为准中央庚款董事会函催报研究结果事通知费孝通等查照由》（1940 年 7 月 8 日），云南省档案馆藏，云南大学全宗，档案号：1016－001－00519－027]

管理中英庚款董事会协助科学工作人员领受协款规则

管理中英庚款董事会

协助科学工作人员

领受协款规则

（一）凡领受本会协款须确无兼受其他机关薪给或奖学金或类似之报酬，并须经本会认为适当之人员，填具保证书送交本会查核，如事后发觉有兼受其他机关薪给或奖学金或类似之报酬，本会得向领受协款人及保证人追究。

（二）本会协款以一年为期，自廿七年八月起至廿八年七月止由本会之委托机关或人员按月发给。

（三）在领受协款期间，领受人应按照本会或本会委托之机关或人员所核定之研究计划，在指定地点切实工作，不得中途离弃。该项核定研究计划及指定地点，非经本会许可不得自行变更。

（四）领受协款人之工作应受本会委托机关或人员之指导监督，如有工作不力或不依照研究计划进行或有其他本会认为严重之情事，得随时停止协款。

（五）以正本传送本会查核。

（六）领受协款人在领受协款期间之研究成绩，非经本会同意不得自由发表该项成绩。如本会认为有印行必要，得发刊单行本，其版权为本会所有，但得酌给原著作人以版税之一部分。

（七）领受协款人对本会委托工作有接受之义务。

姓名	学科	籍贯	年龄	通讯处　（最近　永久）
张维华	历史	山东寿光县	34	重庆字水街朝天驿九院 山东寿光县稻田街部局转尉家竞河

保证人：王希酥；职业：曾任河南大学教授兼经济系主任；通信处：重庆字水街朝天驿九院　廿七年廿八日。

丁道衡	地质	贵州织金	38	云南昆明云南大学踩冶系转 贵州贵阳三山路四十八号

保证人：李宗之；职业：国立西南联合大学教授；通信处：昆明联合大学。

江应樑	人类及民俗	云南	30	昆明华国巷 14 号

保证人：吴文藻；职业：云大教授；通信处：昆明云南大学。

岑家梧	艺术史	广东澄迈县	26	广西桂平西街六十一号林宅楼上中座 昆明中央研究院金汉升先生转

续表

姓名	学科	籍贯	年龄	通讯处　（最近　永久）
保证人：罗香林；职业：广州市立中山国书馆长、国立中山大学教授；通信处：广西桂平仁寿街六六号。				
白寿彝	历史	河南开封	30	桂林西外街二十四号（到昆明后可由云南大学顾颉刚先生转交）
保证人：白时飞；职业：广西大学校长（现任）；通信处：桂林李子围 广西大学驻省办事处。				
宓贤璋	政治	浙江海宁	32	昆明国立云南大学顾颉刚转
保证人：汤独新；职业：国立贵阳医学院讲师；通信处：国立贵阳医学院。				
费孝通		江苏吴江	28	昆明云南大学吴文藻先生转
保证人：吴文藻；职业：云大教授；通信处：昆明云南大学。				

机构名称：云南大学	地点：昆明

第一期汇款

姓名	每月协款	姓名	每月协款
丁道衡	200	江应樑	80
张维华	120	费孝通	120
宓贤璋	100	白寿彝	80
岑家梧	80	单粹民	120

共计人数	每月共支款数	附送请 协款书副本	由本会发给协款数	由本会汇交代发协款数	备注
8	$ 900	7	$ 940	$ 4460	

第二期汇款

更调，已撤销原案，或尚未到达工作地点人姓名	每月协款	共余款数	备注
单粹民	120	480	

附送请领 协款书副本	实到人数	每月共支款数	六个月 共计款数	上期存款	第二期汇交 代发协款数	备注
	7	$ 780	$ 4680	$ 480	$ 4200	

注意：

一、协款数额系实支数；

二、正收据应由领款人缴贴印花，未满一百元者贴四分，一百元以上贴六分。

代发中英庚款董事会协助科学工作人员、拟获取人员名单 （27 年）

姓名 ＼ 月份	8 月	9 月	10 月	11 月	12 月	28 年 1 月	总计
张维华	0	100	100	100	100	100	800
丁道衡	0	260	260	260	260	260	2080
宓贤璋	0				060	060	300
岑家梧	0	0	040	040	040	040	280
江应樑	0.40	0.40	0.40	0.40	0.40	0.40	360
费孝通	100	100	100	100	100	100	900
白寿彝	0	0	0	040	040	040	240
单粹民							
共计							4960

机构名称				地点			
云南大学				昆明			
姓名	每月协款数	请领协款书	曾在本会领取协款数	姓名	每月协款数	请领协款书	曾在本会领取协款数
丁道衡	二〇〇	已交		江应樑	八〇	已交	
张维华	一二〇	已交		费孝通	一二〇	已交	
宓贤璋	一〇〇	已交	九、十、十一三月，三百元	白寿彝	八〇	已交	八、九、十三月二百四十元
岑家梧	八〇	已交	八、九两月，一百六十元				
共计八人，每月共支九百元							
已交协款书七张，已由本会交给协款九百四十元							

注意：

　　一、协款数额系实交数；

　　二、正收据应由领款人缴贴印花，未满一百元者贴四分，百元以上贴六分。

[《请领协款书（周杲、张维华、丁道衡、江应樑、岑家梧、白寿彝、宓贤璋、费孝通）》（1938 年 10 月 28 日），云南省档案馆藏，云南大学全宗，档案号：1016－001－00183－011]

管理中英庚款董事会为费孝通协款及继续协助等事函云南大学

中庚会科学工作人员表

管理中英庚款董事会汇发科学工作人员协款通知单（渝庚科学第 5743 号）

协款种类及数额：

费孝通三十年八月至十月（成绩审查期），协款及津贴七百八十元正（协款一八〇元，津贴八〇元）

汇发日期：民国三十年九月十三日

交汇银行：中国

附件：回单一纸，总收据一件，受协助人员及领取空白收据三纸，每纸正副合一联

附注：该款收到后请即将回单及总收据一件填送

　　　从三十年八月份起每月增加津贴三〇元，连前共八〇元

　　　　　　　　　　　　　管理中英庚款董事会（章）　　启

　　　　　　　　　　　　　三十年九月十七日

送中庚会公函　为本校科学工作人员费孝通先生应领十一月份协款及津贴，尚未寄校，请迅赐寄校，以凭转发由

第〇一五三九①号

　　　查本校科学工作人员费孝通先生之协款及津贴，案准贵会汇发至本年十月份并由校转发费先生收领在案，其十一月份应领该项协款津贴尚未准汇寄来校，应请贵会迅赐汇发，并请按月寄核，以资转发，相应函达，请烦查照办理，实纫公谊。

　　　此致

管理中英庚款董事会

　　　　　　　　　　　　　　　　　校长　熊庆来

　　　　　　　　　　　　　　中华民国三十年十二月六日

渝庚科第 6277 号

　　　接准贵校本年十二月六日，云字一五三六号，函嘱汇发费孝通君本年十

―――――――――――

　　①　原档案由六改为九。

一月以后各月份协款等由，备悉。查费君成绩甚佳，虽论文尚在审查中，是否续助未能确定，但继续协助原则上可无问题，惟接吴文藻教授最近来会面，谈费君已有专任工作，无须协助，究竟为何，尚希询照，示复为荷。

此致
国立云南大学

管理中英庚款董事会

中华民国三十年十二月卅日

[《为费孝通协款及继续协助等事函云南大学》（1941 年 12 月 30 日），云南省档案馆藏，云南大学全宗，档案号：1016 – 001 – 00519 – 045]

1943—1944 年应聘书——费孝通

应聘书

国立云南大学应聘书

兹应国立云南大学之聘为社会系主任兼教授，兹订定并同意如下规约：

一薪金每月国币五百五十元，按月支领；

一每周授课自□小时至□小时；

一应聘期自民国三十二年八月起至三十三年七月底止；

一其他事项依照教职员待遇服务规程办理。

应聘人：费孝通

中华民国三十二年八月三十日

[《为聘史国衡为本校社会系讲师、费孝通为主任兼教授、许烺光为研究室主任、瞿同祖为副教授、张之毅为讲师、汪子瑞为教授等聘书》（1943 年 8 月 31 日），云南省档案馆藏，云南大学全宗，档案号：1016 – 001 – 00366 – 001]

1944—1945 年应聘书—费孝通

国立云南大学应聘书　　第 49 号

兹应国立云南大学之聘为社会学系主任兼教授，并订定并同意如下规约：

一薪金每月国币五百五十元按月支领；

一每周授课自□小时至□小时；

一应聘期自民国三十三年八月起至三十四年七月底止；

一其他事项依照教职员待遇服务规程办理。

应聘人：费孝通（及章）

[《韩裕文、司徒尹衡、齐祖誩、陆忠义、陈世忠、张家驹、姚嘉椿、罗锦江、秦瓒、饶重庆、于振鹏、周新民、杨宪颐、范永枢、费孝通的应聘书》（1944 年），云南省档案馆藏，云南大学全宗，档案号：1016 - 001 - 00419 - 003]

1945—1946 年应聘书—费孝通

国立云南大学应聘书

兹应国立云南大学之聘为本校教授兼社会学系主任，兹订定并同意如下规约：

一薪金每月国币名誉职元按月支领；

一每周授课自□小时至□小时；

一应聘期自民国三十四年八月起至三十五年七月底止；

一其他事项依照教职员待遇服务规程办理。

应聘人：费孝通（及章）

[《费青、费孝通、张之毅、胡庆钧、王志诚、傅懆斐、王康、倪中方、吴家华、庄圻泰、姜振中、朱亚杰、程力方、徐绍龄、龙文池、黄锦焕、崔之兰等人应聘书》（1945 年），云南省档案馆藏，云南大学全宗，档案号：1016 - 001 - 00415 - 004]

奉校长条谕："社会系系主任费孝通先生职务如旧，但待遇请按兼任待遇办理，兹决定除部里四小时之正薪及加贴类外，每月致送特别办公费三千元，研究指导费贰万元（特别费支）膳食补助壹万元。"等因奉此，相应通知，即自卅四年八月份起遵照办理，并应将八月份起已发之专任待遇全数收回，希即查照办理为荷。

此致

文书组（请另发聘书待遇附函列明）

国立云南大学

中华民国卅三年十一月二十日

[《为本校教职员孙洪芳、何凯、陆星垣、冯宝庚、费孝通、钟盛标、吴兴俊、章辘、茅士中等聘任辞职、停职、改薪等人事变动通知单》（1945 年

10 月 22 日），云南省档案馆藏，云南大学全宗，档案号：1016 - 001 -
00372 -037/《袁家骅、陈定民、高郎节、贺仰、汪耀三、路祖焘、秦瓒、
姚嘉椿、王贡予、瞿同祖、汤定宇、倪中方、潘光旦、王式成的职务变动
通知单》（1945 年），云南省档案馆藏，云南大学全宗，档案号：1016 -
001 -00459 -009/《为民国三十二年一月、二月战区学生贷金等事代电云
南大学知照由》（1943 年），云南省档案馆藏，云南大学全宗，档案号：
1016 - 001 -00562 -001]

1940 年中英庚款董事会继续补助费孝通

迳启者：

案查本会协助台端研究时期至本年七月已届终了，前经将所撰论文
《禄村农田》送请社会组委员会，审查结果认为成绩优良，嘱予继续协助
等语到会，兹经本会核定准予续助一年，自本年八月份起至三十年七月份
止，并自本年九月份起每月增加协款二十元，另给津贴二十元以资奖励，
再者台端此后工作计划应即拟送过会以便审查，相应一并函达，即希查照
办理为要。

　　此致

费孝通先生

中英庚款董事会

中华民国二十九年十一月四日

[《胡小石、郑安仑、史国衡、薛观涛、田汝康、张之义、费孝通、路祖
焘、何永佶、伍启元、齐祖誾、周咏光、杜润生、陈舜年、贺麟、蔡维藩
的职务变动通知书》（1940 年 11 月 4 日），云南省档案馆藏，云南大学全
宗，档案号：1016 -001 -00424 -008]

欧美留学生硕士博士论文调查表——费孝通

中文姓名	在国外之西文姓名	论文题目	学位及年代	留学国别及学校名称
费孝通	Hsiao tong Fei	Peasant Life in China	Ph. D. 1938	England University of London（London School of Economics Political Science）

[《欧美留学生硕士博士论文调查表（冯式权、章辑五、于振鹏、费孝通、徐肇彤、朱肇熙、杜棻、冯景兰、王树勋、崔之兰、熊庆来、苏宇、伍绳武)》(1938 年)，云南省档案馆藏，云南大学全宗，档案号：1016 - 001 - 00471 - 016]

国立云南大学雇员名册——费孝通

国立云南大学雇员名册	□年□月□日编制
职别	兼社会系主任
姓名	费孝通
性别	男
年龄	三四
籍贯	江苏吴江
学历	燕京大学学士；清华大学研究院毕业；伦敦大学哲学博士
经历	曾任广西省政府特约研究专员
父之姓名与职业	费璞安
直系亲属	父　璞安 母　李氏 妻　孟氏 子　宗惠
住址与通信处	本校

[《本校雇员、职员李参如、袁俊春、王福德、李维孝、欧阳容、杨绍光、吴绍良、姜亮夫、楚图南、费孝通、石充、张福延、张瑄、何正荣、杨华芬、张国兴、杨兴邦、史兴等名册及通讯录》(1948 年)，云南省档案馆藏，云南大学全宗，档案号：1016 - 001 - 00483 - 004]

事由：为请费孝通先生继续自二十八年八月起补助由
并送吴文藻先生
列衔公函　　发文第 00100 号
　　案查本校科学工作人员费孝通、白寿彝两先生，前由本校一聘为副教授，一聘为专任讲师，呈请核廿八年八月份起，将是项协款停止在案。兹查，应行停止协助由，仅系白寿彝先生一人，至费孝通先生，列衔由本校聘为名誉副教授，按本校副教授月薪每月二百八十元，原住居乡间，担任研究工作，本校仅月致送车马费，并未正式发薪，前函呈请与白寿彝先生并列，同请停止协助，请予更正。查费先生学识优长，本校自应聘请。

拟请贵会惠予继续补助。复查费先生系自二十八年八月聘请利请，仍自是月份起补助。相应函达，敬希查照赐予办理见复，实纫公谊。

此致

管理中英庚款董事会

校长　熊庆来
中华民国二十九年一月十八日

［《为请继续费孝通等事函管理中英庚款董事会》（1940 年 1 月 18 日），云南省档案馆藏，云南大学全宗，档案号：1016 - 001 - 00519 - 022］

为本会协助科学人员费孝通继续补助事函云南大学

接准贵校五月三十日来函嘱检寄科学助理领款空白收据三十或五十张以资应用等。由查本会拨发科学研究助理生活费即凭各校签发之协款招商至各助理按月领费，收据即由原校自助理不再另送空白收据准函工作由，相应函后即希查照为荷。

此致

云南大学

中英庚款董事会
中华民国二十九年六月二十五日

案准贵校本年一月十九日发云字第○○一○○号公函，以本会协助科学人员费孝通君，系名誉副教授，并未正式支薪嘱仍自上年八月份起继续补助等因费君在贵校既未支薪，自应恢复协助，除将费君上年八月至本年七月协款共计国币乙千九百二十元，于一月三十一日由重庆中央银行如数汇上外，兹随函附送空白总收据一纸，空白正副收据二十四联。敬祈察收于收到汇款后，迅速将空白总收据签署盖印寄还一面，请将费君协款按月代发（每月协款国币乙百六十元）掣取收据贴足印花汇送本会一并备查，至纫公谊。

此致

国立云南大学

附送空白总收据 乙纸空白总收据正副二十四联

呈阅请送请会计室出纳组查照办理并转知费孝通先生 二月十日

呈请吴文藻先生阅

费孝通代吴文藻

中华民国二十九年二月八日

[《为本会协助科学人员费孝通继续补助事函云南大学》（1940 年 2 月 8 日），云南省档案馆藏，云南大学全宗，档案号：1016 - 001 - 00183 - 017]

为向滇越铁路局请求发给减价证事函校长办公室

文别：便函

送达机关：费孝通先生

事由：函送人事处函请烦查收转发由

第 01247 号

案准滇越铁路公司送来免费车票五张。转出送达，请烦查收，并希转发各另具领，为荷。

此致

费孝通先生

附免费火车票五张

云南大学

中华民国卅一年九月卅日

[《为向滇越铁路局请求发给减价证事函校长办公室》（1942 年 9 月 30 日），云南省档案馆藏，云南大学全宗，档案号：1016 - 001 - 00556 - 008]

1942 年聘费孝通为社会系兼任系主任

兹敦聘台端兼任本校社会学研究室主任，每月致送津贴二百元，自三十一年八月起至三十二年七月止。敬希查照，俞允为荷。

此致

费孝通先生

校长　熊庆来

民国三十一年七月二十四日

[《函聘费孝通先生代理社会学系主任由》（1942 年 7 月），云南省档案馆

藏，云南大学全宗，档案号：1016 - 001 - 00351 - 013]

1946 年费孝通未任职

国立云南大学教职员异动通知单

职别	姓名	异动原因	月薪	研究费及其他	起薪及止薪日期	备注
社会系教授	费孝通	未应聘			八月一日止	

请即查照
　　此致
文书组（请发聘书）
三十五年十一月十三日

[《为本校教职员邹钟琳、詹耀曾、杨宗干、周均、沈福彭、沈淑敏、费孝通、孟宪民等聘任未聘人事变动通知单》（1946 年 11 月 13 日），云南省档案馆藏，云南大学全宗，档案号：1016 - 001 - 00373 - 047]

薛观涛

1939 年聘社会系助教薛观涛

社会系助教薛观涛薪水自八月份起，希速发聘书。

熊庆来 （章）
九月二十一①

[《白寿彝、朱进之、马鹤茎、骆稣笙、孔容照、薛观涛、陈盛清、范承枢、何襄明、陈定民、沙国珍、瞿同祖、王伯琦、黄伟蕙的聘书薪金支付标准便条》（1939 年 9 月 21 日），云南省档案馆藏，云南大学全宗，档案号：1016 - 001 - 00422 - 010]

1940 年聘薛观涛

职别	姓名	变动情形	月薪起薪月日	止薪月日	附记
社会学系助教	薛观涛	改变支薪	二月一日		原由教部补助边教研究费支付现改由农行协款支付

---

① 一九三九年，编者根据档案目录注。

续表

请即查照

　　此致

二月二十八日

[《周拾禄、施蛰存、朱近吾、沈福彭、徐仁、张隐民、杨嘉泰、丘明机、楚图南、薛观涛、张之义、郑安仑、孔容照、陈选杨、方斗灵的职务变动通知书》（1940 年），云南省档案馆藏，云南大学全宗，档案号：1016 - 001 - 00423 - 003]

1940 年薛观涛增薪通知

奉校长谕：

　　社会系助教薛观涛薪金原由教部补助边疆教育研究费项下支付，现自本年二月份起改由农民银行农村社会经济调查协款项下支付，相应通知，即希查照为荷。

　　　　此致

会计室

　　　　　　　　　　　　　国立云南大学总务处（章）

　　　　　　　　　　　　　二月二十六日

教职员变动通知单

职别	姓名	变动情形	月薪	起薪月日	止薪日期	附注
社会学系助教	薛观涛	增薪	90	二十八年十月一日		外加米贴十元，由教部边教研究项下支付抵扣

请即查照

　　此致

会计室

国立云南大学总务处（章）

二月二十六日

[《教职员薪金变动情况》（1939 年 2 月 26 日），云南省档案馆藏，云南大学全宗，档案号：1016 - 001 - 00453 - 005]

1940 年薛观涛改薪通知

教职员变动通知单

职别	姓名	变动情形	月薪	起薪月日	止薪月日	附注
社会学系助教	薛观涛	改薪	一百一十元	二十九年八月一日		五十元外八折再加生活补助费二十元，此项生活补助费在未及教部允许照发前，由农行补助费项下开支

请即查照

此致

文书组、会计室、出纳组

九月十一日

[《胡小石、郑安仑、史国衡、薛观涛、田汝康、张之义、费孝通、路祖焘、何永佶、伍启元、齐祖譿、周咏光、杜润生、陈舜年、贺麟、蔡维藩的职务变动通知书》（1940 年 9 月 1 日），云南省档案馆藏，云南大学全宗，档案号：1016 - 001 - 00424 - 008/《教职员变动通知单》（1940 年 9 月 1 日），云南省档案馆藏，云南大学全宗，档案号：1016 - 001 - 00453 - 010]

1940 年薛观涛辞职

社会系助教薛观涛、郑安仑已辞职，应查照费孝通先生停薪。

总务处、会计室查照

一月七日

薛先生已辞职，通知已于十二月十三日发出；郑先生自何日停薪，请批示。

云南大学总务处

一月十日

教职员变动通知单

职别	姓名	变动情形	月薪	起薪月日	止薪月日	附注
社会系助教	薛观涛	辞职			二十九年十一月底	

请即查照

此致

十二月十三日

校长先生钧鉴，兹职因事去川短期不能回昆，特此函请辞职，尚希查照为荷。肃此敬请。

钧安

社会学系助教

薛观涛　谨启

十一月十三日

[《庄国珍、吴新、包乾俊、金蕙苏、马烈薪、刘宝琼、马白良、郑彦澄、薛观涛、马鹤苓、周泳光、范师武、瞿同祖、吴文藻的职务变动通知书》（1940年），云南省档案馆藏，云南大学全宗，档案号：1016 - 001 - 00424 - 007]

郑安仑

郑安仑增薪通知

教职员变动通知单

职别	姓名	变动情形	月薪	起薪月日	止薪月日	附记
社会学系助教	郑安仑	增薪	一百元	二十八年十月一日		外加米贴十元，由农行协款支付照折扣

请即查照

此致

二月二十八日

敬启者：

社会学系助教数人薪金应速加调整，规定如下：

郑安仑，原薪八十元，现应一次增加二十元，外加米贴十元，合计加二十二元；

薛观涛，原薪八十元，现应加十元，外加米贴十元，合计应加十八元；

张之毅，原薪八十元，现应加十元，外加米贴十元，合计应加十八元；

以上除薛观涛加薪额度截至本年一月底止，应由教部边教研究费项下支付外，余则概由农行协款项下支付。

社会学系主任　吴文藻

二月二十二日

批注：已办

照加增薪自十月起，米薪自二十八年度十月起。

二月二十六日

[《周拾禄、施蛰存、朱近吾、沈福彭、徐仁、张隐民、杨嘉泰、丘明机、楚图南、薛观涛、张之义、郑安仑、孔容照、陈选杨、方斗灵的职务变动通知书》（1940 年），云南省档案馆藏，云南大学全宗，档案号：1016 – 001 – 00423 – 003]

郑安仑改薪通知

教职员变动通知单

职别	姓名	变动情形	月薪	起薪月日	止薪月日	附注
社会系助教	郑安仑	改薪	一百三十元	二十九年八月一日		五十元外照八折再加生活补助费二十元

请即查照
　　此致
出纳组、文书组、会计室
九月十一日

[《胡小石、郑安仑、史国衡、薛观涛、田汝康、张之义、费孝通、路祖泰、何永佶、伍启元、齐祖諲、周咏光、杜润生、陈舜年、贺麟、蔡维藩的职务变动通知书》（1940 年 9 月 1 日），云南省档案馆藏，云南大学全宗，档案号：1016 – 001 – 00424 – 008/《教职员变动通知单》（1940 年 9 月 1 日），云南省档案馆藏，云南大学全宗，档案号：1016 – 001 – 00453 – 010]

1940 年郑安仑辞职

教职员变动通知单

职别	姓名	变动情形	月薪	起薪月日	止薪月日	附注
社会系助教	郑安仑	辞职			二十九年十一月底	

请即查照
　　此致
出纳组、文书组、会计室
二月五日

[《教职员变动通知》（1940 年），云南省档案馆藏，云南大学全宗，档案号：1016 – 001 – 00424 – 017]

陶云逵

1941 年聘陶云逵为西南史地研究筹备委员

本校拟设西南史地研究室，兹聘楚图南、王以忠、向觉民、陶云逵、方国瑜、白寿彝、陈定民为筹备委员组织筹备委员会，主由方国瑜先生召集，希发聘函。

总务处查照

三月二十七日

[《为聘本校西南史地研究室筹备委员而给方国瑜、楚图南、王以忠、向觉民、陶云逵、陈定民、白寿彝等的聘函》（1941 年 3 月 31 日），云南省档案馆藏，云南大学全宗，档案号：1016 - 001 - 00091 - 003]

方国瑜致函熊庆来聘西南文化研究室研究员

兹拟聘下列诸位先生为本校西南文化研究室研究员，请即发聘函为祷！即请校长核定：姜亮夫先生、徐梦麟先生、楚方鹏先生、陶云逵先生、陈定民先生、白寿彝先生。

方国瑜 谨上

八月十四日

[《函聘姜亮夫、徐梦麟、楚方鹏等六人为本校西南文化研究室研究员事由》（1943 年 8 月 12 日），云南省档案馆藏，云南大学全宗，档案号：1016 - 001 - 00115 - 019]

姓名	职别	聘期
陶云逵	社会学系教授兼代理主任	三十年八月起至三十一年七月
史国衡	助教	三十年八月起至三十一年七月
田汝康	助教	三十年八月起至三十一年七月
费孝通	教授	三十年八月起至三十一年七月
张之毅	助教	三十年八月起至三十一年七月
李有义	专任讲师	三十年八月起至三十一年七月
林耀华	教授	三十年八月起至三十一年七月
李树青	讲师	三十年九月起至三十一年六月

[《民国三十年度新聘教师朱观、张企泰、郭锦尧、陶云逵、史国衡、田汝康、费孝通、张之毅、李有义、林耀华、李树青、范秉拮、姚碧澄、朱肇熙、赵旺德、李枢、杜芬、沈福、彭戴等》（1941 年），云南省档案馆藏，云南大学全宗，档案号：1016 - 001 - 00490 - 003]

江应樑

1948 年聘江应樑

聘江应樑先生为社会系教授，月薪法币五百元，自本年五月份起至卅八年七月底止，五月至七月份薪津为不便记账，即由生补费节余项下开支，即发聘书。

此致

总务处

卅七年九月八日

[《黄佑文、李德家、江应樑、张警、李蕙卿、周鸣叶、徐谦、王云珍、江芷庵、黄相泉、张耀华、阎志仁、丘勤宝、刘光悌的任聘通知存根》（1948 年），云南省档案馆藏，云南大学全宗，档案号：1016 - 001 - 00451 - 005]

国立云南大学应聘书

兹应国立云南大学之聘为社会学系教授，并同意订立规约如下：

一 薪金每月国币五百元按月支领；

一 每周授课自九小时至十二小时；

一 应聘期自民国三十七年五月起至三十八年七月底止；

一 其他事项依照教职员待遇服务规程办理。

应聘人：江应樑（签字及盖章）

[《杨堃、江应樑、李慰祖、陈年榜、张炳翼、罗庸、和克强、石介高、周均、田光烈、方龄贵、陈东凯、张骙祥、熊庆来、贾光涛的应聘书》（1948 年），云南省档案馆藏，云南大学全宗，档案号：1016 - 001 - 00418 - 004]

教职员变动通知单

职别	姓名	异动原因	月薪	研究费及其他	起薪及止薪日期	备注
社会系教授	江应樑		500元		五月份起至卅八年七月底止	各项津贴照加

卅七年九月八日

［《赵荣海、郑复善、杨宜春、张跃华、江芷庵、张警、李德家、江应樑、冯浩、冯莲章、范承枢、丘勤宝、王云珍、刘光悌、赵明德、张熙仁、贾光涛、胡毅、杨桂官等异动通知》（1948 年 9 月 8 日），云南省档案馆藏，云南大学全宗，档案号：1016 - 001 - 00375 - 012］

许烺光

1941 年聘许烺光

聘许烺光先生为社会系中英庚会补助教授，已同该会负责人面允在正式函同意前应发一临时聘函。

总务处、会计室

通知有关的部分

云南大学
四月十八日

兹聘许烺光先生为本校社会学系副教授，月薪三百元，由英庚款开支（在英庚会未来函前由本校发给），自三十年二月份起希即照办。

此致

总务处（及章）、会计室

通知有关部分 五月二十一日

五月二十一日

教职员变动通知单

职别	姓名	变动情形	月薪	起薪月日	止薪月日	附注
社会学系 副教授	许烺光	新聘	三百元	自三十年 二月一日起	至本年 七月底止	由英庚款开支，在英庚 会未来函前，薪金由本 校致送

请即查照
　　此致
出纳组、文书组、会计室
五月□日

［《教职员变动通知》（1941 年），云南省档案馆藏，云南大学全宗，档案号：1016 - 001 - 00424 - 017］

教职员变动通知单

职别	姓名	变动 情形	月薪	起薪月日	止薪月日	附注	国立云南 大学总务处
社会学系 副教授	许烺光	新聘	三百元	自三十年二 月一日起	至本年七 月底止	由英庚款开支在英 庚会未来函前薪金 由本校致送	五月二 十一日

请即查照
　　此致
文书组
　　聘书俟英庚会来函后补发

［《通知许烺光、齐雅堂、王祖德、丘燮堂、冯钟芸、张耀、沈崇耕、徐耀堂、钟启勋、冯钟芸、张立诚、刘治中、李季伟、莫文灿、方斗虚、杜俊卿等变更各职由》（1941 年 4 月 12 日），云南省档案馆藏，云南大学全宗，档案号：1016 - 001 - 00347 - 002］

　　吴文藻先生向英庚会接洽后，该会允予补助聘为本校社会学系副教授，月薪三百元，应即致函该会。

三月三十一日

　　许烺光（社会人类学），年三十岁，辽宁庄河人。上海沪江大学文学士（民国二十二年夏）北平辅仁大学人类学系助教及研究员（民国二十二年至二十三年）；北平协和医院社会部脑系科目案调查员（民国二十三至二十六年夏）；中英庚款董事会派赴英国留学（民国二十六年至二十九年）；英国伦敦大学哲学博士（民国二十九年）。

聘许烺光先生为本校英庚讲座，已应函商英庚会，为未函去，希即办理；乃已函去，希再备函申酌情形。

此致

总务处

查聘请许烺光先生为社会系副教授，征中英会同意，公函已于四月二日以云南字第三五二号公函发出。

致中英庚款董事会公函　为聘请许烺光先生为本校社会学系副教授请求同意由

第 00460 号

迳启者：

查许烺光先生学优渊萃，经验充富，本校拟聘请为社会学系副教授，业经于四月二日以云南字第三五二号函案达贵会，征求同意，在案。惟迄今省示赐后，兹以急需延聘，特再函达，特希惠予同意，尽先函复，至纫公谊。

此致

管理中英庚款董事会

校长　熊庆来

中华民国三十年四月卅日

[《为聘许烺光为本校社会学系副教授事函管理中英庚款董事会》（1941 年 4 月 30 日），云南省档案馆藏，云南大学全宗，档案号：1016 – 001 – 00190 – 044]

1943 年聘许烺光兼任系主任

应聘书

国立云南大学应聘书

兹应国立云南大学之聘为文法学院社会系教授，并同意订定规约如下：

一薪金每月国币三八十元，按月支领；

—每周授课自□小时至□小时；

—应聘期自民国三十二年八月起至三十三年七月底止；

—其他事项依照教职员待遇服务规程办理。

应聘人：许烺光

中华民国三十二年七月十六日

应聘书

国立云南大学应聘书

　　兹应国立云南大学之聘为社会系研究室主任兼教授，并同意订定规约如下：

—薪金每月国币四百六十元，按月支领；

—每周授课自□小时至□小时；

—应聘期自民国三十二年八月起至三十三年七月底止；

—其他事项依照教职员待遇服务规程办理。

应聘人：许烺光

中华民国三十二年八月三十日

[《为聘史国衡为本校社会系讲师、费孝通为主任兼教授、许烺光为研究室主任、瞿同祖为副教授、张之毅为讲师、汪子瑞为教授等聘书》（1943 年 8 月 1 日），云南省档案馆藏，云南大学全宗，档案号：1016 – 001 – 00366 – 001]

1944 年聘许烺光为社会系教授

国立云南大学应聘书　　第□号

兹应国立云南大学之聘为社会学系教授，并同意订定规约如下：

—薪金每月国币四百六十元按月支领；

—每周授课自□小时至□小时；

—应聘期自民国三十三年八月起至三十四年七月底止；

—其他事项依照教职员待遇服务规程办理。

应聘人：许烺光（及章）

[《许烺光、潘文达、张之毅、史国衡、汤定宇、谷苞、田汝康、潘光旦、李树青、王康、杨家凤、李慕白、安子明、熊庆来、钱春生的应聘书》（1944年），云南省档案馆藏，云南大学全宗，档案号：1016 – 001 – 00419 – 004]

1944 年许烺光出国讲学

教职员变动通知单

职别	姓名	变动情形	月薪	研究费	起薪及止薪日期	附记
社会系教授	许烺光	出国讲学			三十三年九月底止薪	

请即查照
　　此致
文书组
三十三年十一月十五日　已登记

［《何玉贞、吴征镒、魏丕栋、李仲三、徐雍舜、许烺光、方于、谭沛祥、章辑五、李清泉、韩惠卿、吕树滋、孙逢吉、林成耀等人人事变动通知》（1944 年），云南省档案馆藏，云南大学全宗，档案号：1016 - 001 - 00414 - 016］

1947 年聘许烺光返校任教，许烺光未到职

国立云南大学教职员异动通知单

职别	姓名	异动原因	月薪	研究费及其他	起薪及止薪日期	备注
社会系教授兼主任	许烺光	新聘	五百八十元	特办费九万元	三十七年二月至三十七年七月底止	

请即查照
　　此致
文书组（请发聘书）
三十六年十二月十五日

［《陈荣生、孙永龄、王仲永、张瑞纶、饶重庆、段山、马希融、杨怡士、许烺光、韩惠卿、陆星垣、于振鹏、张福延、周惺甫、林作权、吴砚农、吴薇生、全文晟、吴家华异动通知单》（1947 年），云南省档案馆藏，云南大学全宗，档案号：1016 - 001 - 00374 - 032/《本校教职员异动通知单冯建纲、朱伯奇、吴融清、吴澄远、张继龄、曹辅孙、唐曜、杨怡士、王树槐、李垚、吴持恭、张振西、由振群、字明光、郭秉道、许烺光、陆忠义、周润琮》（1948 年），云南省档案馆藏，云南大学全宗，档案号：1016 - 001 - 00467 - 004］

查本校社会主任一职因许烺光先生当未归国，系主任一职由杨怡士教授兼任，凡有关社会系事务及校务会务等均应通知伊办理。

　　此致
文书组　查照

云南大学

五月一日

[《杨怡士、张清华、杨堃、张若名、阮曾佑、林文铮、王欣橤、石坚白、曾勉、陈松岩、瞿明宙、黄薰南、安字明、张楚宝、孙慧筠、李荫桢、谢保清、王伯琦委任异动通知》（1948 年 5 月 1 日），云南省档案馆藏，云南大学全宗，档案号：1016 – 001 – 00375 – 005]

管理中英庚款董事会公函，函复拟聘许烺光君为本会补助教授早经复允在卷至殷、秦两教授究系何时离校薪金至何月为止请即查复由

　　案准贵校本年六月十四日南字第〇〇六七七号并送本会补助教授名单乙纸略以补助教授名额须连同吴文藻及许烺光两先生在内方足九席之数。吴君系于上年十月间请假离校并未辞职，故对于延聘许君乙节仍嘱予以同意并见复等由准此查。贵校拟延聘许烺光先生为社会系副教授业经本会于五月二十三日以渝庚补字第一一二八号函复同意在卷，惟查此次所送教授名单与本会卷录间有不符，例如，名单列丘宝勤先生并未获得本会同意，又殷之澜、秦慧伽两先生系本会补助教授，原单均付缺如何时辞职，未承函知将来结算殷、秦两教授薪俸本会究应负担若干殊难计算又补助教授最高薪额为四百元，单列胡光烽先生薪俸为四百四十元其超出部份自应由贵校负担准函前由相应函复。查照并系见复为荷。

　　此致
国立云南大学

董事长　朱家骅

民国三十年八月七日

[《函复云南大学拟聘许烺光为本会补助教授早经复允在卷至殷、秦两教授究系何时离校薪金支至何月为止请查复由》（1941 年 8 月 7 日），云南省档案馆藏，云南大学全宗，档案号：1016 – 001 – 00182 – 001]

1943 年聘许烺光为审查委员会委员

兹增聘徐梦麟、许烺光先生为聘任审查委员会委员，希备致聘函。

总务处

民国三十二年六月十二日

通知　为定于本月十一日下午三时开聘任审查委员会希出席由　聘任审查各委员

第 00712 号

兹定于本月十一日（星期五）下午三时在校长室楼下台开聘任审查委员会相应通知，敬希查照准时出席，为荷。

此致

何衍璿、柳燦坤、范锜、范秉哲、姜亮夫、汤惠荪、赵雁来、张河秋、石占然、崔之兰、楚图南、姚碧澄、丘勤宝、徐梦麟、许烺光先生。

云南大学　启

中华民国三十二年六月初九日

[《教职员变动通知单邱振林、华世英、王应中、朵应景、赵友和、王绳尧、徐梦麟、许烺光、沈嘉瑞、张用一、刘君印、钱杏仙、周家炽、戴铨苍、郭文明》（1943 年 6 月 12 日），云南省档案馆藏，云南大学全宗，档案号：1016－001－00352－017]

证明书　许烺光先生　为基于身份证明证书由

兹有本校社会学系教授许烺光先生，因赴滇西调查资料以备编纂《家庭与宗教》用，特给予证明。

此证

中华民国三十二年九月二十七日

校长　熊庆来

[《证明徐祖耀、杨应昆、王光正、张宗和、许烺光、陈四箴、田汝康、周孝谦、杨桂宫、陆钦墀、徐德基、袁同功、崔之兰、陈阅增、张福华曾在本校服务各因由》（1943 年 8 月 25 日），云南省档案馆藏，云南大学全宗，档案号：1016－001－00359－014]

许烺光与熊庆来就社会系发展互通信函①

迪之先生惠鉴：

　　客岁接奉大扎，并蒙不案附寄聘书，惟以此间西北大学人类学系教职接任不久，一时乏替代人选，致未能为愿来昆，玉以为憾，本年六月间愚与内子接美国社会科学研究协会（Social Science Research Council）及西北大学研究院之经济支持下拟返回，一行研究对象为体质学性格四系，为期七月，此间本年秋季所应授课程由英国德汉大学（Durham）人类学教授那德尔先生（Nadel）暂代。愚抵香港及计划为广东或湖北留三月，云南留三月。贵校社会学系此刻何人主持，教学情形必有长足进展，为今秋格之三月中。愚能有为力之处，望预行示知，当竭尽精力也为此教学。

　　教安

熊夫人前劳代致意，恕不易

及学　许烺光手启（示）

一月二十八日

[《云南大学熊校长与张维翰、张藻休、许烺光、普文治、杜棻、张静华来校任教及介绍教师的相互函件》，云南省档案馆藏，云南大学全宗，档案号：1016－001－00214－008]②

　　社会系现有专任教授两人，尚需添聘二人，担任人类学、社会事业及行政、社会调查、社会思想史、现代社会学说等之必修课程。至于图书约有百余卷，1938年度出版者则为寥寥，亟应添购，□□（写信者字）就近在美国选定名著若干，本将书目开列附函示知，以备着手育人。

禄附请

十二月十五日

烺光先生惠鉴：

　　接读十月卅日，已□十二、十九手书欣尘，此次有优越成就，曷胜忭颂，承需兄返校为照，尤称感幸社会系本期学生不多，现仅专任教授二人，刻拟添聘二人，图书约百余卷，惟1938年后出版者甚少，函希在美选定名著若干种先将书目示知，以便购备，由沪来昆，自以飞机为善，校中

---

　　① 部分标点断句为编者所加。

　　② 原文及档案目录均无年份信息。

可提前两月致送薪津，藉以弥补旅费，如有眷属，则提前三月致送，兹将聘书奉上，即新专纳，并希早日命驾，钦行者不止弟一人也，专此专复顺风。

　　教祺
　　附聘书

弟　　熊庆来　教复

十二月十九日

迪之先生赐鉴：

　　六月十二日来，示八月中旬始奉阅，蒙不案见。召返校至，以为感光。自卅三年秋来美□始任哥伦比亚大学讲师一年。卅四年冬转任康奈尔大学人类学副教授（Cornell University），此校规模甚大，我国闻人学者多出其门。今秋应西北大学之聘，改就此校人类学副教授（Northwestern University，Evanston，IEE.）。三年来出版论文五六篇，另有二书，一书已由哥伦比亚大学付梓，今年十二月左右问世，另一书正接洽条件中，书出后，当即案奉乞正也。三年来虽小有贡献，但怀念祖国无时感释，为可能明夏当作归计。先生得暇能否将社会系情况，如教员人数、图书需要、住宅有无等略为示知一二，以便早作预备。再先返回时，船必先抵上海，由沪去昆之旅程，此刻以何者为最佳最便并校中，对旅费办法，亦望一并见告。前在云大任教二年余，幸有所感激，先生领导有以致之为能，再返本校，当绩（极）尽绵薄也，专此教颂。

　　教安
迪之夫人前请代致意
之毅兄及其他同人等同此

许烺光　手启

十月三十日

通信处：Francis L. K. HSU

Department of Anthropology Northwestern University Evanston，Iee.，U. S. A

［《云南大学熊校长为增聘教员介绍人员与许烺光先生、季和厂长、李耀商、刘家骏先生、王公宇、陈心龙、周宗璜、冯叔平来往信函》，云南省档案馆藏，云南大学全宗，档案号：1016－001－00215－003］

瞿同祖

1939 年聘瞿同祖

瞿同祖专任讲师，月薪二百元，实支一百五十五元，七扣由九月份起，请即发聘书由政经系主任转由政经法律社会三系合聘，照聘。

熊庆来

十月十七日①

［《白寿彝、朱进之、马鹤荃、骆酥笙、孔容照、薛观涛、陈盛清、范承枢、何襄明、陈定民、沙国珍、瞿同祖、王伯琦、黄伟蕙的聘书薪金支付标准便条》（1939 年），云南省档案馆藏，云南大学全宗，档案号：1016 - 001 - 00422 - 010］

1940 年瞿同祖告假一学期

教职员变动通知单

职别	姓名	变动情形	月薪	起薪月日	止薪月日	附注
法律系专任讲师	瞿同祖	暂告停			二十九年八月一日	

请即查照
　此致

十一月十四日

自八月一日起，八九两月份薪金已领去，由何日起停薪请批示。瞿同祖先生因路阻来电告假，薪金停发，改自十月起停薪，俟到校再由到校日起□送薪，此希总务处查照。

十一月十四日

瞿同祖先生告假一学期，薪金停发，希通知有关的部门。

总务处查照

十一月二十三日

---

① 一九三九年，编者根据档案目录注。

［《庄国珍、吴新、包乾俊、金蕙苏、马烈薪、刘宝琼、马白良、郑彦澄、薛观涛、马鹤苓、周泳光、范师武、瞿同祖、吴文藻的职务变动通知书》（1940 年），云南省档案馆藏，云南大学全宗，档案号：1016 – 001 – 00424 – 007］

三十年度新聘教师名单——瞿同祖

姓名	职别	聘期
瞿同祖	副教授	三十年八月起至三十一年七月

［《民国三十年度新聘教师瞿同祖、赵诒熊、陈逵、楚图南、王玉章、徐嘉瑞、方国瑜、白寿彝、赵罗蕤、袁昌、由道、刘汉、王逊、吴克允、陈定民、方树梅、王宪钧、邰循正》（1941 年），云南省档案馆藏，云南大学全宗，档案号：1016 – 001 – 00490 – 001］

通知 奉教部令填发送审合格证书等因分别通知领取由

案查本校前备缴送审合格教员证书印花传单请鉴核分别填发合格证书一案。兹奉教部本年十一月十五日学字第五七八二一号指令准予随令发合格证书十五份，仰即转发支领。等因，奉此，除分别通知领取外；相应通知，即希查照，持章前来本校总务处文书组领取证书为荷。

此致

费孝通、杨光嵘、李枢、范秉哲　许烺光代

瞿同祖、陆忠義、陈四箴、丁振麟代陈克功

张淑娣、张之毅、曹诚一、秉树藩先生

云南大学　启

中华民国三十四年十二月六日

［《奉教育部令填发送审合格证分别通知费孝通等十四员领取》（1945 年 12 月 6 日），云南省档案馆藏，云南大学全宗，档案号：1016 – 001 – 00397 – 007］

1941 年续聘瞿同祖

教职员变动通知单

职别	姓名	变动情形	月薪	起薪月日	止薪月日	附注
文法学院专任讲师	瞿同祖	续聘	二百六十元	自三十年一月一日		兼法律、政经、社会三系课程

请即查照
　　此致
文书组
国立云南大学总务处（章）
三月二十七日

[《教职员变动》，云南省档案馆藏，云南大学全宗，档案号：1016 – 001 – 00424 – 017]

　　瞿同祖先生准由中国银行补助费项下津贴研究费国币三百元，在该补助费未由建国储蓄处取回前，可由本校经常费暂垫，并转知出纳组。

总务处、会计室查照
四月十八日

[《冯钟芸、李季伟、童玮、黎春云、方国瑜、李有义、郑鸿、郑安仑、范师武、方臞仙、许烺光、李树青、伍纯武、徐绳祖、吴伟颐、伍启元的职务变动书》（1942 年），云南省档案馆藏，云南大学全宗，档案号：1016 – 001 – 00427 – 017]

　　瞿同祖先生已到校授课，本欲于一月内赶到，因交通阻碍滞留途中，欲速未达，准自本年一月起照发薪金，并自该月份起准增月薪为二百六十元。

总务处、会计室 查照
三月二十五日

[《姚嘉椿、瞿同祖、何永佶、王以忠、洪思齐、陈简书、孔容照、谢剑华、严隽宝、凌淑浟、蒋莲华、徐铨、承正元、熊桂发的职务变动通知书》（1942 年），云南省档案馆藏，云南大学全宗，档案号：1016 – 001 – 00427 – 018]

国立云南大学送审教员证件清单

文别：呈

送达机关：教育部

呈复送审教员齐祖謌证件已于上年转呈备案，瞿同祖廿五年至廿八年此一□□系专心著述，无服务机关经历，随呈著作请鉴核审查示导由

第 00632 号

案奉钧部本年四月廿四日高字第二〇三一五号指令：核示本校送审教员瞿同祖、齐祖謌、李有义、李湨等四员仍应照，另开清单补缴有关证件，以凭办理一案。等因；奉此，自应遵办！查齐祖謌一员应缴天津工商学院任教证件，业经本校于三十一年五月二十一日以第二五三号呈随缴备案。应请钧部核照，准予资缴。瞿同祖一员应补缴证件，拟该员签复称：于廿五年云云，并无其他服务经历，请特呈前来。除李有义、李湨二人另案呈报外，理合检瞿同祖原签，并著作《中国封建社会》一书，备文先行，特请钧部俯赐审查饬遵。实为公便！

　　谨呈

教育部部长　陈立夫

　　附呈瞿同祖原签一件《中国封建社会》一册

云南大学

中华民国卅二年五月十八日

　　瞿同祖于廿五年毕业燕大研究院后即专心撰写《中国封建社会》一书（按该书于廿六年由商务出版附缴），同时筹备留学等。续并搜集专题研究资料，廿六年七月抗战开始未能出国，次年始得外出北平，辗转流徙三地，二十八年来昆明应云大之聘并无其他服务经历应补报为上，请转呈教部。

　　案查本校前呈送沈福彭先生等十一人补缴送审证件一案，兹呈教育部高字第二〇三一五号指令开："呈件均悉，查沈福彭等七员证件均已齐全，准予备交审查瞿同祖等四员仍应照，另开清单，分别补缴有关证件以凭办理，仰即知照件暂存以令。"等因；查此，相应抄同传单，迳请查照办理为荷！

此致

李湀先生

　　附传单一纸

国立云南大学　启

五月七日

国立云南大学送审教员应补缴各件清单

姓名	补报事项	补缴证件	补缴著作	补缴院	备注
瞿同祖		补缴二十五至二十八年服务经历并随缴证件			
齐祖誩		补缴天津工商学院赠书或该院三证明书			
李有义		补学历证件			
李湀		得硕士学位后继续研究证件			

[《函送教育部本校教员齐祖誩瞿同祖等证件著作请鉴核示遵由》（1943 年 5 月 18 日），云南省档案馆藏，云南大学全宗，档案号：1016 - 001 - 00361 - 023]

为瞿同祖升等一案呈教育部

文别：呈

送达机关：教育部

事由：据教员瞿同祖申请□等审查一案检具原呈履历证件照片等请俯赐审查示遵由

第 01094 号

　　案奉钧部本年八月六日学字第三七七六九号训令：饬知本校送审教员资格案内路祖查、瞿同祖二员，案经学术审议委员会审查竣事，并经核实均合于讲师资格。又查瞿同祖一员，原系副教授，经审查改等为讲师，可即依照专科以上学校教员申请升等之审查，并后暂领及原薪。等因，奉此，前经转知该员等遵照。去后兹拟瞿同祖一员填呈升等审查履历表一份，照片三张，聘书三份，请予特呈升等，审查等转前来，查该员于民国廿八年应本校之聘，担任社会学系专任讲师，因其成绩优异，且有专门著作，经社会学系主任签请于三十年度起升等为副教授，按照升等审查办法第四条之规定：于卅年度前原任副教授，经审查改等为讲师等，逐由案校请为升等之审查。又查该员在本校任教已满四年，本年度并代理社会系主任，照钧部向例服务年资，乃照以前计算。是该员讲师任期早已届满，所请升等审查，尚无不合。且该员任教以来，成绩优良，著作甚勤，核与教学及独立学院教员资检审查暂行规则第五条第二款之规定，与相符合。兹拟呈前情自应准予照转，理合检具原呈履历，相应聘书等备文呈送，请祈钧部俯准审查将该员升等为副教授，以资激励。实为公便！

再查大学及独立学院教员资格审查，暂行规程施行细则第十条规定，讲师任满呈请升等审查时，须呈缴专门著作，按研究院毕业，为有硕士学位成绩优良者，即合于讲师资格，毋□呈缴专门著作。该员原系燕京大学文硕士，讲师审查。照例可勿□呈缴著作，前次鉴缴之《中国封建社会》一书，原系依照暂行规程第五条第三款之规定，用备升等为副教授之审查者，今院另案审查，可否即准其仍以此书为审查之件？该员虽另有专门著作《中国法律与中国社会》，《中国经济史》及《中国社会史》等三种，但目下印刷困难，尚未付印，院无复本，深恐□案遗失，且授课时还须作参考之用。此项未出版之著作，校长还曾万目一过，内容完善，确为研究专门问题精心之作。拟请准予免送。合并阵照！

谨呈

教育部部长　陈立夫

附呈瞿同祖履历表一份，照经三张聘书三份，著作一览表一份

云南大学

中华民国卅二年九月十五日

[《函呈教育部据教员瞿同祖申请升等审查一案检具原呈履历证件照片等请查示遵由》（1943 年 9 月 15 日），云南省档案馆藏，云南大学全宗，档案号：1016 - 001 - 00361 - 030]

第 57445 号

教育部指令

令国立云南大学，三十二年九月十五日为据教员瞿同祖请升等一案检呈原呈证件像片等请俯赐审查示导由。呈件均悉该员，仍应补缴任讲师及副教授期间之专门著作以办理，仰即查照件暂存此令。

部长　陈立夫

中华民国三十二年十一月二十三日

[《令云南大学据该校教员瞿同祖申请升等一案检呈原呈证书相片等件仰即知照由》（1943 年 11 月 23 日），云南省档案馆藏，云南大学全宗，档案号：1016 - 001 - 00361 - 054]

查本校副教授前于送审资格时，三十二年八月六日学字 37769 号训令开："经审核改等为讲师，可即依照专科以上学校教员申请升等审查办法之规定，请为副教授之审查。"等因，奉此。当即遵照办理，呈请为升等之审查。旋奉卅二年十一月二十三日学字 57455 指令，着其补缴任讲师及副教授期间之专门著作。据该员声称虽自编有中国社会史、经济史、法制史等讲稿多种。惟因印刷困难，迄未付印，仅有一原稿，授课时又需参考，不便送审，是以选二未行呈缴过，本学期中国经济史一课，暂停一年，因将其所著中国经济史稿一本呈送前来，请转请钧部为升等之审查。查该员思想纯正、成绩优良，在本校授课已满五年，理合备文。

　　呈部
备文代呈请
九月二十七日①

文别：呈
送达机关：教育部
事由：为呈送教员瞿同祖补缴著作请为升等审查示导由
　　案查本校文法学院社会学系副教授瞿同祖等副教授资格审查一案，前奉钧部卅二年十一月廿三日学字第五七四四五号指令饬：仍应补缴任讲师及副教授期间之专门著作以以凭办理等因，当经转知在案，兹据该员函称在任讲师及副教授期间曾编有中国社会史、经济史、法制史等讲稿多种，惟因印刷困难，迄未付印，仅有原稿一份，而授课时必需参考是以迟迟未送本学，因经济史课程暂停一年，用特先将该项稿本抽出呈送，请代为核转等情前来，自应照转理合检具该员原呈经济史稿本一册备文转呈请祈钧部鉴核审查示导，实为公便。

　　　谨呈
教育部部长　陈立夫

————————————

　　①　卅三年，编者根据档案目录注。

附原呈中国经济史稿本一册

云南大学

中华民国三十三年十月三日

［《为本校文法学院教员瞿同祖呈请升等事与教育部函件往来》（1944 年 10 月 3 日），云南省档案馆藏，云南大学全宗，档案号：1016 – 001 – 00407 – 010］

国立云南大学发还证件著作清单

第 0094 号

中华民国三十五年一月七日发出

姓名	证件件数	著作册数	共计件数	备注
楚图南	十件	三册	十三	
丁振麟	一件	一册	二	
瞿同祖		一册	一	

三名共十六件

三十四年十一月二十六日

分别发还

十一月二十三日

通知核教部学术审议委员会寄还送审证件及著作，通知前来领取由

中华民国三十五年一月二十六日

迳启者：

　　查台端送审资格证件及著作，兹准教部学术审议委员会列单寄还，用特通知，即请查照，持章前来本校总务处文书组领取为荷！

　　今收到社会系瞿同祖先生所著《中国经济史》一份。

　　此致

文书组　查照

代收人　张之毅

三十五年九月十日

［《函知楚图南、丁振麟、瞿同祖领取教育部学术审议委员会寄还送审证件

· 103 ·

及著作》（1946 年 1 月 26 日），云南省档案馆藏，云南大学全宗，档案号：
1016 – 001 – 00398 – 013]

瞿同祖携家属乘机飞昆

文别：函
送达机关：重庆航空公司、航空检查所
第 00963 号
迳启者：

  查本校教授瞿同祖先生家属赵曾玖、赵兰二君均系女性，赵曾玖女士
复系新应聘本校教员。兹由渝须乘坐飞机来昆，用转证照拟请贵所、公司
惠予登记购票，俾得早日飞校，相应函达，亟希查照允准，为荷。

  此致
重庆航空公司、航空检查所

校长 熊庆来
中华民国三十二年八月十三日

[《函请重庆航空公司检查所准本校教授瞿同祖家属赵曾玖赵兰乘机飞昆请
售给机票由》（1943 年 8 月 13 日），云南省档案馆藏，云南大学全宗，档
案号：1016 – 001 – 00359 – 013]

（公函二件）重庆中国航空公司、重庆航空检查所
迳启者：

  敝大学文法学院社会学系教授瞿同祖先生前因公赴渝，兹已公毕，须
过日飞返昆明授课，请烦贵公司、所惠予便利、批准提前售给机票，俾免
延误，用特函达证照，即希查照，惠予为荷。

  此致
重庆中国航空公司、重庆航空检查所

校长 熊庆来
中华民国三十三年九月十五日

列衔

  查本校文法学院社会学系副教授瞿同祖君聘约自三十二年八月起至三

十三年七月止聘也已期满。

此证

校长　熊庆来

[《许烺光、林筠因、周华、刘华、朱家骏、刘德修、赵明德、费孝通、朱中林、朱驭欧、胡光炜、瞿同祖、鲍哲谋、刘振德、杨宪颐、陈佩瑜证明书》（1944 年 7 月 5 日），云南省档案馆藏，云南大学全宗，档案号：1016 - 001 - 00378 - 007]

教职员证照卷

查本校社会学系教授瞿同祖先生刻应美国哥伦比亚大学之聘偕同其妻赵曾玖女士及子女二人赴复业径外交部发给交字二三二九七号，护照并经英美领事馆发证。兹因哥大来电催促须过日起程，拟即日飞印转美，烦贵所准予购票，赴印俾能成行为荷。

此致

昆明航空检察所

云南大学

十二月二日

公函 致昆明航空检查所

迳启者：

查敝校文法学院社会学系教授瞿同祖先生应美国哥伦比亚大学之聘偕其富人赵曾玖女士及子女二人共同赴美，业经外交部发给交字第二三二九号护照，并已由英美领事馆签发过境证。兹因该大学电催过日起程，须于即日乘机飞印转美，拟请贵所惠予提前批准售给机票，俾能成行，相应函达证照，即希查照办理为荷。

此致

昆明航空检查所

校长　熊庆来

[《瞿同祖、王伯琦、丁振麟、宋漱石、李有义、田汝康、陈永健、杨宪颐、张玉贞、徐仁证明书》（1944 年 12 月 2 日），云南省档案馆藏，云南大学全宗，档案号：1016 - 001 - 00378 - 011]

呈教育部案据本校文法学院社会学系副教授瞿同祖称该员应美国哥伦比亚大学电聘为该校中国历史部副研究员，翻译中国文化史，（拟偕其妻赵曾玖二人共同赴美）请转呈核准出国及发给护照等情前来查该员在本校教授中国社会史、经济史、法制史多年，思想纯正，成绩优越，现应聘出国关系讲通中美文化。拟请俯赐核准并照特函咨外交部合法护照俾利启程，理合备文特呈请祈钧部鉴核示导。

　　谨呈

教育部部长　陈立夫

云南大学

中华民国三十三年九月十五日

［《为本校社会学系副教授瞿同祖赴美研究请发护照事呈教育部函外交部》（1944 年 9 月 15 日），云南省档案馆藏，云南大学全宗，档案号：1016 - 001 - 00403 - 002］

应聘书

国立云南大学应聘书

兹应国立云南大学之聘为社会学系副教授，并同意订定规约如下：

一薪金每月国币三百六十元，按月支领；

一每周授课自□小时至□小时；

一应聘期自民国三十二年八月起至三十三年七月底止；

一其他事项依照教职员待遇服务规程办理。

应聘人：瞿同祖

中华民国三十二年七月二十日

［《为聘史国衡为本校社会系讲师、费孝通为主任兼教授、许烺光为研究室主任、瞿同祖为副教授、张之毅为讲师、汪子瑞为教授等聘书》（1943 年 8 月 1 日），云南省档案馆藏，云南大学全宗，档案号：1016 - 001 - 00366 - 001］

国立云南大学应聘书　第□号

兹应国立云南大学之聘为社会学系教授，并同意订定规约如下：

一薪金每月国币四百元按月支领；

一每周授课自□小时至□小时；

一应聘期自民国三十三年八月起至三十四年七月底止；

—其他事项依照教职员待遇服务规程办理。

应聘人：瞿同祖（及章）

[《韩裕文、司徒尹衡、齐祖詯、陆忠义、陈世忠、张家驹、姚嘉椿、罗锦江、秦瓒、饶重庆、于振鹏、周新民、杨宪颐、范永枢、费孝通的应聘书》（1944 年），云南省档案馆藏，云南大学全宗，档案号：1016 - 001 - 00419 - 003]

教职员变动通知单

职别	姓名	变动情形	月薪	研究费	起薪及止薪日期	附记
社会系教授	瞿同祖	赴美讲学停薪留职			三十四年三月一日止薪	

请即查照
　　此致
文书组
三十四年一月十五日 已登记

[《钱伯耕、何弘德、谷苞、徐雍舜、熊文楷、柳无蛯、王康、汤定字、瞿同祖、全云寰、王鹤轩、方于、柳立功、李宗海、桂灿昆等人人事变动通知》（1945 年），云南省档案馆藏，云南大学全宗，档案号：1016 - 001 - 00414 - 018]

田汝康

教职员变动通知单

职别	姓名	变动情形	月薪	起薪月日	止薪月日	附注
社会学系助教	田汝康	改薪	一百元	二十九年八月一日		五十元外八折再加生活补助费二十元，此项生活补助费在未及教部允许照发前，由教部边疆教育补助费支送

请即查照
　　此致
文书组、出纳组、会计室
□月□日

［《胡小石、郑安仑、史国衡、薛观涛、田汝康、张之义、费孝通、路祖
焘、何永佶、伍启元、齐祖諲、周咏光、杜润生、陈舜年、贺麟、蔡维藩
的职务变动通知书》（1940 年），云南省档案馆藏，云南大学全宗，档案
号：1016 - 001 - 00424 - 008］

　　田汝康助教月薪一百三十元并由农行补助费项下开支。聘书已发，薪
金一四〇元。不另发聘书。
总务处　查照

九月三日

［《史国衡、徐绳祖、赵诏熊、陈达瞿、徐永椿、向达光、赵光望、诸宝
楚、李泽、余五一、方国瑜、柯树声、蔡克华、胡祎同、谢毓寿的聘函职
务变动书》（1941 年），云南省档案馆藏，云南大学全宗，档案号：1016 -
001 - 00428 - 018］

电告云南大学费孝通调贵校田汝康调滇西干训团任教等事由①
交通部电报局（来报纸）1940 G 19
翠湖东路三号集团军办事处　　密
　　请送云南大学校长迪之兄费主任孝通兄兹拟调贵校田汝康先生任滇西
干训团教育请转知速来大理为荷！
弟　宋希濂　酷团

熊校长：
　　顷收到来人交来宋希濂电一纸，藉知穆切，惟家兄汝康已于十五号随
同王暘君搭车大理宋将军处矣，即此上达，敬颂。

生　田汝植

八月八号

［《电告云南大学费孝通调贵校田汝康调滇西干训团任教等事由》（1940
年 8 月 19 日），云南省档案馆藏，云南大学全宗，档案号：1016 - 001 -
01006 - 017］

---

　　①　此两段原文无标点，标点断句为编者所加。

社会学系助教田汝康君二十九年卒业西南联合大学，得有文学士学位，自二十九年起任本校社会学系助教已满三年，专研边疆教育，成绩优良，应予证明。

文书组办

总务处

三十二年九月二十七

服务证明书　田汝康助教　证明在校服务已满三年由

第 01192 号

查田汝康君系西南联合大学文学士于民国二十九年在本校担任社会学系助教，迄今已满三年，专研边疆教育，成绩优良，此证。

中华民国三十二年九月

校长　熊庆来

[《证明徐祖耀、杨应昆、王光正、张宗和、许烺光、陈四箴、田汝康、周孝谦、杨桂宫、陆钦墀、徐德基、袁同功、崔之兰、陈阅增、张福华曾在本校服务各因由》（1943 年 8 月 25 日），云南省档案馆藏，云南大学全宗，档案号：1016 - 001 - 00359 - 014]

应聘书

国立云南大学应聘书

兹应国立云南大学之聘为社会系助教，并同意订定规约如下：

一薪金每月国币一百九十元，按月支领；

一每周授课自□小时至□小时；

一应聘期自民国三十二年八月起至三十三年七月底止；

一其他事项依照教职员待遇服务规程办理。

应聘人：田汝康

中华民国三十二年八月一日

[《为聘杨元坤、田汝康为副教授、谷苞、全慰天为社会系助教、李家琛为工学院教授、于振修为法律系教授、朱肇熙为医学院教授等聘书》（1943 年 8 月 1 日），云南省档案馆藏，云南大学全宗，档案号：1016 - 001 - 00366 - 006]

国立云南大学应聘书　第□号

兹应国立云南大学之聘为文法学院社会系助教，并同意订定如下规约：

一薪金每月国币一百九十元，学术研究补助费二百一十元，按月支领；

一每周授课自□小时至□小时；

一应聘期自民国三十三年八月起至三十四年七月底止；

一其他事项依照教职员待遇服务规程办理。

应聘人：田汝康（及章）

[《韩裕文、司徒尹衡、齐祖谓、陆忠义、陈世忠、张家驹、姚嘉椿、罗锦江、秦瓒、饶重庆、于振鹏、周新民、杨宪颐、范永枢、费孝通的应聘书》，云南省档案馆藏，云南大学全宗，档案号：1016－001－00419－003]

校长台鉴①：

　　顷奉转到十一集团军来电，拟调田汝康先生去滇西服务前来面示，对滇西边务应予尽力合作，故拟请田先生即日去大理继续推进原定研究计划，在可能范围下可短期在干训团服务，两者本可相辅也，未悉尊意如何。专此即请。

　　勋安

晚　费孝通

八月二十九日②

[《为调田汝康先生去滇西服务一事函云南大学校长》（1949年），云南省档案馆藏，云南大学全宗，档案号：1016－001－01244－013]

罗振庵

国立云南大学教职员异动通知单

职别	姓名	异动原因	月薪	研究费及其他	起薪及止薪日期	备注
社会系讲师	罗振庵	照原聘	改聘为230		卅五年十月起至卅六年七月止	

请即查照

　　此致

卅六年二月廿日

---

① 原文无标点，标点断句为编者所加。

② 一九四八年，根据档案目录推理得。

[《本校王仲彦、刘国钧、周绍曾、周耀、张时俊、罗振庵、张鹏、宋达邦、王俊英、胡鸿钧、蒋同庆、陈尚文、牟光信、梅远谋、韩及宇等人人事变动通知》（1947 年 2 月 5 日），云南省档案馆藏，云南大学全宗，档案号：1016 - 001 - 00447 - 005]

　　罗振庵，联大1940年毕业，毕业后即在清华普查研究所任助教教员等职，已任清华教员二年，请以第三年讲师任用。

　　萧鸣皋，联大一九四六年毕业，请以助教任用。

　　聘罗先生为社会系专任讲师，月薪二百一十元，自本年七月起至卅六年七月止聘。

　　萧鸣皋先生为社会系助教，月薪一百二十元，自八月起至卅六年七月止，即发聘书。

九月廿八日

[《本校朱德祥、罗振庵、萧鸣皋、缪安成、王怀琛、屈维德、袁丕祐、李立德、章辘、邹景荣、蔡元章、傅蕊清等人人员异动通知》（1946 年 9 月 26 日），云南省档案馆藏，云南大学全宗，档案号：1016 - 001 - 00444 - 018]

潘光旦[①]

　　聘潘光旦先生为本校社会系兼任教授任课，月薪240元，研究费600元，每周三小时。李树青先生月薪240元，研究费600元，为社会系兼任教授，每周三小时，待遇照普通规定办理。

　　总务处钱先生代，加注薪津数通知照办

卅三年八月卅一日

　　新聘李树青、潘光旦社会系兼任教授，月薪二百四十元，研究费600元，自卅三年九月一日起至卅四年六月底止薪。

[《有关欧阳容、施应钦、陈叔香、黄宝泉、李树清、潘光旦、董钟林、王赣愚、马开鸿、陆裕淳、马树柏、陈佩瑜、李玉瑞、周祯祥聘任、长假等通知单及便笺》（1944 年），云南省档案馆藏，云南大学全宗，档案号：

---

　　①　原文无标点，标点断句为编者所加。

1016 – 001 – 00435 – 003]

新聘潘光旦，社会系兼任教授，128 元，卅四年九月至卅五年六月底，共 5 小时，一小时薪 32 元，以学研费名义报部。

[《本校陈定民、高朗节、秦瓒、潘光旦、王贡茅、汤用彤、路祖荛、丁则良、尚健菴、鲍志一、金世鼎等人人事变动通知》（1945 年），云南省档案馆藏，云南大学全宗，档案号：1016 – 001 – 00443 – 005]

国立云南大学教职员变动通知单

职别	姓名	变动情形	月薪	研究费	起薪及止薪日期	附注
社会系兼任教授	潘光旦	新聘	128 元		卅四年九月至卅五年六月底止	共 5 小时薪均照加致送，其中一小时薪 32 元，以学研费名义报部，前条作废

请即查照
　　此致
会计室
34 年九月七日

[《为本校教职员袁家骅、刘清云、张岳林、何凯、秦瓒、潘光旦、姚薇元、杨元坤、张瑞纶等聘任、辞职、续聘等人事变动通知单》（1945 年 9 月 11 日），云南省档案馆藏，云南大学全宗，档案号：1016 – 001 – 00372 – 024]

国立云南大学应聘书□第□号
兹应国立云南大学之聘为社会系兼任教授，并同意订定规约如下：
—薪金每月国币□元按月支领；
—每周授课自□小时至□小时；
—应聘期自民国卅二年□月起至卅三年□月底止；
—其他事项依照教职员待遇服务规程办理。
应聘人：潘光旦（及章）
中华民国卅二年八月

[《为聘杨元坤、田汝康为副教授、谷苞、全慰天为社会系助教、李家琛为工学院教授、于振修为法律系教授、朱肇熙为医学院教授等聘书》(1943 年 8 月 1 日)，云南省档案馆藏，云南大学全宗，档案号：1016 – 001 – 00366 – 006]

李树青

教职员变动通知单

职别	姓名	变动情形	月薪	起薪月日	止薪月日	附注
社会系兼任讲师	李树青	新聘	60元	三十年二月一日	三十年六月底	实支学生活补助费

请即查照
   此致
出纳组、文书组、会计室
二月十三日

    聘李树青先生为社会系兼任讲师，每周三小时，每月送薪金六十元，自二月起至六月底止。
总务处、会计室查照
通知有关的部分

二月十三日

［《教职员变动情况》（1941年2月13日），云南省档案馆藏，云南大学全宗，档案号：1016 - 001 - 00424 - 017/1016 - 001 - 00454 - 015］

    聘李树青先生为文法学院社会系讲师，每周授课三小时，月薪一百二十元，另送研究补助费九十元，均于九月份起致送至六月份止。
    此致

总务处
卅一年九月廿九日
（卅一年九月至卅二年六月止）

［《有关王芳德、袁同功、李焕章、王纯修、李家瑷等三名、李文蔚、陈定民、张玺、李树清、鲍志一、邵景渊、黄邻宾、刘行骅、赵诏熊聘任、离校、长假、报酬等之通知单及便笺》（1942年），云南省档案馆藏，云南大学全宗，档案号：1016 - 001 - 00429 - 003］

· 113 ·

教职员变动通知单

职别	姓名	变动情形	月薪	起薪月日	止薪月日	附注
社会系兼任讲师	李树青	新聘	一百二十元	自卅一年九月起	至卅二年六月止	每周授课三小时，外加研究补助费九十元

请即查照

　　此致

文书组

国立云南大学总务处

九月卅日

[《教职员变动通知单伍启元、王乃樑、陆钦墀、张宗和、胡维菁、吴迪似、张玺、张勤奋、余树勋、李树青、姚嘉椿、颜焕申、陈省身、华罗庚、赵诏熊、黄邻宾、杜修昌》（1942 年 10 月 15 日），云南省档案馆藏，云南大学全宗，档案号：1016 - 001 - 00351 - 029]

国立云南大学应聘书□第□号

兹应国立云南大学之聘为社会系兼任讲师，并同意订定规约如下：

一薪金每月国币□元按月支领；

一每周授课自三小时至〇小时；

一应聘期自民国卅二年九月起至卅三年六月底止；

一其他事项依照教职员待遇服务规程办理。

应聘人：李树青（及章）

中华民国卅二年九月

[《为聘杨元坤、田汝康为体育组副教授、谷苞、全慰天为社会系助教、李家琛为工学院教授、于振修为法律系教授、朱肇熙为医学院教授等聘书》（1943 年 8 月 1 日），云南省档案馆藏，云南大学全宗，档案号：1016 - 001 - 00366 - 006]

　　聘潘光旦先生为本校社会系兼任教授任课，月薪 240 元，研究费 600 元，每周三小时。李树青先生月薪 240 元，研究费 600 元，为社会系兼任教授，每周三小时，待遇照普通规定办理。

　　总务处钱先生代，加注薪津数通知照办

卅三年八月卅一日

新聘李树青、潘光旦社会系兼任教授，月薪二百四十元，研究费 600 元，自卅三年九月一日起至卅四年六月底止薪。
[《有关欧阳容、施应钦、陈叔香、黄宝泉、李树清、潘光旦、董钟林、王赣愚、马开鸿、陆裕淳、马树柏、陈佩瑜、李玉瑞、周祯祥聘任、长假等通知单及便笺》（1944 年），云南省档案馆藏，云南大学全宗，档案号：1016 – 001 – 00435 – 003]

新聘社会系教授江应樑，月薪 500 元，五月份起至卅八年七月底止。
[《黄佑文、李德家、江应樑、张警、李蕙卿、周鸣叶、徐谦、王云珍、江芷庵、黄相泉、张耀华、阎志仁、丘勤宝、刘光悌的任聘通知存根》（1948 年），云南省档案馆藏，云南大学全宗，档案号：1016 – 001 – 00451 – 005]

社会系教授	费孝通	三一	江苏吴江
社会系教授	林耀华		
社会系教授	许烺光	三二	辽宁庄河
副教授	瞿同祖	三二	湖南长沙
副教授	李有义	三一	山西太原
专任讲师	史国衡	二八	湖南随县
专任讲师	张之毅	二九	湖南醴陵
兼任讲师	李树青		
助教	田汝康		云南昆明
研究助理	谷苞		
兼任教授	赵澍		

[《本校民国三十一年教职员目录陶光、林筠因、吴富恒、饶重庆、蒋固节、王仲桓、于振鹏、朱鹏、芮沐、范承枢、潘大逵、王赣愚、伍纯武、鲁冀参、刘大公、刘行骅、林耀华、许烺光等》（1942 年），云南省档案馆藏，云南大学全宗，档案号：1016 – 001 – 00475 – 003]

游凌霄

教职员变动通知单

职别	姓名	变动情形	月薪	起薪月日	止薪月日	附注
社会系助教	游凌霄	新聘	一百元	自卅二年一月起	至卅二年七月底止	各项津贴及研究补助费照加

请即查照
　　此致
文书组
国立云南大学总务处
一月二十日

[《教职员变动通知单陶芳辰、游凌霄、杨光波、于秀蓉、张耀曾、胡维菁、张瑞纶、陈家鹄、洪雪芳、姜必德、宋如昭、王建侯、雷震春、李宪之》（1943 年 1 月 22 日），云南省档案馆藏，云南大学全宗，档案号：1016 - 001 - 00352 - 007]

赵　澍

教职员变动通知单

职别	姓名	变动情形	月薪	起薪月日	止薪月日	附注
兼任教授	赵澍	新聘	八十元	自卅一年九月起	至卅二年六月底止	每周任党义两小时，研究补助费六十元

请即查照
　　此致
文书组
国立云南大学总务处
九月十四

[《教职员变动通知单范琦、张福延、沈玺廷、曾勉之、朱峙雄、刘雅堂、张宗和、赵澍、汪子瑞、范承枢、周佩仪、杨茂之、李仲良、刘行骅、张景莆、谢沅》（1942 年 9 月 14 日），云南省档案馆藏，云南大学全宗，档案号：1016 - 001 - 00351 - 024]

胡庆钧

聘胡庆钧先生为社会系专任讲师，月薪二百四十元整，照送，自六月份起薪，即改聘。

总务处　查照

三十四年八月二日

教职员变动通知单

职别	姓名	变动情形	月薪	研究费	起薪及止薪日期	附记
社会系讲师	胡庆钧	新聘	二百四十元	一百二十元	三十四年六月起至三十五年七月底止	各项津贴照加

请即查照

　此致

三十四年八月□日

[《本校蒋同庆、胡鸿钧、陆星恒、徐韵芬、伍兆诒、胡庆钧等人人事变动及加薪通知》（1945 年），云南省档案馆藏，云南大学全宗，档案号：1016 - 001 - 00442 - 018]

国立云南大学应聘书　云字第 45 号

兹聘请胡庆钧先生为本校社会学系专任讲师，并订定聘约如下：

一薪金每月国币二百二十元按月致送；

一每月致送学术研究费一百二十元；

一每周授课自九小时至十二小时；

一应聘期自民国三十四年八月起至三十五年七月底止；

一其他事项依照教职员待遇服务章程办理。

校长　熊庆来（及章）

民国三十四年七月□日

国立云南大学应聘书□第□号

兹应国立云南大学之聘为社会学系专任讲师，并同意订定规约如下：

一薪金每月国币二百四十元按月支领；

一每周授课自□小时至□小时；

· 117 ·

—应聘期自民国三十四年六月起至三十五年七月底止；
—其他事项依照教职员待遇服务规程办理。

应聘人：胡庆钧（及章）

[《费青、费孝通、张之毅、胡庆钧、王志诚、傅愫斐、王康、倪中方、吴家华、庄圻泰、姜振中、朱亚杰、程力方、徐绍龄、龙文池、黄锦焕、崔之兰等人应聘书》（1945年），云南省档案馆藏，云南大学全宗，档案号：1016 - 001 - 00415 - 004]

三十五年聘任教师

国立云南大学应聘书□第□号

兹应国立云南大学之聘为社会学系讲师，并同意订定规约如下：

—薪金每月国币二百七十元按月支领；
—每周授课自九小时至十二小时；
—应聘期自民国三十五年八月起至三十六年七月底止；
—其他事项依照教职员待遇服务规程办理。

应聘人：胡庆钧（及章）

[《陈东凯、杨克成、陆清熙、李绍武、徐雍舜、张之毅、胡庆钧、王志诚、王康、萧鸣皋、章煜然、张福华、陈元龄、崔之兰、姜震中等人应聘书》（1946年），云南省档案馆藏，云南大学全宗，档案号：1016 - 001 - 00416 - 004]

张之毅

姓名	张之毅
别号	子毅
性别	男
年龄	二八
籍贯	湖南醴陵
学历	清华大学文学士
到职年月	二十八年八月

张之毅《易村手工业》　　《土地和金融》玉村在著中

[《本校教职员名录林同济、姜家清、楚图南、赵诏熊、陈逵、徐嘉瑞、袁昌、王玉章、方国瑜、刘汉、陈定民、白寿彝、诸祖耿、冯友兰、朱观、王仲桓、沈来秋、伍纯武、陆忠义、费孝通等》（1941 年），云南省档案馆藏，云南大学全宗，档案号：1016 - 001 - 00474 - 005]

教职员变动通知单

职别	姓名	变动情形	月薪	起薪月日	止薪月日	附记
社会学系助教	张之毅	增薪	九十	二十八年十月一日		外加米贴十元，由农行协款支付照折扣

请即查照

    此致

二月二十八日

[《周拾禄、施蛰存、朱近吾、沈福彭、徐仁、张隐民、杨嘉泰、丘明机、楚图南、薛观涛、张之义、郑安仑、孔容照、陈选杨、方斗灵的职务变动通知书》（1940 年），云南省档案馆藏，云南大学全宗，档案号：1016 - 001 - 00423 - 003]

教职员变动通知单

职别	姓名	变动情形	月薪	起薪月日	止薪月日	附注
社会学系助教	张之毅	改薪	一百一十元	二十九年八月一日		五十元外八折再加生活补助费二十元，此项生活补助费在未及教部允许照发前，由农行补助费项下开支

请即查照

    此致

文书组、会计室、出纳组

九月十一日

[《胡小石、郑安仑、史国衡、薛观涛、田汝康、张之义、费孝通、路祖焘、何永佶、伍启元、齐祖諲、周咏光、杜润生、陈舜年、贺麟、蔡维藩的职务变动通知书》（1940 年），云南省档案馆藏，云南大学全宗，档案号：1016 - 001 - 00424 - 008/00453 - 010/00454 - 010]

中华民国三十年张之毅助教月薪一百四十元，由农行补助费支送。
[《邵子博、林凤仪、吴泽霖、周佩仪、王仲桓、陶光、吴富恒、吕恩来、陈复光、王赣愚、杜润生、费孝通、陶云达、林耀华、瞿同祖的聘函及职务变动通知书》（1941 年），云南省档案馆藏，云南大学全宗，档案号：1016 - 001 - 00428 - 003]

请发社会系助教张之毅由湖南醴陵返校护照一纸。
此致
文书科
费孝通

文书组办
中华民国三十年九月初三日
[《发本校社会系助教张之毅由湖南醴陵返校护照由》（1940 年 9 月 3 日），云南省档案馆藏，云南大学全宗，档案号：1016 - 001 - 00359 - 005]

兹有湖南醴陵县利贞乡第九保第八甲第十户张之毅现任本校社会系助教，依例应予缓兵役，特此证明。
张之毅印

文别：证明书
送达机关：张之毅先生
事由：为证明现任本校助教依例应缓兵役由
第 01427 号
兹查有湖南醴陵县利贞乡第九保第八甲第十户张之毅君现确任本校社会系助教，依例准予缓其兵役，特此证明。
此证

校长　熊庆来
中华民国三十年十一月十一日
[《证明李国清、李荫嵩、周孝谦、吴新、陶振誉、陶音、张之毅、朱观、施来福、徐家瑞、戴芳沂、黄桂燧曾在本校服务各情由》（1941 年 9 月 23 日），云南省档案馆藏，云南大学全宗，档案号：1016 - 001 - 00359 - 006]

查本系助教张之毅君于卅年十一月十二日与刘碧英女士结婚，应加发一人米贴，即希查照为荷。

此致

社会学系　张之毅

瞿同祖代

四月十一日

[《教职员情况》，云南省档案馆藏，云南大学全宗，档案号：1016 - 001 - 00646 - 047]

中华民国三十一年八月起至三十二年七月底止，国立云南大学文法学院社会系专任讲师张之毅月薪一百二十元。

[《有关钟兴正、张之毅、史国衡、李有义、陶光任职、改聘、加薪津之便笺》（1942 年），云南省档案馆藏，云南大学全宗，档案号：1016 - 001 - 00430 - 007]

应聘书

国立云南大学应聘书

兹应国立云南大学之聘为社会学系专任讲师，并同意订定规约如下：

一薪金每月国币二百六十元，按月支领；

一每周授课自□小时至□小时；

一应聘期自民国三十二年八月起至三十三年七月底止；

一其他事项依照教职员待遇服务规程办理。

应聘人：张之毅

中华民国三十二年八月三十日

[《为聘史国衡为本校社会系讲师、费孝通为主任兼教授、许烺光为研究室主任、瞿同祖为副教授、张之毅为讲师、汪子瑞为教授等聘书》（1943 年 8 月 30 日），云南省档案馆藏，云南大学全宗，档案号：1016 - 001 - 00366 - 001]

国立云南大学应聘书□第□号

兹应国立云南大学之聘为文法学院社会系专任讲师，并同意订定规约如下：

一薪金每月国币二百六十元按月支领；

—每周授课自□小时至□小时；

—应聘期自民国三十三年八月起至三十四年七月底止；

—其他事项依照教职员待遇服务规程办理。

应聘人：张之毅（及章）

[《许烺光、潘文达、张之毅、史国衡、汤定宇、谷苞、田汝康、潘光旦、李树青、王康、杨家凤、李慕白、安子明、熊庆来、钱春生的应聘书》（1944年），云南省档案馆藏，云南大学全宗，档案号：1016－001－00419－004]

三十四年聘任教师

国立云南大学应聘书□第□号

兹应国立云南大学之聘为社会系副教授，并同意订定如下规约：

—薪金每月国币二百八十元按月支领；

—每周授课自□小时至□小时；

—应聘期自民国三十四年八月起至三十五年七月底止；

—其他事项依照教职员待遇服务规程办理。

应聘人：张之毅（及章）

[《费青、费孝通、张之毅、胡庆钧、王志诚、傅愫斐、王康、倪中方、吴家华、庄圻泰、姜振中、朱亚杰、程力方、徐绍龄、龙文池、黄锦焕、崔之兰等人应聘书》（1945年），云南省档案馆藏，云南大学全宗，档案号：1016－001－00415－004]

中华民国三十五年八月起至三十六年七月底止，张之毅任国立云南大学社会系副教授，月薪三百十二元。每周授课九至十二小时。

[《陈东凯、杨克成、陆清熙、李绍武、徐雍舜、张之毅、胡庆钧、王志诚、王康、萧鸣皋、章煜然、张福华、陈元龄、崔之兰、姜震中等人应聘书》（1946年），云南省档案馆藏，云南大学全宗，档案号：1016－001－00416－004]

三十五年聘任教师

国立云南大学应聘书□第□号

兹应国立云南大学之聘为社会学系副教授，并同意订定规约如下：

—薪金每月国币三百十二元按月支领；

一每周授课自九小时至十二小时；

一应聘期自民国三十五年八月起至三十六年七月底止；

一其他事项依照教职员待遇服务规程办理。

应聘人：张之毅（及章）

[《陈东凯、杨克成、陆清熙、李绍武、徐雍舜、张之毅、胡庆钧、王志诚、王康、萧鸣皋、章煜然、张福华、陈元龄、崔之兰、姜震中等人应聘书》（1946 年），云南省档案馆藏，云南大学全宗，档案号：1016 - 001 - 00416 - 004]

迳启者：

兹有本系副教授张之毅（湘）、讲师胡庆钧（湘）、罗振庵（赣）及眷属共八人即日返籍站颁发护照为荷。

此致

文书组

文书组照发

卅六年八月十九日

给社会学系学生发护照

张之毅 33、刘 英 29、张宗丘 3、宗昆 1、一行四人，自昆明赴湖南醴陵；胡庆钧宜兴二人，自昆明赴北平；罗振庵一行二人，自昆明赴北平。

[《云南大学廖慧、吴建莲、欧耀先、朱同正、李奇、范焕文、吴业勤、何器、罗激民、董国信、易淑懿、陈培德、王辅、李琰珍、张之毅、傅果龄等呈请云南大学发给通行护照》（1947 年），云南省档案馆藏，云南大学全宗，档案号：1016 - 001 - 00403 - 014]

史国衡

教职员变动通知单

职别	姓名	变动情形	月薪	起薪月日	止薪月日	附注
社会系助教	史国衡	改薪	一百一十元	二十九年八月一日		五十元外八折再加生活补助费二十元，此项生活补助费在未及教部允许照发前，由农行补助费项下开支

续表

请即查照
　　此致
文书组、会计室、出纳组
九月十一日

[《胡小石、郑安仑、史国衡、薛观涛、田汝康、张之义、费孝通、路祖燕、何永佶、伍启元、齐祖誾、周咏光、杜润生、陈舜年、贺麟、蔡维藩的职务变动通知书》（1940 年），云南省档案馆藏，云南大学全宗，档案号：1016 - 001 - 00424 - 008/00453 - 010]

应聘书

国立云南大学应聘书

兹应国立云南大学之聘为社会学系专任讲师，兹订定并同意如下规约：

一薪金每月国币二百二十元，按月支领；

一每周授课自□小时至□小时；

一应聘期自民国三十二年八月起至三十三年七月底止；

一其他事项依照教职员待遇服务规程办理。

应聘人：史国衡

中华民国三十二年七月十八日

应聘书

国立云南大学应聘书

兹应国立云南大学之聘为社会学系专任讲师，兹订定并同意如下规约：

一薪金每月国币二百六十元，按月支领；

一每周授课自□小时至□小时；

一应聘期自民国三十二年八月起至三十三年七月底止；

一其他事项依照教职员待遇服务规程办理。

应聘人：史国衡

中华民国三十二年八月三十日

[《为聘史国衡为本校社会系讲师、费孝通为主任兼教授、许烺光为研究室主任、瞿同祖为副教授、张之毅为讲师、汪子瑞为教授等聘书》（1943 年 8 月 1 日），云南省档案馆藏，云南大学全宗，档案号：1016 - 001 - 00366

－001]

国立云南大学应聘书　第 52 号
兹应国立云南大学之聘为文法学院社会系专任讲师，并同意订定规约
如下：
一薪金每月国币二百六十元按月支领；
一每周授课自□小时至□小时；
一应聘期自民国三十三年八月起至三十四年七月底止；
一其他事项依照教职员待遇服务规程办理。
应聘人：史国衡（及章）
[《许烺光、潘文达、张之毅、史国衡、汤定宇、谷苞、田汝康、潘光旦、李
树青、王康、杨家凤、李慕白、安子明、熊庆来、钱春生的应聘书》（1944
年），云南省档案馆藏，云南大学全宗，档案号：1016－001－00419－004]

　　三十四年聘任教师
国立云南大学应聘书□第□号
兹应国立云南大学之聘为本校社会系讲师，并同意订定规约如下：
一薪金每月国币二百七十元按月支领；
一每周授课自九小时至十二小时；
一应聘期自民国三十四年八月起至同年同月底止；
一其他事项依照教职员待遇服务规程办理。
应聘人：史国衡（章）
[《费青、费孝通、张之毅、胡庆钧、王志诚、傅懋斐、王康、倪中方、吴
家华、庄圻泰、姜振中、朱亚杰、程力方、徐绍龄、龙文池、黄锦焕、崔
之兰等人应聘书》（1945 年），云南省档案馆藏，云南大学全宗，档案号：
1016－001－00415－004]

　　社会系史国衡先生照发聘书薪送至八月底，此后以请假论。
　　此致
总务处
九月五日
通知照办

国立云南大学教职员变动通知单

职别	姓名	变动情形	月薪	研究费	起薪及止薪日期	附注
社会系讲师	史国衡	续聘	二百七十元	一百一十元	三十四年八月一日起至八月底止	各项津贴照加

请即查照
　　此致
文书组请开聘书
三十四年九月六日

[《本校宋锡华、史国衡、姚景椿、赵炎、李伯瑔、茅士中、张正林、汪厥明、李宪之、郭先兴、陈阅增、殷宏章、陈美觉、王国屏、司徒穗卿、袁家骅等人人事变动通知》（1945 年），云南省档案馆藏，云南大学全宗，档案号：1016 - 001 - 00443 - 004]

　　准发给"史国衡社会系讲师并服务二年"服务证明。
　　此致

证明书　证明在本校服务由

　　史国衡先生曾校民国三十年八月函三十二年八月在本校文法学院社会系担任专任讲师，计服务两年用时，给予证明，此证。

校长　熊庆来
中华民国三十二年八月十七日

[《证明丘勤宝、汪发缵、殷炎麟、高鋗、杨德森、陈迪武、陆钦墀、袁同功、陈四箴、徐永椿、丁则良、周荣德、史国衡曾在本校服务各情由》（1943 年），云南省档案馆藏，云南大学全宗，档案号：1016 - 001 - 00359 - 012]

林耀华

教职员变动通知单

职别	姓名	变动情形	月薪	起薪月日	止薪月日	附注
社会学系副教授	林耀华	复聘	三百四十元	自三十年七月一日起	至三十一年七月底止	各项津贴自八月份起。

请即查照
　　此致
十一月二十七日

[《陈嘉、林耀华、崔书文、郎萨拉维、朱驭欧、马质夫、孙大雨、徐永椿、蔡克华、许靖、陈养林、钟兴、伍兆诒、芮吉、朱观的聘函及支薪通知》（1941 年），云南省档案馆藏，云南大学全宗，档案号：1016 - 001 - 00428 - 001]

为汇请转交林耀华先生国币一千五百元，敬希查照由
敬启者：
　　顷准陶云逵先生嘱应寄林耀华先生七八九月薪金及一切津贴，以便敦促提早飞昆等由，自应照办，查林先生学望素著，本校社会系盼学长成。兹拟聘为英庚会补助讲座，月薪三百四十元，自本年七月起致送，仍由会方负担本数，此事除函请该会同意外，并希台端就近商洽力予促成以副推荐之厚意至津贴一项，照部订合学校，教职员生活补助办法有本价食米代金（照直系亲属多寡、米价高低而定）及房膳津贴三十元，惟七月份津贴代金等，因年度业已结束，教部未能补发该款，惟有由八月份起致送月共约三百元，兹为简洁手续起见，特先交昆明金城银行汇国币一千五百元，迳案台端恰特暂作应付旅费之用，其有研究津贴五百元等俟林先生□昆时再结算补送，专此函达。敬希查照为荷。
　　此致
吴文藻先生

　　　　　　　　　　　　　　　　　　云南大学
　　　　　　　　　　　　　　　　　中华民国三十年十二月一日
[《函请吴文藻先生转交林耀华先生国币若干元希查照吊》（1942 年 12 月 1 日），云南省档案馆藏，云南大学全宗，档案号：1016 - 001 - 00358 - 019]①

---

　　① 原文无标点，标点断句为编者所加。

吴富恒①

敬启者：

社会学系本学年第二学期应增语言概论一课（教部规定为选修）以资充实。兹拟台诏吴富恒先生担任此课，吴先生哈佛大学毕业，最近与林耀华先生一同返国，对于语言学极有研究，现在昆明英语专科学校任教，□蒙允准，即希发给兼任讲师聘书以便于开学及即时授课，吴先生住大西门外潘家湾英语专科学校，聘书请迳寄该处是毕，嵩此，敬请。

迪之校长　大鉴

弟　陶云逵　谨启

二月一日

拟照发聘书自二月起至六月止，每周三小时以十元计。

二月二日

迪之校长钧鉴：

语言学一课系社会系重要课程，经本系教员会议决定于本学期添设现已通知注册课公布吴富恒先生之聘书，希即刻发出为盼，以免延误授课为感。

社会系同人共启

二月二日

教职员变动通知单						
职别	姓名	变动情形	月薪	起薪月日	止薪月日	附注
社会系兼任讲师	吴富恒	新聘	一百二十元	自三十一年二月起	至三十一年六月止	担任语言学概论一课，每周三小时以十元计算

请即查照

此致

二月九日

费孝通先生聘为本校教授，薪金由英庚会以科学工作协助名蒙致送外由农行补助费项下支送，车马费一百六十元。陶云逵先生为社会系代理主

任兼教授，月薪三百八十元，林耀华聘为教授，月薪三百二十元。瞿同祖先生改为副教授，月薪三百元。李有义聘为专任讲师，月薪二百六十元。张之毅助教、史国衡（前薪一五〇元）助教，月薪一百四十元，均由农行补助费支送。田汝康助教（原月薪一四〇元），月薪一百三十元；二由农行补助费项下开支。李树青（清华副教授）为兼任讲师，每周三小时。

[《邵子博、林凤仪、吴泽霖、周佩仪、王仲桓、陶光、吴富恒、吕恩来、陈复光、王赣愚、杜润生、费孝通、陶云达、林耀华、瞿同祖的聘函及职务变动通知书》（1941 年），云南省档案馆藏，云南大学全宗，档案号：1016 - 001 - 00428 - 003]

谷　苞

教职员变动通知单

职别	姓名	变动情形	月薪	起薪月日	止薪月日	附注
社会学系助教	谷苞	新聘	一百五十元	三十年十月一日起	三十一年七月底止	津贴照加

请即查照
　　此致
文书组
国立云南大学总务处
十一月二十七日

[《通知黄传义、李元庭、叶桂燧、谷苞、李文蔚、王纯修、林耀华、李蕙卿、芮吉士、吴晗、王芳德、崔书文、许靖、杨碧蟾、马质夫、蔡克华、徐永椿、何襄明辞职、新聘由》（1941 年 11 月 29 日），云南省档案馆藏，云南大学全宗，档案号：1016 - 001 - 00347 - 037]

应聘书
国立云南大学应聘书
兹应国立云南大学之聘为社会系助教，并同意订定规约如下：
一薪金每月国币一百九十元，按月支领；
一每周授课自□小时至□小时；
一应聘期自民国三十二年八月起至三十三年七月底止；一其他事项依照教职员待遇服务规程办理。

应聘人：谷苞

中华民国□年□月□日

[《为聘杨元坤、田汝康为副教授、谷苞、全慰天为社会系助教、李家琛为工学院教授、于振修为法律系教授、朱肇熙为医学院教授等聘书》（1943年8月1日），云南省档案馆藏，云南大学全宗，档案号：1016－001－00366－006]

国立云南大学应聘书□第□号

兹应国立云南大学之聘为社会学系助教，并同意订定规约如下：

—薪金每月国币一百九十元按月支领；

—每周授课自 小时至 小时；

—应聘期自民国三十三年八月起至三十四年七月底止；

—其他事项依照教职员待遇服务规程办理。

应聘人：谷苞（及章）

[《许烺光、潘文达、张之毅、史国衡、汤定宇、谷苞、田汝康、潘光旦、李树青、王康、杨家凤、李慕白、安子明、熊庆来、钱春生的应聘书》（1944年），云南省档案馆藏，云南大学全宗，档案号：1016－001－00419－004]

谷苞停职①

迪之校长台鉴：

　　社会学系教员因许瞿两先生出国，亟应添聘。现已征得汤定宇先生之同意，暑假前可以来滇接替瞿同祖先生所授社会史方面之工作，汤定宇先生系二十六年清华大学毕业生，旋入金陵大学研究院从钱穆先生从事研究，三十二年得硕士学位即在金陵大学授中国通史，现拟聘为本系副教授，如蒙准核请即去电促其早日来滇或可于下学期到校工作。也关于社会学理论方面，拟聘柳无娬女士接替许烺光先生之工作，柳女士系清华大学肄业生，美国 Florida 大学毕业后，在纽约 New School for Social Science Research 研究。拟以副教授名义延致，现已托李树青先生去渝面洽。又本系助教谷苞先生返乡后，因旅行困难，暂时已接西北师范学院副教授之职，

---

　　① 原文无标点，标点断句为编者所加。

不能回滇工作，故请予停职自去年十一月份起停薪。自谷先生去职后，研究室方面需添聘工作人员，因本年度经济委员会表示愿亟力支持，但必须较去年更多成绩，现已商得王康先生同意，参加本室研究，王先生系本年西南联合大学社会学系毕业生，故请即发聘书，本月起薪，以便早日推动工作也，薪水方面酌请依本校成规批也，专此，敬请复□。

费孝通　谨启
一月十一日

［《为聘汤定宇授社会学、柳无姤接许烺先工作等事致函熊庆来校长》（1945年），云南省档案馆藏，云南大学全宗，档案号：1016 - 001 - 00441 - 002］

教职员变动通知单

职别	姓名	变动情形	月薪	研究费	起薪及止薪日期	附记
社会系助教	谷苞	停职			三十三年十一月一日停薪	

请即查照
　　此致
文书组
三十四年元月十五日 已注销

　　社会系教授徐雍舜，不应聘，卅三年十月一日止薪。

　　助教谷苞停职，卅三年十一月一日停薪。

　　副教授柳无姤新聘，月薪三百元，研究费一百六十元，卅四年元月一日起薪至七月底止薪。

　　助教王康新聘，月薪一百元，研究费一百六十元，卅四年一月起至七月底止。

［《本校徐雍舜、谷苞、柳无姤、王康、王鹤轩等人人事变动及支薪通知》（1945 年 1 月 15 日），云南省档案馆藏，云南大学全宗，档案号：1016 - 001 - 00441 - 003］

王　康

国立云南大学应聘书□第□号
兹应国立云南大学之聘为社会系助教，并同意订定规约如下：
一薪金每月国币一百元按月支领；

—每周授课自□小时至□小时；

—应聘期自民国三十四年一月起至三十四年七月底止；

—其他事项依照教职员待遇服务规程办理。

应聘人：王康（及章）

[《许烺光、潘文达、张之毅、史国衡、汤定宇、谷苞、田汝康、潘光旦、李树青、王康、杨家凤、李慕白、安子明、熊庆来、钱春生的应聘书》（1944年），云南省档案馆藏，云南大学全宗，档案号：1016 - 001 - 00419 - 004]

教职员变动通知单

教职员变动通知单

职别	姓名	变动情形	月薪	研究费	起薪及止薪日期	附记
社会系助教	王康	新聘	一百元	一百六十元	三十四年一月起至七月底止	各项津贴照加

请即查照

　　此致

文书组（请发给聘书）

三十四年元月十五日 已登记发聘

[《钱伯耕、何弘德、谷苞、徐雍舜、熊文楷、柳无姤、王康、汤定宇、瞿同祖、全云寰、王鹤轩、方于、柳立功、李宗海、桂灿昆等人人事变动通知》（1945年），云南省档案馆藏，云南大学全宗，档案号：1016 - 001 - 00414 - 018]

国立云南大学应聘书□第□号

兹应国立云南大学之聘为社会系助教，并同意订定规约如下：

—薪金每月国币一百元按月支领；

—每周授课自□小时至□小时；

—应聘期自民国三十四年八月起至三十五年七月底止；

—其他事项依照教职员待遇服务规程办理。

应聘人：王康（及章）

[《费青、费孝通、张之毅、胡庆钧、王志诚、傅懋勣、王康、倪中方、吴家华、庄圻泰、姜振中、朱亚杰、程力方、徐绍龄、龙文池、黄锦焕、崔

之兰等人应聘书》（1945 年），云南省档案馆藏，云南大学全宗，档案号：
1016 - 001 - 00415 - 004]

三十五年聘任教师

国立云南大学应聘书□第□号

兹应国立云南大学之聘为社会学系助教，并同意订定规约如下：

一薪金每月国币一百四十元按月支领；

一每周授课自□小时至□小时；

一应聘期自民国三十五年八月起至三十六年七月底止；

一其他事项依照教职员待遇服务规程办理。

应聘人：王康（及章）

[《陈东凯、杨克成、陆清熙、李绍武、徐雍舜、张之毅、胡庆钧、王志
诚、王康、萧鸣皋、章煜然、张福华、陈元龄、崔之兰、姜震中等人应聘
书》（1946 年），云南省档案馆藏，云南大学全宗，档案号：1016 - 001 -
00416 - 004]

萧鸣皋

三十五年聘任教师

国立云南大学应聘书□第□号

兹应国立云南大学之聘为社会学系助教，并同意订定规约如下：

一薪金每月国币一百十二元按月支领；

一每周授课自□小时至□小时；

一应聘期自民国三十五年八月起至三十六年七月底止；

一其他事项依照教职员待遇服务规程办理。

应聘人：萧鸣皋（及章）

[《陈东凯、杨克成、陆清熙、李绍武、徐雍舜、张之毅、胡庆钧、王志
诚、王康、萧鸣皋、章煜然、张福华、陈元龄、崔之兰、姜震中等人应聘
书》（1946 年），云南省档案馆藏，云南大学全宗，档案号：1016 - 001 -
00416 - 004]

倪中方

国立云南大学教职员变动通知单

职别	姓名	变动情形	月薪	研究费	起薪及止薪日期	附注
社会系兼任教授	倪中方	新聘	九十六元		三十四年九月至三十五年六月底止	每周授课三小时薪照加成致送

请即查照
　　此致
文书组请开聘书
三十四年九月六日

[《为本校教职员罗应荣、李为衡、姚嘉椿、史国衡、倪中方、王贡予、芋士中、陈定民、高朗节等新聘人事通知单》（1945 年 9 月 6 日），云南省档案馆藏，云南大学全宗，档案号：1016 - 001 - 00372 - 023]

教职员变动通知单

职别	姓名	变动情形	月薪	起薪月日	止薪月日	附注
社会系兼任讲师	倪中方	新聘	一百二十元	自卅二年二月起	至卅二年七月止	外加研究补助费九十元

请即查照
　　此致
文书组
国立云南大学总务处
二月二十四日

[《教职员变动通知单陈隆、顾家杰、张静华、鲍觉民、陈廪、王仲桓、陈瑞凝、雷然则观、王乃樑、李良康、倪中方、邱振林、金肇源、袁家骅、周炳年》（1943 年），云南省档案馆藏，云南大学全宗，档案号：1016 - 001 - 00352 - 009]

　　新聘倪中方　社会系兼任讲师，一百二十元，自卅二年二月起至七月底止。
[《罗义广、凌达杨、李良康、金肇元、袁家骅、倪中方、黄万杰、鲁昭祎、王乃樑、赵畯田、李泽、方国瑜、任玮、范琦、李慰慈、陆钦墀、刘

大公的职务变动通知书》（1941 年），云南省档案馆藏，云南大学全宗，档案号：1016 – 001 – 00428 – 010］

应聘书 云第三四九号

文法学院社会系兼任教授倪中方，担任应用心理学（每周三小时），月薪国币一百二十元，外送研究补助费九十元。自三十二年二月起至三十二年七月底止。

［《国立云南大学应聘书（倪中方、李良康、陈廪、胡维菁、饶重庆、陆星垣、方树梅、罗建业、权泰钟、陈立幹、秦瓒、潘大逵、赵诏熊、朱家骏、钱同福、吴迪似）》（1942 年），云南省档案馆藏，云南大学全宗，档案号：1016 – 001 – 00430 – 009］

云字第 55 号

聘倪中方先生为本校社会系兼任教授，自三十四年九月起至三十五年六月底止。

卅四年九月份

［《本校张瑞纶、冯宝麔、罗应莱、费青、王少钦、翁同文、宋锡华、蒋松龄、刘崇智、缪安成、张玺、钱临照、倪中方、王绍曾、于道文、刘鸿璧等人人事变动通知》（1945 年），云南省档案馆藏，云南大学全宗，档案号：1016 – 001 – 00443 – 001］

潘光旦 中国社会思想研究（一年），每周二小时，社会思想史（一年），每周三小时。

倪中方　社会心理学（上学期），每周三小时。

自九月起至卅四年二月止。

新聘社会系兼任教授潘光旦，月薪 128 元，卅四年九月至卅五年六月底止。每周授课四小时，薪照加送又一小时，送研究费四千元。

新聘社会系兼任教授倪中方，月薪 96 元，卅四年九月至卅五年六月底止。

［《本校戴文赛、陆裕淳、吴汉英、丁月秋、陆师义、杨元坤、陆钦墀、陶秋英、姚薇元、王伯奇、潘光旦、倪中方、刘文清、李为衡、罗应荣、张书桂等人人事变动通知》（1945 年），云南省档案馆藏，云南大学全宗，

档案号：1016 - 001 - 00443 - 003〕

　　社会系兼任教授　王政　未应聘，卅七年九月一日止

　　聘倪中方先生为社会系兼任教授，每周授课二小时，自九月起至明年六月底止，希即照改聘发。

　　此致

　　　　　　　　　　　　　　　　　　　　　　　　　　总务处

　　　　　　　　　　　　　　　　　　　　　　　　　十一月十二日

　　新聘社会系兼任教授倪中方，金元券十六元，六九折。九月至卅八年六月底止。

〔《王政、张德贵、赵荣海、诸祖耿、徐嘉瑞、周惺甫、陈震宇、约德、谢国桢、郑智绵、任锦媛、王仲彦、倪中方、方国瑜的任聘通知单》（1948年），云南省档案馆藏，云南大学全宗，档案号：1016 - 001 - 00451 - 012〕

国立云南大学应聘书□第□号

兹应国立云南大学之聘为社会学系兼任教授，并同意订定规约如下：

一薪金每月国币九十六元按月支领；

一每周授课自二小时至□小时；

一应聘期自民国三十四年九月起至三十五年六月底止；

一其他事项依照教职员待遇服务规程办理。

应聘人：倪中方（及章）

国立云南大学应聘书□第 55 号

兹应国立云南大学之聘为社会系兼任教授，并同意订定规约如下：

一薪金每月国币六十四元按月支领；

一每周授课自二小时至□小时；

一应聘期自民国三十四年九月起至三十五年六月底止；

一其他事项依照教职员待遇服务规程办理。

应聘人：倪中方（及章）

〔《费青、费孝通、张之毅、胡庆钧、王志诚、傅懋斐、王康、倪中方、吴

家华、庄圻泰、姜振中、朱亚杰、程力方、徐绍龄、龙文池、黄锦焕、崔之兰等人应聘书》（1945 年），云南省档案馆藏，云南大学全宗，档案号：1016 - 001 - 00415 - 004]

云南大学教职员异动通知单

职别	姓名	异动原因	月薪	起薪及止薪日期	其他	备注
社会系兼任教授	倪中方	改兼任	每周授课二小时规定致送薪津	二月至七月底		各项津贴照加

请即查照

　　此致

出纳组

卅八年十二月五日

[《本校 1948.1949 年教职工名册》（1950 年），云南大学档案馆藏，云南大学全宗，档案号：1950 - Ⅲ - 03]

全慰天

应聘书

国立云南大学应聘书

兹应国立云南大学之聘为社会学系助教，并同意订定如下规约：

一薪金每月国币一百元，按月支领；

一每周授课自□小时至□小时；

一应聘期自民国□年□月起至□年□月底止；

一其他事项依照教职员待遇服务规程办理。

应聘人：全慰天

中华民国□年□月□日

[《为聘杨元坤、田汝康为体育组副教授、谷苞、全慰天为社会系助教、李家琛为工学院教授、于振修为法律系教授、朱肇熙为医学院教授等聘书》（1943 年 8 月 1 日），云南省档案馆藏，云南大学全宗，档案号：1016 - 001 - 00366 - 006]

汤定宇

国立云南大学应聘书□第□号

兹应国立云南大学之聘为，并同意订定如下规约：

一薪金每月国币二百八十元按月支领；

一每周授课自□小时至□小时；

一应聘期自民国三十四年元月起至三十四年七月底止；

一其他事项依照教职员待遇服务规程办理。

应聘人：汤定宇（及章）

［《许烺光、潘文达、张之毅、史国衡、汤定宇、谷苞、田汝康、潘光旦、李树青、王康、杨家凤、李慕白、安子明、熊庆来、钱春生的应聘书》（1944年），云南省档案馆藏，云南大学全宗，档案号：1016 – 001 – 00419 – 004］

教职员变动通知单

职别	姓名	变动情形	月薪	研究费	起薪及止薪日期	附记
社会系副教授	汤定宇	新聘	二百八十元	一百四十元	三十四年元月一日起薪至七月底止薪	各项津贴照加

请即查照

　　此致

文书组（请发给聘书）

三十四年一月十五日 已登记

［《钱伯耕、何弘德、谷苞、徐雍舜、熊文楷、柳无妬、王康、汤定宇、瞿同祖、全云寰、王鹤轩、方于、柳立功、李宗海、桂灿昆等人人事变动通知》（1945年），云南省档案馆藏，云南大学全宗，档案号：1016 – 001 – 00414 – 018］

徐雍舜

教职员变动通知单

职别	姓名	变动情形	月薪	研究费	起薪及止薪日期	附记
社会系教授	徐雍舜	新聘	三百六十元	二百元	三十三年十月份起至三十四年七月底止	各项津贴照加

请即查照
　　此致
文书组（请发给聘书）
三十三年十一月十五日 已登记

[《何玉贞、吴征镒、魏丕栋、李仲三、徐雍舜、许烺光、方于、谭沛祥、章辑五、李清泉、韩惠卿、吕树滋、孙逢吉、林成耀等人人事变动通知》（1944 年），云南省档案馆藏，云南大学全宗，档案号：1016 - 001 - 00414 - 016]

教职员变动通知单

职别	姓名	变动情形	月薪	研究费	起薪及止薪日期	附记
社会系教授	徐雍舜	不应聘	一百一十元		三十三年十月一日止薪	

请即查照
　　此致
文书组
三十四年元月十五日 已注销

[《钱伯耕、何弘德、谷苞、徐雍舜、熊文楷、柳无姤、王康、汤定宇、瞿同祖、全云寰、王鹤轩、方于、柳立功、李宗海、桂灿昆等人人事变动通知》（1945 年），云南省档案馆藏，云南大学全宗，档案号：1016 - 001 - 00414 - 018]

　　三十五年聘任教师
国立云南大学应聘书□第□号
兹应国立云南大学之聘为社会学系教授兼主任，并同意订定规约如下：
一薪金每月国币五百四十元按月支领；
一每周授课自六小时至九小时；
一应聘期自民国三十五年六月起至三十六年七月底止；
一其他事项依照教职员待遇服务规程办理。
应聘人：徐雍舜（及章）
[《陈东凯、杨克成、陆清熙、李绍武、徐雍舜、张之毅、胡庆钧、王志诚、王康、萧鸣皋、章煜然、张福华、陈元龄、崔之兰、姜震中等人应聘书》（1946

年），云南省档案馆藏，云南大学全宗，档案号：1016 - 001 - 00416 - 004]

柳无妬

教职员变动通知单

职别	姓名	变动情形	月薪	研究费	起薪及止薪日期	附记
社会系副教授	柳无妬	新聘	三百元	一百六十元	三十四年元月一日起薪至三十四年七月底止	各项津贴照加

请即查照
　　此致
文书组（请发给聘书）
三十三年十一月十五日 已登记

[《钱伯耕、何弘德、谷苞、徐雍舜、熊文楷、柳无妬、王康、汤定宇、瞿同祖、全云寰、王鹤轩、方于、柳立功、李宗海、桂灿昆等人人事变动通知》（1945 年），云南省档案馆藏，云南大学全宗，档案号：1016 - 001 - 00414 - 018]

王志诚[①]

聘傅愫斐为社会系助教，月薪一百元，学研费 160 元，聘王志诚为社会系助教月薪一百一十元，学研费 160 元，余照规定办理，并由八月份起薪，希即发聘。

　　此致
总务处

卅六年八月十日

[《本校顾建中、经利彬、朱杰勤、孙逢吉、曾勉、胡维菁、丁则良、尚健菴、鲍志一、陈茹玉、傅愫斐、王志诚、周东志、周居安、邓长庆等人人事变动及加薪、订薪通知》（1947 年）云南省档案馆藏，云南大学全宗，档案号：1016 - 001 - 00442 - 015]

---

① 原文无标点，标点断句为编者所加。

社会学系原聘助教全慰天君因家有急事回籍，呈请解职，应予照准，薪津停发（按全君到职后，迄未领薪）另聘王志诚为学生助理，月薪于九月份起至卅三年七月止。

总务处通知

卅二年九月廿七日

全慰天辞职，卅二年八月份止薪。

新增社会系学生助理王志诚，月薪六十元，自卅二年九月起至卅三年七月止。

[《有关徐心祥、王志诚、全慰天、何炳昌、张文奇、苏良赫、陈世忠、杨桂官、钱春深聘任、兼任、薪津等之通知单及便笺函》（1943年），云南省档案馆藏，云南大学全宗，档案号：1016 - 001 - 00433 - 009]

聘王志诚为本校社会学系助教，薪金每月国币一百四十元，自民国三十五年八月起至三十六年七月底止。

民国三十五年八月

[《本校齐祖誩、朱杰勤、郑智绵、王志诚、潘清华、李俊昌、李国宪、杨桂官、张福华、杜荣、缪鸾和、徐大德、董载衡、陈四篯、朱亚杰、白世俊、王瑞蒂等人聘书》（1946年），云南省档案馆藏，云南大学全宗，档案号：1016 - 001 - 00444 - 010]

国立云南大学应聘书□第□号

兹应国立云南大学之聘为社会学系助教，并同意订定规约如下：

一薪金每月国币一百一十元按月支领，学术研究费一百六十元；

一每周授课自□小时至□小时；

一应聘期自民国三十四年八月起至三十五年七月底止；

一其他事项依照教职员待遇服务规程办理。

应聘人：王志诚（及章）

[《费青、费孝通、张之毅、胡庆钧、王志诚、傅愫斐、王康、倪中方、吴家华、庄圻泰、姜振中、朱亚杰、程力方、徐绍龄、龙文池、黄锦焕、崔之兰等人应聘书》（1945年），云南省档案馆藏，云南大学全宗，档案号：1016 - 001 - 00415 - 004]

三十五年聘任教师

国立云南大学应聘书□第□号

兹应国立云南大学之聘为本校社会系助教，并同意订定规约如下：

一薪金每月国币一百四十元按月支领；

一每周授课自□小时至□小时；

一应聘期自民国三十五年八月起至三十六年七月底止；

一其他事项依照教职员待遇服务规程办理。

应聘人：王志诚（及章）

[《陈东凯、杨克成、陆清熙、李绍武、徐雍舜、张之毅、胡庆钧、王志诚、王康、萧鸣皋、章煜然、张福华、陈元龄、崔之兰、姜震中等人应聘书》（1946 年）云南省档案馆藏，云南大学全宗，档案号：1016 – 001 – 00416 – 004]

傅愫斐①

国立云南大学应聘书□第□号

兹应国立云南大学之聘为社会系助教，并同意订定规约如下：

一薪金每月国币一百元按月支领；

一每周授课自□小时至□小时；

一应聘期自民国三十四年八月起至三十五年七月底止；

一其他事项依照教职员待遇服务规程办理。

应聘人：傅愫斐

[《费青、费孝通、张之毅、胡庆钧、王志诚、傅愫斐、王康、倪中方、吴家华、庄圻泰、姜振中、朱亚杰、程力方、徐绍龄、龙文池、黄锦焕、崔之兰等人应聘书》（1945 年），云南省档案馆藏，云南大学全宗，档案号：1016 –001 –00415 –004]

费孝通　本校教授兼系主任，名誉职，三十四（1945）年八月至三五（1946）年七月止。

---

① 原文无标点，标点断句为编者所加。

社会系副教授张之毅二百八十元，卅四年八月起至卅四年七月底止。

傅愫斐，社会系助教，一百元，卅四年八月至卅五年七月底

王康，社会系助教，一百元，三十四年（1945）八月至三十五年七月底。

[《费青、费孝通、张之毅、胡庆钧、王志诚、傅愫斐、王康、倪中方、吴家华、庄圻泰、姜振中、朱亚杰、程力方、徐绍龄、龙文池、黄锦焕、崔之兰等人应聘书》（1945 年），云南省档案馆藏，云南大学全宗，档案号：1016 - 001 - 00415 - 004]

社会系助教傅愫斐辞职，卅五年二月份起止薪

孝通师尊鉴，生自入社会研究室工作以来，迄今已达一学期，虽无显著成绩，然以兴趣所繁，尚知奋力自勉，以学习态度求教于研究室中诸先进。本拟继续工作以奠定一研究基础，本奈战事结束，交通恢复，生离乡久，颇不无归心，现有由渝转乡之便利，为不舍原定计划，则日后返家大成问题，工作因属要者，亦未能不与生活其他方面配合，生孜虑再三，与无可奈何中唯有辞去研究室职务，敢请准予所请，并希鉴谅，是幸，耑此，敦烦。

文祺

三十五年二月二十二日

受业

傅愫斐谨上

一月廿三日

请即准予辞职，并自二月份起停薪，如拟照准。

费孝通

二月廿一日

[《本校柳灿坤、傅愫斐、周鸿经、程文熙、张家谟、苏溱、许逸超、罗锦江、张家驹、汪耀三、杨叔进、熊秉明、宗传训、王源璋、韩瑛、潘文娟等人人事异动通知》（1946 年 3 月 23 日），云南省档案馆藏，云南大学全宗，档案号：1016 - 001 - 00446 - 007]

杨怡士①

国立云南大学应聘书第九号

兹应国立云南大学之聘为社会学系教授，并同意订定规约如下：

—薪金每月国币四百九十元按月支领；

—每周授课自九小时至十二小时；

—应聘期自民国三十六年八月起至三十七年七月底止；

—其他事项依照教职员待遇服务规程办理。

应聘人：杨怡士（签章）

中华民国三十六年八月

[《国立云南大学应聘书（张家驹、李绍武、冉俊彦、周光倬、张骙祥、陈东凯、杨克成、朱伯奇、杨堃、侯振邦、杨怡士、刘德曾、陈年榜、刘尧汉、王明贞）》（1947 年），云南省档案馆藏，云南大学全宗，档案号：1016 - 001 - 00417 - 005]

国立云南大学教职员异动通知单

职别	姓名	异动原因	月薪	研究费及其他	起薪及止薪日期	备注
社会系代理主任	杨怡士	加聘		特办费九万元	由八月起至三十七年一月底止	

请即查照

　此致

文书组（请发聘书）

三十六年十二月十五日

[《陈荣生、孙永龄、王仲永、张瑞纶、饶重庆、段山、马希融、杨怡士、许烺光、韩惠卿、陆星垣、于振鹏、张福延、周惺甫、林作权、吴砚农、吴薇生、全文晟、吴家华异动通知单》（1947 年），云南省档案馆藏，云南大学全宗，档案号：1016 - 001 - 00374 - 032]

---

① 原文无标点，标点断句为编者所加。

国立云南大学教职员异动通知单

职别	姓名	异动原因	月薪	研究费及其他	起薪及止薪日期	备注
社会系代理主任	杨怡士	续聘		办公费照致送	二月至七月底止	

请即查照

此致

出纳组

三十七年二月三日

[《本校教职员异动通知单冯建纲、朱伯奇、吴融清、吴澄远、张继龄、曹辅孙、唐曜、杨怡士、王树槐、李垚、吴持恭、张振西、由振群、字明光、郭秉道、许烺光、陆忠义、周润琮》（1948 年），云南省档案馆藏，云南大学全宗，档案号：1016 - 001 - 00467 - 004]

1948 年社会学系教职员

教授金琼英；代系主任杨怡士、杨堃；副教授张之毅（休假）；讲师刘德曾；助教陈年榜、刘尧汉。

[《本校雇员、职员李参如、袁俊春、王福德、李维孝、欧阳容、杨绍光、吴绍良、姜亮夫、楚图南、费孝通、石充、张福延、张瑄、何正荣、杨华芬、张国兴、杨兴邦、史兴等名册及通讯录》（1948 年），云南省档案馆藏，云南大学全宗，档案号：1016 - 001 - 00483 - 004]

迳启者：

查经济系三年级中国经济史第二学期成绩因学校停课时间过久无法考试，请照第一学期之考绩给分，再李学勤第一学期考试成绩不及格，上学期已令其补交读书报告，第二学期成绩为七十分，统希查照填写分数送注册组为荷。

此致

经济学系

杨怡士

十一月十九日

由董先生代填送请杨先生盖章，再交注册组办。

十一月二十一日

查上年度杨怡士先生所授中国经济史一科第二学期末举行期末考，兹准各生补考一次，惟以杨先生现已□校补考，拟请贵系办理兹抄送该科上年度第二学期选修学生成绩报告单一份，即希查照为荷。

此致

经济学系

中华民国卅八年十一月十八日

［《为三年级中国经济史第二学期成绩因学校停课时间过久无法考试请照第一学期成绩给分等事致经济学系》，云南省档案馆藏，云南大学全宗，档案号：1016－001－00209－023］

1946年聘任杨怡士先生为经济学系教授，聘期自二月起至七月止。

［《本校吴中伦、王世中、戴玉贞、杜继彦、董载衡、蒋成骐、钱立民、鲍美珍、胡鸿均、蒋同庆、费令宜、郑独步、杨怡士、林筠英、杨春洲、梁家椿、白莱特等人人事异动通知》（1946年），云南省档案馆藏，云南大学全宗，档案号：1016－001－00446－006］

改聘社会系教授杨怡士月薪四百九十元，卅六年八月至卅七年七月底止。

［《本校杨怡士、杨元坤、仲跻鹍、张鼎芬、李光溥、袁丕佑、祁景良、刘玠、王启明、谢苍禄、董佩玉、肖一飞、杜穆光、李志鹄、舒金安、罗祉仲等人人事异动通知》（1947年），云南省档案馆藏，云南大学全宗，档案号：1016－001－00449－006］

兹聘杨怡士先生为社会系代理主任，自八月起至卅七年一月止，应加教聘书。

总务处查照

通知照办

十二月九日

社会系代理主任杨怡士加聘，支系主任办公费。

八月至卅七年一月底止

[《本校陆星恒、韩惠卿、于振鹏、潘和西、马希融、杨怡士、许烺先、张性聪、张瑞纶、饶重庆等人人事异动通知》（1947 年），云南省档案馆藏，云南大学全宗，档案号：1016 - 001 - 00449 - 018]

查本校社会主任一职因许烺光先生尚未归国，系主任一职由杨怡士教授兼任，凡有关社会系事宜及校务会务等均应通知伊办理。

此致

文书组　查照

五月一日

[《杨怡士、张清华、杨堃、张若名、阮曾佑、林文铮、王欣棣、石坚白、曾勉、陈松岩、瞿明宙、黄薰南、安字明、张楚宝、孙慧筠、李荫桢、谢保清、王伯琦委任异动通知》（1948 年 5 月 1 日），云南省档案馆藏，云南大学全宗，档案号：1016 - 001 - 00375 - 005]

新聘社会系讲师刘德曾，二百二十元，卅七年二月至七月底止；续聘社会系代理主任杨怡士，卅七年二月至七月底止（1948.2 - 1948.7）。

[《本校綦练峯、苏佳麟、吴澄远、吴融远、朱伯奇、诸伯高、刘德曾、王启民、黄薰南、曹辅孙、李柱、蔡元璋、张继龄、由振群、唐曜、吴砚农、凌达扬、杨怡士等人人事异动通知》（1948 年），云南省档案馆藏，云南大学全宗，档案号：1016 - 001 - 00450 - 006]

金琼英

国立云南大学教职员异动通知单

职别	姓名	异动原因	月薪	研究费及其他	起薪及止薪日期	备注
社会系教授	金琼英	新聘	五百六十元		六月份起薪	八月份名册内已列入应补发八月以示之薪津

请即查照

此致

文书组（请发聘书）

卅六年八月廿五日

[《本校任伟、吴世荣、徐天骝、李萃农、赵瑞林、郭功骏、赵谦、徐若梅、汤季彬、冉俊言、倪富林、陈复光、胡以仁、谢琼瑛、金琼英、靳式根、孙慧筠等人人事异动通知》（1947 年），云南省档案馆藏，云南大学全宗，档案号：1016 - 001 - 00448 - 001]

陈年榜

国立云南大学应聘书

兹应国立云南大学之聘为本校社会学系助教，并同意订定规约如下：

一薪金每月国币一百二十元按月支领；

一每周授课自□小时至□小时；

一应聘期自民国三十六年八月起至三十七年七月底止；

一其他事项依照教职员待遇服务规程办理。

应聘人：陈年榜（签章）

中华民国三十六年八月一日

[《国立云南大学应聘书（张家驹、李绍武、冉俊彦、周光伡、张骙祥、陈东凯、杨克成、朱伯奇、杨堃、侯振邦、杨怡士、刘德曾、陈年榜、刘尧汉、王明贞)》（1947 年），云南省档案馆藏，云南大学全宗，档案号：1016 - 001 - 00417 - 005]

国立云南大学应聘书

兹应国立云南大学之聘为社会学系助教，并同意订立规约如下：

一薪金每月国币一百四十元按月支领；

一每周授课自九小时至十二小时；

一应聘期自民国三十七年八月起至三十八年七月底止；

一其他事项依照教职员待遇服务规程办理。

应聘人：陈年榜（签字及盖章）

中华民国年月

[《杨堃、江应樑、李慰祖、陈年榜、张炳翼、罗庸、和克强、石介高、周均、田光烈、方龄贵、陈东凯、张骙祥、熊庆来、贾光涛的应聘书》（1948 年），云南省档案馆藏，云南大学全宗，档案号：1016 - 001 - 00418 - 004]

案据社会系主任费孝通先生签称：前蒙校长批准社会系研究室，本系两清寒学生管理图书馆及抄写报告文件酌予报酬兹毕，选定陈年榜及李奇两生每人每月给于五千元之津贴，自十月份起起算一案，今奉校长批准照办津贴，由学费项下开支等因奉此，相应通知即希查照办理为荷。

此致

会计室

国立云南大学总务处

卅四年十月三十日

［《费孝通、姚嘉椿、金世鼎、刘崇智、石毓澍、杨文典、王绍曾、赵崇汉、于道文、孙逢吉、秦仁昌、王建勋、杨春洲的新津变动通知单》（1945 年），云南省档案馆藏，云南大学全宗，档案号：1016－001－00462－001］

兹聘陈年榜、刘尧汉二员为社会系助教，月薪为一百十二元，自八月份起至卅七年七月份止，即发聘。

此致

八月十五日

［《本校吴佩兰、钱树荣、李丹芳、张励祥、崔之兰、梅远谋、饶婉直、米锡候、朱德祥、李达才、陈年榜、刘尧汉、吴佑礼、王树勋、叶日癸、李源澄等人人事异动通知或聘书》（1947 年），云南省档案馆藏，云南大学全宗，档案号：1016－001－00448－002］

发给陈年榜学业成绩证照书由

NO. 1745

查本校文法学院社会系四年级学生陈年榜系澄海县人，三十五学年学业成绩总平均在八十分以上，特此证明。

此证

校长　熊庆来

中华民国卅六年一月卅一日

［《发给陈年榜学业成绩证照书由》（1947 年），云南省档案馆藏，云南大学全宗，档案号：1016－001－00605－005］

学生陈年榜请求发护照

社会系三年级学生陈年榜请求发护照由

　　陈年榜暑假返越南，请求沿途军警给予保护，申请发给护照。

[《呈请云南大学发给护照》（1949 年），云南省档案馆藏，云南大学全宗，档案号：1016 - 001 - 01260 - 048]

刘尧汉

国立云南大学学生请求书

刘尧汉请求发给护照

　　社会系二年级学生刘尧汉拟于寒假返里，由本城到家一段尚须步行三日，路经多森林大山，常有盗贼出没，兹特请给予护以便向当地乡镇请丁护送。

恳请训导处查核

生　刘尧汉　呈

卅四年一月廿二日

[《云南大学陈迪武、张永高、袁同功、黄国瀛、刘尧汉、杨体隽、李尚志、郑永泰、李寿彭、张恒、刘建申、王信廉、李仲缪、张献莆、胡秀荃呈请云南大学发给护照》（1945 年），云南省档案馆藏，云南大学全宗，档案号：1016 - 001 - 00403 - 003]

国立云南大学应聘书

兹应国立云南大学之聘为社会学系助教，并同意订定规约如下：

一薪金每月国币一百二十元按月支领；

一每周授课自□小时至□小时；

一应聘期自民国三十六年八月起至三十七年七月底止；

一其他事项依照教职员待遇服务规程办理。

应聘人：刘尧汉（签章）

中华民国三十六年八月一日

[《国立云南大学应聘书（张家驹、李绍武、冉俊彦、周光倬、张骖祥、陈东凯、杨克成、朱伯奇、杨堃、侯振邦、杨怡士、刘德曾、陈年榜、刘尧

汉、王明贞)》 （1947 年），云南省档案馆藏，云南大学全宗，档案号：
1016 - 001 - 00417 - 005]

李慰祖

国立云南大学应聘书

兹应国立云南大学之聘为社会学系讲师，并同意订立规约如下：

一薪金每月国币二百四十元按月支领；

一每周授课自九小时至十二小时；

一应聘期自民国三十七年八月起至三十八年七月底止；

一其他事项依照教职员待遇服务规程办理。

应聘人：李慰祖（签字及盖章）

中华民国三十七年八月

[《杨堃、江应樑、李慰祖、陈年榜、张炳翼、罗庸、和克强、石介高、周均、田光烈、方龄贵、陈东凯、张骙祥、熊庆来、贾光涛的应聘书》（1948年），云南省档案馆藏，云南大学全宗，档案号：1016 - 001 - 00418 - 004]

教职员变动通知单

职别	姓名	异动原因	月薪	研究费及其他	起薪及止薪日期	备注
社会系讲师	李慰祖	新聘	二百四十元		五月至卅八年七月底止	各项津贴照加

[《本校教职员异动通知（单苏继麟、吴砚农、王伯琦、钱穆、顾光中、潘正涛、李荫桢、张大鹤、张德光、萧常斐、顾学颉、杨宜春、张开警、江应樑、李慰祖、张为骐)》（1948 年），云南省档案馆藏，云南大学全宗，档案号：1016 - 001 - 00467 - 007]

云南大学报告 云政人 54 字第 076 号

事由：报送抽调干部到人大、北大进修名单李慰祖等五人及档案五袋由

受文者：西南高等教育局

（一）兹奉到你局高教（54）人字第一二九五号通知，为抽调政治理论课助教干部到人大、北大进修，现遵照指示各点，提示名单如下：

1. 政治课教研室政治经济学教研组讲师李慰祖（党员）进修政治经

济学；

2. 政治课教研室中国现代革命史教研组助教曹锋光（团员）进修中国革命史；

3. 经济系助教赵宗煜进修政治经济学；

4. 历史系助教钟连六（党员）进修哲学；

5. 工学院政治辅导员高可久（团员）进修马列主义基础。

（二）另邮寄上该五同志档案材料各 2 份。

（三）请予审查示复。

云南大学

一九五四年六月廿五日

[《云南大学报告》（1954 年），云南大学档案馆藏，云南大学全宗，档案号：1954 - Ⅲ - 022]

石堉壬

国立云南大学应聘书

兹应国立云南大学之聘为社会学系讲师，并同意订定规约如下：

一薪金每月国币二百八十元按月支领；

一每周授课自九小时至十二小时；

一应聘期自民国三十七年十一月起至三十八年七月底止；

一其他事项依照教职员待遇服务规程办理。

应聘人：石堉壬（签章）

中华民国□年□月

[《汤鹤逸、赵恩钜、杨宜春、王治柱、刘文藻、杨克成、石堉壬、杨家伟、熊庆来、潘志英、王景贤、姚瞻、马耀先、杨祖诲、张振西、徐家宝的应聘书》（1948 年），云南省档案馆藏，云南大学全宗，档案号：1016 - 001 - 00418 - 006]

聘石堉壬先生为社会系专任讲师，月薪二百八十元，自十一月起至卅八年七月止，即发聘书交杨主任堃封致。

云南大学校长室

十二月廿一日

国立云南大学教职员异动通知单

职别	姓名	变动情形	月薪	研究费及其他	起薪及止薪日期	附记
社会学系讲师	石埕壬	新聘	二百八十元		十一月至卅八年七月底止	各项津贴照加

卅七年十二月廿三日

[《教职员情况》（1948 年），云南省档案馆藏，云南大学全宗，档案号：1016 - 001 - 00452 - 001]

一九五三年一月十日，社会学系讲师石埕壬在京病故，一月起停薪

[《教职员情况》，云南大学档案馆藏，云南大学全宗，档案号：1958 - Ⅲ - 23]

杨 堃

孙本文致熊庆来信函

庆来先生大鉴：

去年为贵校推荐刘绪贻先生，未成事实，深引为憾。不知贵校社会学系现尚需人否（系指暑后）？兹有北洋大学教授杨堃先生颇愿来南方任教。杨先生在北方各大学执教近二十年，如能来贵校任课，必可加强社会学系。随函附上履历一纸，藉供参考。又杨先生之夫人张女士长于文学及法文，如贵校亦须延聘此项人才尤佳。杨先生曾函询昆明方面亦有匪惊否？便中亦祈示及为感。先生何日重来南京？希图良晤也。不了。此颂

教祺

弟 孙本文 顿
卅七年三月四日

附杨先生伉俪履历一纸。

杨堃，字象乾，河北大名县人，现年四十七岁。法国里昂大学理科硕士、文科博士。曾任河北省立河北大学、国立北平大学、北平师范大学、私立燕京大学等校教授，现任北洋大学教授（月薪五百六十元），能任社会学、民族学、当代社会学说、中国社会史、家族社会学等。

· 153 ·

张若名，杨夫人，河北清苑人，现年四十六岁。法国里昂大学文科硕士、博士。现任北平中法大学教授（月薪五百六十元），可任法文、法国文学、文艺批评、小说研究。

熊庆来批语：

①杨先生即延聘，其夫人请凌先生斟酌再定。三月十日。②送请梅院长一阅，并转告杨①怡士先生。

来

致杨堃电

天津北洋大学杨教授象乾鉴：

决敦聘台端任社会系教授，正薪五百八十元，提前三个月发薪作旅费，盼俯就。需款电示即汇。尊夫人亦愿借重，以名额限制，容决定再达。

校长熊庆来叩
卅七年三月十日

致杨象乾　孙本文便函

函达聘任杨堃（象乾）先生为本校社会系教授由

中华民国卅七年三月廿八日　学字第 3686 号

象乾先生道鉴：

久仰光仪，把握莫由，望风企想，曷既钦驰。敬维撰祉绥和，为颂。顷接孙本文兄来函，藉悉执事愿南来讲学，极表欢迎，谨敦聘担任敝校社会系教授，月俸致送陆百元，（生补费及研究费照部章致送），并提前三个月起支送，作为旅费，尚祈俯允赞助。滇省僻处边隅，颇称安定。抗战以来，文化有长足进步，昆明实西南之一重要学术中心也。尊夫人敝校亦欲借重，惟以名额限制，俟教部核增，再行决定奉告，为何之处即希电复，为荷。耑此，敬颂。

教祺

弟　熊庆来　拜启

本文先生道席：

---

① 原文为梅

奉读三月四日手书，敬悉一一。象乾先生学识深邃，夙所钦仰。今承介绍，极表欢迎，兹决聘请担任社会系教授，其夫人张女士亦拟罗致，俟本校名额核实，即可决定也。知关锦念，特附奉复，并颂。

　　教祺

弟　熊庆来

□月□日

[《推荐杨堃到云大任教函熊庆来校长电复》(1948 年 3 月 18 日)，云南省档案馆藏，云南大学全宗，档案号：1016 - 001 - 00375 - 003]

聘杨堃、张若名为文法学院教授

　　查本校新聘教授文法学院社会系杨堃先生，月薪六百元，五月间飞昆，本学期即可来校，并聘其夫人张若名，月薪五百八十元，亦聘为文法学院教授，于下月由□到学校上课，均须为致送卅六年度聘约，其起薪自卅六年十一月，止薪至卅七年七月底，照前，希即办。

　　此致

总务处

四月十九日

国立云南大学教职员变动通知单

职别	姓名	异动原因	月薪	研究费及其他	起薪及止薪日期	备注
文法学院教授	张若名	新聘	五百八十元		卅六年十一月至卅七年七月底止	各项津贴照加

卅七年三月廿七日

[《杨怡士、张清华、杨堃、张若名、阮曾佑、林文铮、王欣棣、石坚白、曾勉、陈松岩、瞿明宙、黄薰南、安字明、张楚宝、孙慧筠、李荫桢、谢保清、王伯琦委任异动通知》(1948 年 5 月 1 日)，云南省档案馆藏，云南大学全宗，档案号：1016 - 001 - 00375 - 005]

　　兼任教师一九五三年三月起薪。

社会系教授：傅懋绩，4 小时；陈方，3 小时。

助教：徐琳，2 小时；周耀文，2 小时。

社会系教授何波、樊子程，每周 3 小时，一九五三年十月起薪。

陈方担任民族理论，每周讲课 2 小时，实习 2 小时。

傅懋绩担任民族组三四年级民族语言，每周讲课 4 小时。

徐琳、周耀文担任语言实习，每人每周 2 小时。

何波担任劳动组工会工作，每周授课 3 小时。

樊子诚担任劳动组劳动行政，每周授课 3 小时。

社会系主任杨堃

一九五三年八月三十一日

[《教职员情况》（1953 年），云南大学档案馆藏，云南大学全宗，档案号：1953 - Ⅲ - 13]

国立云南大学应聘书（卅六）社 第十五号

兹应国立云南大学之聘为社会学系教授，并同意订立规约如下：

一薪金每月国币六百元按月支领；

一每周授课自九小时至十二小时；

一应聘期自民国三十六年十一月起至三十七年七月底止；

一其他事项依照教职员待遇服务规程办理。

应聘人：杨堃（签字及盖章）

中华民国三十六年十一月

[《国立云南大学应聘书（张家驹、李绍武、冉俊彦、周光倬、张骏祥、陈东凯、杨克成、朱伯奇、杨堃、侯振邦、杨怡士、刘德曾、陈年榜、刘尧汉、王明贞）》（1947 年），云南省档案馆藏，云南大学全宗，档案号：1016 - 001 - 00417 - 005]

国立云南大学应聘书

兹应国立云南大学之聘为本校社会学系教授兼主任，并同意订立规约如下：

一薪金每月国币六百元按月支领；

一每周授课自□小时至□小时；

一应聘期自民国三十七年八月起至三十八年七月底止；

一其他事项依照教职员待遇服务规程办理。

应聘人：杨堃（签字及盖章）

中华民国三十七年七月

［《杨堃、江应樑、李慰祖、陈年榜、张炳翼、罗庸、和克强、石介高、周均、田光烈、方龄贵、陈东凯、张骙祥、熊庆来、贾光涛的应聘书》（1948年），云南省档案馆藏，云南大学全宗，档案号：1016－001－00418－004］

国立云南大学教职员异动通知单

职别	姓名	异动原因	月薪	研究费及其他	起薪及止薪日期	备注
社会系教授	杨堃	新聘	六百元		卅六年十一月起至卅七年七月底止	各项津贴照加

卅七年五月廿一日

［《本校教职员异动通知单全云寰、全竞寰、宋凤娇、萧颖、钱志诚、张若名、原颂周、马希融、王治柱、孙建毅、杨树芬、傅蕊清、赵重哲、林文铮、秦作良、杨堃、俞鹤鸣、贾荣轩》，云南省档案馆藏，云南大学全宗，档案号：1016－001－00467－001］

国立云南大学教职员异动通知单

职别	姓名	异动原因	月薪	研究费及其他	起薪及止薪日期	备注
文法学院社会系教授	杨堃	新聘	六百元	照加	卅七年八月起至卅八年七月底止	各项津贴照加

一九四八年四月二十四日

［《本校教职员异动通知单张励辉、顾光中、张大鹤、唐韫瑶、徐梦麟、何艾田、骆毅、李荫桢、唐绍平、李丹芳、宋涛、楚世锠、曾勉、杨堃、陈松岩》（1948年），云南省档案馆藏，云南大学全宗，档案号：1016－001－00467－002］

职员履历（杨堃、凌达扬、朱锡候）连带体格检查表
1949年

　　杨堃　男　象乾　四十七　河北大名
　　法国里昂大学理科硕士 文科（社会学）博士（民十一至十九）
　　巴黎民族学院毕业（民十七至十九）
　　巴黎大学高等学术实习学校（初民宗教）研究生（民十七至十九）
　　巴黎民族学博物馆实习一年（民十八至十九）

河北省立河北大学教授（廿年一月——七月）

国立北平师范大学讲师小教授（廿年十月——廿六年七月）

北平燕京大学社会学系讲师教授（廿六年九月——廿六年十二月）

北平中法汉学研究所民俗学组研究员（卅一年一月——卅三年七月）

北平临时大学补习班教授（卅四年十二月——卅五年七月）

天津国立北洋大学（卅五年十月——卅七年四月）

社会学系教授　每薪六百元　专任　卅六年十一月

《中国家族中之祖先崇拜》（法文）

《中国儿童生活之民俗学的研究》（法文，与张若名合著）

《法国现代社会学》

《社会学大纲》

《社会科学概论》

《莫斯教授的社会学》

《社会学文存》（三册）

《灶神考》

另有论文数十篇，散见中法教育界，中法大学月刊，鞭策周刊，清华学报，清华周刊，师大月刊，西北研究（月刊），国立北平大学学报，社会学界，社会学刊，民族学研究集刊，民间月刊，汉学，中法汉学研究所图书馆馆刊等刊物。

［《职员履历（杨堃、凌达扬、朱锡候）连钝体格检查表》（1949 年），云南省档案馆藏，云南大学全宗，档案号：1016－001－01260－038］

陈礼江

1949 年陈礼江来校

代电教育部

广州教育部部长杭钧鉴：

七月廿二日奉穗高字第五四三二号代电，获悉本校敦聘陈礼江先生为社会系教授，聘书随呈，仰转□□鉴核转致为祷。

国立云南大学校长熊庆来叩

印附呈聘书一份

电复本校教育方面课程，陈礼江先生同意开一门选修课程由

国立云南大学代电

案奉钧部七月廿二日穗高字第五四三二号代电遴选我校区教授陈礼江先生至本校任教，饬即酌定电复等因，在此查本校并无教育方面之课程，如蒙钧部改派陈教授至本校接近之院校任教，本校可斟商陈教授意见，另开一门选修课程，奉电前因理合电复鉴核

国立云南大学校长熊庆来 叩印

［《分发陈礼江来校任教事通知社会系查照由》（1949 年），云南省档案馆藏，云南大学全宗，档案号：1016 - 001 - 00375 - 030］

侯振邦

国立云南大学应聘书（卅六）社 第六十号

兹应国立云南大学之聘为本校社会学系教授，并同意订定规约如下：

一薪金每月国币六百元按月支领；

一每周授课自九小时至十二小时；

一应聘期自民国三十七年五月起至三十七年七月底止；

一其他事项依照教职员待遇服务规程办理。

应聘人：侯振邦（签章）

中华民国三十七年五月

［《国立云南大学应聘书（张家驹、李绍武、冉俊彦、周光倬、张骥祥、陈东凯、杨克成、朱伯奇、杨堃、侯振邦、杨怡士、刘德曾、陈年榜、刘尧汉、王明贞）》（1947 年），云南省档案馆藏，云南大学全宗，档案号：1016 - 001 - 00417 - 005］

王治柱

国立云南大学教职员异动通知单

职别	姓名	异动原因	月薪	研究费及其他	起薪及止薪日期	备注
经济系及社会系讲师	王治柱	新聘	二百四十元		卅六年十二月起	各项津贴照加

卅七年一月十五日

［《本校教职员异动通知单全云寰、全竞寰、宋凤娇、萧颖、钱志诚、张若名、原颂周、马希融、王治柱、孙建毅、杨树芬、傅蕊清、赵重哲、林文铮、秦作良、杨堃、俞鹤鸣、贾荣轩》（1949 年），云南省档案馆藏，云南大学全宗，档案号：1016 - 001 - 00467 - 001］

国立云南大学应聘书

兹应国立云南大学之聘为经济学系及社会学系讲师，并同意订定规约如下：

一薪金每月国币二百四十元按月支领；

一每周授课自九小时至十二小时；

一应聘期自民国三十七年八月起至三十八年七月底止；

一其他事项依照教职员待遇服务规程办理。

应聘人：王治柱（签章）

中华民国三十七年八月

［《汤鹤逸、赵恩钜、杨宜春、王治柱、刘文藻、杨克成、石埕壬、杨家伟、熊庆来、潘志英、王景贤、姚瞻、马耀先、杨祖诲、张振西、徐家宝的应聘书》（1948 年），云南省档案馆藏，云南大学全宗，档案号：1016 - 001 - 00418 - 006］

詹开龙

1949 年 8 月聘詹开龙

敬启者：

窃本系现有助教两位（陈年榜及刘尧汉）开学后均须任课并担任实习与调查工作繁重，势须另添助教一位，本系工作方敷分配只以校方名额有限，故本系在本年以内不拟添聘助教，惟为推进工作期间，拟将本系原任名誉职之研究助理詹开龙君改为兼任职，自本年八月份起至明年七月底止至月薪按兼任讲师或兼任助教，每周任课四小时之待遇计算，而其工作范围则以专任职为标准计一半时间在本系研究室服务，一半时间在本系附设之大麻苴工作站服务，此办法已获詹君同意，恳请钧座批准，速将聘函发下，以便早日开始工作，是为至盼。

此上

校长　熊庆来

职　杨堃谨上

八月廿二日

[《1949 年 8 月聘詹开龙》（1949 年 8 月 22 日），云南省档案馆藏，云南大学全宗，档案号：1016 - 001 - 00418 - 006]

傅懋勣

社会学系拟聘傅懋勣为语言学教授

兹经本系系务会议议决增聘傅懋勣为本系语言学教授，傅懋勣先生系山东人，北大中文系毕业，历任华中大学教授兼国文系主任，华西大学教授，曾赴西康凉山调查著有西康夷语研究及麽些文研究。一九四八年受剑桥大学聘往剑桥讲语言学，现在归国途中。傅懋勣先生底薪暂定五百二十元，特此。

谨上

校务执行委员会主任委员秦

社会学系主任杨堃

一九五〇年八月十五日

[《社会学系拟聘傅懋勣为语言学教授》（1950 年 8 月 15 日），云南大学档案馆藏，云南大学全宗，档案号：1950 - Ⅱ - 21]

傅懋勣调入历史系兼任教员。

（一）傅懋勣先生本学期兼任我系三四年级（民族组）"中国少数民族语言、语言调查"，每周各上课二小时，共计四小时。[（1）中国少数民族语言调查：二月廿七日开始上课，（2）中国少数民族语言：三月九日开始上课]

（二）该科实习由周耀文先生兼任：

1. 三年级：中国少数民族语言调查：每周实习二小时，自三月三日开始实习。

2. 四年级：因学生至外县做生产实习，须做总结鉴定等关系，自本月廿日（星期六）始开始举行（每周实习二小时）。

（三）徐琳先生等因出外公差，本学期未能兼任实习指导工作。

（四）侯方岳先生本学期兼任三四年级（含上）"马列主义民族理论"，拟于下周起开始上课（每周上课三小时）。

即请通知财务科照章致送兼任工资！

此致

人事室

云南大学历史系

一九五四年三月十六日

我系三四年级（民族组）教师傅懋绩同志（讲授中国少数民族语言调查）现因公干至西双版纳一带区域，作语言调查研究工作，（四月十八日离昆）。三四年级少数民族语言调查，暂为停授，实习照常进行（每班增加实习各二小时）。

1. 傅懋绩每周四小时，自五月份起停薪。

2. 周耀文每周自五月份增加四小时。

历史系

一九五四年五月廿一日

（一）我系民族组兼任教师七月份均未上课。

（二）1954学年度四年级（民族组）拟开"马列主义民族理论"（一年），仍请侯方岳先生担任，每周上课□小时，全年三十五周计，兼课工资共计人民币2100000元。

（三）我系四年级（民族组）"中国少数民族语言"（一年）本请中国科学院傅懋绩先生担任，惟傅先生常到外地作语言调查，在昆时间较少，届时能否上课，很难决定。荷为预留开课余地，拟请仍予列入预算，每周上课二小时，全年以三十五周计，兼课工资共计1400000元。助教周耀文工资亦同（1400000元）（每周实习二小时）。

此致

云南大学历史系

一九五四年八月九日

[《傅懋绩、侯方岳、周耀文开课情况》（1954年），云南大学档案馆藏，云南大学全宗，档案号：1958－Ⅲ－34]

侯方岳

聘侯方岳担任历史系民族史组课程

我系兼课教授侯方岳本学习（三月至八月）仍担任三年级民族史组"民族理论及政策"课程，每周授课二小时。拟请按照规定，给予工作补助费（拟照去年核定数额发给，每月30元）并转财务科。

此致

一九五八年八月廿二日

云南大学历史系

［《聘侯方岳担任历史系民族史组课程》（1958年），云南大学档案馆藏，云南大学全宗，档案号：1958 - Ⅲ - 34］

刘德曾

云南大学教职员异动通知单

姓名	职别	异动原因	月薪	起薪及止薪日期	其他	备注
刘德曾	社会系讲师	新聘	二百二十元	二月至七月底		各项津贴照加

卅七年二月廿七日

［《本校教职员异动通知单邓磊节、胡元恺、范继志、应元岳、李岱学、钱穆、张继龄、唐曜、钱志诚、彭桓武、王承桢、王钟山、王启民、黄薰南、刘德曾》（1948年），云南省档案馆藏，云南大学全宗，档案号：1016 - 001 - 00467 - 003］

马　曜

云南大学教职员异动通知单

姓名	职别	异动原因	月薪	起薪及止薪日期	其他	备注
马曜	社会系兼任副教授	调职停薪	每周上课三小时，照兼任副教授钟点费支给	自九月份起薪开至十一月上半月	十一月下半月以后是否支薪，俟决定办法后再通知	自十二月决定继续发给

一九五一年十一月二日

［《教职员情况》，云南大学档案馆藏，云南大学全宗，档案号：1951－Ⅲ－12］

傅懋勉

云南大学教职员异动通知单

姓名	职别	异动原因	月薪	起薪及止薪日期	其他	备注
傅懋勉	社会系兼任副教授		每周上课五小时，照兼任副教授钟点费支给	自十月份起薪		

一九五一年十一月二日

［《教职员情况》，云南大学档案馆藏，云南大学全宗，档案号：1951－Ⅲ－12］

龚荣星

介绍龚荣星回校参加社会系工作，任助教

因魏尔志辞职调胡桂秋（1952 社会系毕业）、龚荣星（1953 社会系毕业）做社会系助教

第 333 号

　　我系民族组本来师资极度缺乏，助教魏尔志又坚决请求辞职，屡经挽留无效，似已无法再挽留。而一切工作均待办理，必须将人的补充问题马上解决，才能开始工作。现省教育厅胡桂秋和省民委会龚荣星两人，切可留作助教，并切可培养作为师资。究应为何，请酌核示！

　　此上

李副校长

社会系主任　杨堃

一九五三年八月卅一日

将胡桂秋、龚荣星留作社会系助教

受文者：云南省教育厅 云南省民族事务委员会

　　我校社会系民族组师资缺乏，必须设法补充，下学期才能开课，拟请你厅、会同意将胡桂秋、本届毕业生分配到你会的龚荣星调任我校社会系，留作我校社会系助教，以便培养作为该系师资，特函，惠允见复为荷！

云南大学
一九五三年九月二日

［《教职员情况》，云南大学档案馆藏，云南大学全宗，档案号：1955 - Ⅲ - 26］

函民委会

　　我校社会系民族组缺乏师资，拟请你会同意将龚荣星留作我校社会系助教，以便培养作为该系民族组的师资，昨已于九月二日以人调字 880 号函向你会商洽在案，倘龚荣星不能长久留在我校，则改为备用一年或两年。现在因为工作需要，拟请你会同意龚荣星先生来我校服务，自本年十月份起即由我校以社会系助教名义付予工资及其他一切应有的待遇。如何，即请核覆为荷！

云南大学兼校长　　周
副校长　　李
一九五三年九月十日

［《教职员情况》，云南大学档案馆藏，云南大学全宗，档案号：1955 - Ⅲ - 26］

　　龚荣星服务期满调任

受文者：云南民族事务委员会

　　我校前社会系民族组向你会借龚荣星同志为民族语言助教一年。现已期满。我校社会系民族组并入历史系后无适当工作，请你会将龚荣星同志调回改任其他适当工作。考虑合理使用干部为荷！

云南大学
一九五四年九月廿八日

签呈

前社会系民族组借聘省民族事务委员会龚荣星同志为民族语言助教一年，现已期满。自民族组并入本系后民族组已不存在，民族专门语言在历史专业中已无开设必要，助教龚荣星留在系内无适当工作可做。从合理使用干部着想，拟请与民委会商洽调任其他工作较为妥当，特此签请。

李副校长

历史系主任　张德光　上

［《教职员情况》，云南大学档案馆藏，云南大学全宗，档案号：1955 – Ⅲ – 26］

王连芳

拟请你部王连芳同志担任我校社会系民族组"马列主义民族理论"一课，希同意见复由

受文者：中国共产党云南省委会空传部

我校社会系民族组师资缺乏，必须延揽专人，才能开课。拟请你部派王连芳同志前来讲授"马列主义民族理论"一课，每周三小时，万一王同志不能来，亦请另行酌派一位同志担任，备有必要，我校当介绍该系主任杨堃先生前来面洽。如何？

即请核覆为荷！

云南大学

公元一九五三年九月十日

［《教职员情况》，云南大学档案馆藏，云南大学全宗，档案号：1955 – Ⅲ – 26］

刀忠强

拟聘刀忠强为助教，并获同意（同意的档案未打）

社会系拟请聘任民族学院刀忠强同志来校担任兼任助教（担任少数民族语言实习，每周两小时）我们意见拟请同意，当否请批示。（同意还要报文委）

此呈

校长办公室

云南大学人事室

一九五三年五月二十八日

杨堃主任：

　　傣族刀忠强同志自上学期起，即已参加"少数民族语言"一课，帮助同学实习。他曾任车里文教科副科长，熟习西双版纳傣族语文。一年来，在我的协助下，对本族语言的结构，也已进行了初步的分析研究。有他参加，对本课教学上帮助很大。特请和云大领导商酌，给以兼任助教名义，工资按照周耀文、徐琳兼任工资计算办法，自本月起支给。为属可能，并请补发去年十二月和本年一月份兼任工资。

　　此致

敬礼

傅懋绩

一九五三年三月二十九日

[《教职员情况》，云南大学档案馆藏，云南大学全宗，档案号：1953－Ⅲ－13]

何　波

我系劳动组讲师李慰祖奉调赴重庆工作，"劳动政策与劳动立法"一门，请校方聘请云南省总工会副主任何波同志担任。

　　此上

李副校长

社会系

四月二十八日

云南大学教职员异动通知单

姓名	职别	异动原因	月薪	起薪及止薪日期	其他	备注
何波	社会系兼任教授	代李慰祖讲课	每周上课三小时，照兼任教员发薪标准计发	自五月一日起薪		

［《教职员情况》，云南大学档案馆藏，云南大学全宗，档案号：1953－Ⅲ－
13］

樊子诚

函省府办公厅社会系拟聘樊子诚通知兼任"劳动行政"一课，请同意并速
荷复由

我校社会系劳动组因教员人数不足，且现有教员缺乏实际工作经验，
为保证教学质量及求得理论与实践相结合会起见，拟聘请劳动局副局长樊
子诚同志兼任"劳动行政"一课。

即请你厅同意并速核复！

此致

云南省人民政府办公厅

一九五三年九月十六日

［《教职员情况》，云南大学档案馆藏，云南大学全宗，档案号：1953－Ⅲ－
13］

拟聘请你局樊副局长来我校经济系兼课希同意见复由

受文者：云南省劳动局

我校经济系劳动组下学期专业课程"劳动力调配"一课，系内无人可
以担任，拟请你局樊副局长子诚来校兼任此课，每周授课三小时，特此函
洽，敬希惠允同意见复为荷！

云南大学

一九五四年五月卅一日

1954 年 9 月起，樊子诚兼任经济系教员，每周授课 2 小时。

我系经学校领导同意，聘请云南省劳动局副局长樊子诚同志担任"工
资与生产研究"一课，兼任教员，每周授课二小时，自九月一日起，请通
知会计科照章付薪为荷。

此致

云南大学经济系

一九五四年九月二日

云南省人民政府文化教育委员会（函）（54）文办字第 0004 号
事由：转知西南高教局同意你校聘樊子诚同志到你校讲授"劳动行政"
课程。
主送机关：云南大学
批示：人事室查照

　　续聘樊子诚为经济系兼任教师，每周授课二小时，1955 年 2 月起支开
（二月份开支本月计两周四小时）。

一九五五年二月十五日

[《聘樊子诚到校任教》，云南大学档案馆藏，云南大学全宗，档案号：
1958 – Ⅲ – 34]

周耀文

聘周耀文（周文煜）

拟聘周文煜同志为我校社会系讲师，希惠允见复由
受文者：云南民族事务委员会
　　一、我校社会系一年级基础课程"语言学引论"一门，尚无教师担
任，现新生入学，该课不能久缺，拟聘请你会研究组副组长周文煜同志为
兼任讲师担任此课。
　　二、为承惠允，我校即聘请周同志该系兼任讲师。
　　三、即希查照同意见复为荷。

云南大学
一九五三年十月十七日

云南大学教职员异动通知单

姓名	职别	异动原因	月薪	起薪及止薪日期	其他	备注
周耀文	社会系兼任助教	续聘	每周授课二小时	自十一月一日起薪		

[《教职员情况》，云南大学档案馆藏，云南大学全宗，档案号：1953 – Ⅲ –
13]

教职工名册①

1946 年教职员

职别	姓名	性别	薪金	起薪日期	止薪日期
教授兼主任	徐雍舜	男	五四〇	三五年六月	月三十止
教授	费孝通	男	三七	江苏吴江　五八〇	三七年一月　八月一日止
副教授	张之毅	男	三三	湖南醴陵　三二〇	一一〇　二八年八月
（退聘）讲师	胡庆钧	男	三三	二七〇　一二〇	三四年六月　八月份止
	罗振庵		二三〇	三五年七月	三十五年十月起加薪20元
助教	王康	男	二七	湖北黄冈　一四〇	三四年一月
	王志诚	男	二八	河北蓟县　一四〇	三四年八月　八月一日止
	萧鸣皋	男		河北蓟县　一二〇	三五年八月　八月份止

［《云南大学教职员张家驹、陈曼石、李绍武、于振鹏、饶重庆、赵崇汉、捺靖、宋玉生、彭望雍、饶禊、浦莱、徐雍舜、张之毅、罗振庵、张其濬、王士魁、张福华等名册及调查表》（1946 年），云南省档案馆藏，云南大学全宗，档案号：1016 - 001 - 00481 - 006］

1947 年教职员

教授兼主任	教授	代理主任	教授	教授
许烺光	金琼英	杨怡士	杨堃	侯振邦
五八〇	五六〇	四九〇	六〇〇	六〇〇
三十二年二月	三十六年六月	三十五年二月	三十六年十一月	三十二年五月
特办费九万元		本学期自二月起代理系主任职务，特办费九万元		
副教授	讲师	讲师	助教	助教
张之毅	罗振庵	刘德曾	陈年榜	刘尧汉
三二〇	二五〇	二二〇	一二〇	一二〇
二十八年六月	三十五年七月	三十七年二月	年八月	三十六年八月

---

① 自此，表中教职工是在原全校教职工名册中节选而来，下同，表格内容有所删减。

[《本民国三十六年教职员许烺光、金琼英、杨怡士、杨堃、张之毅、张其濬、杨春洲、王士魁、卫念祖、吴新谋、张福华、张瑞纶、赵雍来、彭桓武、崔之兰、肖承宪等名册》（1947 年），云南省档案馆藏，云南大学全宗，档案号：1016 - 001 - 00482 - 003]

1948 年教职员

职别	姓名	月薪（元）	到职日期	备注
教授兼主任	杨堃	600	1947.11	
教授	金琼英	560	1947.6	
教授（曾代系主任）	杨怡士	510	1946.2	
西南文化研究室研究员	江应樑	500	1948.5	
副教授	张之毅		1939.8	休假
讲师	石堉壬	280	1948.11 ~ 1949.7	
讲师	刘德曾	240	1948.2 ~ 1948.7	
讲师	李慰祖	240	1948.5 ~ 1949.7	
助教	陈年榜	140	1947.8	
助教	刘尧汉	140	1947.8	
兼任教授	倪中方	16/2h/每周	1948.9 ~ 1949.6	

[《本校雇员、职员李参如、袁俊春、王福德、李维孝、欧阳容、杨绍光、吴绍良、姜亮夫、楚图南、费孝通、石充、张福延、张瑄、何正荣、杨华芬、张国兴、杨兴邦、史兴等名册及通讯录》（1948 年），云南省档案馆藏，云南大学全宗，档案号：1016 - 001 - 00483 - 004；《本校民国三十七年度教职员饶重庆、彭望雍、张孝忱、吴薇生、冯蓬章、冯浩、陈书、乔文华、杨怡士、江应樑、杨堃、金瑗英、张文渊、彭桓武、王明贞、杨桂宫、顾建中等名册》，云南省档案馆藏，云南大学全宗，档案号：1016 - 001 - 00485 - 005]

1949 年教职员

职别	姓名	月薪（元）	到职日期	备注
教授兼主任	杨堃	600	1947.11	
教授	金琼英	560	1947.6	

续表

职别	姓名	月薪（元）	到职日期	备注
教授	江应樑	520	1948.5	
教授	岑纪	520	1949.8	改兼任
讲师	李慰祖	260	1948.5	
讲师	石埔壬	290	1948.11	
助教	陈年榜	160	1947.8	
助教	刘尧汉	160	1947.8	
助教	高文英	140	12月起	
社会学研究助理	詹开龙	不受薪给	1948.9	
兼课教授	倪中方	按规定	1949.10 – 1950.7	2h 每周
兼课讲师	张征东		1949.10 – 1950.7	3h 每周

[《本校民国三十八年任教职员张警、秦瓒、韩及宇、肖子风、陆忠义、杨
宜春、郭树人、家玉生、饶重庆、徐靖、徐溥泽、赵崇汉、彭望雍、杨
堃、金琼英、江应樑、岑纪、张其濬等名册》（1949年10月31日），云南
大学档案馆藏，云南大学全宗，档案号：1016 – 001 – 00486 – 005；《本校
1948.1949年教职工名册》（1950年），云南大学档案馆藏，云南大学全
宗，档案号：1950 – Ⅲ – 03]

1950 年教职员①

职别	姓名	月薪（元）	到职日期	备注
教授兼主任	杨堃	600		西南文化研究室研究员（名义职）
教授	金琼英	560		
教授	江应樑	520		西南文化研究室研究员（名义职）
教授	岑纪	520	1949.8	
讲师	李慰祖	260		

① 在1951年7月10日制的《一九五一年度云南大学第二学期教师人数表》中，文法学院
社会系教师总数7人，专任教师7人，女教师1人，教授3人，讲师2人，助教2人。
[《1950年云南大学教师、学生人数》，云南大学档案馆藏，云南大学全宗，档案号：
1950 – Ⅲ – 02]

续表

职别	姓名	月薪（元）	到职日期	备注
讲师	石埔壬	290		
助教	陈年榜	160	1947.8	
助教	刘尧汉	160	1947.8	
助教	高文英	140	1949.12	
社会学研究助理	詹开龙	不受薪给	1948.9	
兼课教授	倪中方		1949.10～1950.7	2h 每周
兼课讲师	张征东		1949.10～1950.7	3h 每周

［《1950 年教职员》（1952 年），云南大学档案馆藏，云南大学全宗，档案号：1952 - Ⅱ - 33；《本校 1948. 1949 年教职工名册》（1950 年），云南大学档案馆藏，云南大学全宗，档案号：1950 - Ⅲ - 03］

1951 年教职员

职别	姓名	月薪（元）	到职日期	备注
教授兼主任	杨堃	840	1947.11	人类学三小时，专题调查研究三小时
教授	金琼英	780	1947.8	社会科学概论三小时，辩证唯物论二小时，马列主义名著选二小时
教授	江应樑	780	1948.8	中国少数民族概况三小时，中国社会分析三小时，政治经济学四小时
副教授	袁绩藩	520	1951.8	劳动保护三小时，劳动统计二小时
讲师	李慰祖	560	1948.9	马列主义民族理论二小时，工人运动三小时，政治经济学四小时
讲师	石埔壬	560	1949.2	家庭与婚姻二小时，劳动保险三小时（暂停，因赴京学习），合作事业二小时
助教	陈年榜	400	1947.8	普通统计三小时，实验或实习二小时，工资与生产研究三小时
助教	刘尧汉	360	1947.8	社会调查与研究三小时，世界民族志三小时
助教	马雪如	330	1951.8	
助教	魏尔志	330	1951.8	

[《新增离校教职工登记表》，云南大学档案馆藏，云南大学全宗，档案号：1951 - Ⅲ - 04；《一九五一年教职工名册》，云南大学档案馆藏，云南大学全宗，档案号：1951 - Ⅲ - 03]

1952 年教职员

职别	姓名	月薪（元）	到职日期	备注
教授兼主任	杨堃	667		
教授	金琼英	662		
教授	江应樑			
副教授	袁绩藩		1951.8	
讲师	李慰祖		1948.9	在昆明党校学习
讲师	石埔壬		1949.2	在北京学习
助教	陈年榜		1947.8	
助教	刘尧汉		1947.8	
助教	马雪如		1951.8	
助教	魏尔志		1951.8	
助教	陈宝珠		1951.2	

[《1950.1952 年教职员名册》，云南大学档案馆藏，云南大学全宗，档案号：1952 - Ⅱ - 33；《1950 年云南大学教师、学生人数》，云南大学档案馆藏，云南大学全宗，档案号：1950 - Ⅲ - 02]

1953 年教职员①

职别	姓名	月薪	到职日期	备注
教授兼主任	杨堃			
教授	金琼英			
教授	江应樑			

---

① 1953 年一学期社会系 13 人，杨堃、江应樑、龚荣星、马雪如、袁绩藩、减何波、樊子诚、金琼英、李慰祖、陈年榜、陈宝珠调来政治课教研组。参见：《1953 年度一学期云南大学教职员工人数统计表》（1954 年 2 月 15 日），云南大学档案馆藏，云南大学全宗，档案号：1954 - Ⅲ - 27。

职别	姓名	月薪	到职日期	备注
副教授	袁绩藩			
讲师	李慰祖			
讲师	刘尧汉			1953.6 调北京中央民族学院 6月时在北京人大学习
助教	陈年榜			
助教	马雪如			
助教	魏尔志			
助教	陈宝珠			

[《1953 年度一学期云南大学教职员工人数统计表》（1953 年），云南大学档案馆藏，云南大学全宗，档案号：1954 - Ⅲ - 27；《1953 年社会系名单》（1953 年），云南大学档案馆藏，云南大学全宗，档案号：1953 - Ⅲ - 02；《一九五三年度教研室组教学小组一览表》（1953 年），云南大学档案馆藏，云南大学全宗，档案号：1953 - Ⅱ - 099]

社会系教研组及教学小组一览表

名称	负责人	成员	备注
社会系民族教学小组	杨堃	江应樑、方国瑜、龚荣星	
劳动政策工会工作教学小组	袁绩藩	何波（兼任）、樊子诚（兼任）、马雪如、陈宝珠	

[《一九五三年度教研室组教学小组一览表》，云南大学档案馆藏，云南大学全宗，档案号：1953 - Ⅱ - 099]

高等学校未开课教师情况调查表

编制机关：中央人民政府高等教育部　　　　　　　　1954 年 4 月 15 日

姓名	性别	年龄	属何党派	毕业何校何系科	原教职	曾在何校开过什么课程其效果如何	现未开课的原因	备考
金琼英	女	41		法国里昂大学	政治课教研室教授	重庆女师学院哲学概论、逻辑、美学、法文	正在准备	

续表

姓名	性别	年龄	属何党派	毕业何校何系科	原教职	曾在何校开过什么课程其效果如何	现未开课的原因	备考
陈宝珠	女	26		云大社会系	政治课教研室助教	未开	正在培养	
魏尔志	男	30		北京大学经济系	经济系助教	云大教统计学半年，中等学校任教	正在培养	
段蕙仙	女	36		西南联大历史系	外语系讲师	云大英文教员	因病休养	
马雪如	女	29		金陵女大社会系	外语系助教		因本学期自社会系调整过来，需培养后才能开课	

［《云南大学院系说明》，云南大学档案馆藏，云南大学全宗，档案号：1954－III－13］

1955 年教职员名册

历史系：杨堃、江应樑、龚荣星（民委借调）

经济系教授兼主任：袁绩藩、魏尔志

政治教研室系马列主义基础教研组：金琼英、陈年榜

政治课教研室政治经济学教研组：李慰祖

历史系世界史：丁宝珠

历史系中国史教研组民族史教学小组：杨堃、江应樑、龚荣星

经济系：袁绩藩

［《1955 年教职员名册》，云南大学档案馆藏，云南大学全宗，档案号：1955－III－05］

1956 年教师名册

历史系：杨堃、江应樑、龚荣星、丁宝珠

政治经济学讲师：李慰祖

政治课教研室政治经济学：陈年榜

政治课教研室马列主义基础教研组：金琼英（从事逻辑学，准备在三年内

完成。曾开社会学，马恩列思想方法论，马列主义基础，形式逻辑，哲学概论，社会心理学，社会思想史，马列主义名著选读，社会科学概论）

历史系民族史教研组：江应樑、杨堃

［《1956 年教职员名册》，云南大学档案馆藏，云南大学全宗，档案号：1956
－Ⅲ－06］

二　学术研究

（一）农村厂矿社会经济调查

1938 年费孝通、李有义赴禄丰①

本校副教授费孝通先生及李有义先生日内赴禄丰县调查社会经济以作研究之资，约须住县三四月之久，速函请教厅查核，令知禄丰县政府于该员等到县时，特予保护并协助一切，俾利进行。

文书课查照

十一月十一日

函云南省教育厅本校副教授费孝通及李有义两先生赴禄丰调查社会经济请会知禄丰县政府，特予保护由

列衔公函云字第□号

迳启者：

兹有本校副教授费孝通及李有义两先生日内赴禄丰县调查社会经济，以作研究之资。预计住县工作，约须三四个月，惟前往调查，人地生疏，应请贵厅查核，会知禄丰县政府，俟该员到县时，特予保护，并协助一切，俾利进行。实为公便，相应函达，请希查照，仍冀见覆为荷。

此致

云南省教育厅

中华民国二十七年十一月十四日

费孝通、李有义身份证明书

函云南汽车西站检查处请收费孝通、李有义小枪交还由

民国二十七年十二月三十一日封发

---

① 原文无标点，标点断句为编者所加。

列衔证明书　云字第□号

　　兹有费孝通、李有义两先生曾前赴禄丰调查社会经济。费君系燕京大学社会系毕业，伦敦大学人类学系博士，受中英庚款董事会资送，来滇担任研究工作，研究西南种族，两君并在本校担任教授，均属实在，特此证明。

校长　熊庆来
中华民国二十七年十二月三十一日

迳启者：

　　兹以敝校教授费孝通、李有义两先生前赴禄丰调查社会经济，深入民间，诚恐道路不清，发生意外，曾携带小枪一支，借以自卫。现已调查完竣，搭车转省，经贵处检查，将所携小枪扣留，查两君所带小枪，纯系为自卫起见，敝校尽可证明，特请仍将枪支交还，实为感荷！

　　此致
云南汽车西站检查处
十二月二十八日

函复已照函转令禄丰县保护教授费孝通、李有义请查照由
民国二十七年十一月三十日
呈阅后存案并通知吴文藻先生
云南省教育厅公函　教字第 191 号
迳复者：

　　案准贵大学函为副教授费孝通及李有义两君，赴禄丰调查社会经济，嘱转令禄丰县政府特予保护，并协助一切，等由，到厅，自应照办。除令饬遵照办理外，相应函复，请即查照。

　　此致
国立云南大学
中华民国二十七年十一月二十八日

准教育厅函复费孝通、李有义赴禄丰调查已特令该县政府保护协助，通知吴文藻先生
中华民国二十七年十二月三日

查本校前以副教授费孝通及李有义两先生，赴禄丰调查社会经济，函复教育厅特令该县政府特予保护，并协助一切，顷准教厅函复，已特令遵照办理等由。特此函达，即希查照。

此致

吴文藻先生

（校章）启

十二月一日

函西南运输处等　请减免教授等车费

中华民国二十七年十二月八日

敬启者：

敝校副教授费孝通先生、研究员李有义先生由昆明前往禄丰调查纯为学术研究跋涉风尘，倍极劳苦，旅行费用牺牲尤多。贵处局厅对于文化工作者向极优待，请准予免费、半价乘车，以示保护提携之至意。实叨惠便仍俟速复。

此致

西南运输处

滇缅铁路工程局

光学器材厅

全省公路总局

列衔名

文书 第 1437 号

迳复者：

准送吴文藻先生一阅。贵校十二月八日函以副教授费孝通等二人由昆明往禄丰研究学术，嘱予免费乘车，速复等由。自当协助以示优待，惟查本处近来无车西驶致厅嘱一前未能照办，无任钦仄用，特函复请即查照为荷。

此致

国立云南大学

昆明西南运输公司　启

中华民国二十七年十二月十三日

［《函请云南省教育厅本校副教授费孝通、李有义两先生赴禄丰县调查社会经济祈知禄丰县政府予以保护由》，云南省档案馆藏，云南大学全宗，档案号：1016 - 001 - 00343 - 028］

呈阅后转送吴文藻先生一阅
十二月十二日
函复本路尚未通车仅有运料卡车，不能搭客顷嘱准予贵校副教授费孝通等免费乘车一节，实难应命由
呈阅后转送吴文藻先生一阅
滇缅铁路工程局公函
中华民国二十七年十二月十一日发

接准台函以贵校副教授费孝通、研究员李有义由昆明前往禄丰调查，请准予免费乘车等由。准此。查本路现仅有卡车二辆，驶行工段系专为运输材料之用，不能搭乘外客所嘱一节，实难应命，相应函复，即希鉴原为荷。

此致
云南大学
［《函复云南大学费孝通、李有义两先生至禄丰欲免费乘车碍难照准由》，云南省档案馆藏，云南大学全宗，档案号：1016 - 001 - 00343 - 032］

1939 年费孝通张之毅赴易门调查

社会系副教授费孝通、助教张之毅拟赴易门调查社会经济状况，希函该县县政府，请特令乡镇长予以保护及调查便利。

此致
文书组

云南大学总务处
九月十三日

函易门县政府本校社会系教授费孝通、助教张之毅赴该县调查社会经济状况，请饬属保护复由
列衔公函
迳启者：

查本校社会系教授费孝通及助教张之毅两先生，拟赴易门调查社会经济状况，作研究时参考。特以初赴贵县，深入乡村，对于地方社会情形，多感生疏，拟请贵政府转饬所属乡镇长随时引导，并予保护，以利调查工作。相应函达，敬烦查照办理，至纫公谊。

此致
易门县政府

云南大学

中华民国二十八年九月十四日

[《函请易门县政府本校社会系教授费孝通助教张毅之赴该县调查社会经济状况饬属保护由》（1939 年），云南省档案馆藏，云南大学全宗，档案号：1016 - 001 - 00343 - 076]

1939 年李有义、郑安仑赴路南社会经济调查①

社会系专任讲师李有义、助教郑安仑拟赴路南调查社会经济状况，希函该县之政府特令其乡长，予以保护及调查上之便利，并令附中予以协助。

此致
文书组

云南大学总务处

九月十三日

函路南县政府本校社会学系讲师李有义、助教郑安仑赴该县调查社会经济状况，请饬属保护，并令附中主任予以协助由

列衔公函

迳启者：

查本校社会学系专任讲师李有义先生、助教郑安仑先生，拟赴路南调查社会经济状况，作研究时参考。特以初赴贵县，深入乡村，对于人情习尚，多感生疏，拟请贵政府特饬所属乡镇长随时引导，并予保护，以利调查工作。相应函达，敬烦查照办理，至纫公谊。

① 原文无标点，标点断句为编者所加。

此致
路南县政府

中华民国二十八年九月十四日

列衔训令
令附中主任
为令饬遵照事：

兹有本校社会学系专任讲师李有义及助教郑安仑两先生，拟赴路南调查社会经济状况，作供研究之参考。惟初赴该县，对于地方社会情形，不免生疏，除函请路南县政府转饬各乡镇长随时引导及保护外；合行令仰该主任于郑、李两先生到达时，予以协助，俾利工作。切切！

此令。

校长　熊庆来
中华民国二十八年九月

[《函请路南县政府本校讲师李有义助教郑安仑赴该县调查社会经济状况饬属保护等因由》（1939 年），云南省档案馆藏，云南大学全宗，档案号：1016 - 001 - 00343 - 077]

张之毅、张宗颖、郑安仑、李有义、费孝通，每人身份证明书各一纸，系本校农村社会经济调查工作人员，往来时，望路军警保护。

费孝通
八月三十日

发给本校农村社会经济调查工作人员证明书
列衔证明书：

兹有张之毅、张宗颖、郑安仑、李有义、费孝通先生系本校农村社会经济调查工作人员，前往各地农村调查经济状况，系属实在，特为证明并恐往来途中不靖，尚希经过军警机关予以保护，俾利工作合给此证。

民国二十八年八月三十一日

[《发给本校农村社会经济调查工作人员证明书（费孝通、李有义、张之毅、张宗颖、郑安仑）由》（1939 年），云南省档案馆藏，云南大学全宗，档案号：1016 - 001 - 00537 - 003]

1942 年费孝通、史国衡中央机器厂调研[①]

费孝通与史国衡到中央机器厂调研

用校长名义函中央机器厂王经理守競，以本校社会学研究室费孝通、史国衡两先生拟于本月九日（星期五）往该厅参观并接洽研究劳工福利问题事宜，前承面允，希届时赐洽为幸。

1942 年 10 月 5 日

文别：公函

送达机关：中央机器厂

事由：为本校社会学研究室教授费孝通、史国衡两先生拟于本月九日前来参观，敬希惠允由

第 01287 号

国立云南大学稿

迳启者：

兹为本校社会学研究室教授费孝通、史国衡两先生拟于本月九日（星期五）前来贵厂参观，并接洽研究劳工福利问题，用特函达，敬希惠允！并予以便利。

此致

中央机器厂

校长　熊庆来

便函（转中央机器厂王经理）

守競厂长吾兄大鉴：

敬启者，为本校社会学研究室教授费孝通、史国衡两先生拟于本月九日（星期五）前来贵厂参观，并接洽研究劳工福利问题，承吾兄面允，并特函前来，敬希届时赐洽为幸。耑此，顺颂勋祺。

弟　熊庆来　拜启

中华民国卅一年十月初六日发出

[《为本校社会系联系参观事分函云南财政厅及云南第一模范监狱署昆明市

---

① 原文无标点，标点断句为编者所加。

立养济院昆明市政府云南日报朝报并中央机器厂》（1942 年），云南省档案馆藏，云南大学全宗，档案号：1016 – 001 – 00098 – 026]

1942 年校长熊庆来为游凌霄调查函告龙厂长①

熊庆来致函龙章厂长

龙章厂长吾兄惠鉴：

前敝校社会系研究室田汝康先生在贵厂进行女工问题之研究，承予指导协助，俾能顺利进行，无任感激！该项研究工作旋因事中止，未竟全功。兹拟由敝校社会系助教游凌霄女士前来贵厂继续进行。游女士系联合大学社会学系毕业生，对女工问题颇感兴趣。惟以研究经费尚成问题，曾托费孝通先生面商，承兄予津贴每月国币一千元，自民国三十二年一月起至七月止，共七千元。台端奖励学术，提携后进，至为感佩！敝校亦当嘱游女士努力工作，以符雅意也。专此

敬颂

勋绥

弟　熊庆来　拜启

十二月十九日

[《函告龙章厂长派本校社会系游凌霄至贵厂进行女工问题之研究》（1942 年 12 月 19 日），云南省档案馆藏，云南大学全宗，档案号：1016 – 001 – 00098 – 020]

史国衡函熊庆来为个旧矿工调查

熊庆来向社会部统计处呈送个旧矿工调查纲要及经费概算

(1943 年 3 月 24 日)　第 00380 号

查本校社会学研究室拟举办个旧矿工调查，并为加强学术研究与社会行政之联系起见，与贵处合作进行。兹奉上调查纲要及经费概算各一份，该概算表内所列各项，共计国币二万元，请贵处予以补助。请转呈贵部长核示并见复为幸！

此致

---

① 原文无标点，标点断句为编者所加。

社会部统计处

　　附件：

　　　　一、个旧矿工调查之纲目及步骤

　　　　二、个旧锡工调查经费概算表

　　　　　　　　　　　　　　　　　　校长　　熊庆来

　　　　　　　　　　　　　　　　三十二年三月二十四日

重庆悦来厂朱家寨

附一：个旧矿工调查之纲目及步骤

（1943 年 3 月 24 日）

　　一、纲目

　　1. 矿区环境——包括自然环境及社会环境。

　　2. 矿业历史——包括历代兴衰及变迁情形。

　　3. 矿业现状包括矿场数目、名称、分布、资本额、开采年月、组织设备、开采方法、产量、运输、销售、营业状况及矿业困难等项。

　　4. 矿工人数——包括矿工之类别与数目、矿工之来源与雇佣方式、矿工之年龄、技能与经历及战时劳力供需问题等项。

　　5. 工作时间——包括各矿对于工作时间与休假之规定与习惯、各类矿工之工作效率及战时工时变迁问题等项。

　　6. 工作报酬——包括各矿对于工资及津贴之规定、工资津贴之计算标准与发给方法、加资扣资之规定、其他实物收入之名称与价值及战时工资变迁问题等项。

　　7. 矿工管理——包括管理机构与方式、考核制度、矿厂规则、就业请假离职之手续及战时劳工转移问题等项。

　　8. 矿工福利——包括食宿与娱乐设备、安全与卫生之设备、保险及储蓄之规定、工人教育之举办、老废之救济、死亡之抚恤及战时空袭之防护问题等项。

　　9. 工人运动——包括工人组织、团体交涉、工作竞赛、劳资纠纷、罢工、怠工、失业、工人纪律及战时社会和平之保持问题等项。

　　10. 矿工生计——包括单身工人之消费数值与负担、工人家庭之人口与消费数值、矿工之营养及战时工人生活程度之变迁问题等项。

　　11. 结论与建议——包括调查所得之原理原则、问题结症及解决方案等项。

二、步骤

1. 收集一切与本调查有关之已有资料，如地图、地志、游记、调查报告、书报、杂志等，必要时得抄录各机关团体之有关档案。

2. 对调查区域之自然及社会环境作一概括之观察。

3. 对各矿场之业务与矿工作一普遍之调查。

4. 选定数处较大矿场，对其矿工之工作及生活作一详细之研究。

5. 选定若干单身工人及工人家庭，对其消费数量及价值作一精密之分析。

附二：个旧锡工调查经费概算表

（1943 年 3 月 24 日）

项目	金额	说明
第一项　薪俸费	一万二千元	工作期间，除主办人由云南大学社会学研究室调用，不另支薪外，另雇佐理人员一人，协助办理调查计算及写事宜，每月支领薪津一千元，十二个月，合计如上数
第二项　旅费	一千六百元	工作人员由昆明至个旧舟车、膳宿费，每人往返八百元，二人合计如上数
第三项　资料购置费	三百元	购置有关书报、杂志
第四项　文具、纸张、印刷费	一千二百元	购置应用文具、纸张，每月一百元，十二个月，合计如上数
第五项　表格印制费	六百元	印制各种应用表格、文件
第六项　邮电费	三百元	工作期间每月二十五元，十二个月，合计如上数
第七项　应酬费	八百元	调查期间每月一百元，八个月，合计如上数
第八项　交通膳宿费	三千二百元	调查期间每月四百元，八个月，合计如上数总计
总计	二万元	

附注：1. 本调查工作期限定为一年，前八个月为调查时期，后四个月为整理时期。

2. 个旧物价较昆明约高二倍以上，前列各费皆按目前最低数目计算。

[《函复社会部统计处为调查个旧矿工推荐调查员二人请查照核委》（1943年），云南省档案馆藏，云南大学全宗，档案号：1016 - 001 - 00098 - 023]

社会部统计处函准与社会学研究室合办个旧矿工调查

社会部统计处公函 ［总字第 1208 号］案准贵校本年三月二十四日 ［学字第三八〇号］公函，以社会学研究室拟与本处合作举办个旧矿工调查，拟具调查纲要及经费概算为转陈核示等由。经即检同原调查纲要及经费概算签奉批示 "准予合作办理，经费照原列顶算实支实销" 等因，奉此。应请贵校即行函荐调查员二人，以凭核委开始工作。至经费一节，除薪津每月一千元按月汇寄外，其余旅杂各费共八千元，当分两次汇寄，即于工作开始及进度及半时，各汇四千元。相应函复，即希查照办理见复为荷。

　　此致

统计长　汪龙

中华民国三十二年五月二十日

史国衡向熊庆来呈送个旧矿工调查员资历表

（1943 年 6 月 8 日）

迪之校长尊鉴：

　　接阅尊处转来社会部统计处公函，得悉社会系前与社会部统计处商拟个旧矿工调查计划已告成立，唯尚待推荐调查员二人，以便部中核委。兹调查人员二名已由晚就近觅妥，特将二人资历随函呈上，敬乞俯准并批由学校函复，是为至祷！又此项工作，晚已拟定于本年七月份开始，亦乞指定左右，在复函中特为说明，是幸！专此

　　敬候

钧安

　　附所推荐调查员资历表。

晚史国衡　上

六月八日

　　附：所推荐调查员资历表

（1943 年 6 月 8 日）

姓名	年龄	籍贯	履历
杨天蔚	二十六	云南呈贡	呈贡县立中学高中部修业，曾任小学教员一年，并曾参与呈贡县普查工作

续表

姓名	年龄	籍贯	履历
王世才	二十一	云南呈贡	呈贡县立初中毕业，曾任小学教员一年

熊庆来函复社会部统计处

（1943 年 6 月 11 日）

按准贵处［统字第一二〇八号］公函：

以与敝校合办个旧矿工调查一案，经签奉批准，复请查照函荐调查员二人，以凭核委开始工作等由，准此。当经转发敝校社会系推荐去后。兹拟呈荐杨天蔚、王世才二人前来，相应检同该杨天蔚、王世才履历表，送请贵处查照核委，俾便定期开始工作。实纫公谊！

此致

社会部统计处　汪龙

附送推荐履历表一份

校长　熊庆来

［《函复社会部统计处为调查个旧矿工推荐调查员二人请查照核委》（1943 年），云南省档案馆藏，云南大学全宗，档案号：1016 - 001 - 00098 - 023］

1945 年王志诚路南调查①

迳启者：

本系助教王志诚明日去路南进行研究工作，因时局关系恐于路上发生周折，请发一护照，以防万一。

此上

总务处　公圣

费孝通

十月八日②

［《云南大学李玉瑞、费孝通、何凯、茅士中、曹云植、汪厥明、胡丰澄、周则兵、钱惠团、程肇万、刘永祥、马履孝、李思濡、谢馥、张希惠、刘廷栋、钱立民呈请云南大学发给护照》（1945 年），云南省档案馆藏，云

---

① 原文无标点，标点断句为编者所加。

② 1945 年，编者根据档案目录得。

南大学全宗，档案号：1016 - 001 - 00403 - 006]

1946 年胡庆钧赴河口调查①

本系讲师胡庆钧先生拟赴呈贡县大河口村作社会调查，谨祈向呈贡县政府去一公函，实为公便。

此请

文书组查鉴

费孝通

社会系　谨启

四月十日

径启者：

查敝大学社会学系讲师胡庆钧先生赴呈贡大河口村作社会调查，拟请贵县特饬该村乡保长知照，予以便利。用特备文函达，即希查照办理为荷。

此致

呈贡县政府

校长　熊庆来

中华民国三十五年四月九日

[《为本校社会学系讲师胡庆钧赴呈贡大河口村作社会调查请给予方便函呈贡县政府》（1946 年），云南省档案馆藏，云南大学全宗，档案号：1016 - 001 - 00132 - 010]

1939 年中国农民银行函国立云南大学同意补助农村社会调查②

教育部指令

高一 23 字第 28480 号

令国立云南大学二十八年十月二十四日呈一件，为呈报社会学系及农学院与中国农民银行合作合同及计划，请鉴核备案由，呈件均悉。查合同及计划内容大致尚合，应准备案，件存。

---

① 原文无标点，标点断句为编者所加。

② 原文无标点，标点断句为编者所加。

此令

社会学系

部长　陈立夫
中华民国二十八年十一月二十日

本市农民银行与本校合作合同，早经双方签订，依章农民银行本年度应补助本校国币一万五千元，希即查案备函，由出纳组全数领出。

此致

文书组案备函

总务处
六月十七日

熊庆来致函中国农民银行行长蒋震扬继续补助农村社会经济调查

（1940 年 4 月 20 日）

震扬吾兄公鉴：

迳启者，前承贵行资助敝校农村社会经济调查经费，俾能推进此项工作，无任感激！以本年度工作即将期满，拟请继续，工作计划及合同均已面交贵行调查主任姚先生，即希审核，俞允为荷。

此致

蒋经理震扬

熊庆来　启

蒋震扬函复熊庆来同意补助农村社会经济调查

（1940 年 5 月 20 日）

敬复者，接奉大函祗悉，查合同四份业经敝处签盖。兹随函送奉一份，即希查收为荷。

此致

熊校长

　　附件

合同由文书组存

弟蒋震扬　启
二十九年五月二十日

· 191 ·

中国农民银行致函国立云南大学同意补助农村社会调查

（1942 年 4 月 3 日）　　　　00341

［经字第三〇号］

　　前由贵校吴主任文藻先生代表文法学院社会系声请补助本年度调查费洋二①万五千元一案，业由敝处第一二〇次常董会议通过。惟此项协款议决以本年度为限，且请于是项报告编印时，希标明敝处资助字样，另行分函吴主任暨敝滇行外，相应函请查照，与滇行洽订合同为荷。

　　　　此致

国立云南大学

中国农民银行总管理处　启

中华民国三十一年四月三日

通知社会系准农民银行函请办理调整费合同一案转知校办由②

中华民国卅一年四月廿八日

第 00493 号

　　案准中国农民银行总受理处本年四月三日函开："前由贵校吴主任文藻先生——（照录原函至）——洽订合同为荷"等由；准此，相应通知，请烦查照核办为荷。

　　　　此致

社会系

盖校章　启

中国农民银行昆明分行函复国立云南大学③

（1942 年 5 月 15 日）

存准贵校交来推进农村社会经济调查工作补助合同四份，经查内列各条尚

［农字第四〇七号］

原合同答字随函奉

［《函呈教育部社会学系及农学院与中国农民银行合作合同请鉴核备案由》，

---

　　①　原档案即如此。

　　②③　原文无标点，标点断句为编者所加。

云南省档案馆藏，云南大学全宗，档案号：1016 - 001 - 00537 - 007]

云南农村社会经济调查继续工作计划及经费概算①

云南农村社会经济调查继续工作计划及经费概算

一、过去之研究工作

本大学自民国二十八年起，接受中国农民银行之资助，进行云南省农村社会经济调查。其目的有二：一在用社会学方法实地研究内地农村结构，以作国内社会经济建设之参考；二在训练高级社会调查之人才，并奖励抗战时期之学术工作。过去三年中，虽处境艰难，但犹能按照计划推进工作。该将已完成及正开始之各项研究专题分述如下。②

（一）内地农村之土地制度

研究地点：禄丰县大北厂。研究者：费孝通。

该村经济基础以农业为主，副业不发达，因劳力充斥，挤向土地，工资低落，雇工自营之方式缘是盛行。一般小地主脱离劳作，宁愿接受较低之生活程度，享受其有闲之生涯。但自抗战以来，内地建设兴起，及征兵、征工之结果，劳力供给减少，雇工自营之方式亦渐趋式微。研究结果已著成《禄丰农田》一书。

（二）内地乡村手工业

研究地点：易门县李珍庄。研究者：张之毅。

该村地处山谷，农田使小农业发展大受限制，发生剩余劳力与资本，手工业因之兴起。就其经济基础言，手工业复可分为两种形式：一为贫农所从事之蔑器，其性质在利用剩余劳力，增加收入，以补生活之不足：一为富农所经营之土纸作坊，其性质在利用剩余资本，以累积及集中财富。此两类手工业对于农村经济所具之意义因之亦异。研究结果已著成《易村手工业》一书。

（三）农产之商品化

研究地点：玉溪县大村。研究者：薛观涛。

现代商业对于农业影响之一，即为农产之商品化，此为由自给经济转

---

① 原文无标点，标点断句为编者所加。

② 编者注：此时吴文藻已离开云大到重庆任职，他名誉上兼任着社会系主任，而系务由陶云逵代理。

变为交易经济之过程。该村在昔出产蓝靛，但自化学染料之输入、该项农产已无销场、于是不得不改植其他作物，如烟叶等。因之，在此可见农产商品化后对于农村经济所可能发生之各种影响。在组织上，农民必须与商人取得密切联系：在心理上，亦发生投机、危机等商业化之态度。惜薛君因事离职，失去联络，以致该项研究报告亦未克完成。

（四）农村之商业机构

研究地点：路南县堡子村。研究者：郑安仑。

内地农村之商业机构有两种基础形态：一为街子，一为市镇。街子系定期由生产者直接与消费者交易之场合，而市镇则以生产者与消费之中间商店之集合处。该村兼有此种形式可作比较。研究结果著有《堡村商业》一书。惟因郑君离职、邮寄失事，全书有一小部分损失，尚待补写。

（五）土地与金融

研究地点：玉溪县中卫村。研究者：张之毅。

吾国农业大多系小农经营，农家收入勉维生活，但一旦遇婚丧大事、天灾人祸，即须负债，所有土地亦无以久保。故金融之枯蹶常足以决定土地权之流动。该村处于滇中交通要道，商业资本发达，常移投土地，发生土地权集中之趋势。该项研究正在进行中。

（六）乡村行政及财政

研究地点：呈贡县归化区。研究者：谷苞。

自农家之支出方面论，捐税、赋役常为一重要担负。此项担负一部分流入国库，一部分则用以举办地方事业，如教育、水利等。权利与义务之能否平衡，则须行政机构之良否而定，行政机构之良否因而可影响一多经济之枯裕。此项研究现正在进行中。

（七）汉夷杂区经济

研究地点：路南县尾则村。研究者：李有义。

云南民族复杂，汉夷杂处。故欲研究云南农村之各种形式，努不能不注意夷民社区。尾则为僾僾与汉人杂居之区，仍保持相当程度之庄园经济。推最近已处于变迁途中。研究结果已著成《杂区经济》一书。

（八）摆夷宗教活动与经济

研究地点：芒市那木寨。研究者：田汝康。

摆夷生活最重要之仪式为"做摆"。当做摆时，主人将举行盛大之宴会，积一生所积累之财富，几一举而消耗殆尽。做摆之目的在于获得一宗教之尊号，此尊号既被视为人生主要目的，因之成为摆夷辛苦劳作之动机。劳作结果累积财富，但在一定程度复又散于社会。此项结果已著成《摆夷的摆》一书。

（九）回教与经济生活

研究地点：玉溪大营。研究者：安庆澜。

内地社会对于回教徒之歧视，使教徒间之团结加强，而且发生超地域性之联系。教徒间互相招待，互相救济，使彼等在旅费上获得特殊便利。因之，特别适宜于从事内地运输贩卖，甚至走私事业，在云南经济中占得一特殊而重要之地位。该村为滇中回教中心之一，研究者以教徒资格始能得到研究机会。现该项研究尚在进行中。

（十）新工业兴起与农民改业

研究地点：昆明中央电工厂。研究者：史国衡。

云南农村自抗战以来，最重要之现象莫如人口外流和农民改业，欲明了此项重要现象，不能不追踪此辈外流农民以观其离村后之情形。新工业为农民改业之一大出路，故为研究中国农民如何进入工业之过程起见，自应在工厂中作实地观察。研究结果已著成《昆厂劳工》一书。

（十一）女工与家庭

研究地点：云南纺纱厂。研究者：田汝康。

此项研究与前项性质相同，惟以女工为研究对象。女工入厂原因大部出于家庭纠纷，而入厂之获生活及观念改变后，却不易重返农村。因之，又引起严重之家庭问题。研究时初步择用谈话法，业已结束。现正筹备与女亲属员作实地观察，全部工作尚在进行。

二、继续研究之方针

综观过去之研究工作，可分为三部：一为内地农村经济及其他相关之社会问题；二为边区农村之特殊问题：三为农业过程与工业过程中之问题。今后之研究工作将依此三部，分别就实际之需要及工作之便利加以推进。

（一）关于第一部分之研究工作尚在进行中者，有上节所述第五、第六两项。希望在本年度内可以结束。自已有研究成绩油印发表后，关于农村经济之各机关均趋注意并惠予以鼓励。如中国工业合作协会，曾经表示愿协助本校扩大对于各地手工业之研究。现正筹划扩大研究之实行方案，希望在暑假中即可实现。

（二）关于第二部分之研究工作，因边疆民族问题日见严重，政府当局亦对本校在此方面之工作予以鼓励。如最近教育部协助本校成立芒市实验边教工作站，但边境战起，暂时停顿。现正另觅适当地点，准备继续工作。

（三）关于第三部分之研究工作，虽与农村之中心问题稍远，但由农业基础发展，新工业为中国最近将来建国之主要政策，其中问题亟应加以实地研究，且新工业本身亦发生由农村改量入厂之劳工管理上困难问题。现正拟与清华大学心理学系合作，计划较大规模之工厂研究工作，并拟继续上节所述第十一项之研究工作。

本校在云南农村所推进之研究工作经三年之努力，已略具基础。研究人员亦已获得相当之经验，足以独立负责专题研究。故事实上已有极大工作范围之需要。惟限于经费，加以物价高压之下，不易实现。但为维持工作不致间断起见，请求中国农民银行在本年度资助研究经费二万五千元，同时设法与其他事业机关及学术团体取得合作，借以减轻本校之担负。

三、经费

本校在云南省农村所举行之调查工作，将以中国农民银行之资助为经费之主要来源。但以物价日涨未已，实际开支不易预算，故在必要时接受其他机关之协助。如过去三年工作人员之一部分薪金全系由中英庚款董事会及燕京大学所津贴，职员之生活津贴亦由教育部拨给。今后仍将依此方法补足所有缺额。

现就目前物价编成预算，但为适合实际环境起见，预算各项必须保留相当之伸缩性以便易于调整。

（一）职员薪金。职员实际薪金依教育部规定、依物价上涨速率、按月提高。故事前难予预测。现决定以定额列入本预算，凡超过此额者，概由本校另筹。

调查主任：费孝通。月薪二百五十元，年计三千元。

调查干事：李有义。月薪全部由本校支付。

调查员：张之毅、史国衡、田汝康、谷苞。每人月薪一百五十元。七月份起添聘调查员两人，月薪同上，年计九千元。

（二）调查费。工作人员八人，每人实地调查以四个月计算，约需要一千元，共计八千元正。

（三）工作站维持费。自二十九年十月，昆明轰炸，本校校舍被毁，故将各部分别疏散。社会学系在呈贡设立工作站，专供调查工作人员住宿及工作之用。每月维持费约四百元，全年共计五千元正。

合计二万五千元正。

［《云南省农村社会经济调查继续计划》（1942 年），云南省档案馆藏，云南大学全宗，档案号：1016 - 001 - 00107 - 003］

（二）边疆建设研究①

田汝康迤西调查

陶云逵致函文书组

敬启者，□□田汝康先生即赴迤西调查，前请发给随身护照一张，敬希交给田先生，以便应用是荷。调查各县治局为龙陵、芒市、潞西、瑞丽、陇川、盈江。又请向民政厅领取之护照，如已取来，亦请一并交给田先生为荷。

此致

陶云逵　启
十二月二十四日

为本校社会学系派田汝康君前往迤西研究边疆社会请饬地方政府予以指导保护迅将令文签发以便持往由
中华民国三十年一月十三日发出

案查本校社会学系为研究边疆社会及其教育起见，特派本校社会系助教田汝康君前往迤西、芒市、龙陵、千崖、盏达、遮放等地作实地调查。经于去岁十二月七日以［云字第二一九八号］函请烦贵厅分别转令各该地方政府予以指导便利并予以保护。此项令文即希于办毕后，由本校派员来取各在案。惟至今多日，该员曾赴贵厅领取，尚未蒙赐发，只以该员以他事不能来取，惟以起程在即，特再函达，请烦查之，将该项令文克日饬属办理，赐发到校，俾便利转发该员应用。实纫公感。

----

① 原文无标点，标点为编者所加。

此致

云南省政府民政厅

校长　熊庆来

陶云逵致函熊庆来

敬启者，社会系为研究边疆社会及教育特派本系助教田汝康君前往迤西、芒市、龙陵、千崖、盏达、遮放等地作实地调查，请嘱文书组备护照一份发给田君应用。俾得沿途军警保护并各县府予以指导便利是幸。专请迪之校长公鉴。

照发并函民所令地方保护

弟　陶云逵　敬启

十二月七日

[云字第二一九八号]

查本校社会系为研究边疆社会及其教育起见。特派本校社会系助教田汝康君前往迤西、芒市、龙陵、千崖、盏达、遮放等地作实地调查。拟请贵厅分别传令各该地方政府予以指导便利并予以保护。此项令文即于办毕后，由本校派员来取。又该员起程在即，并拟请于一星期内办毕。俾使前向当地政府接洽，相应函达，即希查照，惠予办理，实纫公谊。

此致

云南省政府民政厅

熊庆来

中华民国二十九年十二月七日

案准贵校云字第零二一三八号公函开"查本校社会系为研究边疆社会及其教育起见。特派本校社会系助教田汝康君前往迤西、芒市、龙陵、千崖、盏达、遮放等地作实地调查。拟请贵厅分别转令各该地方政府，予以指导便利并予以保护"等由；准此，自应照办，除分令外，相应函复！

此复

国立云南大学

转田汝康君

民国三十年一月十一日

案准 云南省民政厅［叁二字第四七〇号］公函开："案准贵校［云字第〇二一三八号］公函开：'查本校社会系……（照录原函）……等由；准此，自应照办。除分令外，相应函复'等由，准此，相应通知。烦请查照为荷。"

　　此致
田汝康先生
　　附民政厅令盈江、连山、潞西、龙陵等县令文四件

校长　启

［《通知本校田汝康先生其赴迤西研究边疆社会事已函云南民政厅分令芒市等地区知》（1940 年 12 月 24 日），云南省档案馆藏，云南大学全宗，档案号：1016 - 001 - 00098 - 001］

1943 年康藏印缅边区调查

呈送康藏印缅边区调查计划以及用费预算请教育部核示
教育部代电　蒙字 17901 号
　　国立云南大学该校卅二年度边疆建设科目及讲座补助费，经过核定为一万五千元。除上年度未经完成之研究工作仍应继续完成外，本年度核定该校以云南边疆建设之研究为中心工作。电仰迅即拟具研究计划并编造预算分配表十份，呈部备核为要。教育部蒙文印。
送请社会系费主任查照
费孝通

中华民国卅二年四月十二日

康藏印缅边区调查计划以及用费预算一案熊庆来函呈陈立夫
（1943 年 6 月 9 日）
　　案奉钧部本年四月十二日［蒙字第一七九〇一号］代电"以核定本校卅二年度边疆建设科目及讲座补助费一万五千元，除上年度未经完成之研究工作仍应继续完成外，本年度指定以云南边疆之建设研究为中心工作。电仰迅即拟具研究计划，并编造预算分配表十份，呈部备核"等因，奉此，自应遵办。兹拟具康藏印缅边区调查计划以及用费预算一案，理合照案缮具十份，备文呈送，请祈钧部俯赐鉴核备案示遵，实为公便！
　　谨呈

教育部部长　陈立夫

附呈《康藏印缅边区调查计划以及用费预算》十份。

国立云南大学校长　熊庆来

中华民国三十二年六月九日

附：康藏印缅边区调查计划

（1943 年）

甲、康藏印缅边区调查计划

一、调查动机

（一）该地位置特殊，为中英北段未定界区域。过去因英人采取封锁政策、故国人对该地情形毫无所知。缅甸战役之后，英人已全部撤退，故亟须调查，以便将来交涉有所根据。

（二）该地地处要冲，如欲沟通中印交通，使西藏内附，该地实为枢纽。

（三）该地现已呈准军委会划为军事重要区域，将来反攻缅甸、在战略上具有重大意义。为求军事行动进行顺利起见，调查研究工作实属首要。

二、调查目标

（一）调查边胞分布状况及其实际生活情形。

（二）调查该地所用语言种类。

（三）调查各区人口分布情形，以作将来移民参考。

（四）搜集未定界区域与我国间关系之各种历史资料。

（五）搜集各种地理材料，注意我国对未定界应行筹措之事项，俾将来划界时有所依据。

（六）调查英人侵略该地之经过。

（七）调查该地资源分布情形。

（八）调查各地交通情形、运输方式、贸易形式，作为将来开发参考。

三、调查路线与工作需要时间

（一）路线：大理—漾濞—永平—云龙—泸水—片马—江心坡—孙布拉蚌—察隅（隅）—掘罗瓦—盐井—德钦—茨中—叶枝—维西—巨甸—茨开—石鼓—宁蒗—永宁—丽江—鹤庆—剑川—洱源—邓川—大理。

（二）需要时间：自本年六月初开始工作至十二月中完毕，共约六个月。

乙、调查费用

一、旅行费

（一）昆明至大理间往返汽车、膳宿费用，共计二千元。

（二）调查旅费：包括膳宿、伕马、向导等费，共计一万八千元（沿途膳宿日以百元计，六十日共六千元，伕马、向导日以二百元计，六十日共一万二千元）。

二、调查工作费共四千五百元（居留工作地点所需膳宿费用，日以五十元计，九十日共约四千五百元）。

三、设备费

（一）照片胶卷五束，每束按现市价二百五十元计，共计一千二百五十元。

（二）医药一千元。

（三）礼品一千元。

（四）冲洗照片费用二千元。

以上三项共计二万九千七百五十元整。

附注：不敷费用将由第十一集团军总司令部及康藏印缅边区游击指挥部补助之。

［《呈送康藏印缅边区调查计划以及用费预算请教育部核示》（1943年），云南省档案馆藏，云南大学全宗，档案号：1016-001-00098-022］

1944年滇西一带前线地区调查

文别：公函

送达机关：云南省社会处民政厅

事由：函请补助本校社会系国币壹贰万元作滇西一带前线地区调查费，希查照示复由

迳启者：

美国援华救济委员会近与我国社会部合作进行调查我国各战区及收复区之经济，及因战事所遭受之物资损失，此项调查有关战后救济建设费用之分配，本省方面委托本校社会学系及社会研究室担任调查，地点暂在保山一带，前线地区为最近，如腾龙收复再进至该区调查。惟目前生活甚高，调查费用不敷甚巨，拟请贵厅、贵处补助国币壹贰万元，俾便从事工作。事关本省调查救济，相应函复，即希查照办理，见复为荷。

此致
民政厅、云南省社会处

　　　　　　　　　　　　　　　　　　　校长　　熊庆来
　　　　　　　　　　　　　　中华民国卅三年五月卅一日
[《为请补助本校社会系在滇西一带前线地区调查费函云南社会处民政厅》
(1944 年)，云南省档案馆藏，云南大学全宗，档案号：1016 - 001 - 00583 -
003]

1944 年张之毅、游钜颐保山调查

张之毅讲师、助理游钜颐保山调查，函请保山县予以协助之便利
　　本校社会系讲师张之毅先生，偕助理一人（游钜颐）赴保山永平及腾
冲边境调查战时经济情形，应备公函分致各县政府及第十一集团军，予以
协助，另备空白公函数份，并发护照两份。
总务处　查照
七月十二日

致保山县政府公函
迳启者：
　　案准社会部公函以与美国援英校备委员会合作调查我国各战区及收复
区之经济以及战事所遭受之物资损失。本省方面委托本大学社会学系担任
调查等由，自应照办，兹派讲师张之毅、助理游钜颐二员于暑假期间先赴
保山永平及腾冲边境一带调查，用特函达，拟请贵军查照，惠予协助，并
予以调查之便利，实纫公谊。
　　此致
保山县政府
第十一集团军

　　　　　　　　　　　　　　　　　　　校长　　熊庆来
　　　　　　　　　　　　　　中华民国三十三年七月十四日
[《为本校讲师张之毅助理游钜颐赴保山一带调查请予协助函保山县政府》
(1944 年)，云南省档案馆藏，云南大学全宗，档案号：1016 - 001 - 00583 -
010]

边疆建设计划

通知本校社会系奉教育部令呈送社会系边疆建设研究计划及报告事

中华民国三十年十二月三日

教育部训令（1941 年 12 月 3 日）

教育部训令［蒙字 46998 号］

令国立云南大学

　　案查该校前于本年二月间呈送社会学系边疆建设研究计划及报告书等件到部，当以［蒙字第二〇二三八号］指令分别指示，并核定本年度补助费三千元令遵在案。现年度即行结束，兹将核定之补助费全数汇发，仰将收支情形及工作报告领款书分别呈部，并将该项补助费专案列报。又据该校社会学系于本年十月径将拟定之边疆教育研究计划呈部审核，并请拨款补助前来，经核尚合实际，仍仰注意下列各点：（一）对于社会合整或团结一致之基本原理之探发；（二）在可能范围内某区边胞之动态调查，如教会学校刻下实际情形、有无他国宣传活动以及边胞对于抗战建国之认识等；（三）关键区域应选择位在滇省南部，或住居人民操谙摆夷语地区；（四）应将工作计划文内所用"秦语"字样改为"摆夷语"，"汉化"字样改为"国族化"，并照本年五月二十六日［蒙字第二〇二三八号］指令指示各点，转饬该学系并入，作为三十一年度边疆建设研究计划。至补助费额，一俟本部明年度预算奉准后，再行核定令知，仰遵照。件存。

　　此令。

送请会计室查照办理并通知社会系办理

十二月十七日

　　　　　　　　　　　　　　　　　　　部长　陈立夫

　　　　　　　　　　　　　　　　中华民国三十年十二月三日

通知社会系 奉部令为本校呈送社会系边疆建设研究计划及报告

民国三十年十二月二十九日发出　　　第 01621 号

案奉教育部［蒙字第四六九九八号］训令开："案查该校前于本年二月间呈送社会学系边疆……（录原令）……此令。"特奉令通知，即希查照办理，为荷。

　　此致

社会系

　　　　　　　　　　　　　　　　　　　　　　　　　校章

[《通知本校社会系奉教育部令呈送社会系边疆建设研究计划及报告事》(1941 年)，云南省档案馆藏，云南大学全宗，档案号：1016 - 001 - 00098 - 013]

社会系拟送计划及预示草案
教育部代电
蒙字第 10285 号
中华民国三十一年四月一日收到　中华民国三十一年三月二十日发
国立云南大学查该校三十一年度在社会系云南边疆建设研究补助费复核为八○○○元，仰将计划及分配表呈核教育部　蒙印
敕函社会系办理　请会计室出纳组查

中华民国三十一年四月十日发出 00441
　　案奉教育部蒙字第一○二八五编代电开："查该校三十一年度社会系云南边疆建设研究补助费经核为八千元，仰将计划及分配表呈核。教育部□蒙印"等因；奉此，权应转函，请烦查为拟送计划及预算□案本校以凭呈复为荷。
　　　　此致
社会系

民国三十一年五月初七日发出
　　案查教育部核准本校三十一年度云南边疆建设研究补助费，计国币八千元。兹据拟具计划及预算送校，本应转呈，惟查所拟预算为三万三千余元，核与部准补助费超过甚多，款无来源，未便呈报。应请查照，依据部定数目，另编计划及预算送校，以凭呈报为荷。
　　　　此致
社会学系

为遵会拟具云南边疆建设研究计划及预算呈请核示由
中华民国三十一年五月二十日发出
　　案奉钧部本年三月二十日蒙字第一○二八三号代电开：查该校三十一年度社会系云南边疆建设研究补助费经核为八千元，仰将计划及分配表呈

核等因；奉此，自应遵办。兹经由本校社会系拟具云南边疆建设研究计划及预算一份，理合具文呈送，仰祈钧部鉴核示遵！

谨呈教育部部长 陈立夫

计呈送云南边疆建设研究计划及预算一份

列衔名

云南边疆建设研究计划及预算

一、工作经过

本系自民国二十九年起开始筹备云南边疆建设研究，初步工作在搜集文献由助教薛观涛负责，并在路南县㑩㑩与汉人杂居之尾则村进行实地社区研究，由讲师李有义负责，该年度工作经过业经呈报在案。民国三十年春季决定遣派助教田汝康至滇西边区进行研究工作，田君在芒市附近调查该地之宗教活动历四阅月，于该年冬季完成《摆夷的摆》一书，现已油印成册，公请各专家审定。俟汇集各方批评后再行修改出版。田君在该地颇得地方当局之好感，并允积极与本系合作推行各项建设事业。民国三十一年春，田君又至芒市接洽扩大研究工作之方案，会见附近十二土司，取得联络，为将来工作安定人事上之基础，当地土司并正式要求本系派员协助办理中心小学一所于芒市。

二、工作计划

本系因限于经费，对于边疆建设研究虽已获得相当基础，仍不敢及时扩张，故本年度研究工作由助教田汝康一人专门负责。但于暑假期间苟无事实上之困难，拟由教授一人至芒市参加工作。田君之研究计划可分两部分，一为修改前项研究报告，多加补充及发挥，以求在社会人类学上有所贡献，二为进行该地经济活动之研究，芒市处于滇缅公路线上，自从该路成为我国国际重要交通线后，该地之经济组织即发生重要变化，实为一研究社会及文化变迁之理想园地。此项研究希望能够于三十一年冬季完成，然后再就该地之政治活动继续研究，务冀对于该社区之各重要制度能分别阐明，以俾综合了解该种人民生活之全貌。

三、经费预算

旅费	往返两次 每项一千元 共四千元

续表

伙食	每月半开现金二十五元 前后四个月计算，合现金一万元，合国币二千五百元	
房租	每月现金十元，四个月合计四十元，约国币一千元	
交际费	五百元	

共计国币八千元正

教育部指令

中华民国三十一年六月二十二日

[蒙字第 24634 号]

令国立云南大学

三十一年五月二十日呈一件，为遵令拟具云南边疆建设研究计划及预算，呈请核示由

呈件均悉。所拟计划及预算尚无不合，惟芒市地方如因事实上之障碍不能前往工作时，应另拟计划及预算呈核。此令。件存。

专函社会系查照

部长　陈立夫

九月二日

中华民国三十一年九月七日发出

第 01136 号

查本校云南边疆建设研究计划，业经呈请。教育部核示在案。

教育部蒙字第二四六三四号令开："呈件均业…………"等因，专此，权应转函，请烦查照为荷。

此致

社会系

校长台鉴：

前奉教部令准予补助本系边疆建设调查费八千元，所拟计划业经核准后，以芒市沦陷，部令报告工作计划有否改变。现助教田汝康先生业已抵达大理，决定在民家继续工作，调查内容仍依前呈计划进行。祈即报部并附上本系关于边疆建设研究调查报告两份：计李有义著《汉夷杂区经济》及田汝康著《摆夷的摆》一并报部，是幸。补助款项祈祷即一催，以研究

室急需此款也。

即请

教安

费孝通　谨上

十月十六日

函附报告

文书组办

十月十六日

熊庆来向教育部呈送云南边疆建设调查报告

民国三十一年十月二十二日发出

第 01355 号

案查钧部补助本校三十一年度社会学系云南边疆建设研究一案，经将经费预算、工作经过、工作计划等呈请钧部核准在案。旋以芒市沦陷，奉钧部［蒙字第二四六三四号］指令开："所拟计划及预算尚无不合，惟芒市地方如因事实上之障碍不能前往工作时，应另拟计划及预算呈核"等因，奉此。兹查田汝康先生业已抵达大理决定在民家继续工作调查内容仍依前呈计划进行。理合备文，并将研究调查报告二份呈请钧部鉴核在案。再此项经费八千元请即汇发以资应用。实为公便。

谨呈

教育部部长　陈立夫

计呈报告二份《汉夷杂区经济》一册、《摆夷的摆》一册。

据呈送该校研究报告、准予备案并发研究费八千元由

教育部指令［蒙字第48134号］

中华民国三十一年十一月二十五日　十二月初七日收到

令国立云南大学

三十一年十月二十二日呈一件——为呈送本校社会系研究云南边疆建设调查报告，祈鉴核备案由。呈件均悉。所呈研究调查报告，经审尚合，准予备案。该校本年度此项研究经费八千元，即予汇发，仰收到后补具钤领两纸（一张五千元、一张三千元）呈部。附件存。此令。

会计室出纳组查照并送费主任一阅。

十二月七日

部长　陈立夫

01626 号

　　案查本校社会系研究云南边疆建设调查报告业经查照。教育部鉴核备案。兹专蒙字第四八一三四号指令开："呈件均悉所呈研究调查报告云云，附件存此令"等因，专此，相应通知请烦查照为荷。

　　此致

费主任孝通

云南大学

中华民国三十一年十二月二十八日

[《奉教育部令据本校呈送民国三十一年度研究云南边疆建设调查报告准备案通知本校社会系费孝通主任》（1942 年 2 月 18 日），云南省档案馆藏，云南大学全宗，档案号：1016 - 001 - 00098 - 014]

呈教育部所拨本校民国三十一年六、七月份米贴及边疆研究费并八月份膳贷款已收讫

呈教部公函大字第 1635 号

为奉令汇发本校卅一年六七两月份米贴及边疆研究费均已照数领讫

原件存赡养米贴券

呈教部公函大字第 1610 号

　　为案查教部汇发本校社会系研究边疆调查费三千元及卅一年八月份膳贷四万八千三百四十八元一角二分，均经如数收讫。

原件存膳食贷金券

[《呈教育部所拨本校民国三十一年六、七月份米贴及边疆研究费并八月份膳贷款已收讫》（1942 年），云南省档案馆藏，云南大学全宗，档案号：1016 - 001 - 00098 - 018]

社会学系设置边疆建设科目及讲座概况

照报部一月十五日　文书组办一月十六日

　　一、设置沿革

　　本校于二十八年设立社会学系之初即拟以训练边疆建设人才为主要工

作之一，固本校地处西南边省且系沟通缅越之孔道，实为发展边疆教育及研究之理想地点，该系教员之多对于人类学素有研究及贡献者，故于各科教材中特别注重安齐各地土著文化等外并逐步增设对于边疆建设直接有关之科目（详四），惟该系创立伊始，学生人数尚少，故主要工作偏重于研究方面，特设社会学研究室边疆研究所，即为该室工作之一，工作进行历四载，略有成绩（详七）现仍一秉过去之方针尽力之所及，予以继续与扩充。

二、行政组织

边疆建设课程系社会学系之一部份，在行政组织上并与特列专习之机构，惟研究工作则由社会学研究室担任，该室初系受中国农民银行之资助由本校在教授中聘请委员若干，组织委员会秉承校长之意现于研究计划并聘研究室主任一人，专订其事，由社会学系教员从事实地研究边疆建设研究工作之部分，曾受部补助有专任该项工作之助教一人。

三、经费

边疆研究工作所审需经费为数较大且因边地通用现金与国币，折换率在过去四年中已增加四十余倍，故该项工作之推进社会学研究室经费全年所受各方资助之总数均在四万元之下，以专担项边疆研究，实感支绌，幸蒙钧部于民国三十年补助三千元，民国三十一年增至八千元，不无补益，但欲维持该项工作之全部费用仍属不易，故该室工作人员不能不尽量利用个人与边地土司之私交，获取膳宿及工作之方便等图，此固非长久之计，但上系一时权宜办法，以□于艰苦环境中完成专项任务。故深望钧部能提高补助款项使本校边疆研究工作能有健全之基础。

四、设置科目及内容

本校设置与边疆建设有关科目如下。

（一）民族学：分析文化之本质内容及其变迁之原因与方式并比较世界各地文化形式之分布（偏重于土著文化）。

（二）人类学：人类体质之构造，种族之分类、分布及混合。

（三）比较语言学：语言之性质形态及分类，并偏重于语言意义之分析

（四）人类学理论：人类学发展之历史比较及批评人类学各宗之理论

（五）社区研究方法论：实地研究一社区，包括（边疆社区）之生活所用各种方法、理论基础。

（六）社会调查：实习调查方法（此项方法上可用于研究边疆社区）。

（七）边疆问题：讨论边疆问题并特别注重我国边疆。

五、担任人员

姓名	学历	职务	所授科目及研究工作
吴文藻	哥伦比亚大学博士	社会学系主任（在假）	民族学（民国二七—二八年）
费孝通	伦敦大学博士	教授兼代理社会学系兼社会学研究室主任	社区研究方法论
陶云逵	柏林大学博士	教授（在假）	民族学（民国二八—二九年）人类学（民国二九—三一年）
林耀华	哈佛大学博士	教授（在假）	民族学（民国三零—三一年）
许烺光	伦敦大学博士	教授	社会调查（民国三一年）
李有义	燕京大学硕士	副教授	边疆问题（民国三一年）
吴富恒	哈佛大学硕士	兼任讲师	比较语言学（民国三零—三一年）
田汝康	西南联合大学学士	助教	专任边疆实地研究工作（二九—三一年）

各员待遇依职务按教部通告规定之。

六、选习学生

（一）社会学系学生人数：四年级三人；三年级三人；二年级一人。

（二）社会系接受杨志成先生之捐助特设奖学金五名，每名一千元，以奖励本系学生之成绩优秀者。

（三）社会学系二十八年设立，故尚无毕业生

七、研究工作与设备

（一）研究事项

本校之边疆研究工作注重实地调查，于民国二十七年起即由讲师李有义在路南县进行杂区经济研究所著《汉夷杂区经济》一书已油印发行（社会学研究室　第五种）。民国二十九年，助教田汝康在芒市进行摆夷宗教活动之研究，所著《摆夷的摆》一书已油印发行（社会学研究室　第三种），现还在编审《腾龙边区土地制度》并在大理附近实地研究民家社区，民国三十年教授许烺光在大理喜洲研究民家社区所著有 *Medicine and Magic in Min Chia*（英文本在油印中）以上各书英文摘要曾应太平洋学会之约提出该会宣读。

（二）研究人数。专任边疆建设研究之人员有三：教授许烺光、副教授李有义、助教田汝康。

（三）研究设备。本校社会学研究室有关边疆图书约二万余种，并在呈贡古城。

（四）科目扩充及研究工作计划

本校有关边疆建设科目因限于人力及物力未克充分，设置其经费能增加则拟添设下列科目：

1. 西南边地民族史；

2. 西南边地语言；

3. 回教及佛教史。

研究工作则仍一贯过去之精神，在艰苦环境下推进云南各土著社区之实地研究，现因军事关系只能以腾龙边区为主要工作地点，并以民家为研究对象。

［《奉令呈拟具本校社会学系设置边疆建设科目及讲座概况请教育部核示》，云南省档案馆藏，云南大学全宗，档案号：1016 – 001 – 00098 – 017］

为教育部指令本校所呈社会学系边疆建设研究工作经过报告经费预算分配表准备案通知本校社会系

教育部代电　民国三十一年十一月二十一日收到　十一月十七日发出

国立云南大学查本年度补助该校社会系云南边疆建设研究经费为八千（八〇〇〇）元，曾于本年三月电知在案即编造预示分配表八份，连同经办事业报告书送部，以便存转发类为教育部蒙。

转知社会系核办

十一月二十一日

附一：国立云南大学社会学系边疆建设研究工作经过报告

文书组办　十一月十八日　　（1942 年 11 月 18 日）

本系于民国三十一年奉教育部令进行云南边疆建设研究工作，即派助教田汝康于本年五月至本年七月，敌人越境，芒市失守，田君随军撤退。返校后即从事整理调查资料，业经呈报教部备案。现所编《摆夷土地制度》一书，初稿已成，正在修改校核中。本年九月田君复至大理附近之双鸳村研究民家社会组织，现尚在该地进行实地调查，约次年始能结束。

附二：经费预算分配表

芒市调查工作费用（自五月至七月共约两个月）	旅费	每次一千元　往返共两次　共两千元
	伙食	每月半开现金二十五元　两个月　合现金五十元 折合国币约一千二百五十元
	房租	每月现金十元　两个月　共二十元　折合国币约五百元
	交际费	五百元
	共计	四千二百五十元正
大理调查工作费用（自九月初至年底共四个月）	旅费	每次五百元　两次 共一千元
	伙食	每月五百元　四个月　共二千元
	房租	每月五十元　四个月　共二百元
	交际费	五百五十元
	共计	三千七百五十元正
合计		八千元正

费孝通

十一月十八日

熊庆来向教育部呈送边疆建设研究工作经过报告及经费预算表

（1942 年 12 月 5 日）

案奉钧部［蒙字第一〇二八六号］贺代电"以本校三十一年度社会系云南边疆建设研究补助费核定为八千元，仰将计划及分配表呈核"等因，奉此，自应遵办。理合缮具本校社会学系边疆建设研究工作经过报告，拟具经费预算分配表，备文呈请钧部鉴核备案。

谨呈

教育部部长　陈立夫

计呈社会学系边疆建设研究工作经过报告三份、经费预算分配表三份。

校长

中华民国三十一年十二月五日

教育部指令

令国立云南大学三十一年十二月五日呈一件，为呈送本校社会学系边疆建设研究工作经过报告经费预算分配表，祈鉴核修案由。呈件均悉，予修案件存照令。

特知社会系　查照　存。

　　　　　　　　　　　　　　　　　　　　一月十一日
　　　　　　　　　　　　　　　　　　　　部长　陈立夫

为本校前呈送社会学系边疆建设研究工作
民国三十二年度一月十四日
　　案查本校社会学系边疆建设研究工作经过报告经费预算分配表前任呈送
　　教育部鉴核在案呈达［蒙字第五四八六四号］鉴开："呈件均函准
予……"等因，专此相应录入特知，请烦查照为荷。
　　此致
社会系
查校长启
［《为教育部指令本校所呈社会学系边疆建设研究工作经过报告经费预算分
配表准备案通知本校社会系》，云南省档案馆藏，云南大学全宗，档案号：
1016 - 001 - 00098 - 015］

函告本校社会系主任费孝通教育部蒙藏教育司催编撰设置边疆科目及讲座
概况
教育部蒙藏教育司函催国立云南大学编报边疆建设科目及讲座概况
迳启者：
　　查关于编报各校院设置边疆建设科目及讲座一案，已由部规定纲目，
于本年十一月三日以［蒙字第四四五一五号］训令，饬于三十二年一月底
编竣报部在案。兹查原订纲目相当繁复，本部需要亦甚急切，务请早日着手
编撰，如期报部，以便汇编。除分函外，特函奉达，即希查照办理为荷。
　　此致
国立云南大学

　　　　　　　　　　　　　　　　教育部蒙藏教育司　启
　　　　　　　　　　　　　　　中华民国三十一年十二月十一日

国立云南大学函催费孝通编撰边疆建设科目及讲座概况
函催编撰设置边疆科目及讲座概况一案希迅赐签复由
　　案准教育部蒙藏教育司函开："迳启者：查关于编报各校院设置边疆

科目，云云。此致"等由；准此，自应照办！查此案前奉教育部蒙字第四四五一五号训令，当于三十一年十二月一日抄同奉须纲目送请台端编撰在案。兹准前由，应请迅赐签拟具覆（复），俾便如期报部。相应函达，即希查照办理为荷！

　　此致
费孝通主任

云南大学　启
中华民国三十二年一月初九

［《函告本校社会系主任费孝通教育部蒙藏教育司催编撰设置边疆科目及讲座概况》（1943 年 1 月 9 日），云南省档案馆藏，云南大学全宗，档案号：1016 - 001 - 00098 - 021］

函谢社会部朱丽东及吴文藻并本校社会系同仁鼎力赞助社会系

丽东司长学兄助鉴：

　　山河修阻，晤对时少，每以为憾，吾兄党国宣勤，业务素著。此次荣膺重职，谋社会之福利，增抗建之力量，引领勋猷，曷胜忭颂。弟忝长校政以来，愧无建树，顷接吴文藻兄来函，谓敝校社会系向社会部请求补助费，深荷鼎助。呈征吾兄关切乡邦文化，在远不遗，至幸至感！弟此后有劳之处尚多，仍祈赞助，倘南来有便，当关良晤。专函布谢。

　　敬颂
勋祺

弟　熊庆来　拜启
三十一年二月二十四日

1942 年关于边疆教育研究事宜熊庆来致函吴文藻先生

致吴文藻先生函

文藻吾兄道席：

　　二月十日大札敬悉种切，兹奉复如此（次）：

　　一、学校风潮刻已平息，堪慰廑注。社会系补助承蒙吾兄接洽，甚感！朱司长处，弟已另函致谢。至请龙主席函谷部长一层，未知可行否？因龙主席重视诸统，自本校改国立后，不轻于代向中央方面说话，俟弟面晤主席时相机进行。

二、边教研究费闻协款可以增加，至慰！弟当转先社会系各同仁。

三、吴富恒先生早经致聘。边教研究计划，弟当将原函转交社会同仁一阅，并请速拟。

四、何日可以成行，良深而会，极盼早日莅昆，以关良晤也。专此布复。

敬颂

道绥

弟　　熊庆来　拜启

熊庆来致函社会学系主任陶云逵

函社会系云逵主任：

吾兄大鉴，顷接吴文藻兄来函，兹特附上，祈即转社会系各同仁一阅，并请转祈与同仁共拟一边教研究计划，并由校转吴文藻兄，或由吾兄径寄亦可。拟请迅赐办理，为盼！专此。

敬颂

教祺

计附吴文藻兄原函 2 件又费孝通先生一纸条亦请转交。

弟　　熊庆来　拜启

[《函谢社会部朱丽东及吴文藻并本校社会系同仁鼎力赞助社会系》（1942年），云南省档案馆藏，云南大学全宗，档案号：1016 - 001 - 00098 - 011]

1949 年詹开龙巧家县调查研究

迳启者：

兹有本系社会研究室助理研究员詹开龙先生拟赴巧家县作苗夷蛮等种族之实地调查，特请发给护照，俾其工作顺利，实为公便。

此请校长核查

社会系主任　杨堃

二月十日①

[《函云南大学校长熊庆来发给詹开龙护照》（1949 年），云南省档案馆藏，云南大学全宗，档案号：1016 - 001 - 01260 - 027]

---

① 1949 年，根据档案目录得。

三 学术交流

李有义

为李有义参加暑期边疆服务团旅费不足函云南大学①

（01145 号）

敬启者：

查本部本年办理公私立大学学生暑期边疆服务团，所有参加人员自成都赴工作区域之食宿等费，完全由该团供给。至参加人员由所在学校至成都之旅费，则由原校负担。此次贵校教员李有义君参加该团，其由昆至蓉来程旅费据谓已由吴文藻先生代筹，至由蓉返昆旅费约计为八百八十余元尚无着落。本部为鼓励大学教员参加边疆服务起见，已特为津贴研究费三百元，不足之数，敬希贵校酌量补助为荷。

此致
国立云南大学

教育部蒙藏　高等教育司　启
中华民国三十年十月廿八日

呈教育部大字第 00049 号
为李有义参加暑期边疆服务团补助费三百元，该款均经如数收到。
原件存赡养米贴券 25 号
[《为云南大学李有义参加暑期边疆服务团旅费不足数函云南大学》（1941年），云南省档案馆藏，云南大学全宗，档案号：1016 - 001 - 00098 - 002]

本校副教授李有义、助教田汝康拟自费往印度留学，呈部请分别发给

---

① 原文无标点，标点断句为编者所加。

留学证书。

　　此致
总务处

六月八日

文别：呈

送达机关：教育部

事由：拟副教授李有义、助教田汝康签呈自费往印度留学，特请核发留学
证书请核准由

　　案拟本校副教授李有义、助教田汝康签呈：拟自费往印度留学，请予
特呈为核发留学证书一份，俾便办理出国手续等情；前来，查所呈尚属实
情，理合检具该员等履历各一份，具文呈请钧部鉴核久准施行饬导。实为
公便！

　　谨呈

教育部部长　陈立夫

　　附呈履历一份

云南大学
六月十日①

[《函呈教育部本校副教授李有义助教田汝康自费留学印度请核发留学证书
由》（1948 年），云南省档案馆藏，云南大学全宗，档案号：1016 - 001 -
00345 - 047]

　　本年十一月八日学字第一三九六号，悉关于各大学正副教授有志出
国留学或研究者，本部现正另订派遣办法呈核所请李副教授有义赴印度
作调查研究工作一节，应俟本办法，奉核定后再行办理，相应函达，即
希查照。

　　此致
国立云南大学

教育部高等教育司　启
三十二年十二月十日

─────────

　　①　一九四八年，编者根据档案目录注。

李有义赴印度调查

文别：通知

送达机关：李有义先生

事由：为赴印度作调查研究工作一节应俟办法核定后再行办理通知查照由

第 00035 号

　　案准教育部高等教育司函开："本年十一月八日学字第一三九三号呈部文，奉悉关于各大学正副教授有志出国留学或研究者，本部现另订派遣办法呈核所请李副教授有义赴印度作调查研究工作一节，应俟本办法奉核完后再行办理，相应函达，即希查照"等由；准此，查大学正副教授出国留学或研究，教部现正订派遣办法，凡申请出国留学或研究之教授、副教授应俟办法核定后再行办理。除分别通知李有义先生外，分别通知，相应通知，即希查照并请转知。

　　此致

李有义先生、徐仁先生、瞿同祖先生

各院系

中华民国三十三年一月十三日

云南大学

［《为赴印度作调查研究工作待办法核定后再行办理通知李有义查照》（1944 年 1 月 13 日），云南省档案馆藏，云南大学全宗，档案号：1016 – 001 – 00385 – 001］

费孝通

费孝通赴美前美国大使 Gauss 与熊庆来沟通函件

The Foreign Service of the United States of America

American Embassy

Chungking, February 10, 1943.

Dr. Chin-lai Hslung,

President, National Yunnan University, Kunming, Yunnan.

Sir:

The Department of State has requested me to convey to you an expression of its pleasure at learning of the appointment of Dr. Hsiao-tung Fei whose scholarly distinction renders him in the Department's opinion especially qualified to act as the emissary of his university.

Anticipating that Dr. Fei's visit will prove effective in stimulating cordiality and interest between the Chinese and American people, the Department feels that his departure should take place as soon as possible and is endeavoring to arrange for transportation facilities in March. It is believed that it would be preferable to have Dr. Fei and the appointees of the other Chinese universities who will proceed to the United States under this program to travel in one party and efforts are being made to effect arrangements to that end.

The Department requests that Dr. Fei be informed of its regret that it will be impossible to arrange for his family to accompany him. In as much as the Department hopes to make well in advance of Dr. Fei's arrival arrangements for his activity in the United States, it would appreciate learning whether he has any plans or preferences.

The Department will endeavor to arrange air transportation for Dr. Fei and the other members of the party but it may be available only to a port outside of China from which point they will travel by vessel. In order to enable Dr. Fei to meet emergency expenditures on the journey, the Embassy will advance to him at the time of his departure half of the allowance of US $ 500. 00 for the purchase of equipment which was stipulated in my letter of November 4, 1942. Dr. Fei and the party will be met at the port of entry in the United States and will be provided with transportation to Washington for consultation concerning their further activities.

I should appreciate your informing me as soon as possible whether Dr. Fei will be able to depart in March and what plans or preferences he may have with respect to his activities while in the United States.

Very truly yours,

C. E. Gauss
American Ambassador

熊庆来批：送请费孝通先生查照并拟复
三月十一日

国立云南大学
NATIONAL UNIVERSITY OF YUNNAN
YUNNANFU, CHINA

Kunming, March 16, 1943.

Ambassador C. E. Gauss,
American Embassy,
Chungking.

Sir：

Your letter of February 10 reached me only a few days ago. It was unduly delayed by the post owing to an accident of the mail plane. We were expecting the letter for some time before we could make any definite arrangement. It is too late at present for Dr. Fei to leave in March. I therefore request if his departure could be postponed till May. Is the date convenient for you to arrange for the appointees of our universities to proceed to the United States, in one party? However Dr. Fei is ready to adjust the date with the others in order that they can go together.

Concerning his plans, Dr. Fei hopes to have an opportunity in any of your universities where he can obtain assistance in preparing a series of monographes on war-time social conditionin China. Such kind of work will provide, he hopes, a part of the necessary data for the post-war reconstruction of the Far East.

The Foreign Service of the United States of America

American Consulate

Yunnanfu, China

Dr. Hsiung Ching Lai, President,
Yunnan University,
Kunming.

[《外文函件、文件等》（1943 年），云南省档案馆藏，云南大学全宗，档案号：1016 - 001 - 00556 - 011]

文别：呈

送达机关：教育部

事由：呈为选派费孝通教授赴美国讲学获美使馆同意呈报鉴核由

第 00332 号

云南大学稿

　　案查前准美国大使馆函嘱：请选派教授一人赴美国讲学研究 "以讲通两国学术" 阐扬中美文化，约期一年，教授薪修由美国负担等由，经选定本校教授费孝通先生前往，函复美大使馆查照在案。查费孝通教授于社会学造诣甚深，为吾国卓出之少壮学者，且对学校服务忠勤，尤属难得，其选派情形前已函托本校在假驻渝教授吴文藻先生详为陈报钧部，已在案，兹准美大使馆函复表示同意，除转知外，理应备文呈报，请祈钧部鉴核准予，实为公便。

　　谨呈

教育部部长　陈立夫

　　　　　　　　　　　　　　　　　　　　　校长　熊庆来

　　　　　　　　　　　　　　　　　　中华民国卅二年三月十三日

文别：公函

送达机关：外交部特派员办公署

事由：为函请签发教授费孝通先生赴美护照以利前往由

第 00418 号

云南大学稿

迳启者：

　　查本校案准美国驻华大使馆公函请遣派代表赴美研究及讲学，用以联络两国友谊，并促进友邦对于本国之认识，所需费用，概由美国政府担负等由。兹特派教授费孝通先生，代表本校赴美，除已得美国政府同意，并叠接函催外，现费先生定于五月一日启程，用特函达，请烦查照，准予迅赐签发护照，以利前往，实纫公谊。

　　此致

外交部护照科

　　　　　　　　　　　　　　　　　　　　　校长　熊庆来

　　　　　　　　　　　　　　　　　　中华民国卅二年四月初一日

迳启者：

　　兹应美国政府之邀，特派本校社会学系主任费孝通教授为本校代表，赴美讲学，径由印度前往。敬祈惠允查验放行，实为公便。

　　此致

军事委员会航空检查所

校长　熊庆来

四月廿一日

迳启者：

　　兹应美国政府之邀，特派本校社会学系主任费孝通教授为本校代表，赴美讲学，径由印度前往。敬祈惠允查验放行，实为公便。

　　此致

中国航空公司

校长　熊庆来

四月廿一日

事由：令知该校所派赴美讲学教授讲学期间待遇办法三项，仰遵办

教育部训令

第 27464 号

令国立云南大学：

　　应美国政府邀请选派教授费孝通关于该教授讲学期间之待遇办法，兹核示于次①：

　　一、该教授离校期间仍由原服务学校发给全部薪金，其他应享之待遇于一般教授同。

　　二、该教授去程自离校至由渝起飞之日及回程自返国至回校之日旅费及食宿费应准依法列报。

　　三、该教授派外讲学视为仍在原校服务，将来于满足休假进修之年，资复得照章遴荐报部核选。

　　以上各节即合亟令，仰遵照办理此令。

---

　　①　此，编者注。

部长　陈立夫

卅二年六月十一日

中华民国卅二年六月廿一日

[《为派费孝通赴美国讲学呈教育部鉴核》（1943 年），云南省档案馆藏，云南大学全宗，档案号：1016 - 001 - 01006 - 025]

文别：公函

事由：为本校社会系讲师史国衡日内乘机飞渝办理出国手续请提前售给机票由

第 00570 号

迳启者：

敝校文法学院社会系讲师史国衡须于日内乘机飞渝办理出国手续，拟请贵厅、公司惠予批准，提前售给机票俾利启行，相应函达证照，即希查照办理为荷。

此致

昆明航空检查厅、昆明中国航空公司

校长　熊庆来

中华民国三十四年五月十四日

[《本校邓鸿潘、周孝谦、吴栋臣、章辑五、高直青、张廉、尚学仁、王伯琦、姚仰文、孙逢吉、王仲桓、史国衡、朱树飏、蒋同庆、朱宁生、刘德汉、李慕白、赵光斗身份证明书》（1945 年），云南省档案馆藏，云南大学全宗，档案号：1016 - 001 - 00379 - 003]①

本校教授费孝通、助教王康因公赴渝，特函希即备办公函向中航公司索取订座申请书，以便填写。

此致

总务处文书组

文书组

七月五日

---

①　原文无标点，标点断句为编者所加。

公函 中国国航空公司

第 01010 号

迳启者：

查敝校教授费孝通及助教王康二员因公赴渝，特函亟待乘机启行，拟请贵公司惠赐购票申请书一份，并予以购票之便利，相应函达，即希查照办理为荷。

此致

中国航空公司

校长　熊庆来

中华民国三十四年七月五日

［《费孝通直渝证明书》（1945 年 7 月 5 日），云南省档案馆藏，云南大学全宗，档案号：1016－001－00379－004］①

费孝通、王康取道重庆赴兰州参加中国工业工作协会，为期三月，事毕返昆，请办护照。此上。

蒋总务长

胡庆钧代领

文书组即照发交

王康先生

中华民国三十四年七月二十五日

［《蒋惠荪、陈旭人、饶娴宜、李仲三、陈行章、安字明、李良康、张蓬羽、费孝通、王康、胡丰澄、齐宗达、张忠培、戴玉贞、汤惠荪、茅士中身份证明书》（1945 年），云南省档案馆藏，云南大学全宗，档案号：1016－001－00379－005］②

外交部云南特派员公署公函

查本校社会学系教授瞿同祖刻应美国哥伦比亚大学之聘，携同其妻及子女二人赴美，业经外交部发给交字第二三二九七号护照，并经美国领事馆签发入境证。兹拟向英国领事馆请签过境证，因手续过繁恐有困难。拟请贵署转函给领事馆，予以签证俾能早日成行。查该员在印度仅作过境之

---

①②　原文无标点，标点断句为编者所加。

短期停留，共拟携旅费足数应用相应函达即希查照办理并冀见复为荷。

如上

为本校社会学系教授瞿同祖协同眷属赴美请函外交部云南特派员公署请美领馆签发过境证俾能早日成行，希查照办理。

民国三十三年十一月十七日收到

径启者：

查本校文法学院社会学系教授瞿同祖刻应美国哥伦比亚大学之聘，携同其妻及子女二人赴美，业经外交部发给交字第二三二九七号护照，并经美国领事馆签发入境证。兹拟向英国领事馆请签过境证，因手续过繁恐有困难。拟请贵署函请该馆予以签证，俾能早日成行。查该员在印度仅作过境之短期停留，共拟携旅费足数应用相应函达即希查照办理并冀见复为荷。

此致

外交部云南特派员公署

校长　熊庆来

发过境证用特函达，因手续较繁恐有函达，请烦贵署查照特函美国领事馆予以签发俾便，并冀见复。

此致

外交部云南特派员公署

[《瞿同祖、王伯琦、丁振麟、宋漱石、李有义、田汝康、陈永健、杨宪颐、张玉贞、徐仁证明书》，云南省档案馆藏，云南大学全宗，档案号：1016 - 001 - 00378 - 011]①

史国衡

为恳请备文呈部保荐应美国国务院邀聘请部核准并转咨外交部须发护照事，窃国衡服务本校五载于兹，于授课之余从事工矿事业人事之研究，所著《昆厂劳工》一书在美国哈佛大学以 *China Enters The Machine Age* 书名出版以后，颇得该方人士之重视，并认为与哈佛大学历年所作之工业认

---

①　原文无标点，标点断句为编者所加。

识研究不无相互发明之处，兹接美国国务院代理国务卿格鲁来电通知赴美作更进一步之研究合作，窃以我国战时工矿事业中之人事制度艺徒教育以及社会福利等设施，虽在极端困难之中，尤多难能可贵之贡献，此种情形尚无外邦人士所了解，兹为宣扬我国社会事业，藉正外人视听计，拟即接受此项工作，用特恳请。备文呈部请予核准并转咨外交部须发护照以利进行，是为德便。

　　谨上
校长　熊　钧照
准照呈部

　　　　　　　　　　　　　　　　　　　晚　史国衡　敬启
　　　　　　　　　　　　　　　　　　　五月十九日①

文别：呈
送达机关：教育部
事由：据本校社会系讲师史国衡呈请应美国国务院电邀出国研究，请予照准并附函核发护照，特请核示由
第 00625 号
　　代电　案校社会系讲师史国衡呈称："窃国衡服务本校五载，于兹授课之余从事工矿事业人事之研究，所著《昆厂劳工》一书在美哈佛大学以 *China Enters The Machine Age* 书名出版，颇得该方人士重视，并认为与该校历年所作之工业认识研究，不无相互发明之处，兹接美国国务院代理国务卿格鲁来电，知嘱赴美作更进一步之研究合作，窃思我国战时工矿事业中人事制度艺徒教育以及社会福利等设施，虽在极端困难之中，多难能可贵之贡献，此种情形，尚未为友邦人士所了解，为宣扬我国社会事业，藉正外人视听计，拟即接受此项工作，恳请呈部核准，并祈转函外交部填发护照，以利进行等情。拟此，查该员在校任教成绩卓著，对所学尤钻研不止，前途至有希望，兹既以应邀出国研究，拟请俯赐查照并请转函外交部核发出国护照，是否为行，理会备文，呈请钧部核示指导，实为公便。"

　　谨呈
教育部部长　朱家骅

---

　　① 一九四五年，根据档案目录整理得。

云南大学

中华民国三十四年五月二十二日

[《史国衡出美研究事呈教育部核示》（1945 年），云南省档案馆藏，云南大学全宗，档案号：1016 - 001 - 00385 - 018]①

　　许教授顷接美国哥伦比亚大学校长巴特鲁来电聘即赴美讲学一年，希即备文呈件，此即部，□□□□□□□□□□。

许烺光教授赴渝因公需在十八日前赴渝，请购飞机票，即希备交申请。

　　此致

文书组

民国三十三年七月五日

文别：公函

送达机关：昆明航空检查所、中国航空公司

事由：为本校教授许烺光因公赴渝请售给机票由

迳启者：

　　校文法学院社会系教授许烺光先生应美哥伦比亚大学之聘即赴美讲学，现应先赴重庆面谒教育部陈部员请示出国事宜及领取护照，应请贵所、公司惠予便利，相应函达，俾于本月二十日前到达重庆，以免延误。证照至，希查照办理为荷。

　　此致

昆明航空检察所

中国航空公司

校长　熊庆来

中华民国三十三年七月六日

呈教育部

中华民国三十三年七月十八日收到

　　查本校文法学院社会学系教授许烺光君因应美国哥伦比亚大学校长白鲁特博士电聘为该校人类学系讲师，拟于短期内携夫人董一男女士共同赴

---

　　① 原文无标点，标点断句为编者所加。

美，据函请予以同意并请外交部发给护照等情。前来查许教授出国讲学关系中美文化之联络，自应照付，理合备文，特呈拟请钧部准予暂作告假一年，特函外交部准予分别发给护照，俾便成行，实为公便。

　　谨呈

教育部部长　陈（立夫）

　　　　　　　　　　　　　　　　　　　　　　　　署全衔名

　　本校社会系人类学教授许烺光先生于本月三日接美国哥伦比亚大学校长白鲁特博士来电聘为该校人类学系讲师，并称即将路费寄毕（见附原电）。兹拟即钧部转请外交部发给护照一纸，以便早日成行。于本校暂作告假，因关系中美文化上之联络，本校已予同意其护照乃即发。钧部准予办理。

　　谨呈

教育部

　　　　　　　　　　　　　　　　　　　　　　　　云南大学
　　　　　　　　　　　　　　　　　　　　　　　　校长熊庆来
　　　　　　　　　　　　　　　　　　　　　　照格式改发缮交许先生
　　　　　　　　　　　　　　　　　　　　　　　　七月□日

迳启者：

　　本校教授许烺光先生应美国哥伦比亚大学之聘，今秋前往讲学，拟于本月廿号前到渝，面谒教育部陈部长，请发出国及给领护照，特函证明，请烦贵所应予便利准予售给机票，实纫公谊。

　　此致

昆明航空检查所

　　　　　　　　　　　　　　　　　　　　　　　　国立云南大学

　　兹有本校教授许烺光应美国哥伦比亚大学之聘偕其夫人董一男女士前往讲学，拟于本月二十日前乘机赴印，应请惠予便利，早日批准放行，至纫公谊。

　　此致

军委会航检所

中国航空公司

熊庆来

九月八日

　　公函　为本校教授许烺光偕同夫人赴美讲学请早日抵提前售给机票函达证件查照办理由

中华民国三十三年九月九日发出

迳启者：

　　查敝校文法学院社会学系教授许烺光先生因美国哥伦比亚大学之聘偕其夫人董一男女士赴美国讲学，拟于本月二十日前乘飞机赴印。拟请贵所、公司惠予便利，早日批准，购买机票，提前售给机票以免延误，相应函达，即希查照办理为荷。

　　此致

军事委员会航空检察所

中国航空公司

校长　熊庆来

[《许烺光、林筠因、周华、刘华、朱家骏、刘德修、赵明德、费孝通、朱中林、朱驭欧、胡光炜、瞿同祖、鲍哲谋、刘振德、杨宪颐、陈佩瑜证明书》（1944 年），云南省档案馆藏，云南大学全宗，档案号：1016 - 001 - 00378 - 007]①

陈年榜

教职员异动登记表

姓名	陈年榜	性别	男	年龄	29	籍贯	广东澄海	通信处	本校
职别（说明专任或兼任）		助教兼教务科生活股副股长							
担任工作或所任课程及时间		普通统计学							

---

　　①　原文无标点，标点断句为编者所加。

· 229 ·

续表

异动原因	学习
到职或离职日期	1947 年 8 月到 1952 年 9 月 3 日

填表人：陈年榜

中央人民政府高等教育部（函）　　　收文字第 176 号

事由：同意你校送在中国人民大学学习之田家骥、陈年榜该学政治经济学，熊锡元仍学国家法不要改变

发往机关：云南大学

抄送机关：西南高等教育管理局、中国人民大学

批示：人事室查照并通知田、陈、熊三先生

云南大学：

　　八月十七日（53）人学字第○七七五号报告悉。关于你校送往中国人民大学学习国际贸易之田家骥同志及学统计学之陈年榜同志拟改学政治经济学事，学习国家法之熊锡元同志拟改学马列主义基础及中国革命史事，因目前国家法师资正感缺乏，希仍积极学习，不要改变。

一九五三年九月七日

中央人民政府高等教育部（章）

文别：报告

送达机关：如文

事由：请转请中央高教部致函人大之陈年榜、田家骥转入政治经济学教研室由

主送：西南高等教育管理局

抄送：北京中国人民大学（八月十七日抄寄）

　　一、经我校调在北京（中国）人民大学学习的教员陈年榜、田家骥来函称："我们根据学校指示暑假后转入政治经济学教研室事，经人大研究生科负责同志说：校外研究生转教研室一概要经中央高教部正式给人大来函，至于现在所在教研室，对此没有意见，请即核办，并希望在下学期开学前将此事办妥。"

　　二、查陈年榜、田家骥暑假后转入政治经济学教研室一事，根据我校培养政治经济学教员计划所决定的。即请你局转请中央高教部致函人大，

使该员等在今年暑假后转入政治经济学教研室，并请批复！

署全衔名

公元一九五三年七月

云南大学报告

事由：请核准我校送北京人大学习教员田家骥、陈年榜、熊锡元等三人在今年暑假后转入政治经济学研究室并请批复由

主送机关：中央高等教育部

抄送机关：西南高等教育管理局、北京（中国）人民大学

（53）人学字第 077 号

一九五三年八月十八日

拟办：田家骥、陈年榜转政经教研组等已于七月十日以人学（53）字第0531 号文报告西南并抄寄人大有关。现由根据人事室的通知连同熊锡元一并报请中央高教批准，并抄送西南高教局及（中国）人民大学，谨与签注（人事室通知粘附医学院请调整助教六人工资等）

寸树声

八月十七日

　　一、我校五二年送北京（中国）人民大学学习的田家骥同志，原系学习国际贸易，现我校决定让他改修政治经济学；陈年榜同志原系学习统计学，现改学政治经济学及马列主义基础；熊锡元同志原系学习国家法，现改学马列主义基础及中国革命史；并已经各该系同意。这三位同志在将来调整院系时，准备留校工作，担任政治课。

　　二、他们改学政治经济学及马列主义基础等课，系根据我校培养政治经济学教员计划所决定的，即请你部核准，并函知（中国）人民大学准该员等在今年暑假后转入政治经济学教研室，并请批复！

兼云南大学校长　副校长

公元一九五三年八月十七日

［《教职员异动登记表》，云南大学档案馆藏，云南大学全宗，档案号：1954 - Ⅲ -022］

一九五四年度云南大学师资培养工作检查报告表

系：外语　　　　　　教学组织：俄文教研组　　　　　1954 年 12 月 4 日填

姓名	级别	培养目标	培养方式	着手进行简况	工作中的经验、困难及存在问题	备注
培养教师：马雪如	助教	一年后能开大一课	1. 随班听课； 2. 带领大一学生，辅导答疑课； 3. 自修文法	1. 基本上按计划进行，文法的学习配合辅导课进行，现已自修完哈尔赛俄专所编的文法名词，动词部分及形容词一部分； 2. 参加改一部分大二学生的练习本，得益较多； 3. 空时看过真理报社论； 4. 掌握生字约 900 多个（本批文内）	经验：1. 听课后读本及报纸社论，应大声诵读，多读可帮助记忆及发音；2. 对学生的辅导答疑课应灵活采取各式各样方式并且首先（课前）应有充分准备，这对将来开课很有帮助 困难及存在问题：1. 对于个别较难的句子尚感困难； 2. 生字掌握不牢固（一部分）； 3. 对于动词完成体与未完成体更深入细致的书写方面尚模糊	

说明：此表由指导教师填写交教研组主任，教研组主任阅后
　　　交系主任于 1954 年 12 月 4 日以前汇交教务处。

指导教师
教研组主任
系主任

系：经济系　　　　　　教学组织：经济学说史　　　　　1954 年 12 月 4 日填

姓名	级别	培养目标	培养方式	着手进行简况	工作中的经验、困难及存在问题	备注
培养教师：魏尔志	助教	外国国民经济史	（一）参加经济学史教研组； （二）自学	一、加强史学基础； 二、收集有关经济史资料（但成效较小）； 三、提高外文阅读能力，以求能很好地掌握研究工作； 四、牢固有关基础	一、缺乏经济史参考书籍，以□□□于针对经济史进行学习，研究； 二、无专人指导（系内无专门研究经济史的先生）	

说明：此表由指导教师填写交教研组主任，教研组主任阅后
　　　交系主任于 1954 年 12 月 4 日以前汇交教务处。

指导教师
教研组主任
系主任

系：□□□　　　　　　教学组织：经济学说史　　　　　1954 年 12 月 6 日填

姓名	级别	培养目标	培养方式	工作进行简况	工作中的经验、困难及存在问题	备注
培养教师：赵宗煜	助教	政治经济学及统计学科进一步计划以后再填报	本学期（一）参加经济学说史教研组工作及统计课的听课实习；（二）以自学及听课为主，有问题分别向有关先生请教	一、阅读资本论及杂志报章有关文件及统计参考资料；二、作摘要笔记或就书本作钩记标识；三、学习俄文求能掌握研究工具；四、牢固有关基础	感到时间不够	其余参考上次填报的表；过去参加会计统计学原理、工业统计学及政治经济学教研组听课备课实习及工作

说明：此表由指导教师填写交教研组主任，教研组主任阅后
　　　交系主任于195□年□月□日 以前汇交教务处。

指导教师
教研组主任。
系主任

系：历史系　　　　　　教学组织：□□□□□　　　　　1954 年 12 月 6 日填

姓名	级别	培养目标	培养方式	着手进行简况	工作中的经验、困难及存在问题	备注
培养教师：尤中	助教	1. 西南民族史（以云南为中心）；2. 东南亚各国史	1. 教授指导与个人钻研相结合；2. 普遍提高与重点深入相结合	从开学到现在即阅读廿四史（现已阅读到了魏书，再过一段时间即可将南北朝结束而开始看通鉴十通及重要的旧部古籍，汇抄材料示已汇抄至魏书；东南亚各国则深入汇抄的材料，就看了一些现有的东南亚各国史及东南亚人民解放斗争史等总共七种；理论方面列史的重要民族理论的单行本小册子看过，以及本国人著述阐述民族理论的单行本看过三四本，以及许多期刊杂志	1. 普遍提高重点深入的结果，使能加深全部中国史的观念并能较全面地联系认识民族史，认识各种史料的用处及出处，对将来深入一步的钻研有好处；2. 在深入民族史时，古代地名与现命地名的考证认识上常感到苦恼，由于有些地名弄不清楚，空间观念不明确，致使其他问题亦不能深入认识	

说明：此表由指导教师填写交教研组主任，教研组主任阅后
　　　交系主任于195□年□月□日以前汇交教务处。

指导教师：方国瑜、江应樑
教研组主任
系主任

系：历史系　　　　　　教学组织：中国史教研组　　　　　1954 年 12 月 7 日填

姓名	级别	培养目标	培养方式	着手进行简况	工作中的经验、困难及存在问题	备注
被培养教师：龚荣星	助教	担任《少数民族语言》课	1. 个人钻研为主 2. 请教有关语言工作者为辅	1. 自 11 月 15 日订了师资培养计划以后直到现在的时间中，多数时间放在科学研究方面，对经传播的语言学理论和技术方面钻研的时间较少，前段时间中每天或隔一天都余出一段时间来复习音标，后段时间有些日子较松懈；2. 进修与科学研究及听课和其他工作在整日之时间中的分配没有严格的安排计划好，故时间分配较盲乱；3. 在一般语言学的阅读学习中，并没有提某些重点问题或关键问题加以系统深入的钻研；4. 每星期 1、2、3 上午，8 - 9，9 - 10 都到中国科学院语言研究所云南工作组听课（语音、语法）这点是严格的做到按时听课；5. 在阅读时没有进行拆录有关编讲稿所需的材料	经验：1. 一面理论学习，一面结合实际，严密的与钻研科学研究工作联系起来，经理论学习和技术学习中将方法用于科学研究。通过实际科学研究工作，坚固理论边学边用是使学的能坚固真正了解之好办法；2. 听课可以接受他人研究的成果，并能习复自己的方法方式，了解个人所不知之问题 困难及存在问题：1. 关于语言学方法论方面的编著少；2. 缺乏具体指导的先生，对于研究方法，抓重点和关键性的问题，如何经问题的本质去研究等的思考方法。无人给予指导或习复，故有时遇一问题，时间用了很多，但还得不到良好的效果	

说明：此表由指导教师填写交教研组主任，教研组主任阅后
　　　交系主任于195□年□月□日以前汇交教务处。

指导教师 民族史课程小组

教研组主任

系主任

［《云南大学培养师资情况调查表》，云南大学档案馆藏，云南大学全宗，档案号：1954 - Ⅱ - 013］

云南大学培养师资情况调查表

1. 系别：经济系　　　　　　专业：政治经济学
2. 所属教研组（或教学小组）：尚未组成　　　领导人：
3. 被培养者姓名：魏尔志　年龄：三十岁　性别：男　职别：助教
4. 培养基础：过去上大学时，偏重于历史方面的学习，曾任中学中外历史专任教员，在自己原有基础上，对历史知识较为丰富（自己过去的兴趣是多方面的，所适合研究历史）

5. 培养目的和要求：以能研究经济史为主，先由西洋经济史着手，几年之后，再转入研究中国经济史

6. 负责培养的教师：

7. 培养的方法：目前因系内没有专门研究世界经济史的先生，故以自学为主，如有教研组，则参加教研组，否则亦可继续自学

8. 预定的培养期限：两年（第一年大量阅读，第二年继续阅读、收集资料）

9. 获得的成绩：自本学期开始，已能按计划自修，作读书笔记，附带收集有关史料。经济学史范围甚广，欲搞经济史，必须具有较广博之常识基础，本学期以来，亦继续在这方面加以努力，深感今后务必刻苦努力，将来方能达到预期之目的，有此感觉，中意愈壁，也是一个收获

10. 培养的经验：

11. 存在的问题：现在代一门统计实习，与培养目的和要求不相配合。统计是在八年前学的，是学过一门普通统计，故代统计实习对同学可说没有帮助

12. 其他：因欲研究西洋经济史，必须懂得一两种外国文，目前则就原有基础，提高对英文书籍之阅读能力，以后再读俄文（一旦能较顺畅的阅读英文书刊后，即转入读俄文，时间约一两年后）

注意：此表务必请于五月八日以前填就送交教务处。

教务处制发
1954.4.29

---

1. 系别：外语系　　　　　　　专业：俄文

2. 所属教研组（或教学小组）：外语系俄文教研组　　　领导人：岑纪

3. 被培养者姓名：马雪如　　年龄：28　　性别：女　　级别：助教

4. 培养基础：（一）1951年曾在中苏友协俄文班学习俄文约十月，已修完贺青所编俄文读本共一册；（二）向岑纪先生学习朱普萱所编俄文读本约半年；（三）参加学校联共党史俄文突专学习两学期；（四）目前正向苏籍教员木青科及魏兆南先生学习北京俄专所编俄文读本，向岑纪先生学习俄文文法

5. 培养目的和要求：通晓俄文，能有阅读、翻译、会话及写作的能力，要求两年内能正式开课向大一学生讲授

6. 负责培养的教师：岑纪教授、苏籍教员木青科先生、魏兆南先生

7. 培养的方法：（一）带徒培养：1. 随班上课听讲；2. 个别向苏籍教员学习会话；3. 自修文法交岑纪先生改错；4. 自修阅读短篇文章；（二）有些会送其他专业学校培养：会送北京俄专，哈尔滨俄专等

8. 预定的培养期限：两年

9. 获得的成绩：1. 语法方面：名词部分已全部学习完备，现正进行动词部分的学习及作业；2. 现听木青科先生课已经较习惯

10. 培养的经验：1. 定时作业可以巩固已得成绩；2. 听课及有疑难时随时请求解答，可以不断得到提高

11. 存在的问题：本学期代经济系统计实习（并参加听课）所花时间较多

12. 其他：

注意：此表务必请于五月八日以前填就送教务处。

教务处制发
1954.4.29

1. 系别：历史系　　　　　　　　　专业：

2. 所属教研组（或教学小组）：西南民族史教学小组　　　领导人：杨堃

3. 被培养者姓名：龚荣星　　　年龄：30　　性别：男　　　职别：助教

4. 培养基础：学过普通语言学，少数民族语言，又有本民族（傣族）语文基础

5. 培养目的和要求：结合学习普通语言学及马克思主义与语言学问题与斯大林语言学上层建筑问题的基础；在教师的指导下参加民族语文调查研究工作，初步掌握傣族语文发展规律，进而掌握云南境内各主要民族语文，在一定程度的专门化，培养为云南少数民族语文师资

6. 负责培养的教师：傅懋勣

7. 培养的方法：一、师傅带徒弟方式；二、听课；三、参加实际工作；四、指定阅读参考书籍进行系统性指导

8. 预定的培养期限：暂定两年

9. 获得的成绩：一、结合民族语言研究及实际工作对本民族（傣族）方言有初步认识；二、对马克思语言学问题及斯大林语言学与上层建筑问题有初步认识；三、对现代语言学符号，有了一些初步提高

10. 培养的经验：结合民族语文理论研究，进行实际工作较易巩固及提高

11. 存在的问题：一、因指导人员，系校外兼课教师，学习与指导时间不易配合，且最近指导教师，又赴外县系公干，指导工作不够抓紧，亟待克服困难；二、研究工具（如必需参考书籍，语言纪录工具等）较感缺乏，亟待补充

12. 其他：

注意：此表务必请于五月八日以前填就送教务处。

教务处制发
1954.4.29

1. 系别：政治经济学教研组（政治课教研室）　　　　专业：

2. 所属教研组（或教学小组）：政治经济学教研组　　　领导人：戴钟珩

3. 被培养者姓名：陈宝珠　　　年龄：　　性别：女　　　级别：助教

4. 培养基础：云大社会系毕业，任云大政治课助教两年，负责资料保管工作；云大社会系助教两年，现任政治经济学教研组助教半年

5. 培养目的和要求：主讲教员

6. 负责培养的教师：戴钟珩

7. 培养的方法：参加备课并要求写好讲稿，在集体备课时重点试讲；参加科学研究，但不要求做讲稿准备，听课；领导两班课堂讨论；帮助主讲教员检查笔记及检阅课堂讨论发言提纲

8. 预定的培养期限：本年度领导课堂讨论；1954 年开始辅导工作及重点讲课；1955 年度正式讲课

9. 获得的成绩：每次都能按计划完成讲稿，并能按计划提出试讲报告；能阅读组内提出的主要参考资料；经过充分准备后，领导课堂讨论还无问题

10. 培养的经验：1. 有干劲；2. 使批评多于肯定成绩；3. 工作要严格督促；4. 克服自发性格；5. 提高政治认识

11. 存在的问题：1. 要克服粗枝大叶作风；2. 防止盲目自满情绪；3. 工作要求踏实

12. 其他：

注意：此表务必请于五月八日以前填就送教务处。

教务处制发
1954.4.29

[《云南大学培养师资情况调查表》（1954 年 5 月 17 日），云南大学档案馆藏，云南大学全宗，档案号：1954 - Ⅱ -013]

第 三 部 分

学生课程与调查实习

社会学系自建系以来，便开始开设专业课程，对学生进行理论方法的训练，同时，开设课程的教职员还带领学生进行调查实习。课程的制定综合考量了国内社会学的发展、本土发展所需课程、学生的接受能力等，前期主要是社会学、社会服务、边疆调查类课程；杨堃主系后，主要在历史、民族及劳动方面开设课程。后来院系调整，社会学系民族组并入历史系，劳动组并入经济系。

一 学生情况

1940 年社会学系二年级学生名录

姓名	学号	性别	年龄	籍贯	备注
安庆澜	28001	男	廿五	北平市	
朱 丹	28060	女	十九	云南华坪	
萧祥麟	28075	男	廿一	云南剑川	
黄 清	28084	男	廿	云南昆明	中华民国三十年一月廿一日休学
常则馨	试 292	女	廿五	河北宁河	
常以谦	试 293	男	廿四	河北宁河	

[《廿九年度文法学院社会学系二年级学生名录》，云南省档案馆藏，云南大学全宗，档案号：1016 - 001 - 00287 - 023]

1941 年社会学系学生名册

姓名	学号	性别	年龄	籍贯	年级
黄 清	28084	男	廿二	云南昆明	一
蔡汝勤	30375	男	廿四	江西南昌	一
陈竞华	28024	男	廿二	云南罗平	二
刘象寅	28213	男	廿五	云南会泽	二
陈行智	29010	男	廿一	湖北汉阳	二
王志诚	29616	男	廿三	河北	二
安庆澜	28001	男	廿六	北平市	三
朱 丹	28060	女	廿	云南华坪	三

续表

姓名	学号	性别	年龄	籍贯	年级
萧祥麟	28075	男	廿二	云南剑川	三
常以谦	试293	男	廿五	河北宁河	三

[《一九四一年度、一九四三年度学生名册》，云南省档案馆藏，云南大学全宗，档案号：1016 - 001 - 00288 - 001]

1943 年社会学系学生名册

年级	姓名	学号	性别	年龄	籍贯	备注
一	陈年榜	三二〇一一	男	19	广东澄海	
一	耿筱海	三二〇二九	男	23	河北滦县	
一	何器	三二〇三八	男	22	湖南宁远	
一	李奇	三二一〇一	女	19	河北天津	
一	刘华烈	三二一一八	男	24	广东新会	
一	徐冰	三二一六二	女	19	浙江奉化	留级
一	陶韶珍	三二一七三	女	21	安徽芜湖	留级
一	殷履端	三二三一一	女	19	云南昆明	
一	谢思曾	三二三三六	男	22	云南宾川	
一	王家骥	三二三三九	男	21	云南昭通	
一	禄厚坤	三二四四九	女	19	云南彝良	
一	陈良俊	三二四〇三	男	19	云南师宗	
一	戴卉纷	三二四〇七	女	19	云南腾冲	
一	王菊焕	三二四五七	女	19	云南永胜	
二	唐培本	二九二二四	男	21	浙江吴兴	
二	张纪域	三〇五〇二	男	21	云南剑川	
二	侯奉瑾	三〇五二一	男	23	云南蒙自	
二	李铭	三一〇七八	男	21	云南盐兴	
二	游钜颐	三一一七六	男	20	福建闽侯	
四	陈兢华	二八〇二四	男	23	云南罗平	
四	王志诚	二九六一六	男	25	河北蓟县	

[《一九四一年度、一九四三年度学生名册》，云南省档案馆藏，云南大学全宗，档案号：1016 - 001 - 00288 - 001]

1944 年社会学系学生名册

年级	姓名	性别	年龄	籍贯	备注
一	彭光前	男	23	四川江安	
一	李若愚	男	26	湖北宜昌	留级
一	徐 冰	女	20	浙江奉化	
一	陶韶珍	女	22	安徽芜湖	
一	郑 权	男	19	云南昭通	
一	张起贵	男	20	云南华宁	
一	张绪英	女	23	湖北汉阳	从军
一	陈克祥	男	19	云南昭通	
一	蒋永尊	男	24	云南永善	
一	周朝栋	男	19	云南昆明	
一	傅月仙	女	18	云南昆明	
一	高天鹏	男	23	云南玉溪	
一	雷淑乾	女	19	云南祥云	
一	李 湘	男	19	云南昆明	
一	刘助民	男	22	河南宁湘	
一	彭如柏	男	20	云南西畴	
一	孙惠然	男	23	河南郏县	
一	王士华	女	19	云南洱源	
一	吴镇清	男	18	云南漾濞	
一	吴慧中	女	20	广东宝安	
一	伍绍彭	男	19	云南弥渡	
一	陈复初	男	17	福建闽侯	
二	刘尧汉	男	22	云南镇南	
二	王本洪	男	22	云南宜良	

续表

年级	姓名	性别	年龄	籍贯	备注
二	陈年榜	男	20	广东澄海	
二	何器	男	23	湖南宁远	
二	李奇	女	23	河北天津	
二	禄厚坤	女	20	云南彝良	
二	王菊焕	女	21	云南永胜	
三	唐培本	男	22	浙江吴兴	
三	张纪域	男	22	云南剑川	
三	侯奉瑾	男	24	云南蒙自	
三	李铭	男	22	云南盐兴	
三	游钜颐	男	21	福建闽侯	
四	刘象寅	男	27	云南会泽	

[《一九四一年度、一九四三年度学生名册》①，云南省档案馆藏，云南大学全宗，档案号：1016 - 001 - 00288 - 001]

1947 年奖惩学生清册

姓名	院系	奖惩	受何处分	事由	奖惩日期	登记日期
李靖姝	社（二）	惩	开除学籍	校审查核转教育部恢复学籍	三十七年	二月二十七日
袁毓芬	社（三）	惩	记两大过	准请具保证留校半年后察看无过失准予登记成绩	三十七年	二月二十七日
周朝栋	社（四）	惩	记两大过	准请具保证留校半年后察看无过失准予登记成绩	三十七年	二月二十七日
郑权	社（四）	惩	记两大过	准请具保证留校半年后察看无过失准予登记成绩	三十七年	二月二十七日

[《一九四一年度、一九四三年度学生名册》②，云南省档案馆藏，云南大学

---

① 档案标题并没有概括所有档案内容。
② 档案标题并没有概括所有档案内容。

全宗，档案号：1016 - 001 - 00288 - 001]

1949 年社会学系学生名册

年级	姓名	性别	年龄	籍贯	备注
一	张尚义	男	21	北平市	
一	赵志伟	男	21	云南保山	
一	赵孟青	女	20	云南顺宁	
一	赵云兰	女	18	云南寻甸	
一	周世雄	男	19	云南嵩明	
一	车家明	男	20	云南弥勒	
一	钟镇奇	男	25	广东	
一	和发源	男	22	云南丽江	
一	胡崇斌	男	18	云南西畴	
一	黄廷杰	男	21	云南云龙	
一	邹世恒	男	20	云南昆明	
一	段春华	男	21	云南泸水	特
一	王朝珠	男	24	云南丽江	
一	王桂林	男	21	云南昆明	
一	杨荣辉	男	18	云南腾冲	
一	尹德强	男	20	云南昆明	
一	欧阳泉	男	21	云南昭通	
一	杨琼珍	女	20	云南玉溪	
一	文和明	女	18	云南永胜	
一	龚荣兴	男	23	云南梁河	
一	龚平政	男	22	云南梁河	
一	朱赤平	男	21	湖南	
一	傅其鸽	男	23	云南云县	
二	李平三	男	23	广东丰顺	
二	张忍清	男	21	云南鹤庆	
二	张瑢华	女	21	云南蒙自	

续表

年级	姓名	性别	年龄	籍贯	备注
二	张炳钧	男	22	云南元谋	
二	胡桂秋	女	21	云南云县	
二	李金文	男	19	云南河西	
二	杜秉仁	男	20	云南大理	
二	段克贤	男	21	陕西韩城	
二	杨明英	女	19	云南保山	
二	李蓉芳	女	19	云南保山	
二	董离仙	女	30	云南昆明	
二	朱长龄	男	20	云南石屏	
三	方笙筹	女	22	安徽定远	
三	胡琼珍	女	21	云南昆明	
三	黄慧贤	女	20	云南会泽	
三	吴逸云	女	20	福建云霄	
三	杨德俊	男	21	云南大理	
三	关学尧	男	22	云南永胜	
三	王裕昆	男	20	云南昆明	
三	王继华	女	22	云南昆明	
三	张之模	男	28	云南华宁	
四	陈桔英	女	22	云南会泽	
四	杨 锐	男	23	云南丽江	
四	尹寿铭	男	24	云南蒙自	
四	陈宝珠	女	22	云南昆明	借

[《学生名册》，云南大学档案馆藏，云南大学全宗，档案号：1950-Ⅱ-24]

云南大学一九四九学年度第一学期转院或转系学生名册

原院系及年级	姓名	变化情况
法学院社会学系二年级	木柱	转入法学院二年级经济学系
法学院二年级社会学系	熊宗尧	转入工学院矿冶工程学系一年级

（档案号：1950-Ⅱ-24）

西南区云南省国立云南大学一九四九学年度新生保留学籍册

院系	姓名	学籍保留时间
文法学院社会系	范承绪	一年
文法学院社会系	周汝权	一年

（档案号：1950 - II - 24）

西南区云南省国立云南大学一九四九学年度第二学期休学学生名册

姓名	年级	性别	籍贯
杜秉仁	二	男	云南大理
李平三	二	男	广东丰顺
张炳钧	二	男	云南元谋
王朝珠	一	男	云南丽江
和发源	一	男	云南丽江
邹世恒	一	男	西康西昌
赵志伟	一	男	云南保山

（档案号：1950 - II - 24）

保送边疆生文和明入社会系

案据本省永胜县学生文和明十一月二日报称：

"为申请保送入国立云南大学文法学院社会学系肄业事，缘学生文和明系云南省永胜县人，现年二十岁，昆明私立建设中学高级部毕业生，邑地处本省西北边陲谙悉当地土语数种，对土著文化之探究颇感兴趣，承钧府本培植边地人材之虑，恳请保送入云南大学社会学系深造，俾便将来服务边地，以广教化为祷"等情；据此，查该生籍隶边地，语言文化，保有特殊性质。该生声请较急，未及汇案保送，该生向学情殷，兹为鼓励边地学子升学起见，相应函请贵校参照□部颁边生待遇办法予以从宽取录为荷！

此致

国立云南大学

教育厅厅长　姜寅清

中华民国三十八年十一月

文别：公函

送达机关：教育厅

事由：准函保送边疆生文和明入本校社会系一案函复准参加甄别考试请查照转知

中华民国三十八年十一月十五日

国立云南大学整理委员会 公函

　　案准贵厅（卅八）合教边字第一二三八号公函，保送边疆学生文和明入本校社会学系肄业嘱予从宽取录等由，准此。查本校现定期举行转学生考试，该生籍属边地，应准照边疆生优待办法甄别录取等经。云南省政府保送升学本校应准参加甄别考试，希等候公布甄试日期，遵照应试并迅将通讯地址函知本校注册组为要。

国立云南大学整理委员会

相应函复，即请查照转知该生前来报考为荷。

　　此致

云南省教育厅

主任委员　卢

副主任委员　任

中华民国卅八年十一月

［《为保送边疆学生文和明入本校社会系第一案函云南教育厅》（1949 年），云南省档案馆藏，云南大学全宗，档案号：1016 - 001 - 00934 - 003］

云南大学学生名册（1950 年）

姓名	年级	性别	籍贯
方笙筠	四	女	安徽定远
胡琼珍（退学）	四	女	云南昆明
吴逸云（休学）	四	女	福建云霄
杨德俊	四	男	云南大理

姓名	年级	性别	籍贯
关学尧	四	男	云南永胜
张之模	四	男	云南华宁
王继华	四	女	云南昆明
黄慧贤（退学）	四	女	云南会泽
张瑢华	三	女	云南蒙自
杨明英	三	女	云南保山
胡桂秋	三	女	云南云县
李蓉芳	三	女	云南保山
董离仙	三	女	云南昆明
朱长龄（退学）	三	男	云南石屏
李金文	三	男	云南河西
王宗尧（休学）	三	男	云南建水
欧阳泉（休学）	二	男	云南昭通
文和明（休学）	二	女	云南永胜
龚荣星	二	男	云南梁河
朱赤平	二	男	湖南浏阳
傅其鸽	二	男	云南云县
李天运（休学）	二	男	云南昆明
张尚义	二	男	北京
赵云兰	二	女	云南寻甸
周世雄	二	男	云南嵩明
钟镇奇（休学）	二	男	广东
胡崇斌	二	男	云南西畴
黄延杰（休学）	二	男	云南云龙
段春华（休学）	二	男	云南泸水
王桂林	二	男	云南昆明
杨琼珍（休学）	二	女	云南玉溪
杨荣辉	二	男	云南腾冲
赵鹤鸣	二	女	云南昆明
宗惠书	二	女	河北沙河

续表

姓名	年级	性别	籍贯
高继秋	一	女	云南昆明
罗钟雄（休学）	一	男	云南弥渡
刘　璐（退学）	一	女	贵州贵阳
沈国治	一	男	云南澄江
刀世勋	一	男	云南车里
丁维亚	一	男	云南鹤庆
郑学谦（休学）	一	男	云南弥渡
董海平	一	男	云南曲靖
文元伟	一	男	云南通海
王耀知	一	男	云南昆明
严汝娴	一	女	云南富民
尹元生	一	男	江苏镇江
杨凤舞	一	男	云南曲溪
邹孟仪	一	女	
和发源	一	男	云南丽江
赵大富	一	男	云南寻甸
陈明华	一	女	浙江绍兴
陈廷勋	一	男	广东台山
徐遐龄	一	男	湖南长沙
萧庆文	一	女	云南昭通
龚肃政	一	男	云南梁河
高曼云	一	女	云南石屏
高吉昌	一	男	云南陆良
高文信	一	男	云南马关
苏开明	一	男	云南曲溪
黄宝璠	一	男	云南邱北
熊嘉骥	一	男	云南昆明
徐乃康（休学）	一	男	云南弥渡
周锡芳	一	女	云南昆明
邹世恒	一	男	西康西昌
黄兰轩	一	女	云南腾街

［《云南大学学生名册》（1950年），云南大学档案馆藏，云南大学全宗，

档案号：1950－Ⅱ－49]

1951 学年度云南大学学生名册

年级	姓名	性别	年龄	籍贯	备注
	丁　丰（退学）	男	21	云南曲靖	
	王叙厚（休学）	男	19	贵州兴义	
	王禄庭	男	21	江苏南京	
	尹琴馨	女	20	云南下关	
	何汉川	男	23	云南昆明	
	何兴明	男	19	云南楚雄	
	何海莲	女	21	云南曲靖	
	沈家权	男	20	云南文山	
	李　汉	男	24	云南昆明	
	李鸿昌	男	23	云南宾川	
	李德纯	男	20	云南丽江	
	和建勋	男	19	云南丽江	
	施宝铨	女	18	云南昆明	
	马琼萱	女	22	云南建水	
一	高如贵	男	20	云南沾益	
	孙岳素	女	20	广东汕头	
	庄梅英	女	18	云南安宁	
	张桂华	女	20	云南文山	
	陈启华（开除）	男	26	湖北汉口	
	陈丽敏	女	18	云南昆明	
	章青萝	女	21	云南昆明	
	杨立勤	女	19	云南大理	
	杨金仙	女	20	云南丽江	
	董瑞芝	女	22	云南腾冲	
	赵鹤琴	女	20	云南昆明	
	熊若华	女	18	云南昆明	
	郑树民	男	20	云南顺宁	
	刘传麟	男	26	云南昆明	

续表

年级	姓名	性别	年龄	籍贯	备注
一	卢昌鼎	男	21	云南西畴	
	应彩贤	女	20	云南宣威	
	薛　贤	男	23	云南云县	
	尹培璋	男	21	云南腾冲	
	杨光先	男	24	云南泸西	
二	段春华	男	24	云南泸水	
	和发源	男	24	云南丽江	
	赵大富	男	19	云南寻甸	
	徐遐龄	男	20	湖南长沙	
	萧庆文	女	19	云南昭通	
	龚肃政	男	20	云南梁河	
	高曼云	女	21	云南石屏	
	高吉昌	男	20	云南陆良	
	高继秋	女	20	云南昆明	
	沈国治	男	21	云南澄江	
	刀世勋	男	22	云南车里	
	丁维亚	男	20	云南鹤庆	
	王昭武	男	21	云南晋宁	
	王耀知	男	19	云南昆明	
	严汝娴	女	20	云南富民	
	杨凤舞	男	20	云南曲溪	
	邹孟仪	女	21	云南昆明	
	苏开明	男	21	云南曲溪	
	黄宝璠	男	20	云南邱北	
	熊嘉骥	男	19	云南昆明	
三	傅其鸰	男	25	云南云县	
	赵云兰	女	20	云南寻甸	
	周世雄	男	21	云南嵩明	
	王桂林	男	23	云南昆明	

续表

年级	姓名	性别	年龄	籍贯	备注
	杨琼珍	女	22	云南玉溪	
	龚荣星	男	25	云南梁河	
三	朱赤平	男	23	湖南浏阳	
	赵鹤鸣	女	25	云南昆明	
	宗惠书	女	20	河北沙河	
	张瑢华	女	23	云南蒙自	
	胡桂秋	女	23	云南云县	
四	杨明英	女	21	云南保山	
	李蓉芳	女	21	云南保山	
	董离仙	女	32	云南昆明	

[《云南大学学生名册（1951学年度）》，云南大学档案馆藏，云南大学全宗，档案号：1951-Ⅱ-49]

1951年学生流动（休、退、转学）情况统计表

云南大学退学学生统计表（本表退学学生系本学新已注册考，截至6月2日上午退学生表）

文法学院社会系共2人，一年级男女各1人。

休学学生统计表

社会系共4人，一年级1男，二年级2男，三年级1女。

休学至6月2日止

社会系5人，一年级1男1女，二年级2男，四年级1女，共3男2女。

退学

社会系1男1女，共2人。

（档案号：1951-Ⅱ-69）

云南大学一九五一年度（第一学期）复学生名册

姓名	性别	年龄	籍贯	家庭成份	入学年月	原院系及年级	休学年月	复学年级	备注
胡崇斌	男	廿	云南西畴	小资产阶级	一九四九年十月	社会学系二年级	一九五一年三月停课一学期	二年级	转中文系二年级
龚平政	男	廿四	云南梁河	职员	一九四九年十二月	社会学系一年级	一九五一年二月停课	一年级	转入中文系一年级

云南大学一九五一学年度第一学期转学新生名册

姓名	性别	年龄	籍贯	家庭成分	原院系及年级	入学年月
杨光先	男	24	云南卢（泸）西	中农	社会系一年级	一九五一十月

云大一九五一年度第二学期复学生名册

姓名	性别	年龄	籍贯	家庭成分	入学年月	原院系及年级	休学年月	复学年级
段春华	男	二三	云南泸水	地主	一九四九年十一月	文法学院社会系二年级	一九五一年三月因家境变迁	二年级

云南大学一九五一年度转院系学生名册

姓名	性别	年龄	籍贯	家庭成分	入学年月	原院系及年级	原因
胡崇斌				小资产阶级		二年级社会系转入二年级中文系	
张尚义	男	廿三	北平市	小资产阶级	一九四九年十一月	法学院社会系二年级转入文学院外语系二年级	继续深造外语
尹元生	男	二四	江苏镇江	小资产阶级	一九五〇年十月	法学院社会系二年级转入法学院经济系二年级	兴趣不合
时遵	男	廿一	云南宜良	中农	一九五〇年十月	文学院社会系一年级转入理学院物理系一年级	兴趣在自然科学
文元伟	男	廿	云南通海	小资产阶级	一九五〇年十月	法学院社会系二年级转入法学院政治系二年级	兴趣不合
高文信	男	廿二	云南马关	小资产阶级	一九五〇年十月	法学院社会系二年级转入工学院土木系一年级	对土木很感兴趣

续表

姓名	性别	年龄	籍贯	家庭成分	入学年月	原院系及年级	原因
龚平政	男					文法学院社会系一年级 转入文学院中文系一年级	

（档案号：1952 - Ⅱ -56）

文法学院、理学院1951年度第二学期毕业生调查表及登记表

云南大学一九五一年度第二学期应届毕业生
调查表表二（均服从分配）

毕业系（科） 组（专业）	姓名	姓别	年龄	籍贯	家庭出身
文法学院社会系劳动组	李蓉芳	女	22	云南保山	地主
	杨明英	女	21	云南保山	工商业兼地主
民族组	张瑢华	女	25	云南蒙自	职员兼小土地出租者
	胡桂秋	女	24	云南云县	地主
劳动组	董离仙	女	32	云南昆明	地主兼工商业（父亲董筱齐）

（档案号：1951 - Ⅱ -47）

1951年度下学期（2月至8月）休学登记本

原院系及年级	姓名	姓别	原因	时间
社会学一年级	王禄庭	男	因家庭环境恶劣	1952.9.27

1952年度下学期复学登记册　1953年一学期复学生

姓名	原院系及年级	时间
赵鹤鸣	社会系三年级	9月3日

· 253 ·

云南大学一九五二年度第一学期转院系学生名册

姓名	性别	年龄	籍贯	家庭成份	入学年月	原院系及年级	休学年月	原因	备注
丁蜜	男	二二	云南曲靖	小手工业	一九五一年九月	文法学院社会系一年级转入文法学院政治系一年级		因留级而社会系一年级未招新生	
李德纯	男	二一	云南丽江	地主	一九五一年九月	文法学院社会系一年级转入文法学院政治系一年级		因留级而社会系一年级未招新生	全等学力兄弟民族本学期留级

（档案号：1952 – Ⅱ – 56）

毕业生

1943 年社会学系毕业生

卅一年度第二学期准予毕业学生名单

文法学院社会系：安庆澜、朱丹、常以谦。

[《本校预备毕业生成绩审查表（民国三十二年下学期）》，云南省档案馆藏，云南大学全宗，档案号：1016 – 001 – 00298 – 007]

国立云南大学卅五年度第二学期应届毕业生名册

姓名	性别	年龄	籍贯	毕业论文		总学期学分数
				指导者	分数	
刘尧汉	男	廿六	云南镇南	张	90	168
王本洪	男	廿五	云南宜良	张	80	166
陈年榜	男	廿三	广东澄海	张	90	155
何器	男	廿六	湖南	张	80	160
李奇	女	廿五	天津	□	70	144

[《本校民国三十五年度应届毕业审查名册》（1947 年），云南省档案馆藏，云南大学全宗，档案号：1016 – 001 – 00296 – 004]

西南区云南省国立云南大学一九四九学年度应届毕业生名册

一九五〇年七月

姓名	性别	籍贯	院系
陈祜英	女	云南会泽	文法学院社会学系
杨锐	男	云南丽江	文法学院社会学系
尹寿铭	男	云南蒙自	文法学院社会学系
陈宝珠	女	云南昆明	文法学院社会学系

[《毕业生名册》，云南大学档案馆藏，云南大学全宗，档案号：1950 - II - 20]

1951 级应届毕业学生被调离校名单（包括上下学期）

姓名	性别	调用机关团体	现工作或学习地点	备注
吴逸云	女	成都民族学院	学习	
黄慧贤	女			包括休学，现在北京华大俄文班学习
胡琼珍	女			包括休学，现在北京六一幼儿园工作

[《毕业生名册》，云南大学档案馆藏，云南大学全宗，档案号：1950 - II - 20]

1951 年毕业生名单

年份	姓名	性别	籍贯	其他
1951	方笙筠	女	安徽定远	
	杨德俊	男	云南大理	
	关学尧	男	云南永胜	
	王继华	女	云南东川	
	张之模	男	云南华宁	
	吴逸云	女	福建云霄	调入成都民族学院学习
	黄慧贤	女	云南会泽	包括休学，现在北京华大俄文班学习
	胡琼珍	女	云南昆明	包括休学，现在北京六一幼儿园工作

[《一九五〇、一九五一学年毕业生领取证书名册》，云南大学档案馆藏，云南大学全宗，档案号：1951－Ⅱ－70]

文法学院、理学院1951年度第二学期毕业生调查表及登记表

年份	姓名	性别	籍贯	其他
1952	张瑢华	女	云南蒙自	民族组
	胡桂秋	女	云南云县	民族组
	杨明英	女	云南保山	劳动组
	李蓉芳	女	云南保山	劳动组
	董离仙	女	云南昆明	劳动组

[《1951年毕业生名册》，云南大学档案馆藏，云南大学全宗，档案号：1951－Ⅱ－47；《一九五〇、一九五一学年毕业生领取证书名册》，云南大学档案馆藏，云南大学全宗，档案号：1951－Ⅱ－70]

1952年二学期（1953.7）毕业生名册

姓名	年龄	性别	籍贯	分组	入学年份	毕业年份	家庭成分
王桂林	24	男	云南昆明	社会系民族组	1949年11月	1953年7月	工商业兼小土地出租
杨琼珍	24	女	云南玉溪	社会系劳动组	1949年11月	1953年7月	地主
龚荣星	26	男	云南梁河	社会系民族组	1949年11月	1953年7月	土司属官
朱赤平	23	男	湖南浏阳	社会系民族组	1949年11月	1953年7月	官僚兼地主

[《一九五二、一九五三学年本科、专修科毕业生名册》，云南大学档案馆藏，云南大学全宗，档案号：1953－Ⅱ－101]

毕业证书验印名册

姓名	年龄	性别	籍贯 省县（市）	毕业系（科）组（专业）	入学年月	毕业年月	家庭成分
宗惠书	22	女	河北沙河	社会系劳动组	1950年10月	1953年7月	教授

续表

姓名	年龄	性别	籍贯 省县（市）	毕业系（科）组（专业）	入学年月	毕业年月	家庭成分
赵云兰	21	女	云南寻甸	社会系劳动组	1949 年 11 月	1953 年 7 月	官僚地主
傅其鸽	24	男	云南云县	社会系劳动组	1948 年 10 月	1953 年 7 月	工商业兼地主
周世雄	21	男	云南嵩明	社会系劳动组	1949 年 11 月	1953 年 7 月	地主

1953 年 8 月暑假毕业生分配名册

年份	姓名	性别	籍贯	毕业去向/工作分配情况	其他
1953	王桂林	男	云南昆明	中央民族事务委员会	民族组
	龚荣星	男	云南梁河	云南大学助教	民族组
	赵云兰	女	云南寻甸	贵州劳动局	劳动组

[《政务院、中央人事部分配名单》，云南大学档案馆藏，云南大学全宗，档案号：1953 - Ⅲ - 14]

1953 年二学期（1954.7）毕业生名册

院系	姓名	性别	籍贯	备注
文法学院历史系民族组	和发源	男	云南丽江	纳西
	段春华	男	云南泸水	
	萧庆文	女	云南昭通	
	龚肃政	男	云南梁河	僰族
	高曼云	女	云南石屏	
	高吉昌	男	云南石屏	
	沈国治	男	云南澄江	
	刀世勋	男	云南车里	僰族
	王昭武	男	云南晋宁	
	王耀知	男	云南昆明	
	严汝娴	女	云南富民	
	黄宝璠	男	云南邱北	五华转校生

续表

院系	姓名	性别	籍贯	备注
文法学院经济系劳动组	徐遐龄	男	湖南长沙	
	高继秋	女	云南昆明	
	丁维亚	男	云南鹤庆	
	杨凤舞	男	云南曲溪	
	邹孟仪	女	云南昆明	转校生
	苏开明	男	云南曲溪	转校生
	熊嘉骥	男	云南昆明	转校生

[《一九五二、一九五三学年本科、专修科毕业生名册》，云南大学档案馆藏，云南大学全宗，档案号：1953 – II – 101]

1953 年二学期（1954 年）毕业生名单

姓名	性别	年龄	籍贯	备注 暑期分配
和发源	男	27	云南丽江	文法学院历史系民族组 中央民族事务委员会
段春华	男	26	云南泸水	中央民族事务委员会
萧庆文	女	22	云南昭通	省人事局
龚肃政	男	23	云南梁河	中国科学语言研究所云南工作队
高曼云	女	24	云南石屏	中央民族事务委员会
高吉昌	男	23	云南石屏	中央民族事务委员会
沈国治	男	24	云南澄江	中央民族事务委员会
刀世勋	男	25	云南景洪	中国科学语言研究所云南工作队
王昭武	男	24	云南晋宁	中央民族事务委员会
王耀知	男	22	云南昆明	中央民族事务委员会
严汝娴	女	23	云南富民	中央民族学院
黄宝藩	男	23	云南邱北	中央民族事务委员会
徐遐龄	男	23	湖南长沙	文法学院经济系劳动组 中央林业部本部
高继秋	女	23	云南昆明	中央林业部本部

续表

姓名	性别	年龄	籍贯	备注　暑期分配
丁维亚	男	23	云南鹤庆	中央林业部本部
尹元生	男		江苏	贵州省人事局
杨凤舞	男	23	云南曲溪	中央林业部本部
邹孟仪	女	24	云南昆明	中央林业部本部
苏开明	男	24	云南曲溪	中央林业部本部
熊嘉骥	男	22	云南昆明	中央林业部本部

[《一九五二、一九五三学年本科、专修科毕业生名册》，云南大学档案馆藏，云南大学全宗，档案号：1953 - Ⅱ - 101；《1954年毕业生分配名册（历史系、经济系）》，云南大学档案馆藏，云南大学全宗，档案号：1954 - Ⅲ - 14]

云南大学历史系 1954 年暑假毕业生分配名册

专业、专门组	姓名	性别	籍贯	家庭出身	党派关系	分配单位、地址	备注
历史	和发源					中央民族事务委员会	
历史	王耀知				团员	中央民族事务委员会	
历史	王昭武				团员	中央民族事务委员会	
历史	高曼云					中央民族事务委员会	
历史	沈国治				团员	中央民族事务委员会	
历史	段春华					中央民族事务委员会	
历史	高吉昌					中央民族事务委员会	
历史	黄宝藩					中央民族事务委员会	
历史	严汝娴					中央民族学院	
历史	肖庆文					省人事局	
历史	龚肃政					中国科学语言研究所云南工作组	
历史	刀世勋					中国科学语言研究所云南工作组	
历史	尤中					云南大学助教	

云南大学经济系1954年暑假毕业生分配名册

专业、专门组	姓名	性别	籍贯	家庭出身	党派关系	分配单位、地址	备注
经济	尹元生	男	江苏	小资产		贵州省人事局	
经济	高继秋	女	昆明	工人	团员	中央林业部本部	
经济	邹孟仪	女	昆明	小资产	团员	中央林业部本部	
经济	杨凤舞	男	云南曲靖	中农	团员	中央林业部本部	
经济	熊嘉骥	男	昆明	小资产		中央林业部本部	
经济	丁维亚	男	云南鹤庆	商		中央林业部本部	
经济	苏开明	男	云南曲靖	小资产		中央林业部本部	
经济	徐遐龄	男	长沙	工人		中央林业部本部	

[《1954年毕业生分配名册（历史系、经济系)》，云南大学档案馆藏，云南大学全宗，档案号：1954－Ⅲ－14]

一九五四年暑期毕业生毕业工作分配初步搭配名册①

接收单位	系科组专业	姓名	现属何党派	业务成绩	备考
中央民族及委员会	历史系民族组	和发源	群众	良	
中央民族及委员会	历史系民族组	王耀知	团员	良	
中央民族及委员会	历史系民族组	王昭武	团员	中	
中央民族及委员会	历史系民族组	高曼云	群众	中	
中央民族及委员会	历史系民族组	沈国治	团员	良	
中央民族及委员会	历史系民族组	段春华	群众	良	
中央民族及委员会	历史系民族组	高吉昌	群众	劣	
中央民族及委员会	历史系民族组	黄宝藩	群众	优	
中央民族学院	历史系民族组	严汝娴	群众	良	
中国科学研究所云南工作队	历史系民族组	龚肃政	群众	良	
中国科学研究所云南工作队	历史系民族组	刀世勋	群众	劣	
云南省人文厅	历史系民族组	萧庆文	群众	良	

---

① 此表格删减了政治历史及社会关系一栏。

续表

接收单位	系科组专业	姓名	现属何党派	业务成绩	备考
云南大学历史系助教	历史系历史组	尤中	盟员	优	
云南大学历史系助教	历史系历史组	莫尔嫒	群众	良	
云南省人文厅	历史系历史组	钱雄飞	群众		
华东师大助教	历史系历史组	袁家谷	群众		
华东师大助教	历史系历史组	许心敏	群众	良	
华东师大助教	历史系历史组	严兆昌	群众	良	
浙江师范学院助教	历史系民族组	李实善	群众	良	
中央林业部本部	经济系劳动组	高继秋	青年团员	良	
中央林业部本部	经济系劳动组	邹孟仪	青年团员	良	
中央林业部本部	经济系劳动组	杨凤舞	青年团员	良	
中央林业部本部	经济系劳动组	熊嘉骥	群众	良	
中央林业部本部	经济系劳动组	丁维亚	青年团员	良	
中央林业部本部	经济系劳动组	苏开明	青年团员	劣	
中央林业部本部	经济系劳动组	徐遐龄	青年团员	中	

[《1954 年毕业生分配名册（历史系、经济系）》，云南大学档案馆藏，云南大学全宗，档案号：1954 – Ⅲ – 14]

1955 年毕业生分配

年份	姓名	性别	籍贯	毕业去向/工作分配情况	其他
1955	丁宝珠	女	云南	云南大学助教	历史系民族组
	尹培璋	男		校产品采购部工作	历史系民族组
	沈家权	男	云南文山	重工业部鞍山钢铁公司	经济系劳动组
	和建勋	男	云南丽江	建筑工程部西北工程管理总局	经济系劳动组
	高如贵	男	云南曲靖	燃料工业部干部学校	经济系劳动组
	李 汉	男	云南昆明	燃料工业部西安煤矿基本建设局	经济系劳动组
	熊若华	女	云南昆明	建筑工程部劳动工资司	经济系劳动组
	尹琴馨	女	云南下关	交通部劳动工资司	经济系劳动组

续表

年份	姓名	性别	籍贯	毕业去向/工作分配情况	其他
1955	陈丽敏	女	云南昆明	四川省	经济系劳动组
	庄梅英	女	云南安宁	四川省	经济系劳动组
	施宝铨	女	云南昆明	重工业部大连化工厂	经济系劳动组
	赵鹤鸣	女	云南昆明	云南省劳动局	经济系劳动组
	赵鹤琴	女	云南昆明	暂不分配	经济系劳动组
	董瑞芝	女	云南腾冲	云南省劳动局	经济系劳动组
	马琼萱	女	云南个旧	云南省劳动局	经济系劳动组
	张桂华	女	云南文山	云南大学（做政治工作）	经济系劳动组
	何汉川	男	安徽	省公安厅劳动部门工作	经济系劳动组
	郑树民	男	云南凤庆	青年团云南省委员会	经济系劳动组
	杨光先	男			经济系劳动组

［《一九五五年暑假高等学校毕业生系（科）、专业（组）概况说明》，云南大学档案馆藏，云南大学全宗，档案号：1955－Ⅲ－13］

毕业生杨锐志愿工作

列衔公函社会系鉴核拟稿七月十四日

受文者：昆明市军管会文教接管部

一、七月十一日文教高字第7325号函00。

二、我校社会系本届毕业生中杨锐系边区学生，精通么些语，并易懂藏语，该生曾选修有关少数民族文化研究等课程，与西南文艺工作团第一团所需求之人才标准相合。该生现在本市公处大队服务，志愿前往该团工作，如需要该生者，即请陈照军管会同意后，向公共大队调用。

三、特此复请查照。

主任委员　秦

代理委员　张

公元一九五〇年七月十日

［《毕业生名册》，云南大学档案馆藏，云南大学全宗，档案号：1950－Ⅱ－20］

二　教学工作

（一）课程安排

云大社会学系1938年课表

国立云南大学政经系学程及授课时间表（二十七年度）

学程	学期	必修或选修	学分	每周钟点		星期						教师	教室
				演讲	实验	一	二	三	四	五	六		
社会学		1，2	6	3		5		5		5		吴文藻	7
社区研究	上	4	2	2		$\frac{2}{3}$						吴文藻 费孝通	17

注：①学期行内空白为全年课程，上下填写则是上下学期课程。

②罗马数字表示几年级必修，阿拉伯数字为几年级选修。

③星期一至星期六为上课日，下面的数字为第几节 1～4 为上午几时（即第几节，一节课50分课），5～8 为下午。

以下可参考此说明。

[《国立云南大学政经系学程及授课时间表》，云南省档案馆藏，云南大学全宗，档案号：1016 - 001 - 00244 - 001]

大学文学院共同必修科目表

社会科学（社会学、政治学、经济学，任选二种）

科目		规定学分	第一学年		第二学年		备注
			第一学期	第二学期	第一学期	第二学期	
社会科学	社会学 政治学 经济学 （任选二种）	十二	三	三	三	三	每种六学分

二十七年九月二十日颁行

理学院共同必修科目表

科目		规定学分	第一学年		第二学年		备注
			第一学期	第二学期	第一学期	第二学期	
社会科学	社会学 政治学 经济学 （任选一种）	六			三	三	必要时得在第三学年设置

二十七年九月二十日颁行

法学院共同必修科目表

科目		规定学分	第一学年		第二学年		备注
			第一学期	第二学期	第一学期	第二学期	
社会科学	社会学 政治学 经济学 民法概要 （任选二种）	十二	三	三	三	三	每种六学分

二十七年九月二十日颁行

［《大学各学院分院共同必修科目表》（1938 年），云南省档案馆藏，云南大学全宗，档案号：1016 - 001 - 00240 - 016］

　　社会学每周上课时数三小时，一年级六学分。担任教员姓名：吴文藻。

　　内容：（Ⅰ）社会学的范围与方法；（Ⅱ）社会文化的基本因子——地理环境、生物基础、人口与种族、心理条件、历史背景等；（Ⅲ）社会组织及主要制度：家族的、经济的、教育的、政治的、宗教的等；（Ⅳ）社会变迁；（Ⅴ）社会学发展史及现代社会学学派等。

　　参考书：（1）孙本文社会学原理；（2）许德珩编社会学概论；（3）费孝通等译马凌诺斯基文化论；（4）张世文译 Maclver 社会学原理；（5）R. M. Maclver, Society, 1937；（6）张沄译 Ginsberg 社会学导言（以上属于教科书性质）；（7）燕京大学社会学系主编《社会科学概论选读》（中英文各乙册）；（8）高达观编译社会学原理；（9）许德珩译涂尔干《社会学方法论》；（10）王力译涂尔干《社会分工论》；（11）龙家骧译《社会学与经济学》；（12）钱亦石、詹哲尊合译《社会研究方法》；（13）吕叔湘译《初民社会》；（14）鸟居龙藏西南苗族调查报告；（15）L. V. Ballard, Social Institutions，1936。

[《社会学系第一学年必修课程及科目担任教员》，云南省档案馆藏，云南大学全宗，档案号：1016 – 001 – 00242 – 007]

云大社会学系 1940 年课表

社会学系课程表二十九年八月一日

第一学期

课目名称	授课时间全年或上下	必修或选修	学分			每周上课时间				教师姓名
						讲演		实验		
			总	上	下	上	下	上	下	
社会学	全	必	6	3	3	3	3			吴文藻
国文	全	必	6	3	3					
外国文（英文）	全	必	6	3	3					
中国通史	全	必	6	3	3					
伦理学	全	必	4	2	2					
生物学	全	必	8	4	4					
党义	全	必	不给学分			1	1			
体育	全	必	不给学分			2	2			
军训	全	必	不给学分			3	3			

	时间	必修	选修	总数
本学年共修学分	上学期			
	下学期			
	全学年			36

社会学系课程表　　第二年级

课目名称	授课时间全年或上下	必修或选修	学分			每周上课时间				教师姓名	附记
						讲演		实验			
			总	上	下	上	下	上	下		
民族学	全	必	6	3	3					陶云逵	
经济学	全	必	6	3	3						
哲学概论	全	必	6	3	3						
西洋通史	全	必	6	3	3						
统计学	全	必	6	3	3						与经济系同学合班上课
中国社会史	全	必	6	3	3					瞿同祖	
宗族制度	上	选	3	3						费孝通	是三科开学及有更勤
人口问题	上	选	3	3						陶云逵	
党义	全	必	不给学分			1	1				
体育	全	必	不给学分			2	2				
军训	全	必	不给学分			3	3				

本学年共修学分	时间	必修	选修	总数
	上学期	15～17	3	17－18－20
	下学期	15～17	3	17－18－20
	全学年	30～34	6	34－36－40

［《社会学系教授费孝通、李树清为请通知学生新改授课时间及教室函本校教务处》，云南省档案馆藏，云南大学全宗，档案号：1016－001－00238－006］

社会学系二十九年度有关教学各项资料调查表

年级	科目	每周授课时数	担任教师	教科书或自编讲义	有关教学之各项图表	参考书籍
一 二	社会学	三	陶云逵	Maclver, Sociology, principle of sociology, 等为参考书		孙本文，社会学原理，社会学大纲，当代社会学学说等

续表

年级	科目	每周授课时数	担任教师	教科书或自编讲义	有关教学之各项图表	参考书籍
	民族学	三	陶云逵	自编讲义	世界地图，生物挂图等	文化人类学，社会人类学
	人口问题	三	李有义	Carr-Saunders：Population Problem Thompson：Population Problem 另有自编讲义		陈达：人口问题；许仕廉：人口论纲要；柯象峰：现代人口问题
	社会机关参观	三	李有义	自编讲义		

[《社会系民国三十年度教资表、民国二十九年、三十年各科目教学资料调查表》，云南省档案馆藏，云南大学全宗，档案号：1016 - 001 - 00334 - 010]

文法学院社会学系"社会学"课程纲要说明

课目名称：社会学。

课程目标：（一）使主修生明了社会学的内容与方法及其为特殊社会科学之入门，注重基本概念之训练。（二）使其他社会科学选修生明了社会学系一基本的社会科学，注重社会学对于相关学科之贡献。（三）使一般大学生明了社会学思想在现代文明中之地位及功用。

课程分量：依上述（一）（二）（三）三类而分量递减。

课程编制大意：（一）认识社会学的思维术；（二）认识现代社区的基本类型，如部落社区、乡村社区、市镇社区、都市社区等；（三）认识现代社会中之基本社会制度，如家族的、教育的、经济的、政治的、宗教的制度等。

备考：（一）思维术注重应用，类似自然科学的方法——社会学上的比较法即等于自然科学上的实验法；（二）社区类型特别注重部落、农村、都市三者之比较；（三）社会制度特别注重家族与国家之比较，血缘与地缘观念之比较。

担任教员签名：吴文藻

［《社会学系、政治经济学系、文史学系、法律学系及医学院、理学院、农学院部分学系课程纲要说明表》，云南省档案馆藏，云南大学全宗，档案号：1016 – 001 –00334 – 003］

"社会学"课目内容说明

名称：社会学。每周上课时数：3 小时。教授期限：全年。学分：6。必修或选修：必。担任教员姓名：吴文藻。

内容：社会学的范围与方法；社会文化的基本因子——地理环境、生物基础、人口、量与质、心理条件、历史等；社会组织及主要制度；家族的、经济的、教育的、政治的、宗教的等；社会学发展史及现代社会学派等。

教法：（一）演讲二小时，讨论一小时，分小组讨论，实行学识导师制；（二）多写短篇报告，注重思想训练；（三）部分开始机关参观，使学生实习参观现实，并不另加学分。（指主修生而言）

教本：（一）自编讲义大纲及选读材料；（二）带教本者有（1）孙本文《社会学原理》，（2）许德珩编《社会学概论》，（3）费孝通等译 Malinowski《文化论》，（4）张世文译 Maclver《社会学原理》，（5）R. M. Maclver《Society》（1937），（6）张方译 Ginsberg《社会学导言》。

主要参考书：（1）燕京大学社会学系主编《社会科学概论》选译（中英文各一册）；（2）高达观编译《社会学原理》；（3）许德珩译涂尔干《社会学方法论》；（4）王力译涂尔干《社会分工论》；（5）龙家骧译《社会学与经济学》；（6）钱亦石、詹哲尊合译《社会研究方法》；（7）吕叔湘译《初民社会》；（8）鸟居龙藏西南苗族调查报告；（9）L. V. Ballard《Social Institutions》，1936 等。

［《社会学系、政治经济学系、文史学系、法律学系及医学院、理学院、农学院部份学系课程纲要说明表》，云南省档案馆藏，云南大学全宗，档案号：1016 – 001 –00334 – 003］

"家族社会学"课程纲要说明

课目名称：家族社会学

课程目标：（一）使主修生明了家族社会学在专门社会学中之地位及

家族制度之为一切社会制度之滥觞。（二）使选修生明了婚姻与家族在文化上之地位及功用并辅助各等人对此问题作正当之认识。

课程分量：（一）为主修生规定分量较重，因家族制度之研究为一切社会制度研究之入门，在主修课程表中，占一重要地位。（二）为选修生规定分量较轻，选读资料比较通俗，并带修养性质。

课程编制大意：（一）说明中国父权家长式家族制度之组织及演化；（二）比较农业社会乡村家族与工商社会都市家庭之形态；（三）解释家族体系与国族体系并存及交替之原理。

备考：本年上季开设此科，仅为答复选修生之普通要求。

[《社会学系、政治经济学系、文史学系、法律学系及医学院、理学院、农学院部分学系课程纲要说明表》，云南省档案馆藏，云南大学全宗，档案号：1016 - 001 - 00334 - 003]

"家族社会学"课目内容说明

名称：家族社会学。每周上课时数：三。讲授期限：半年。学分数：三。必修及选修：主修生必选修。担任教员姓名：吴文藻。

内容：分析家族的形式、结构、功能及变迁，特别注重中国父权家长式的家族制度之起源、发展、解组及重组；并藉以对于农业社会的乡村家族与社会的都市家庭作对比；最后说明国族体系继替家族体系必然的趋势，在解释家族基础时，对于人类情操与经济利益二者兼顾并重，在说明家族效用时，对于家族传统，影响人格发展，尤需注意。

教法：（一）演讲二小时，讨论一小时；（二）短篇报告，如家庭历史及个人历史自述；季终论文，学生自选题目，经同意后着手进行；（三）注意自动研究及写作实习。

教本：（一）自编讲义大纲及选读资料；（二）带教本者有 M. F. Nimkoff；*The Family*，1934，王亚南译；婚姻制度史；Muller-Lyer 家族论汉译；陶希圣婚姻与家族；潘光旦中国之家庭问题；赵凤喈中国妇女在法律上之地位等。

主要参考书：E. B. Reuter & J. R. Runmer（eds.）The Family：Source Materials，1931；H. Bosanguet, The Family, 1906；E. R. Mowier, The Family, 1902；J. K. Folson, The Family, 1934；H. N. Hart, Personality and The

Family，1935；C. C. Zimmerman & M. E. Frampton，Family and society，1935；D. H. Kulp，Countrylile in South China，1925；黄石译家族制度史；吕诚之中国宗族制度小史；梁任公中国文化史中国社会组织；佐田弘治郎篇中国家族制度（日文）；朱家清泽长野朗中国社会组织；王书奴中国娼妓史；陈东原中国妇女生活史；麦惠廷中国家庭改造问题；章锡琛编新性道德讨论集；金仲华妇女问题的各方面；谭纫就中国离婚的研究；王荣佳译户田贞三家族的研究；此外，燕京大学社会学系有不少未发表之专刊资料。

[《社会学系、政治经济学系、文史学系、法律学系及医学院、理学院、农学院部分学系课程纲要说明表》，云南省档案馆藏，云南大学全宗，档案号：1016 - 001 - 00334 - 003]

"经济社会学"课程纲要说明

课目名称：经济社会学。

课程目标：比较各种经济制度之类型，藉以明了中国现代工商业发展过程之性质及问题。

课程分量：本年度并无本系主修生，故定为二学分，分量较轻。俟有主修生时再行扩充到三学分或四学分。

课程编制大意：（一）经济制及类型之区别；（二）各种类型之特征；（三）中国农村社区之经济结构；（四）中国农村社区中之经济问题，如劳力利用、土地关系、贸易方式等；（五）中国市镇社区之经济结构；（六）乡镇间之关系；（七）工业化与中国农业经济之影响。

备考：本课与实地研究相配合，故偏重之点视当年在实地研究中所发生主要问题为准。例如本年度偏重农村劳力及手工业问题。

担任教员签名：费孝通

[《社会学系、政治经济学系、文史学系、法律学系及医学院、理学院、农学院部分学系课程纲要说明表》，云南省档案馆藏，云南大学全宗，档案号：1016 - 001 - 00334 - 003]

"经济社会学"课目内容说明

名称：经济社会学。每周上课时数：二。讲授期限：半年。学分数：

二。担任教员：费孝通。

内容：以社会学观点比较各种经济制度之类型，并藉比较材料厘正经济学中基本概念。利用国内已有实地研究材料，特别注重中国乡村及市镇之经济结构，并推求现代工商业发展过程中对于传统经济结构之影响。

教法：（一）演讲及讨论；（二）学生提出短篇报告集合批评；（三）个别指导。

教本：（一）自编讲义大纲，由学生笔记。

主要参考书目：（一）理论方面，Lawe：Economics and Sociology。（二）龙家骧译《社会学与经济学》《部落社区经济制度》：1. Malinowski，Argonauts of the Western Pacific；2. Firth，Economics of the New Zealand；3. 基层经济制度：《乡村经济制度》，费孝通《江村经济》（*Peasant life in China*）、《禄村农田》（稿本），李有义《山西运城土地制度》（稿本），市镇社区经济制度，都会社区经济制度：现代资本主义、计划经济与非计划经济。

[《社会学系、政治经济学系、文史学系、法律学系及医学院、理学院、农学院部分学系课程纲要说明表》，云南省档案馆藏，云南大学全宗，档案号：1016 - 001 - 00334 - 003]

课目名称	肄习科系年级		每周时数		学分	教科书	担任教员
	科系	年级	授课	实验			
社会学	社会学系	一，二，三，四	三		六全年	孙本文 社会学原理 商务；R. M. Maclver, Society, 1937 改订版 光华翻印本	吴文藻
家族社会学		二，三，四上	二		二	Nimkott, The Family,1934；陶希圣 婚姻与家族；潘光旦 中国之家族问题	吴文藻
经济社会学		二，三，四上	二		二	自编讲义大纲由学生笔记	费孝通

附记：排在上学期或下学期一个学期之课目，应于年级栏内加注（上）或（下），如（二上），（三下）是。

教科书如采用教本，请注明出版处与编辑人；自印讲义或笔记亦请注明。

[《社会学系、政治经济学系、文史学系、法律学系及医学院、理学院、农学院部分学系课程纲要说明表》，云南省档案馆藏，云南大学全宗，档案号：1016 - 001 - 00334 - 003]

科目表、教学大纲、教学总结

云大社会学系1941年课表

国立云南大学法学院社会学系必修科目表三十年度（1941）

科目	学分	第二学年		第三学年		第四学年		备注
		上	下	上	下	上	下	
中国社会史	4～6	2～3						
中国社会思想史	3～4			3～4				
西洋社会思想史	4～6			2～3	2～3			
民族学	6	3	3					
社会制度	9		3	3	3			详附注（一）与（二）
社会心理学	3～6			3（3）	3			
社会统计学	6	3	3					每周须实习二小时
社会调查	3～4				3～4			
近代社会学理论与方法	6					3	3	
毕业论文或研究报告	2～4					1～2	1～2	
总计	46～55	6	9	3～6	6	4～5	4～5	

附注：

　　一、学生至少必选专门社会学三种如经济社会学、法律社会学、政治社会学，教育社会学、宗教社会学、道德社会学及意识形态学等每科三学分，每学系至少开设四科。

　　二、选读上述科目时必须有中心学程作指导，如选读经济社会学必须同时辅修经济学系三科目，选读法律社会学或政治社会学时必须同时辅修法律学或政治学习之科目。

　　三、各校设系得就地方特殊情形而有所偏重，例如开设内地而有农学院之各校可偏于农村服务，设于海口大都市而有工商学院之各校可偏于都市服务，设于边疆之大学则应偏重边疆服务各组所设科目于选修科目表之详列之。

　　四、本系与文学院历史学系合设者得隶属于文学院。

[《各院系必修及先修科目表（民国三十年度）》，云南省档案馆藏，云南大学全宗，档案号：1016 - 001 - 00238 - 015]

民国三十年各院系课程科目表（底册）①

国立云南大学文法学院社会学系必修及选修科目表 三十年度

科目	学分规定	第一学年		第二学年		第三学年		第四学年		备注
		上	下	上	下	上	下	上	下	
国文	6	3	3							必修
英文	6	3	3							必修
英文补习组	4	2	2							必修 入学后甄别试验不及格分列入此组补休
中国通史	6	3	3							必修
论理学	4	2	2							必修
三民主义	4	2	2							必修
高级算学	6	3	3	任选一种						必修
生物学	6	3	3							必修
社会学导论	6	3	3	任选一种						必修
政治学	6	3	3							必修
经济学	6	3	3							必修
民法概要	6	3	3							必修
社会机关参观	2			2						必修
中国社会史	6			3	3					二三年级必修
人口问题	3				3					二三年级选修
民族学	6			3	3					三年级选修
社会问题	2				2					二三年级选修
西洋通史	6			3	3					必修
哲学概论	6			3	3					必修
社会学导论	6			3	3	任选一种				必修
政治学	6			3	3					必修
经济学	6			3	3					必修
民法概要	6			3	3					必修
社会心理学	3					3				三四年级必修

---

① 此部分阿拉伯数字为学分安排。

续表

国立云南大学文法学院社会学系必修及选修科目表 三十年度

科目	学分规定	第一学年		第二学年		第三学年		第四学年		备注
		上	下	上	下	上	下	上	下	
社会调查	3						3			三四年级必修
都市社会学	3						3			三四年级选修
语言学	3						3			三四年级选修
社会学研究方法	3						3			二三四年级选修
近代社会学学说	3						3			三四年级必修
农村社会学	3					3				三四年级选修

[《民国三十、三十一、三十二、三十四、三十五年各院系课程科目表》，云南省档案馆藏，云南大学全宗，档案号：1016 - 001 - 00239 - 001]

社会系卅年度教资表

年级	科目	每周时数	教师	教科书	参考书
二	社会学导论	三	陶云逵、李有义	R. M. MacIver Society：A text-book of Sociology	1. Herbert Spencer：Principles of Sociology；2. 孙本文：社会学原理（商务）社会学大纲（世界）
二	社会机关参观	二	李有义		
二（上）	人口问题（上）	三	李有义		
三	农村社会学（上）	三	李树青		
二	民族学	三	林耀华		1. R. Linton：The Study of Man；2. E. Fichen：Anthropology
二	中国社会史	三	瞿同祖		
二	社会问题（下）	二	李有义		
三	近代社会学学说（下）	三	林耀华		

续表

年级	科目	每周时数	教师	教科书	参考书
三	社会学研究方法（下）	三	林耀华	自编讲义	1. Forde. C. D.：Habitat. Economy and Society. N. Y. Hancouct，1937；2. Lowie R. H.：Primitive Society. N. Y. Boni and liveright，1921
三	都市社会学（下）	三	李树青		
三	社会心理学	三	陶云逵		
三	语言学（下）	三	吴富恒	自编讲义	1. Language by Atto Gesperson；2. Language by L. Bloomfield；3. The Meaning of Meaning by C. V. Ogden and I. A. Richards
三	社会调查（下）	三	李有义		

［《社会系民国三十年度教资表、民国二十九年、三十年各科目教学资料调查表》，云南省档案馆藏，云南大学全宗，档案号：1016 – 001 – 00334 – 010］

国立云南大学三十年度各课目教学资料调查表

文法学院社会系

年级	科目	每周授课时数	担任教师	教科书编讲义（注明著者及出版处等项）	参考书籍	备注
二	社会学导论	三	陶云逵	Maclver：Sociology Ross：Priciple of Sociology Linton：The Study of ManVur Kandt：Socioloie 等为参考 自编讲义	孙本文：社会学原理 社会学大纲 素罗舍：当代社会学学说等	
二	政治学 经济学 民法概要	三		见政治系、经济系、文法学院教资表		任选一种
二	人口问题	三	李有义	Carrp Saunders：Population Problem Lowie：Primitive Society	陈达：人口问题 许仕廉：人口论纲要 柯象峰：现代人口问题	

续表

年级	科目	每周授课时数	担任教师	教科书编讲义（注明著者及出版处等项）	参考书籍	备注
三（上）	农村社会学	三	李树青	采用 J. M. Kolb：A Study of Rural Society（Houghton Mifflin）为教本	1. C. C. Taylor：Rural Sociology；2. C. R. Hoffer：Introduction to Rural Sociology；3. J. M. Gillette：Rural Sociology；4. J. M. Kolb：A Study of Rural Society	
二	民族学	三	林耀华	自编讲义	1. R. Firth：Human Types；2. Lowie：History of Ethnology Primitive Religion Primitive Society	
二（下）	社会问题	三	李有义	自编讲义	H. G. Lamson：Social Pathology in China 陈达：人口问题 劳工问题 孙本文：社会学原理	
三（下）	近代社会学学说	三	林耀华	Sorokin：Contemporary Sociological Theories	1. Parots：Mind and Society；2. Bogardus：History of Social Thought	
三（下）	社会学研究方法	三	林耀华	自编讲义	1. Floride C. D.：Habital Economy and Society（N.Y.，Harcourt，1937）；2. Lowie R. H.：Primitive Society（N.Y，Boni and Liveright，1921）	
三（下）	都市社会学	三	李树青	自编讲义讨论（1）都市研究小史，（2）都市的自然成长及其阶段，（3）都市的类型，（4）都市区位的理，（5）都市及其内地，（6）都市的 Regional structure，（7）都市的生活问题，（8）都市设计等	1. Queen & Thomas：The City；2. N. Carpenter：The Sociology of city life；3. Gist&Halbert：Urban Society；4. R. D. Mckenzie：The Metropolitan Community；5. M. R. Davie：Problems of City Life A Study of Urban Sociology	
三（下）	社会心理学	三	陶云逵	笔记		

年级	科目	每周授课时数	担任教师	教科书编讲义（注明著者及出版处等项）	参考书籍	备注
三（下）	语言学	三	吴富恒	笔记	1. Language by Atto Gesperson；2. L. Bloomfield：Language；3. C. V. Ogden a，d T. A. Richards：The meaning of Meaning	
二（上）	社会机关参观	二	李有义	自编讲义 MacMer：The Contribution of Sociology to Social Work	1. Burgess：Interdependence of Sociology and Social Work；2. Todd：The Scientific Spirit and Social Work	
三（下）	社会调查	三	李有义	笔记		
二	中国社会史	三	瞿同祖	根据后列各书自行编制讲义	教材来源：殷商甲骨文及殷墟发掘报告、易、尚书、诗经、三礼、春秋三传、国语、孝经、四书、管子、晏子春秋、韩非子、墨子、其他诸子、正史、礼乐志、舆服志、选举志。刑法志、唐会要、五代会要、宋会要、明会典、清会典、十通、清通礼、颜氏家训、女孝经、女诫、文、公家训、司马氏书仪、唐宋以来各家笔记小说、历代名人传记、文集、地方志	
二	西洋通史哲学概论	三		见文史系		
二	社会学导论	三	陶云逵			陶先生卅九年度已填该项教资（照核）

续表

年级	科目	每周授课时数	担任教师	教科书编讲义（注明著者及出版处等项）	参考书籍	备注
二（上）	社会机构参观	三	李有义			卅九年度已填该项教资（照核）
二	人口问题	三	李有义			同上照核
三（上）	农村社会学	三	李树青	采用 J. H. Kolb：A Study of Rural Society 为课本（美国 Houghton Mifflin 公司出版）	1. C. C. Taylon：Rural Socio；2. C；R. Hoffer：Introduction to Rural；3. J. M. Gillette：Rural Sociology	
二	民族学	三	林耀华	自编讲义	1. R. Firth. Human Type；2. Lowie：Primitive Society	
二（下）	社会问题	三	李有义	讲义（自编）	陈达：人口问题，劳工问题 孙本文：社会学原理	
三（下）	近代社会学学说	三	林耀华	采用 Sosokeim：Contemporary Sociological Theories 之精华	Pareto：Mind and Society；Bogando：History of Social Though	

[《民国三十年度各科目教学资料调查表》，云南省档案馆藏，云南大学全宗，档案号：1016 - 001 - 00334 - 008]

奉教育部令添设摆夷语科通知本校文史系及社会系查设

教育部训令　中华民国三十年四月七日（六日收到）

　　人才……具报！

教育部令国立云南大学添设摆夷语科目以造就专门人才

（1941 年 4 月 7 日）

教育部蒙字第一三四一一编训令：

　　"查提高边地人民知识水准，首在语言之沟通，始能及文化之融会。近年公、私立大学虽多设有边疆建设科目或讲座者，惟对于有系统之语言学，尚付阙如。兹为适应需要起见，经制定国立西北师范学院、四川大学分设蒙、回、康、藏语科目，该校应于本年度添设摆夷语科目，造就专门人才，期供实用。除分行外，合行令仰遵办具报。"

此令

部长　陈立夫

中华民国三十年四月七日

批文：呈请核示办理。四月十六日

通知文史系及社会学系会商设置。四月十八日

等因□通知

与社会学系 文史系会商设置……

[《奉教育部令添设摆夷语科通知本校文史系及社会学系查设》，云南省档案馆藏，云南大学全宗，档案号：1016 - 001 - 00098 - 004]

云大社会学系 1942 年课表

文法学院社会学系三十一年度社会学系必修及选修科目课程表

科目	规定学分	第一学年		第二学年		第三学年		第四学年		备注
		上	下	上	下	上	下	上	下	
国文	六	三	三							
英文	六	三	三							
英文补习组	四	三	二							
中国通史	六	三	三							
论理学	四	二	二							
伦理学	四	二	二							
三民主义	四	二	二							
高级算学	六	三	三							
普通化学	八	四	四							任选一种
普通物理学	八	四	四							
普通生物	六	三	三							
社会学	六	三	三							一、二年级必修

续表

科目	规定学分	第一学年 上	第一学年 下	第二学年 上	第二学年 下	第三学年 上	第三学年 下	第四学年 上	第四学年 下	备注
政治学	六	三	三							任选二种
经济学	六	三	三							
民法概要	六			三	三					
哲学概论	六			三	三					
西洋通史	六			三	三					
第二年英文										二、三、四年级选修
社会学学说	三			三						二、三、四年级必修
社会人类学学说	二				二					二、三、四年级必修
近代西洋社会思想及运动	六			三	三					二、三、四年级必修
边疆问题	四			二	二					二、三、四年级必修
社会制度	三			三						二、三、四年级必修
社会变迁	三				三					二、三、四年级必修
社会调查	二							二		
社区研究方法论	四					二	二			三、四年级必修
中国社会思想史								二	二	
第二年法文	六			三	三					二、三年级选修
法制史	三					三				三年级选修
应用心理学	三				三					

［《民国三十、三十一、三十二、三十四、三十五年各院系课程科目表》，云南省档案馆藏，云南大学全宗，档案号：1016 - 001 - 00239 - 001］

云大社会学系 1943 年课表

课目	学分	第一学年 上	第一学年 下	第二学年 上	第二学年 下	第三学年 上	第三学年 下	第四学年 上	第四学年 下	备注
国文	六	三	三							
英文	六	三	三							

续表

课目	学分	第一学年		第二学年		第三学年		第四学年		备注
		上	下	上	下	上	下	上	下	
英文补习组	四	三	二							
中国通史	六	三	三							
伦理学	四	二	二							
论理学	四	二	二							
三民主义	四	二	二							
高级算学	六	三	三							任选
普通生物学	六	三	三							一种
政治学	六	三	三	(三)	(三)					
经济学	六	三	三	(三)	(三)					
社会学	六	三	三	(三)	(三)					任选二种
民法概要	六	三	三	(三)	(三)					
哲学概论	六			三	三					
西洋通史	六			三	三					

注：以上为文法学院各学系必修科目；论文一科均报为四学分。"（三）"表示此门课程还可在第二学年的两学期修读，学分为括号内数字，以下参考本注。

社会学	六	三	三							
中国社会史	四			二	二					
中国社会思想史	四					二	二			
民族学	六			三	三					
社会制度	六			三	三					
社会心理学	四					二	二			
社会调查	三						三			
云南农村经济	二					二				三、四年级选修
劳工问题	二						二			全在
西南边疆社会	三			三						二、三、四年级选修
毕业论文	四							二	二	

［《民国三十、三十一、三十二、三十四、三十五年各院系课程科目表》，云南省档案馆藏，云南大学全宗，档案号：1016 - 001 - 00239 - 001］

云大社会学系 1944 年课表

课目	学分	第一学年		第二学年		第三学年		第四学年		备注
		上	下	上	下	上	下	上	下	
国文	六	三	三							
英文	六	三	三							
英文补习组	四	三	二							
中国通史	六	三	三							
伦理学	四	二	二							
论理学	四	二	二							
三民主义	四	二	二							
高级算学	六	三	三							任选
普通生物学	六	三	三							一种
政治学	六	三	三	(三)	(三)					
经济学	六	三	三	(三)	(三)					任选二种
社会学	六	三	三	(三)	(三)					
民法概要	六	三	三	(三)	(三)					
哲学概论	六			三	三					
西洋通史	六			三	三					

注：以上为文法学院各学系必修科目；论文一科均报为四学分。

课目	学分	上	下	上	下	上	下	上	下	备注
社会学	六	三	三							
中国社会史	四			二	二					
中国社会思想史	四					二	二			
民族学	六			三	三					
社会制度	六			三	三					
社会心理学	四					二	二			
社会调查	三						三			
云南农村经济	二					二				三、四年级选修
劳工问题	二						二			全在
西南边疆社会	三			三						二、三、四年级选修
毕业论文	四							二	二	

[《民国三十、三十一、三十二、三十四、三十五年各院系课程科目表》，云南省档案馆藏，云南大学全宗，档案号：1016 - 001 - 00239 - 001]

云大社会学系 1945 年课表

三十四年度文法学院社会学系必修及选修科目表

科目	必修或选修	学分	第一学年		第二学年		第三学年		第四学年		备注
			上	下	上	下	上	下	上	下	
国文	必	六	三	三							
英文	必	六	三	三							
补习英文	必		(三)	(三)							
三民主义	必	四	二	二							
中国通史	必	六	三	三							
哲学概论	必	四	二	二							
普通数学	必	六	三	三							
普通生物学	必	六	三	三							任选一种
普通心理学	必	六	三	三							
伦理学	必	三			三						
理则学	必	三				三					
政治学	必	六	三	三	(三)	(三)					
经济学	必	六	三	三	(三)	(三)					文史、外语两系任选一种，其他各系任选二种
社会学	必	六	三	三	(三)	(三)					
法学概论	必	六	三	三	(三)	(三)					
西洋通史	必	六			三	三					

注：以上为文法学院各学系必修科目。（二）（三）为可在该学年修读，学分分别为二、三学分。

科目	必或选	学分	第一学期		第二学期		第三学期		第四学期	
			上	下	上	下	上	下	上	下
社会学	必	六	三	三						
社会制度	必	六			三	三	(三)	(三)		
近代社会学理论	必	四			二	二	(二)	(二)	(二)	(二)
人类学	必	三				三		(三)		(三)

续表

科目	必或选	学分	第一学期		第二学期		第三学期		第四学期	
			上	下	上	下	上	下	上	下
社会事业及行政	必	六					三	三	（三）	（三）
中国社会思想研究	必	四			二	二	（二）	（二）	（二）	（二）
社会思想史	必	六			三	三	（三）	（三）	（三）	（三）
社会心理学	必	四			二	二	（二）	（二）	（二）	（二）
社会统计学	必	六			三	三	（三）	（三）	（三）	（三）
文化人类学	选	三				三		（三）		三
高级社会制度	选	三							三	三
社会变迁	选	三				三		（三）		（三）
农村社会学	选	三			三		（三）		（三）	
人口问题	选	三				三		（三）		（三）
毕业论文	必	四							二	二

［《民国三十、三十一、三十二、三十四、三十五年各院系课程科目表》，云南省档案馆藏，云南大学全宗，档案号：1016 – 001 – 00239 – 001］

云大社会学系 1946 年课表

国立云南大学文法学院社会学系必修及选修科目表（三十五年）

科目	必修或选修	学分	第一学年		第二学年		第三学年		第四学年		备注
			上	下	上	下	上	下	上	下	
国文	必	六	三	三							
英文	必	六	三	三							读本三小时作文二小时
补习英文	必		（三）	（三）							读本三小时作文一小时
三民主义	必	四	二	二							
中国通史	必	六	三	三							法律系选修
哲学概论	必	四									
普通数学	必	六	三	三							任选一种
普通生物学	必	六	三	三							
伦理学	必	三			三						

科目	必修或选修	学分	第一学年		第二学年		第三学年		第四学年		备注
			上	下	上	下	上	下	上	下	
理则学	必	三				三					
政治学	必	六	三	三	（三）	（三）					文史、外语两系任选一种，其他各系任选二种
经济学	必	六	三	三	（三）	（三）					
社会学	必	六	三	三	（三）	（三）					
法学概论	必	六	三	三	（三）	（三）					
世界通史	必	六			三	三					法律系选修

注：以上为文法学院各学系必修科目。

科目	必或选	学分	第一学期		第二学期		第三学期		第四学期	
			上	下	上	下	上	下	上	下
社会学	必	六	三	三						
统计学	必	六			三	三				
人类学	必	六			三	三	（三）	（三）		
近代社会学理论	必	六			三	三	（三）	（三）	（三）	（三）
农村社会学	必	六				三	三	（三）	（三）	
社会调查	必	六					三	三		
边疆问题	选	四					二	二	（二）	（二）
人口问题	选	六					三	三	（三）	（三）
毕业论文	必	四								四

［《民国三十、三十一、三十二、三十四、三十五年各院系课程科目表》，云南省档案馆藏，云南大学全宗，档案号：1016 - 001 - 00239 - 001］

云大社会学系1948年课表

文法学院 公共必修课目标

科目	规定学分	第一学年		第二学年		第三学年		第四学年		备注
		上	下	上	下	上	下	上	下	
三民主义	四	二	二							
伦理学	三			三						

续表

科目	规定学分	第一学年		第二学年		第三学年		第四学年		备注
		上	下	上	下	上	下	上	下	
国文	六	三	三							每周至少须作文一次
外国文	六	三	三							每周至少须作文一次
中国通史	六	三	三							注重文化发展
世界通史										注重各国文化之发展及各国与中国之关系
哲学概论										文学院为四学分法学院为三—四学分
理则学	三				三					
科学概论、普通数学、普通物理学、普通化学、普通生物学、普通心理学、普通地质学、地学通论（选习一种）	六	三	三							
社会科学概论、法学概论、政治学、经济学、社会学（选习一种）	六			三	三					
合计	49～50	17～18	14	9	9					

附注：

　　体育为当然必修科目每周授课二小时不计学分，四年均修；伦理学及理则学分别在第一、二学年第一、二学期教授先后秩序各校得自行酌定。

[《民国三十七年各院系科目表》，云南省档案馆藏，云南大学全宗，档案号：1016 - 001 - 00238 - 027]

社会学系

（一）必修科目表

科目	规定学分	第一学年		第二学年		第三学年		第四学年		备注
		上	下	上	下	上	下	上	下	
社会学	六	三	三							本系学生在共同必修科目内尚须就法学概论、经济学、政治学等三科目内选习二种
统计学	六			三	三					
社会心理学	三至六			三	三					
社会制度	六					三	三			
社会调查	三至六					三	三			包括实习
社会事业及行政	六					三	三			
社会思想史	六							三	三	
人类学、农村社会学、都市社会学（选习一种）	三至六					三	三			此三科目本系学生至少选习一种，人类学三至六学分，农村社会学及都市社会学各三学分
中国社会问题、中国社会制度史、中国社会思想研究、近代社会学理论（选习二种）	八至一二					二至三	二至三	二至三	二至三	此四科目至少选习二种每种四至六学分，合计八至一二学分
毕业论文	二至四							一至二	一至二	
合计	49～64	3	3	6	6～12	11～15	8～15	6～8	6～8	

附注：1. 社会行政组必修科目应加"社会行政实习"一科（四至六学分，第三四学年修习）余均与右表【注明：从右往左登录信息，以此上表信息即为右表】同。

2. 又各院校之设社会事业行政组或社会福利行政组者其分组必修科目均适用本表之规定办理。

（二）选修科目表（社会系及社会行政组选修）

科目	规定学分	修习学年	备注
社会政策	三	第二至四学年	
社会立法	三		
社会运动	四		
社会事业史	三		
社会学说名著选读	三至六	第四学年	以下各科目社会学系选修
欧美社会学家研究	三		
社会变迁	三	第三四学年	
教育社会学	三		
宗教社会学	三		
社区研究	三		以下各科目社会学系社会行政组共同选修
家庭问题	三		
人口问题	三		
农民问题	三		
劳工问题	三		
华侨问题	三		
犯罪学	三		
优生学	三		
社会统计学	三		
近代社会学理论	四至六		
中国社会制度史	四至六	第三四学年	
中国社会思想研究	四至六		
社会组训	三		
社会保险	三		
社会救济	三		
合作事业	三		
儿童福利	三		
精神病社会工作	三		
医药社会工作	三		
妇女工作	三		

续表

科目	规定学分	修习学年	备注
个案工作	三		
团体工作	二		
社区工作	三		
工矿检查	二		
矿业指导员介绍	三	第三四学年	
边疆民族问题	三		
边疆语言	三		
边疆行政	三		
边疆教育	三		
边疆社会工作	三		

附注：各院校社会学系、社会行政学系、社会事业行政学系或社会福利行政组得指导学生集中选习某类科目。

[《民国三十七年各院系科目表》，云南省档案馆藏，云南大学全宗，档案号：1016 - 001 - 00238 - 027/《民国三十七年云南大学各院系科目表》，云南省档案馆藏，云南大学全宗，档案号：1016 - 001 - 00240 - 013]

教育部训令三十七年十二月二十日高字第六八一零四号
令公私立专科以上学校
（为大学文理法医农工商师范等学院共同必修科目表业经修正令仰知照由）

查大学文理法医农工商师范八学院共同必修科目表及分系必修科目表业经修正定自卅八学年度第一年级起施行，实施时应行注意事项亦于施行要点中明确规定藉示准绳，除分令外合行检发是项修正共同必修科目表分系必修科目表及庇行要点各一份，令仰遵照办理。

此令！
附发大学文理法医农工商师范八学院共同必修科目表及施行要点各一份

部长　朱家骅

[《大学必修科目表》，云南省档案馆藏，云南大学全宗，档案号：1016 - 001 - 00248 - 011]

云大社会学系 1949 年课表

国立云南大学文法学院社会学系学组必修及选修科目表（卅八年度上学期)①

科目	学分	必或选	年级	学分 上	学分 下	每周时数 上	每周时数 下	教师姓名	备注
社会学（甲组）	6	必	一	3	3	3	3	金琼英	限本系一年级及外系二年级以上学生选修
社会学（乙组）	6	必	一	3	3	3	3	金琼英	限外系一年级学生选修
哲学概论	4	必	一	2	2	2	2	金琼英	本系新生选修
社会心理学	4	必	二	2	2	2	2	倪中方	
社会研究与调查	6	必	二	3	3	3	3	刘尧汉	包括实习
人类学	6	必	二						
农村社会学	6	必	二	3	3	3	3	石埔壬	三年级补修
社会统计学	6	必	二	3	3	3	3	王治柱 陈年榜	包括实习 每周三小时
中国社会制度史	6	必	二	3	3	3	3	詹开龙	
民族志	6	必	三	3	3	3	3	江应梁	
西洋社会思想史	6	必		3	3	3	3		
社区研究	6	必	三	3	3	3	3	杨堃	
中国社会问题	6	必	三	3	3	3	3	江应梁	
语言学		必	三	2		2		方国瑜	此课与文史系合开
近代社会学理论	4	必	四	2	2	2	2	杨堃	
边疆社会与事业	4	必	四	2	2	2	2	江应梁	
社会制度	6	必	四	3	3	3	3	石埔壬	
论文讨论班	不计学分	必	四					本系全体教师	

① 本部分已去掉教师通讯录；科目数：164，钟点数：469，备注：以上系各系总数加哲学概论两班五小时，理则学两班四小时，地学通论两小时。

社会学系科目数：15，钟点数：45，备注：内包括社会学系两班六小时 。

科目	学分	必或选	年级	学分		每周时数		教师姓名	备注
				上	下	上	下		

系主任：杨堃（签字盖章）卅八年十一月四日

附注：

一、各系必修科目如以某科目本年度不能开设应法于备注项内详细注明。

二、本科目标须照部定日期（学年开始后两个月）呈报后加设或停开科目务请于开学后一个月内通知注册组。

[《民国三十八年度工学院、文法学院、理学院、医学院必修及先修科目表》，云南省档案馆藏，云南大学全宗，档案号：1016 - 001 - 00238 - 029]

一九四九年度第一学期课程表

国立云南大学授课时间表民国三十八年度第一学期

各院系一年级

课目	组别	必修或选修	学分	星期						教员	教室
				一	二	三	四	五	六		
国文	（一）	必	8	1	1	1		78		傅懋勉	22
英文	（一）	必	8	1	1	1	78			王森堂	26
补习英文	（一）	必	8	2	2	2	78			段蕙仙	至公堂

（无具体备注，组别选择一）

民国三十八年度文法学院共同必修

课目	组别	必修或选修	学分	星期						教员	教室
				一	二	三	四	五	六		
中国通史（文史外语法律）	甲	I	6		3		3		6	李埏	泽清堂
（政治经济系社会）	乙	I	6		4		4		7	李埏	泽清堂
法学绪论（文外去农）		I II	4				1	0	1	赵崇汉	至公堂
政治学		I II	6				2	2	2	张警	至公堂
经济学		I II	6			3	2		2	杨克诚	泽清堂
社会学（外系）	乙	I II	6				1	1	1	金琼英	泽清堂

续表

课目	组别	必修或选修	学分	星期						教员	教室
				一	二	三	四	五	六		
普通数学	甲	I	6			6		0	34	钱春深	泽清堂
普通数学（经济）	乙	I	6	67				2		徐天祥	6/7
普通生物		I	6		567	567		3	3	杨貎仙	至公堂
哲学概论（法文史）	甲	I	6					45		杨鹤逸	9
理则学（法律经济）	甲	II	4			4		4		张炳翼	至公堂
（文外政社）	乙	II	4					5	5	张炳翼	至公堂
世界通史		2	6		3		3		6	纳忠	至公堂
体育	A	I						6	6		
体育	B	I			8				8		
社会学（社会）	甲	I II	6				2	2	2	金琼英	19
哲学概论（外语理社）	乙	I	6	4		4		4		金琼英	泽清堂
地学通论		I	4					3	3	周光倬	9
法学绪论（政经社理）	乙	I	4	5				5	0	饶骥	9

[《云南大学 1949 年度第一学期第二学期课程表 云南大学各院系课程表授课时间表》，云南省档案馆藏，云南大学全宗，档案号：1016 - 001 - 00250 - 001]

云南大学授课时间表 1949 年度

院别：文法系别：社会

课目	组别	必修或选修	学分	星期						教员	教室
				一	二	三	四	五	六		
社会学		I	6	6 7					1	金琼英	泽清堂
人类学		II	6	3		3		3		李慰祖	29 * 1
社会调查与研究		II	6		4				12	刘尧汉	1
社会统计学		II	6			567	6	67		王治柱 陈年榜	3 * 1

课目	组别	必修或选修	学分	星期						教员	教室
				一	二	三	四	五	六		
农村社会学	Ⅱ Ⅲ	6		2	2	2				石垣壬	1
社会制度	Ⅲ Ⅳ	6			1				23	石垣壬	研究室
民族志	Ⅲ	6		3		3		3		江应梁	研究室
中国社会问题	Ⅲ	6		8				12		江应梁	研究室
社区研究	Ⅳ	6			3		34			杨堃	研究室
近代社会学理论	Ⅳ	4				47				杨堃	20
边疆社会与事业	Ⅳ	4		2		2				江应梁	研究室
社会学名著选读	1234	3			晚 7：30 ~ 9：30			晚 7：30 ~ 9：30		岑纪	3
西洋社会思想史	Ⅲ	6		5	5	5				岑纪	研究室

[《云南大学 1949 年度第一学期第二学期课程表 云南大学各院系课程表授课时间表》，云南省档案馆藏，云南大学全宗，档案号：1016 - 001 - 00250 - 001]

国立云南大学社会学系新订课程标准
三十八年元月

一年级

科目	内容摘要	授课时间	学分	备注
1. 社会科学概论 1. 社会学原理		上学期 下学期	3 3	（此课由原为社会学分为与社会学原理各为 6 学分）
2. 人类生物学		全年	6	（生物原 阅读课 时以普通生物学代替）
3. 中国通史		全年	6	（大一新生高初中已研究本国史之大一通史 文化史）
4. 经济学		全年	6	
5. 大一英文		全年	6	
6. 国文		全年	6	

续表

科目	内容摘要	授课时间	学分	备注
7. 哲学概论 历史哲学		上学期	3	
		下学期	3	（该课由原有哲学概论）
8. 科学概论 逻辑及科学方法		上学期	3	（a，b 两组，任选一组）
		下学期	3	

以上七课共计四十二学分

二年级

科目	内容摘要	授课时间	学分	备注
1. 人类学		全年	6	
2. 民族志 中国西南民族概论		上学期 下学期	2 2	（由原来民族志分出）
3. 统计学原理及实习 社会统计学及实习		上学期 下学期	3 3	（此课由原来社会统计学分出）
4. 社会调查方法 边区社会调查		上学期 下学期	3 3	（此课由原来社会调查一课分出）
5. 农村社会学 中国农村社区	（注重西南 边民社区）	上学期 下学期	2 2	（此课由原有农村社会学分出）
6. 社会心理学		全年	4	
7. 世界通史	（注重文 化的发展）	全年	6	（大一新生于初高中等时已习过世界通史）
8. 大二英文		全年	6	（该课本为选修本系收为必修）

以上八课共计四十二学分

［《云南大学 1949 年度第一学期第二学期课程表 云南大学各院系课程表授课时间表》，云南省档案馆藏，云南大学全宗，档案号：1016 – 001 – 00250 – 001］

科目	内容摘要	授课时间	学分	备注
1. 家族社会学		半年	3	
2. 宗教社会学		半年	3	
3. 应用人类学		半年	3	

续表

科目	内容摘要	授课时间	学分	备注
4. 边政通论		半年	3	
5. 中国社会史		全年	6	任选一课
社会思想史		全年	6	
中国社会思想史		全年	6	
6. 经济社会学		半年	3	
法律社会学		半年	3	
政治社会学		半年	3	任选一课
艺术社会学		半年	3	
道德社会学		半年	3	
意识社会学		半年	3	

以上六课共计廿一学分

附注：

（1）三年级课程，本系规定项修完二十六学分，除共同必修廿一学分外不□十五学分，学生　（A）（6）及（6）三组中，补选之。

（2）年三学分之课程，即系□授课教师与学生上课时间之方便□上学期与下学期间课。

［《云南大学社会学系新订课程标准》，云南省档案馆藏，云南大学全宗，档案号：1016－001－00250－002］

（005）四年级

科目	内容摘要	授课时间	学分	备注
1. 社区研究		全年	6	
2. 当代社会学学说		全年	6	任选一课
近代民族学理论与方法		全年	6	
3. 比较社会学		全年	4	任选一课
比较社会制度		全年	4	
4. 西藏研究		半年	2	
印度研究		半年	2	
南洋研究		半年	2	
越南研究		半年	2	任选二课
缅甸研究		半年	2	此组共七课，任选二课
暹罗研究		半年	2	
土司制度		半年	2	

续表

科目	内容摘要	授课时间	学分	备注
5. 学业论文或研究报告	（须合乎本系修订之论文标准）	全年		

附注：

（1）四年级课程，依本系规定须修完三十学分，除共同必修之廿四学分外，不足之六学分学生须依个人意愿于下列（A）（B）与（C）三组中补选之。

（2）本系规定之四年级毕业论文或研究报告之标准另文公布。

（006）（A）人类学组

序号	科目	内容提要	授课时间	学分	备注
1	体质人类学	人体测量学及中国西南边民人体测量与实习	半年	3	
2	亚洲古人类学		半年	3	
3	亚洲先史语言学		半年	3	
4	民族志博物馆学及实习		全年	6	
5	比较语言学	（比较语言学概论及中国西南民族语言）	半年	3	
6	中国西南语言调查		半年	3	
7	中国西南民族志		半年	3	
8	边疆地理		半年	3	
9	边疆语文		全年	6	
10	边民专题研究		半年或全年	2~6	
11	第二外国语	（法、俄、德或日文）	全年	6	（第二外国语）

（007）（B）边疆服务组

序号	科目	内容提要	授课时间	学分	备注
1	边疆地理		半年	3	
2	边疆语文	（梵文）	全年	6	
3	边疆社会工作		半年	3	

续表

序号	科目	内容提要	授课时间	学分	备注
4	边疆教育学		半年	3	
5	边疆问题		半年	3	
6	边区社会问题		半年	3	
7	华侨问题		半年	3	
8	比较语言学	（比较语言学概论及中国西南民族语言）	半年	2	
9	中国西南语言调查		半年	3	
10	中国西南民族志		半年	3	
11	边疆专题研究	（此课）	半年或全年	2~6	
12	外交文		半年	2	
13	古文程式		半年	2	
14	第二外国语	（法、俄、德或日文）	全年	6	（二学分）

（008）（C）社会服务组

序号	科目	内容提要	授课时间	学分	备注
1	社会工作		半年	3	
2	社会行政		半年	3	
3	社会事业及行政		半年	3	
4	中国社会问题		半年	3	
5	教育社会学		半年	3	
6	社会服务专题研究	（此课内容并由授课教师与系主任商量后公布）	半年或全年	2~6	
7	社会服务实习		半年	3	
8	社会		半年	3	
9	社会立法		半年	3	
10	公文程式		半年	2	
11	第二外国语	（法、俄、德或日文）	全年	6	

　　注：社会系课程自三年级开始，即分（A）人类学组（B）边疆服务组及（C）社会服务组三组，以上融和诸课程，或因课程分，其按课程时间得学分，□□必要时，某种课程深以地系之类但课程代□，而某种课程之学分，亦深报据实深教学情况，将原来学分减少或增多，惟习须由系社会□后，方为□。

［《云南大学社会学系新订课程标准》，云南省档案馆藏，云南大学全宗，
档案号：1016 – 001 – 00250 – 002］

云大社会学系 1950 年课表

社会学系一九五○年度课程表①

课程名称	学分	必修或选修	年级	讲授者	备注
辩证唯物论历史唯物论	3	必	一年级上学期	金琼英	政治课
唯物社会学	6	必	一年级全学期	杨堃	
社会调查与研究方法	4	必	一二年级全学期	刘尧汉	一年级必修 二年级补必修
人类学	4	必	二年级全学年	李慰祖	
社会统计学	6	必	三年级全学年	陈年榜	
辩证唯物论	4	必	三年级全学年	金琼英	
城乡社会概论	4	必	二年级全年级	石埔壬	
中国社会情况	4	必	三年级全年级	岑纪	
中国兄弟民族概况	4	必	三年级全年级	江应樑	
民族问题的理论与政策	4	选	四年级全年级	李慰祖	
原始生产主义社会	4	选	三年级全	李慰祖	
中国兄弟民族史	3	选	四年级上	江应樑	
边疆人文地理	3	选	四年级上	江应樑	
家庭与婚姻	4	选	三四年级全	石埔壬	
社会主义思想史	3	必	四年级上	岑纪	
中国思想批评	3	必	四年级下	岑纪	
土地问题与土地改革	4	选	三四年级全	江应樑	
专题调查研究	4			杨堃	
马列主义名著选读	4				

① 全校各院系科班各级共同必修科新开：新民主主义论、辩证唯物主义及历史唯物主义。
文法学院共同必修新开：中国近百年史、政治经济学。
社会学系新开课程：苏联社会制度（岑纪），历史唯物论（金琼英）。
［《云南大学 1949 学年度第二学期课程变动表》，云南大学档案馆藏，云南大学全宗，档
案号：1950 – Ⅱ – 08］

[《社会学系一九五〇年度课程表》，云南大学档案馆藏，云南大学全宗，档案号：1950－Ⅱ－21/152]

1950年度上学期云南大学授课时间表

课程名称	学分	必修或选修	年级	讲授者	备注
政治课	6	Ⅰ Ⅱ Ⅲ Ⅳ 必	一二三四		
政治经济学		Ⅰ Ⅱ Ⅲ Ⅳ 必	一二三四	朱应庚	
中国文学名著选读及写作实习（每两周写作一次）	6	Ⅰ 必	一		
大一英文		Ⅰ 必	一		
中国近代史		Ⅰ 必	一		
唯物社会学	4	必	一	金琼英	
社会调查与研究方法	4	必	二三	刘尧汉	
人类学	4	必	二	李慰祖	
社会统计学	6	必	二	陈年榜	
辩证唯物论历史唯物论	6	必	二	金琼英	
中国兄弟民族概况	4	必	三年级全年级	江应樑	
原始共产主义社会	4	选	三、四年级全	杨堃	
中国兄弟民族史	3	选	四年级上	江应樑	
边疆人文地理	3	选	四年级上	江应樑	
家庭与婚姻	4	选	三四年级全	石堉壬	
土地问题与土地改革	4	选	三四年级全	江应樑	
专题调查研究	4	选	四	杨堃	
马列主义名著选读	2~3	选	三四年级		
民族问题的理论与政策	4	选	三、四年级全年级	李慰祖	
儿童心理	4	选	三四年级	金琼英	
读书指导	2	必	一年级	杨堃	

[《1950年度上学期云南大学授课时间表》，云南大学档案馆藏，云南大学全宗，档案号：1950－Ⅱ－26]

1950 年下学期云南大学授课时间表

课程名称	学分	必修或选修	年级	讲授者	备注
政治课	6	Ⅰ Ⅱ Ⅲ Ⅳ 必	一二三四		
大一英文	6	Ⅰ 必	一		
中国文学名著选读及写作实习（每两周写作一次）	6	Ⅰ 必	一		
中国近代史	6	Ⅰ 必	一		
唯物社会学	4	必	一	金琼英	
学习指导	2	必	一	江应樑	
社会调查与研究方法	4	必	一二	刘尧汉	
人类学	4	必	二	李慰祖	
辩证唯物论	5	必	二	金琼英	
城乡社会概论	3	必	二下	石埥壬	
普通统计学	6	必	二	陈年榜	
原始共产主义社会	4	选	三四	杨堃	
土地问题与土地改革	3	必	三	江应樑	
家庭与婚姻	2		三必下 四选下	石埥壬	
儿童心理学	4	选	三四	金琼英	
民族问题的理论与政策	4	选	三四	李慰祖	
少数民族语言	4	必	四	傅懋勣	
专题调查研究	6	必	四	杨堃	
毕业论文	2	必	四		

[《1950 年下学期云南大学授课时间表》，云南大学档案馆藏，云南大学全宗，档案号：1951 - Ⅱ - 26]

云大社会学系 1951 年课表

云南大学授课时间表文法学院社会学系一九五一年上学期

课程名称	组别	学分	必修或选修	年级	讲授者
社会发展史		3	必	一年级上学期	

续表

课程名称	组别	学分	必修或选修	年级	讲授者
政治经济学		6	必	二三四	
现代文选（社会）		3	必	一	
中国近代史（史、社）		6	必	一	
大一英文		6	必	一	
俄文		6	必	一	
人类学	民	6	必	一二	杨堃
社会科学概论	劳	6	必	一	金琼英
社会调查与研究	民劳	6	必	一	刘尧汉
辩证唯物论	劳	2	必	二下	金琼英
普通统计学	民劳	3	必	二	陈年榜
世界民族志	民	3	必	二	刘尧汉
劳动行政与劳动立法	劳	3	必	二三四	刘林元
中国民族问题与政策	民	3	必	二三四	马曜
马列主义名著选读	劳	2	必	三	金琼英
工人运动	劳	3	必	三	李慰祖
劳动保险	劳	3	必	三四	袁绩藩
专题调查研究	民	2	必	三四	杨堃
中国社会分析	劳	3	必	三	江应樑
劳动保护	劳	3	必	二	袁绩藩
劳动统计	劳	2	必	三四	陈年榜

［《1950年下学期云南大学授课时间表》，云南大学档案馆藏，云南大学全宗，档案号：1951-Ⅱ-26］

云南大学授课时间表文法学院社会学系一九五一年下学期

课程名称	组别	学分	必修或选修	年级	讲授者
一年俄文		6			
大一英文		6			
补习英文					

续表

课程名称	组别	学分	必修或选修	年级	讲授者
新民主主义论		2	必	一下	
政治经济学		6	必	二三四	
现代文选		6	必	一	
中国近代史		6	必	一	
人类学	民	6	必	一二	杨堃
社会科学概论	劳	6	必	一	金琼英
社会调查与研究	民劳	6	必	一	刘尧汉
辩证唯物论	劳	2	必	二下	金琼英
普通统计学	民劳	5	必	二	陈年榜
世界民族志	民	3	必	二	刘尧汉
劳动行政与劳动立法	劳	3	必	二三四	刘林元
中国民族问题与政策	民	3	必	二三四	陈方
马列主义名著选读	劳	2	必	三	金琼英
工人运动	劳	3	必	三下	李慰祖
劳动保险	劳	3	必	三四	袁绩藩
劳动保护	劳	3	必	二	袁绩藩
专题调查研究	民	2	必	三下	杨堃
中国社会分析	劳	3	必	四	江应樑
劳动统计	劳	2	必	三四	陈年榜
语言学	民	6	必	二三下	傅懋绩
实习					

[《1950 年下学期云南大学授课时间表》，云南大学档案馆藏，云南大学全宗，档案号：1951 - Ⅱ - 26；《各院系 1951 年度第二学期教学计划、大纲》，云南大学档案馆藏，云南大学全宗，档案号：1951 - Ⅱ - 27]

云南大学法学院社会系一九五一年度第二学期教学计划

一、本系底任务

本系按照教育部"课程草案修正初稿"及本系具体情况，自本年度起正式分为民族组与劳动组两组，其任务在于学习运用马列主义的方法，具体分析社会实际情况，在系统的理论基础上，培养政府及其他有关部门（如劳动部、民族事务委员会等）所需的工作干部的专业知识及技能并培养师资及研究人员。

二、本系本学期教学内容

1. 每门课都必须贯彻爱国主义教育

在本系的各课程内，首先都必须应用马列主义的观点和方法来肃清那些封建的买办和资产阶级的反动的思想，同时应运用每一可能的机会来对学生进行爱国主义的教育，以便使学生能够热爱祖国，了解祖国目前的情况和展望祖国的远景，而使学生们逐步地能够准备着在将来致力于祖国的需要。

2. 注重理论与实践相配合

为了达到理论与实际相配合的目的，除了在课堂上讲授应照顾到学生的程度及需要外，我系决定采用下述两种方式。

（1）与有关部门取得密切联系。民族组与云南民族学院，云南人民博物馆及云南省民族事务委员会等联系。劳动组与昆明市总工会，市劳动局等联系。

通过这些联系可以使学生获得实习的机会，使学生更深入地了解到实际工作岗位上的情况和获得更多的现实材料，以增加对理论的了解和更丰富理论的内容。此外，凡有关政策法令方面的课程也请各有关部门负责同志来校担任。

（2）注重实习。在可能条件下，本系大多数课程都决定加强实习工作，各科具体实习办法正在与有关部门商洽中，大体上我系本学期实习办法有三种：①到农村中进行调查与研究，②劳动组到工厂或工会中参观或工作，③民族组到民族学院实习并以我系所存各兄弟民族文物标本为实习对象。

3. 关于学时学分之规定

本系遵照教育部的指示，为照顾学生之身体健康起见，特规定本学期每一学生所选的最高限度为十八学分，最低限度为十五学分；同时对教育部"每周每一学生学习小时不能超过五十四小时"的规定也决定严格遵守，这就要提请我系每位先生认真注意到指定给学生自修功课的份量问题。

4. 本学期所开之课程及其份量

因本学期上课时数较少，自四月二十一日起至七月二十日止仅有十三周左右，所以在课程方面必须根据具体情况，有重点地调整或增减。

本学期所开之课程名单如下：

课程名称	学分数	课程名称	学分数	课程名称	学分数
社会科学概论	3	中国民族问题与政策	3	劳动统计	2
社会调查与研究	3	马列主义名著选读	2	语言学	6
辩证唯物论	3	工人运动	3		
人类学	3	劳动保险	3		
普通统计学	6	劳动保护	3		
世界民族志	3	专题调查研究	2		
劳动政策与劳动立法	3	中国社会分析	3		

附注：所列学分是以一学期为计算单位。

在上列课程中，劳动组二三年级学生以统计学及劳动政策与劳动立法为重点课；民族组以人类学及民族问题与政策为重点课；因上课时数较少，在不妨碍学生健康之条件下，须每周增加上课时数。

各课程相互间之联系及教学提纲如下。

本系课程中彼此相关联的决定采取教研组的精神，大家要取得密切联系，为人类学与社会科学概论，社会调查与统计等以期相配合而不相重复。

本系所开之普通统计学课程则拟与其他院系所开之统计学共同组织统计教研组以求丰富内容并共同使用参考书籍及仪器。

此外，本系各课程拟与政治课取得密切联系，以便认真地达到以社会发展史、新民主主义论及政治经济学为本系各课程理论之基础的目的。

在各科教学提纲方面，先由任课先生拟示经系会讨论通过后确定；在学期结束时，须根据本学期的经验，加以修正补充并须再经过系会讨论，以供下年度教学大纲的参考。

三、对学生思想领导问题

经过土改及五反工作以后，学生在政治思想上已有显著的进步；但部分学生或因存在有旧思想，或因受家庭环境之影响，在思想上认识上仍相当复杂混乱，因此加强对学生思想之领导在现在及今后都是一项重要的工作，这工作是最需要细致深入的，除了在课堂上注意灌输政治思想教育外，还须我系全体先生与学生取得密切联系，采用个别谈话与师生座谈会等方式，及时了解学生思想状况；并及时解决学生们在思想上存在的问题。同时也注意倾听学生对课程的意见及时改善教学的内容及方式，而达到教学相长之目的。

一九五二年五月系会通过

［《各院系 1951 年度第二学期教学计划、大纲》，云南大学档案馆藏，云南大学全宗，档案号：1951 - Ⅱ - 27］

云南大学一九五一年度第二学期教学大纲
人类学

课程名称	人类学	学时	九	学分	三	院系	文法学院社会系民族组	年级	一年级必二年级补
必修或选修	必修	全年或学期课程		全年六学分		担任教员		杨堃	

教学目的	试从马列主义观点，批判旧的文化人类学，建设新的辩证唯物论的民族学，尤其是能与毛泽东思想和爱国主义相结合的新中国的民族学，好使民族组同学能对民族学一门获有正确的基本的认识，以便为本组其他比较专门的诸课程打下基础
教学内容及进度	本课程教学内容，系依照中央教育部高等学校课程草案所规定，上学期教导论和体质人类学，本学期教民族学。但因上课时数较少故仅能选择重点予以讲授。本学期所讲内容，共分为五章。一、导论。①对上学期所讲的回顾、批判和补充（一周）；②斯大林《马克思主义与语言学问题》一书对于民族学的贡献（一周）。二、恩格斯《家族私有与国家起源》第一章（二周）。三、原始共产主义社会。1. 原始社会发展的阶段（半周）；2. 原始社会的生产力（半周）；3. 原始社会的经济制度（半周）；4. 原始社会的民族组织（一周）；5. 原始社会的意识形态（二周）；6. 原始社会的崩溃（半周）共计五周。四、西南少数民族举例。1. 西南民族的分类和分布（一周）；2. 大凉山的彝族（一周）；3. 卡瓦山的卡瓦族（一周）共计三周。五、结论。1. 对旧文化人类学的批判；2. 新中国民族的建设 共一周，总共十三周（自 1952 年 4 月 21 日至 7 月 20 日）
教学方法	拟部分地采用课堂讨论制的精神，先将要讲的题目及参考书目详细列出，供同学预习，每周讲授二小时，采用笔记式，讲后，由助教马雪如协助同学整理笔记及讨论，共二小时，同学自习二小时至四小时，课堂讨论一小时
教材及参考资料	教材取自马恩列斯诸名著，莫尔甘古代社会，苏联科学院哲学研究院集体著作，历史唯物论英法文民族学专刊及期刊，云南民族事务委员会所印证之内部参考资料学习杂志，学习译业，政治经济学教程第二分册，资本主义以前的诸社会经济形态，附时诸夫，法西斯地原政治与美帝国主义，亚历山大洛夫，资产阶级社会学批判，voksbulletin，科学通报，新建设，世界知识，旅行杂志，中苏友好，新华日报，人民、云南正义报等
实习或实验	利用本系所藏西南兄弟民族的文物标本，全学期实习两天，另有刘尧汉率领，加入社会调查班，赴近郊民族地区实习两三次，在外并拟与云南民族学院诸民族干部和同学取得密切联系

续表

备注	按人类学在苏联，似仅指体质人类学而言，不将文化人类学包括在内，我中央教育部所公布之课程草案，似是采用英美帝国的学术传统，故将人类学当作广义的，似不妥当，文化人类学似应改译为民族学，旧译将 ethnology 和 ethnography 两字译为人种学和人种志，似不妥，应改译为民族学和民族志

工人运动

课程名称	工人运动	学时	9	学分	3	院系	社会	年级	3
必修或选修	必修	全年或学期课程		学期		担任教员		李慰祖	
教学目的	使学生明确资产阶级的反动剥削本质，了解工人运动的必然性与必要性，运动的总方向及其在不同历史阶段的任务，贯彻学生国际主义及爱国主义的思想教育。								
教学内容及进度	教学以每周为一单元； 讲授提纲如下： ①近代无产阶级之产生； ②马克思关于工人运动的政治路线； ③列宁的工会理论； ④第三国际与英国工党； ⑤十月革命与工人运动； ⑥资本主义国家职工会； ⑦社会主义国家职工会； ⑧新民主主义国家职工会——中国职工运动； ⑨世界工联； ⑩殖民地与半殖民地的工人运动； ⑪国际主义与世界主义； ⑫世界持久和平								
教学方法	每单元讲授一个题目，指定本题有关参考书籍，将学生编成小组学习讨论，在下一周上课以前提出问题交与教员在课堂上解答								
教材及参考资料	主要参考书籍：共产党宣言；马克思与工会；列宁论职工会；列宁主义问题；英国工党论；社会科学简明教程；国际工人运动史；苏联工人运动史；中国职工运动史；中国工人运动的经验教训和任务；亚洲澳洲各国工运介绍；英国工人在战斗；美国工会官僚是美帝走狗；世界工会运动								
实习或实验	初步先到本校附设实习工厂对于现代工厂有一认识，然后再通过市总工会尽量参加工会工作								
备注	本课程原系全年课程，共6学分，惟因上学期师生下乡参加土地改革工作，故仅在下学期开始上课，并以3学分计算，内容尽量精简，课外参考书籍较多								

专题调查研究

课程名称	专题调查研究	学时	六	学分	二	院系	文法学院社会系	年级	四
必修或选修	必	全年或学期课程		学期课程		担任教员		杨堃	
教学目的	根据四年级同学在上学期参加土改或五反经验及其个人工作方向，指导其如何编写专题调查报告								
教学内容及进度	一、参加土改或五反工作的总结报告（三周） 二、马列主义的专题报告和旧日学说式的专题报告的区别（二周） 三、对毛主席的实践论和矛盾论的学习（二周） 四、专题报告的方法 1. 如何结合实际需要，观察问题，选择题目（一周） 2. 如何搜集活的资料（一周） 3. 如何利用图书馆的文献资料（一周） 4. 如何组织资料，编写报告草案（一周） 5. 如何通过群众，修正草案，编写正式报告（一周） 6. 专题报告的形式（标题、章目、引言、导论、总结、标点符号、引用号、附注、附图、附表、参考书目、提要等）（一周）								
教学方法	采用课堂讨论制的精神，每周正式讲述二小时，采用笔记式，课堂讨论一小时，至计算成绩的方法，除课堂讨论定有口试成绩外，到学期终了时各交专题报告一份								
教材及参考资料	教材以辩证唯物论和历史唯物论，毛泽东选集，新华日报，学习杂志，新建设，文物参考资料，人民日报，云南日报，正义报等为主，此外如云南民族事务委员会所印之内部参考资料，及其他有关西南民族之参考资料等，亦常参考								
实习或实验	本课程的实习是以上学期所参考的土改工作或五反工作为主，此外，据各人所选题目之不同，分别再作补充调查或研究，而课程讨论实在亦可当作实习								
备注	本课程原定为全年六学分，民族组三四年级选修，因参加土改，上学期仅讲授两周即停，本学期因上课时数较少，精减课程，故改为二学分，四年级不分组，共同必修								

普通统计学

课程名称	普通统计学	学时	每周讲课六小时，实习三小时	学分	六	院系	法学院社会系	年级	二
必修或选修	必修	全年或学期课程		全年		担任教员		陈年榜	
教学目的	使同学能够掌握统计学的基本原理与方法，为未来学习专业统计（劳动统计、人口统计）打下基础								

续表

教学内容及进度	本课程采用思恩廖佐夫著，中国人民大学统计教研室译之"统计学"原理一书为教本，讲授内容包括以下各章：第一章 统计的对象及任务；第二章 统计调查；第三章 分组方法；第四章 统计归纳的组织和技术及统计表；第五章 平均数和相对数；第六章 动态数列；第七章 指数；第八章 统计中的抽样调查；第九章 统计数字的图示；第十章 苏维埃统计的发展及其目前组织。 倘时间允许，除讲完以上十章外，拟增授"相关论"一章。本课程为社会系劳动组重点课，原为全年六学分，因上学期同学参加土改，本学期上课时间又只有十三周，故除精简教材，采用教本经济笔记外，尚不得不增加上课时间，故本学期把原有上课三小时增至六小时，实习三小时，预计在本学期内可以讲完以上各章
教学方法	因上课时间增加一倍，除教本所包括内容外，结合爱国主义教育，尽量搜集有关本国统计实践教材，编写讲义，减少同学们课外自学的负担
教材及参考资料	①联共布党史第四章第二节：辩证唯物主义与历史唯物主义②毛泽东：实践论③列昂节夫著：政治经济学④列宁著：俄国资本主义之发展⑤列宁：帝国主义是资本主义的最高阶段⑥思恩廖佐夫著 统计学原理⑦叶若夫著 统计学教程⑧奥斯特鲁莫夫著：新统计学概论⑨statistical methods（供批判资产阶级统计学参考）⑩chaddeck principle methods of statistics（供批判资产阶级统计学参考）⑪波皮列夫著：社会经济统计学辞典⑫统计工作（月刊）⑬计划经济（月刊）⑭西南统计工作（月刊）⑮云南商情日报（云南省人民政府商业□□□科编）
实习或实验	本课程每周实习三小时，自第一章至第二章注重问题讨论，以下即开始资料实习，拟尽量搜集本国尤其是本省之统计资料作实习题目。因实习时间太少，故从事实地调查工作（包括统计调查归纳分析等阶段）有困难，在实习课中使同学熟悉计算机使用法
备注	

语言学

课程名称	语言学（包括语音学）	学时	讲述实习各四小时	学分	六	院系	文法学院社会系	年级	二三四
必修或选修	民族组必修	全年或学期课程		学期		担任教员		傅懋绩 徐琳 周耀文	
教学目的	希望学生学会调查研究兄弟氏族语文的理论和技术，不只能利用所学的知识调查研究民族社会的情况，能从事加强民族团结，热爱祖国，反对帝国主义的工作，并能帮助民族工作的专业干部解决语文上的困难								

教学内容及进度	第一节　导论（约占半周） （一）什么是语言（二）什么是语言学（三）语言学的分类和本课的重点 第二节　语音（约占五周） （一）发音器和语音的构成（二）语音的分析（三）语音的结合（四）音缀 （五）音位（六）语音相连的变化（七）记录语音时应注意的事项 第三节　语法（约占三周半） （一）什么是语法（二）语法学的分类（三）词、句子、短语、子句、分句（四）词类（五）语法范畴和语法成分（六）复合词的结构（七）句法（八）怎么调查研究一种语言的语法 第四节　词汇和意义（约占两周） （一）什么是意义（二）意义的分类（三）形音义和词汇的关系（四）解释词义的方法（五）翻译的技术（六）旧词的消减和新词的创造（七）搜集词量和编词典的方法 第五节　语言总论（约占三周） （一）语言的分类（二）方言、特别语、标准语（三）语言内部发展的规律（四）语言的比较研究（五）语言和文字（六）语言和思想（七）语言和社会（八）语言和文化（九）语言和历史
教学方法	分讲述和实习两部分。注重理论和实际相结合。举例尽量利用学生已会的语言，并结合国内各民族语文。全班同学分为两组，由周耀文、徐琳分别领导。每组推出副组长各一人，协助同学课外学习，随时反映学习情况，并对讲述及实习的内容和方法提出改进的意见。师生定期开会商讨教学上的一些重要问题
教材及参考资料	教材自编。参考资料就昆明现有及随时充实的条件，配合着教学内容随时指定
实习或实验	实习包括发音、听音、记音、拼音、音缀的界划，音位的归纳，语法结构和词量结构的分析，词义的解释，语句的翻译，文字的充实和创造等
备注	关于斯大林的语言学理论，拟在适合的一些节目下介绍，以便注明和讨论

劳动保险

课程名称	劳动保险	学时	三	学分	三	院系	法学院社会系	年级	四
必修或选修	必修	全年或学期课程		全年		担任教员		袁绩藩	
教学目的	分析劳动保险的起源与发展，并依据我国经济条件，研究劳动保险实施的概况及方法								
教学内容及进度	本课程除教授业务知识外并贯彻爱国主义教育，强调社会主义保险制度优于资本主义保险制度的地方，本学期以十三周时间授完一年课程内容及进度大致如下： 第一章　概论（第一周） 1. 为何需要劳动保险　2. 劳动保险之意义及目的								

续表

教学内容 及进度	第二章　劳动保险之起源及其发展　（第二三周） 1. 行会制度之组织及其作用　2. 产业革命对无产阶级的影响　3. 自由贸易思想及其对劳动保护制度的影响　4. 中国工人争取劳动保险之奋斗史 第三章　劳动保险制度之理论　（第四至六周） 1. 伤残保险　2. 健康保险　3. 养老金及遗嘱恤金　4. 失业保险 第四章　劳动保险之实施　（第七八周） 1. 包括范围　2. 经费来源及预算　3. 保险金额　4. 行政机构　5. 保险卡片之登记及保管　6. 保险金之申请 第五章　我国劳动保险条例之实施办法　（第九—十三周） 1. 范围及内容　2. 实施办法　3. 特色　4. 努力的方向
教学方法	本课程由教员先讲授，每讲完一章或一适当段落时学生与教员彼此提出问题加以讨论
教材及 参考资料	本课程无教本可循是为本课程教学困难之一，部分参考书如下： 1. 劳动保护工作 2. 做好工厂安全工作（以上劳动出版社编） 3. 劳动保险和劳动保护 4. 劳保参考资料 1～8 辑（以上西南军政委员会劳动部编） 5. 技术安全参考资料第一辑，西南军政委员会工业部机械工业管理局编 6. 劳动保护参考资料 东北人民政府劳动总局编 7. 资本论 马克思著 第一卷第三编 第八章 劳动日 第五编 工资（三联书店版）8. 工资与劳动日，孔纳科夫著（三联书店）
实习或实验	向昆明市劳动局取得联系，通过该局，每一周或二周一次，由教员率领学生前往昆明或附近工会或工厂调查劳动保险之实施情况
备注	本学期以十三周教完一年课程，故内容不得不使其精简

劳动保护

课程名称	劳动保护	学时	三	学分	三	院系	法学院社会系	年级	三
必修或选修	必修	全年或学期课程		全年		担任教员		袁绩藩	

教学目的	研究工厂安全卫生、设备、职工劳动条件（工作时间、工资等）的改善和检查，以及对青年工人及妇女的保护
教学内容 及进度	本课程除教授业务知识外并灌输爱国主义教育，强调解放后职工劳动条件及安全卫生设备之改善情况及其原因，本学期以十三周时间授完一年课程内容及进度大致如下： 第一章　劳动保护之迫切需要（第一周） 第二章　劳动条件（第二至五周） 　　1. 劳动日　2. 工资 第三章　安全与保护制度（第六至九周） 　　1. 使用工人之限制 　　2. 安全设备及管理 　　3. 安全报告制度 第四章　职工伤残情况赔偿法之理论与实施（第十和十一周） 第五章　集体合同之内容及其签订方法及步骤（第十二和十三周）

续表

教学方法	本课程由教员先讲授，每讲至一适当段落时，由学生及教员彼此提出问题加以讨论
教材及 参考资料	本课程无教本可循是为本课程教学困难之一，部分参考书如下： 1. 劳动保护工作 2. 做好工厂安全工作（以上劳动出版社编） 3. 劳动保险和劳动保护 4. 劳保参考资料 1～8 辑（以上西南军政委员会劳动部编） 5. 技术安全参考资料第一辑，西南军政委员会工业部机械工业管理局编 6. 劳动保护参考资料 东北人民政府劳动总局编 7. 资本论 马克思著 第一卷第三编 第八章 劳动日；第五编 工资（三联书店版）8. 工资与劳动日，孔纳科夫著（三联书店）
实习或实验	向昆明市劳动局取得联系，通过该局，每一周或二周一次，由教员率领学生前往昆明及昆明附近工厂调查工人劳动条件及安全卫生的实况
备注	本学期以十三周时间教完全年课程，故内容不得不力求精简

社会科学概论

课程名称	社会科学概论	学时	六	学分	六	院系	文法学院社会	年级	一
必修或选修	必修	全年或学期课程		全年		担任教员		金琼英	
教学目的	着重于系统的理论知识，使学生了解社会的结构，社会的发展规律以及国内社会情况和国际形式作为学生比较要深入的研究社会科学的基础，在讲解中以当前的时事政策为例，使理论与实践结合，并可以贯彻爱国主义思想教育								
教学内容 及进度	本课程共分为五编 第一编　社会科学的哲学基础 第一章　唯心论与唯物论 第二章　唯物辩证法 第三章　历史唯物论 第四章　辩证唯物论与历史唯物论的关系 第五章　唯心论的社会观与唯物论的社会观 第二编　社会科学的特征与研究方法 第一章　科学的意义 第二章　自然科学与社会科学 第三章　社会科学的分类与其问题 第四章　社会科学的方法关系 第三编　社会 第一章　社会的结构 第二章　社会的发展 第三章　社会意识形态 第四章　社会问题 第四编　政治 第一章　政治的作用 第二章　阶级								

续表

教学内容 及进度	第三章　国家 第四章　政党 第五编　经济 第一章　社会的经济基础 第二章　资本主义以前的经济状况 第三章　资本主义的经济特征 第四章　社会主义及新民主主义的经济状况 本教学大纲准备全年九个月习得，但因土改关系，全年只有六个月的课，只得在大纲中精简的讲述
教学方法	先讲解，后由教师或学生提出问题来讨论
教材及 参考资料	编写讲义用参考书：联共党史简明教程 莫斯科版；论马克思恩格斯及马克思主义 列宁著；列宁主义问题 斯大林著；马恩列斯思哲方法论 解放后政治经济学 列昂节夫著；社会进化史纲；新政治学大纲；新经济学大纲；新社会学大纲；社会科学概论；社会科学 胡明编著；辩证唯物论 历史唯物论 本丁著；辩证唯物论与历史唯物论基本问题 古博译；通俗资本论 马克思原著；政治经济学批判 马克思著；费尔巴哈论 恩格斯著；唯物论与经验批判论 列宁著；毛泽东选集
实习或实验	
备注	

辩证唯物论

课程名称	辩证唯物论	学时	四	学分	四	院系	文法学院社会系	年级	二
必修或选修	选修	全年或学期课程		全年		担任教员		金琼英	
教学目的	着重于系统的理论知识，使学生能正确的证实事物，建立无产阶级的世界观，了解马列主义政党的实践活动的意义，并明了辩证唯物论为何是改变世界的哲学。同时以当前时事为例，是理论与实践配合，同时也可以贯彻爱国主义的思想教育								
教学内容 及进度	本课程因下乡土改，全年只上十三周的课，每周二小时，所以只能精简的提出几个重要问题来解释与讨论 本学期的课程内容共分七章 第一章　辩证唯物论的产生和发展 第二章　辩证唯物论的哲学体系 第三章　辩证唯物论的认识论 第四章　辩证唯物论的真理论 第五章　唯物辩证法的要点 第六章　唯物辩证法与形而上学 第七章　唯物辩证法的范畴								
教学方法	先讲解，后由教师或学生提出问题来讨论								

教材及 参考资料	编写讲义用参考书：联共布党史简明教程 莫斯科版；马克思思想方法论；辩证唯物论 米丁著；辩证唯物论与历史唯物论基本问题 古博译；费尔巴哈论 马克思著；哲学的贫困 马克思著；反杜林论 恩格斯著；辩证法 恩格斯著；唯物论与经验批判论 列宁著；卡尔马克思 列宁著；黑格尔选集一书摘要 列宁著；论一元论历史观的发展 普列哈诺夫；辩证法的逻辑狄慈根著；毛泽东选集
实习或实验	
备注	

马列主义名著选读

课程名称	马列主义 名著选读	学时	四	学分	四	院系	文法学院 社会系	年级	三
必修或选修	必修	全年或学期课程		全年		担任教员		金琼英	
教学目的	本课程的目的在于引导学生较深入的学习辩证唯物论与历史唯物论，培养批判的能力，并作为一切马列主义名著的基本训练								
教学内容 及进度	本课程因下乡土改，全年只能上十三周的课，每周二小时，所以只能精简的提出几个重要问题来解释与讨论， （一）感觉及感觉的复合 （二）世界要素的发现 （三）原则同格与素朴实在论 （四）在人类以前自然是否存在 （五）人是不是用头脑思想的 （六）有没有客观真理 （七）绝对真理与客观真理 （八）认识中的实践标准 （九）没有物质的运动是可设想的吗 （十）哲学上的党派与哲学上的无头脑者								
教学方法	先讲解，后由教师或学生提出问题来讨论								
教材及 参考资料	选定列宁著的唯物论与经验批判论为课本								
实习或实验									
备注									

世界民族志

课程名称	世界民族志	学时	三	学分	六	院系	法学院社会系民族组	年级	二、三
必修或选修	选	全年或学期课程		全年		担任教员		刘尧汉	
教学目的	使学生认识现在世界上各落后民族的文化，作为研究我国兄弟民族文化的参考；并认识帝国主义的殖民政策与我们友邦苏联的民族政策								
教学内容及进度	本学期只有十三周，拟按照各民族文化发展的阶段（狩猎、畜牧、农耕）选择十个民族：大洋洲的塔斯马尼亚族、澳大利亚族、北美洲的弩特卡印第安族、伊洛奎族；南非洲的布须曼族、喀芬族；东南亚的马来族、陀族；中亚的吉尔吉斯族；北极的爱斯基摩族等来讲授，内容以各民族的经济生活，社会组织及反帝国主义压迫的革命运动（为马来亚人）为主 每礼拜三小时，拟三小时讲一个民族，其余时间解答学生所提出的问题								
教学方法	因本门课缺乏新参考书，只有全采用课堂讲授，学生有问题当堂提出讨论								
教材及参考资料	①J. G. Frazer：Native Races of America ②J. G. Frazer：Native Races of Africa and Madagascar ③M. Schmidt：The Primitive Races of Mankind ④Mardock：Our Primitive Comtemporaries ⑤吴倩友译：殖民地保护国新历史 三联书店 ⑥东南亚人民的斗争 中国图书发行公司 ⑦列宁：论民族殖民地问题 解放社								
实习或实验									
备注									

社会调查与研究方法

课程名称	社会调查与研究方法	学时	三	学分	六	院系	法学院社会系民族组	年级	一
必修或选修	必	全年或学期课程		全年		担任教员		刘尧汉	
教学目的	使学生从实地调查研究实习中获得实地研究调查的基本知识和方法，并为升至二年级修统计学打下基础								
教学内容及进度	本学期仅十三周，时间短促，仅能着重在农村调查。本科以调查实习为中心，拟在昆明近郊选择两个兄弟民族的典型农村（因本系有民族组），对其人口，土地分配状况，牲畜占用状况作详细地调查，在课堂上讲调查方法，再把调查得来的材料加以解释、分析、研究，使理论与实际相结合。每周讲授三小时，本学期拟实习两次：参观工厂一次，每次两整日（礼拜六至礼拜日）。主要在使学生把参考书中的理论和方法应用到实地调查研究中去								

续表

教学方法	课堂讲授后，由学生讨论学习
教材及 参考资料	①毛泽东：农村调查 ②于光远：调查研究 ③白韬：怎样做社会调查工作 ④列宁：俄国资本主义及发展 ⑤统计工作月刊 ⑥西南统计工作月刊
实习或实验	
备注	

民族问题与政策

课程名称	民族问题 与政策	学时	九	学分	三	院系	社会系	年级	二年级必修、 三年级补修
必修或选修	必修	全年或学期课程		全年六学分		担任教员		陈方	
教学目的	从理论和实际中认识民族问题、民族政策中基本的方针和工作方法								
教学内容 及进度	一、民族状况 二、民族、民族的产生和发展 三、民族问题与民族运动 四、解决民族问题的基础和条件 五、边疆少数民族问题 六、内地民族区土地改革问题 七、民族区域自治与联合政府 八、各民族区生产、贸易、卫生、教育问题 九、培养少数民族干部问题 十、讨论解答和总结								
教学方法	每周讲课二小时，讨论和实习二小时 每次课前以一刻时间简单测验和复习上次课中要点 每月依问题告一段落，总结和解答讨论中的问题一次 学期末以教课内容中一个问题，结合实际实习所得，写成专文，作为考试成绩。								
教材及 参考资料	斯大林论民族问题、马列主义民族问题理论汇编、中国民族简史（吕振羽著）、论国际主义与民族主义（刘少奇）、云南日报两年来已登载的有关中央、西南以及云南民委会的报告、社论、法令、通讯和专文等								
实习或实验	到云南民族学院参加该院政策研究班学习，并访问各区来院学习的学生，并参考该院一切对内外集体活动								
备注									

[《各院系1951年度第二学期教学计划、大纲》，云南大学档案馆藏，云南大学全宗，档案号：1951－Ⅱ－27]

教学总结

云南大学一九五一年度（九月至一九五二年八月）教学总结

国立云南大学教务处教务科

一、基本情况

本年度第一学期上课十四周，第二学期上课十八周。各院系课程基本上均能按照中央教育部编《高等学校课程草案》开课。在课程内容上，要求以精简为原则，重点讲课，避免重复，同时严格执行五十四学时或十七学分之规定，照顾学生身体健康。由于教师经过土改工作，在思想上有了相当的进步，因此，工作中发挥了一定的积极性，初步端正了教学的态度。总的来说：本年度在课程精简上，以及教学的方法方式上，都有了一定的提高。同时也暴露了教学中存在的一些问题和缺点，进而认识到课程改革是与思想改造分不开的。

二、教学计划及教学大纲

过去各院系科教学工作，一般都缺乏计划性，对于每学年或每学期教学要达到什么样的目的，要使学生学到些什么，没有一个计划。针对上述情况，于本年度开始时，即要求各院系科拟定教学计划及各科目教学大纲。但第一学期因为上课时间缩短，同时添加土改工作，未能完全实行。至第二学期将全部拟定教学计划及教学大纲。一般来说，第二学期的教学计划和教学大纲，基本上都已完成，对教学工作，起了一定的作用。教师们一般都能进行重点教学，并能适当的掌握其进度（例如因为添加社会活动，耽误了上课，教师就找时间给学生补课，或设法精简课程内容）。但缺点较多，而最大的缺点，是教务处的领导太薄弱，对教学计划、教学大纲没有好好的审核，在进行教学中也缺失检查工作。如随时的经验，先是因为教务处对各院系科教学情况不能掌握，完全依靠院系，而院系的领导对各种课程的教学，也没有做到深入的了解，不能及时发现问题和解决问题。因此，使部分教学计划和教学大纲的拟定仍然流于形式。

三、教学方法及教学方式

（一）优点方面

1. 合班课程适当的实行集体教学，成立教研组或教学小组。全校大一共同课程由本学期新成立的大一课程委员会负责计划。

2. 利用图表、模型、标本等，增强学生理解力。

3. 按照教学大纲分为若干单元，每一单元结束，提出重点问题讨论，总结经验，作下一单元教课参考。

4. 教学进度已能照顾全面，使程度参差的学生，都能达到一定水平（如二、三年级或三、四年级合班课程）。

（二）缺点方面

1. 填鸭式教学，部分课程搬教条，不能联系实际，缺乏启发作用。除上课外不辅导学生的复习作业。

2. 与业务部门联系不够，因而使课程内容不能更好的切合实际。

3. 部份课程由于教师在业务上不能合作，因而使课程之间不能衔接贯通甚至内容重复（如经济系货币银行、新民主主义经济理论与实践、政府会计、银行会计等四科，都讲授关于货币的管理）。

4. 业务课程中如何贯彻爱国主义教育做得不够。

5. 师生联系不够紧密，不能随时听取学生对教学的意见。

四、存在问题

（一）教师兼职过多影响教学。

（二）文法学院教本及参考资料缺乏。

（三）实验室不够，仪器设备不够，实验尚不能完全配合教学需要。

（四）个别系还存在有课等人教，有人等课教的现象。

（五）俄文师资极度缺乏。

［《云南大学一九五一年度（一九五一年九月至一九五二年八月）教学总结》，云南大学档案馆藏，云南大学全宗，档案号：1951 - Ⅱ - 25］

云大社会学一九五一年度下学期教学总结

（1952 年 9 月 10 日）

一、基本情况

本年度上学期因为二、三、四年级全体同学及大部分教员参加土改，所以全年课程是在下学期内授完。因教员及同学返校时间先后不一，有的课程（如中国社会分析及劳动统计）是学期中旬才开始，有的课程（如劳动政策与劳动立法）因为刘林元同志为工作所限，虽然答应开课结果未上课。

二、课改经验

所有课程，已开始采用马列主义观点来批判旧有材料及教学方法，并尽量采用新的教材和新的方法，惟收获并不太大，因为重要关键在于立场不经过思想改造，殊难成功。

三、教学计划及教学大纲实施情况

多数课程都按教学计划讲授完毕，其中有因为上课时间短而未能完成（劳动统计），有因同学接受能力差，而未能完成（如马列主义名著选读及语言学），有因首长报告而占用时间，未能完成（如世界民族志社会科学概论），有因毕业班提前结束而未能完成（如专题调查研究中国社会分析）。

四、教学方法优缺点

（一）缺点

1. 教学方面

（1）缺乏教科书及参考书以致费力多收效少（人类学，社会调查与研究，世界民族志，劳动保护，劳动保险）。

（2）对课堂讨论及学习小组掌握指导不紧，以致收效不大（劳动保护，人类学，工人运动）。

（3）课程内容失于教条（人类学，专题调查研究，劳动保护，劳动保险）。

（4）教本不适于学生程度（如马列主义名著选读采用列宁所著"唯物论与经验批判论"为教本）。

（5）指定参考书太多，同学不能全部消化（工人运动）。

（6）对材料内容发挥不够，对旧的材料批判不够深入（普通统计，劳动保护，劳动保险）。

（7）进度太快，没有顾及学生的接受能力（普通统计，工人运动）。

（8）民族与劳动两组选修同一课程，学生对课程内容要求不同，以致教学感到困难（社会调查与研究）。

（9）不同年级选修同一课程，学生接受能力不同，以致拖延进度（人类学）。

（10）教员缺乏实际经验，课程内容与实际联系不够（劳动保护，工人运动）。

（11）课程内容次序的排列不够仔细（工人运动，劳动保护）。

（12）课程内容理论多而实例少（中国民族问题与政策）。

2. 兼课问题

（1）首长兼课因本工作岗位任务太多，以致开课而又不能上课（如劳动政策与劳动立法）或教员及授课时间常更动，课程内容有遗漏及重复处（如中国民族问题与政策）。

（2）兼课教员及教本系学生之外系教员与本系教员缺乏联系。

3. 实习方面

（1）讲课先生与带实习先生彼此联络不够（中国民族问题与政策、普通统计学）。

（2）民族及劳动两组实习缺乏全面计划，对学生实习情况掌握不紧，没有贯彻汇报及讨论制度。

（二）优点

1. 教员对于所担任课程都能很负责用心准备（人类学等）。

2. 个别课程联系实际较过去有进步（社会科学概论）。

3. 采用单元制教学法，集中上课时间节省备课时间并充实课程内容（工人运动）。

4. 使译文生硬的教本通俗化，增进学生了解（劳动统计）。

5. 取材苏联专家或（中国）人民大学编著教本，使内容新颖而且精简扼要（普通统计）。

6. 在课堂中试用发现问题、分析问题与解决问题的方法提高同学认识（社会科学概论，马列主义名著选读，辩证唯物论）。

7. 实习与讲授相联系（语言学的语音部分）。

8. 讲授时配合政治课互相启发，且与政治课小组讨论互相结合，增加了很大效果（中国社会分析）。

五、对学生思想领导及课业指导

本系分为民族及劳动两组，各组师生间联系不够，对另一组师生间联系更少，很少教员对学生姓名、家庭背景、思想情况等有全面了解。

一年级学生年龄及文化程度相差颇大。家庭成分不同，部分学生社会经验复杂，带有旧社会生活作风，表现在好搞小圈子，对进步同学采取打击态度。

二、三年级同学过去生活自由散漫，土改回来有显著进步，尤以三年级同学因毕业在即更感自己内容空虚，迫切要求进步并为争取进步创造条件。

因小组及干事会与教员不够，在系内不能发挥作用。因小组人数少，功课基础一般较差，因此在班上不能起带头作用与领导作用，一般同学对课程重要性体会不深，学习态度松弛，对课堂讨论很少事先温习或预备，对晚自习不够重视，缺乏自动及集体学习精神。

两组同学（民族，劳动）对实习意义体会不够，工作不能艰苦深入。常以为实习费时多而得益少，不从为人民服务的观点出发。

六、今后课改意见

1. 有教本可多尽量采用教本。

2. 应尽量采用单元制授课，时间在可行课程内尽量集中。

3. 采用课堂讨论方法时，由同学任小组长，事先有充分酝酿。

4. 指定同学作课外阅读报告。

5. 课程内容尽量与实际结合以增加同学对实习的兴趣。

6. 实习应有计划，有重点，并力求与课堂讲授内容结合。

7. 对教员使用要有计划，助教减少事务性工作，使其多有进修时间。

8. 与外系内容相同课程可与外系合作，采用教研组方式，以节省本系教员时间及精力。

9. 民族与劳动两组在性质与课程上联系甚少，使本系更感到教员人数不敷分配，尤以劳动组为然。应加以调整或增聘教授。

10. 将统计及中国社会分析等课组成教研组。

11. 社会调查与研究有不为劳动组与民族组分别讲授必要。

[《云南大学一九五一年度（一九五一年九月至一九五二年八月）教学总结》，云南大学档案馆藏，云南大学全宗，档案号：1951 - II - 25]

云大社会学系 1952 年课表

文法学院社会学系一九五二年上学期（1952 年 10 月—1953 年 2 月）

课程名称	组别	学分	必修或选修	年级	讲授者
普通统计学		6	必	二、三	魏尔志

课程名称	组别	学分	必修或选修	年级	讲授者
辩证唯物论		4	必	二、三	金琼英
工人运动		6	必	二、三	袁绩藩
马列主义名著选读		4	选	三、四	金琼英
劳动保险		6	必	三	袁绩藩
中国社会分析	劳民	6	必	三、四	江应樑
世界民族志	民	6	必	二	刘尧汉
语言学		6	必	二	傅懋绩
中国民族问题与政策		6	必	二	陈方
少数民族语言		6	必	三、四	傅懋绩
中国少数民族概况 中国少数民族史 （合上）		6 6	必 必	三 四	杨堃 江应樑
博物馆学		3	必	四下	杨堃
马列主义理论		3	必	三、四	马曜
工会工作		3	必	三、四	李慰祖
企业管理		3	必	三、四	李慰祖
会计学		3	必	二、三、四上	陆忠义
工业统计		3	必	三	余世箴
国民经济计划原理		6	必	三、四	郭树人
经济核标		6	必	四	
人类学	民	4	必	二	马雪如
西南民族专题调查研究		2	必	四上	杨堃
经济核算		6	必	四	刘文藻等

［《1952 年度第一、二学期授课时间表》，云南大学档案馆藏，云南大学全宗，档案号：1952 - Ⅱ -17］

文法学院社会学系一九五二年上学期（1952 年 10 月—1953 年 2 月）

科目	学分	开课学期	授课教师	备注
中国近代史	6	一年级全年必修		

续表

科目	学分	开课学期	授课教师	备注
一年俄文	6	二、三年级全年必修		
大一英文	6	一年级全年必修		
体育		一、二年级必修		
政治课	2			
普通统计学	6	二、三年级必修	魏尔志	
辩证唯物论	4	二、三年级必修	金琼英	
工人运动	6	二、三年级必修	袁绩藩	
马列主义名著选读	4	三、四年级选修	金琼英	
劳动保险	6	三年级必修	袁绩藩	
中国社会分析	6	三、四年级必修	江应樑	
世界民族志	6	二年级必修	刘尧汉	民族组
语言学	6	二年级必修	傅懋绩	民族组
中国民族问题与政策	6	二年级必修	陈方	民族组
少数民族语言	6	三、四年级必修	傅懋绩	民族组
中国少数民族概况	6	三年级必修	杨堃	民族组 并入少数民族史上课
中国少数民族史	6	四年级必修	江应樑	民族组 与上门课合上
博物馆学	3	四年级下学期必修	杨堃	民族组
马列主义民族理论	3	三、四年级下学期必修	马曜	民族组
工会工作	3	三、四年级必修	李慰祖	劳动组
企业管理	3	三、四年级必修	李慰祖	劳动组
会计学	3	二、三、四年级 上学期必修	陆忠义	劳动组
工业统计	3	三年级必修	余世箴	劳动组
国民经济计划原理	6	三、四年级必修	郭树人	劳动组
经济核算	6	四年级必修	刘文藻等	劳动组
人类学	4	二年级必修	马雪如	民族组
西南民族专题调查研究	2	四年级上学期必修	杨堃	民族组
民族调查	3	二年级下学期必修	杨堃、刘尧汉	民族组

续表

科目	学分	开课学期	授课教师	备注
民族政策	6	二年级必修	陈方	民族组
劳动政策与劳动立法	3	三、四年级下学期必修	李慰祖	
毕业论文	2	四年级必修		

[《1952年度第一、二学期授课时间表》，云南大学档案馆藏，云南大学全宗，档案号：1952－Ⅱ－17]

文法学院社会学系一九五二年下学期

课程名称	组别	学分	必修或选修	年级	讲授者
现代文选		6	必	一	
中国近代史		6	必	一	
大一英文		6	必	一	
政治课		2	必	全	
民族调查	民	3	必	二下	杨堃 刘尧汉
世界民族志	民	4	必	二下	刘尧汉
语言学	民	6	必	二	傅懋勣
民族政策	民	6	必	二	陈方
中国少数民族史（甲）	民	6	必	三	江应樑
中国少数民族史（乙）	民	3	必	二下	江应樑
中国少数民族语言	民	6	必	三	傅懋勣
工人运动	劳	6	必	二三	袁绩藩
辩证唯物论	劳	4	必	二	金琼英
统计学	劳	6	必	二	
会计学	劳	6	必	二、三、四	陆忠义
劳动保险	劳	6	必	三	袁绩藩
劳动政策与劳动立法	劳	3	必	三、四下	李慰祖
企业管理	劳	3	必	三、四下	李慰祖
马列主义名著选读	劳	4	必	四	金琼英

续表

课程名称	组别	学分	必修或选修	年级	讲授者
一年俄文		6	必	二、三	
毕业论文		2	必	四	

[《1952 年度第一、二学期授课时间表》，云南大学档案馆藏，云南大学全宗，档案号：1952 - Ⅱ - 17]

文法学院 1952 年度第二学期教学大纲

民族组教学计划安排

民族组一、二、三、四年级课程培养安排，预联系云南民委会为系二、三年级暑期生产实习。民族组目前只有江应樑、杨堃二人，欲调回张凤歧、詹开龙，四年级学生龚荣星、杨遵仁为助教，胡桂秋改任助教。

劳动组教学计划

四月份讲师李慰祖因公赴渝，助教陈年榜被派到北京（中国）人民大学学习三年，大多教员对劳动专业课程了解不够深入，余教授金琼英、副教授袁绩藩、助教陈宝珠、马雪如对劳动课程均是初学。

云南大学一九五二年度第二学期教学大纲（文法学院）

社会系：

一、社会系教学计划

二、劳动组教学计划

三、工人运动

四、劳动保险

五、企业管理

六、劳动政策与劳动立法

七、会计学（三、四年级）

八、马列主义名著选读

九、辩证唯物论

十、民族政策

十一、语言学

十二、少数民族语言

十三、中国少数民族史（三年级）

十四、"中国少数民族史"（一、二、三）

十五、民族调查

十六、原始社会史及人类学通论

[《文法学院 1952 年度第二学期教学大纲》，云南大学档案馆藏，云南大学全宗，档案号：1952 - Ⅱ - 28]

云南大学社会系一九五二年度下学期教学计划修订草案

我系一九五二年度下学期的教学计划和各门功课的教学大纲，曾于本学期伊始编就，呈报西南高教局，今再就两三月来的实际经过情况，修订如下。

我系原分民族和劳动两组，两组性质大不相同，所以教学计划也需要分别拟定。

一、民族组的教学计划

民族组曾于一九五二年底奉到西南文教部指示，自第二年级学生开始试按"汉族以外民族史专业"计划进行教学，但有关此专业之参考资料为课程门类、学分、进度、教学大纲、参考书目等，均无指示；我系曾自拟一个专业课程表，一面报部请求核示，一面即根据此标准在民族组第二年级开设课程，进行教学。

二年级的基本课程为中国少数民族史、语言学、民族政策、民族调查和俄文共五门。另有考古学一门原系一年级必修，因过去未念过所以补修。另有世界民族志一门，亦系一年级必修二年级补修，但念至五月下旬因教师刘尧汉（讲师）奉调往北京中央民族学院作研究工作，此门因无人教乃提前结束，学分原为六学分，乃根据实际情况改为四学分。

三年级学生因过去所学课程对于此专业计划多有出入，仅能根据我系师资情况和具体要求，有重点的选择学习，重点课则为：中国少数民族史、中国少数民语言和俄文三门，另有考古学、辩证唯物论、马列主义名著选读，云南民族史四门为选修。

四年级学生因过去所学的课程不仅与此专业计划出入太大，而且范围太广，不够深入。又以时间太短，不能多为辅修，故只好根据实际情况有重点地突显两门，以求能有所专。根据我系现有师资及同学的思想反映，乃仅开两门课，而重点工作则放在毕业论文上。

民族组目前存在的问题，则有以下数项。

1. 民族组二、三年级及所开课程，在基本精神上是按照"汉族以外民族史"专业来开的，但此专业的各种有关文件，如课程标准、学分、进度表、教学大纲、参考书目等，上级尚未颁发，我系自拟的课程标准报部已数月，至今尚未回示，但根据我系两三月来的教学经验，认为在一年级还应增设"调查和设计"一门，全年六学分包括实习在内，否则二年级的"民族调查"一门无法按照计划进行教学。

2. 民族组的假期生产实习在教学上属于重要环节之一，我组又与云南民族事务委员会取得联系，拟乘八月间暑假之便，在云南民委会领导之下，使我系民族组二、三年级学生能赴民族地区作生产实习。但最近得到西南高教局转来中央高教部指示，谓今年暑假的生产实习法学院各系今年暂停。果如此，则对我组的教学计划实多抵触，为我组在暑假院系调整仍留云大而不外调时，即请仍照我组原定计划，使学生得到实习机会，是否可行，请上级核示。

3. 民族组的现有师资在专任方面仅江应樑、杨堃两人，对正式开设"汉族以外民族史专业"一事，必须在师资方面予以补充和自行设法培养。

在补充方面，请将云南民族事务委员会张凤岐（原系云大副教授），詹开龙（原系云大社会系研究助理）两人调回云大。在培养方面，除请留本组四年级学生龚荣星、历史系四年级学生杨遵仁两人为助教外，并请调回现在云南文教室服务之胡桂秋（一九五二年度本组毕业生）回我组改任助教。

附件：
民族组各门课程的教案大纲共七种，每种两份。

一九五三年六月八日

二、劳动组的教学计划

（一）教学目的：本组教学目的在于使同学了解新民主主义制度下劳动政策及劳动立法的基本精神。工人运动之方针及目的，工会工作之中心任务及有关工会工作之若干业务知识。造就到劳动行政部门或工厂工会的工作干部。

（二）教学方式：加强与有关部门联系，逐步克服过去在教学上理论与实践相脱节的缺点，着重思想领导工作，逐步树立同学们在思想上及生活上的组织纪律。

（三）专业设置：劳动组尚未接到高教部有关专业之具体指示，本年（一九五三年）一月间曾拟过一个专业计划课程表交给学校，至今未得批示。因此目前课程是按照教育部一九五一年所规定的课程表，参考本组今年一月所拟的课程表，再结合实际师资情况而开的。一般言之，本组专业尚未成立。

（四）目前情况：目前劳动组有二、三、四年纪学生共二十九人，教员四人，劳动组目前之最大困难即为师资缺乏。从数量上而言，劳动组原有教员不过六人，其中教授一人，副教授一人，讲师一人，助教三人，一九五二年助教一人（陈年榜）被派到北京（中国）人民大学学习，为期三年（一九五二年至一九五五年），一九五三年四月讲师一人（李慰祖）又被派至重庆公干，因之就数量而言，劳动组目前只有教员四人。

就质量而言，劳动组现有教员四人中大多对劳动专业课程并无深刻研究。其中教授一人（金琼英）开辩证唯物论及马列名著选读两门，都不是劳动组专业课程，副教授一人（袁绩藩）开工人运动及劳动保险两门，虽是劳动组专业课程，但教员本人缺乏实际工会工作经验。其余助教两人（陈宝珠、马雪如）对劳动组课程都是初学。

李慰祖（讲师）本学期原开劳动政策与劳动立法、企业管理两门课程，自四月间李先生因公赴渝后，劳动组开课更感困难，所遗劳动政策与劳动立法一门，虽聘请云南省总工会副主席何波及云南省劳动局长樊子诚轮流担任，但因他们公务繁忙，往往缺课。另外企业管理一门由陈宝珠、马雪如、袁绩藩三人共同搜集资料、研究、讨论轮流讲课，但由于对这门课程缺乏深刻认识，因此不能深入讲解。

虽然在如此困难状况下，劳动组仍勉励部分做到理论与实际相联系，在授课方面请到了省劳动局、省总工会、省商业厅负责同志来校作专题报告，在期中实习方面出席了云南省首届工会会员代表大会旁听，并准备再出席旁听云南省总工会主席刘林石出席中国工会第七次全国代表大会的传达报告。另外并准备参观昆明市工人文化宫，提高学生学习情绪。

（五）培养师资：由于本组师资缺乏，因此培养师资一事，对本组特别重要，现劳动组有助教二人（马雪如、陈宝珠）都在积极努力准备一九五三年上学期开课，（马雪如开劳动保险，陈宝珠开企业管理）另外在劳动组四年级毕业生中，应选二三品学较优之学生，毕业后即留校担任助

教，从事研究或毕业后派到劳动行政部门，工会或工厂工作一年，取得点实际经验后，再回校开课。（参考培养师资计划调查表）

附件：

劳动组各门课程的教学大纲共七种，每种两份。

[《文法学院 1952 年度第二学期教学大纲》，云南大学档案馆藏，云南大学全宗，档案号：1952 - Ⅱ -28]

云南大学一九五二年度下学期教学大纲

工人运动

课程名称	工人运动	学时		学分	三	院系	法学院社会学	年级	二、三
必修或选修	必	全年或学期课程		全年		担任教员			袁绩藩
教学目的	研究苏联和中国工人运动的经验、教训及当前任务并批判工人运动中之经济主义及工联主义等倾向								
教学内容及进度	1. 第二国际及其理论教条（第 1～4 周） 2. 第三国际与反法西斯主义斗争（第 5～6 周） 3. 十月革命及其对世界工人运动的影响（第 7～11 周） 　期中考试（第 12 周） 4. 中国工人运动的经验、教训及其当前任务（第 13～17 周） 5. 世界工联及争取世界持久和平斗争（第 18 周）								
教学方法	课堂讲义为主，问答为辅 同学作读书报告								
教材及参考资料	社会科学简明教程 日梅霍夫：国际工会运动史教程 工人日报 马克思论工会 马尔柯夫：苏联工会运动史教程 世界工会运动半月刊 列宁论职工会 邓中夏：中国职工运动简史 斯大林：论列宁主义基础 胡乔木：中国共产党三十年 世界工联介绍								
实习或实验	1953 年 4 月 4 日至 10 日参加云南省首届工会会员代表大会旁听								
备注									

劳动保险

课程名称	劳动保险	学时		学分	三	院系	法学院社会学	年级	三
必修或选修	必	全年或学期课程		全年		担任教员		袁绩藩	
教学目的	研究中苏两国劳动保险之实施并与英美劳动保险制度对比，指出社会主义劳动保险制度在本质上的优越								
教学内容及进度	1. 中华人民共和国劳动保险制度（第 1~10 周） 　期中考试（第 11 周） 2. 苏联社会保险制度（第 12~15 周） 3. 英美社会保险制度及其批判（第 16~17 周） 4. 国际社会保险会议的重大意义（第 18 周） 　学年考试								
教学方法	课堂讲授为主，问答为辅								
教材及参考资料	修正后的中华人民共和国劳动保险条例及劳动保险条例实施细则 苏联工会的社会保险工作　　　　　　　　　　　　　　　　　　工人日报 戈列金教授：苏联工会实际工作教程　　　　　　　　　世界工会运动半月刊 Social Insurance in the II. S. S. R Moscow, 1952　　　　　　　　劳动月刊								
实习或实验	1953 年 4 月 4 日至 10 日参加云南省首届工会会员代表大会								
备注									

企业管理

课程名称	企业管理	学时		学分	三	院系	社会系	年级	三，四
必修或选修	必修	全年或学期课程		一学期		担任教员		教研组	
教学目的	结合当前工人运动情况，通过课程内容的介绍，使同学能深入体会，提高认识，从思想上明确一些有关企业管理方面的问题								
教学内容及进度	1. 工作者对于劳动者的关系（2 星期） 2. 劳动生产率的增长是社会主义经济的规律（2 星期） 3. 社会主义社会劳动生产率不断提高的主要特殊性（3 星期） 4. 学习苏联先进经验（1 星期） 5. 技术定额制（1 星期） 6. 增产节约运动（1 星期） 7. 经济核算制（3 星期） 8. 民主改革（1 星期） 9. 合理化建设与创造新记录（1 星期） 10. 如何发展先进经验（一星期） 共计十六周加上一周考试，一周工作报告，总计十八周								

续表

教学方法	1. 采取单元制 2. 讲授与讨论相结合 3. 聘请校外首长给同学作专题报告
教材及 参考资料	1. 苏联工业管理的组织 2. 苏联工业管理基础 3. 社会企业管理与劳动组织问题 4. 生产竞赛经验介绍 5. 社会主义竞赛 6. 民主改革参考资料 7. 劳动组织与技术定额制的管理 8. 普通展开增产节约运动 9. 合理化建设参考资料 10. 东北公营企业的经营与管理 11. 学习管理工厂 12. 学会管理企业中的几个问题
实习或实验	
备注	这门课本来由李慰祖先生担承，但李先生四月初因公离开云大社会系，仅就现有师资组织成一教研组员担负起这门课的责任。因师资当中，仅有副教授一人工作已很繁重，其他助教两人都是初次试教，所以对教学大纲的拟定没有系统及全面

劳动政策与劳动立法

课程名称	劳动政策与 劳动立法	学时		学分	三	院系	社会系	年级	三，四
必修或选修	必修	全年或学期课程		学期		担任教员		何波	
教学目的	使同学明确国家建设时期工人阶级之任务及工会工作之方针								
教学内容 及进度	1. 劳动政策与劳动部之任务 2. 工会 3. 劳资关系 4. 职工及文化教育 5. 生产问题（集体合同、劳动竞赛、生产改革） 6. 劳动力调配 7. 劳动保护与劳动制度								
教学方法	请省总工会及省劳动局负责同志讲授由同学阅读文件加以讨论								
教材及 参考资料	中国工会第七次全国代表大会文件报告 政府劳动政策法令								

实习或实验	出席云南省首届工会会员代表大会旁听 参观工人文化宫
备注	本课程原由李慰祖先生担任，自四月尾李同志因公赴渝后改由云南省总工会副主席 何波及云南省劳动局副局长樊子诚轮流担任

会计学

课程名称	会计学	学时	六	学分	三	院系	社会系	年级	三，四
必修或选修	必修	全年或学期课程		全年		担任教员		隋忠義	
教学目的	授以马列主义关于会计核算的基本论点和苏联的工业会计核算经验；使得学生将来 在实际工作中，能够独立计算分析国营企业的会计业务								
教学内容 及进度	1. 基本概念　　　　　　　　　　　　　　　6 小时 2. 借贷管理　　　　　　　　　　　　　　　8 小时 3. 会计科目　　　　　　　　　　　　　　　2 小时 4. 分录、过账、试算、整理、法算　　　　　2 小时 5. 材料成本的核算　　　　　　　　　　　　4 小时 6. 成本的分配和核算　　　　　　　　　　　4 小时 7. 账簿组织　　　　　　　　　　　　　　　4 小时 8. 工业会计报表　　　　　　　　　　　　　6 小时 9. 会计凭证　　　　　　　　　　　　　　　6 小时								
教学方法	讲授与实习并重，每周授课三小时，实习三小时								
教材及 参考资料	1. 日布拉克著　工业会计教程　东北财经出版社　1952 年出版 2. 马卡洛夫著　工业簿记核算原理　北京中国人民大学　1952 年出版 3. 马卡洛夫著　簿记核算原理 4. 国营工业企业统一会计科目会计报表　统一成本核算教程　北京中央财政部出版								
实习或实验	每周实习一次，每次三小时								
备注	原修全年课程，上学期上课一个半月后之后，全体师生参加思想改造								

马列主义名著选读

课程名称	马列主义 名著选读	学时		学分	三	院系	法学院社会系	年级	三
必修或选修	必修	全年或学期课程		全年		担任教员		金琼英	
教学目的	本课程选定马恩列斯思想方法论为课本，目的在使学生较深入地学习辩证唯物论与 历史唯物论，并能了解马列主义的思想方法								

续表

教学内容 及进度	本课程拟选第三章"历史科学的制造"中的几个问题来讲解与讨论 1. 马克思、恩格斯、列宁、斯大林论法则是从自然和历史中找寻出来，法则以合乎自然的发生为归依 2. 列宁论历史唯物论早已由假设变成科学上被证明了的原理——唯一的科学历史观（五月十一日至五月十六日） 3. 马克思、恩格斯、列宁论历史唯物论的应用（五月十八日至六月二十七日期中考试在内） 4. 恩格斯论历史唯物论的庸俗唯物论（六月二十九至七月十八日）
教学方法	讲解与讨论
教材及 参考资料	马恩列斯思想方法论（干部必读）
实习或实验	
备注	

辩证唯物论

课程名称	辩证唯物论	学时		学分	二	院系	法学院社会系	年级	二
必修或选修	必修	全年或学期课程		全年		担任教员		金琼英	
教学目的	本课程一方面看重于系统的理论知识，目的在使学生学习分析事物，正确的认识事物并建立无产阶级的世界观，另一方面着重于当前时事为实例，使理论与实践相结合								
教学内容 及进度	第一章　辩证唯物论的意义与任务 第二章　辩证唯物论的认识论 第三章　辩证唯物论的真理论 第四章　唯物辩证法的要点（五月十一日至二十三日） 第五章　辩证法的形而上学（五月二十五日至六月十三日） 第六章　唯物辩证法的范畴（六月二十二日至七月十八日）								
教学方法	讲解与讨论								
教材及 参考资料	编讲义主要参考书 1. 中共党史简明教程 2. 马恩列斯思想方法论 3. 新哲学大纲 4. 辩证唯物论 5. 哲学的贫困 6. 费尔巴哈论 7. 反杜林论 8. 列宁选集 9. 论一元论历史观的发展 10. 无政府主义还是社会主义 11. 列宁主义问题 12. 毛泽东选集								
实习或实验									
备注									

民族政策

课程名称	民族政策	学时	九	学分	三	院系	社会系	年级	二
必修或选修	必	全年或学期课程		全年六学分		担任教员		陈方	
教学目的	以民族政策理论结合我国实况达到对民族平等团结政策的基本认识								
教学内容及进度	1. 边疆少数民族问题 2. 团结少数民族上层问题 3. 内地区土地改革问题 4. 民族区域自治问题 5. 各民族区生产贸易问题 6. 各民族区教育卫生问题 7. 培养少数民族干部问题 8. 总结本学期教学及讨论问题								
教学方法	课堂讨论和讲授二小时 小组讨论二小时 实习汇报共讨论二小时								
教材及参考资料	斯大林论民族问题　马列主义民族问题理论类编 中国民族简史 借阅有关民族问题材料								
实习或实验	每周到民族学院实习一次								
备注									

语言学

课程名称	语言学	学时	讲课二实习二	学分	三	院系	社会系	年级	二
必修或选修	民族组必修	全年或学期课程		全年		担任教员		傅懋勣（讲课） 徐琳、周耀文（实习）	
教学目的	使学生能基本上掌握普通语言学的理论和技术，并能做少数民族语言调查研究工作，帮助少数民族发展语言文字，以整合祖国文教建设								
教学内容及进度	1. 导论：包括言语的生理基础，言语和语言的关系，语言的机能和社会本质，语言学各部门及其相互关系，斯大林语言学说及对中国语言学问题的启示（三周） 2. 语音：着重语音的分析与结合，音响学和音位学的原理和应用，语音变化，记音方法（五周） 3. 词汇：基本词汇和词汇的结构及其与语言发展的关系，文学语言词汇，方言词汇和专业词汇，词的假借，词典学和词典编辑的方法（两周） 4. 语法：语法范畴的概念和基本语法范畴，形态学和句法学（三周半） 5. 语义：词义的概念基本意义和实用意义，词义和语音词汇的关系，意义的变化（一周）								

续表

教学内容及进度	6. 文字学和文体学：语言和文字的关系，语言风格的概念和艺术风格的概念，表现工具和表现内容的关系（一周） 7. 语言的发展（一周） 8. 语言的分类（一周） 9. 语言学为人民服务的途径（半周）
教学方法	讲课、讨论、实习互相结合，每讲一段落，提出讨论题目或实习要点，务使理论结合实际，举例以汉语和中国少数民族语言为主；因班上同学正在学习俄文，也尽可能举些俄文例子
教材及参考资料	自编教材，参考斯大林语言学说及有关这些学说的著作
实习或实验	分两组实习，着重有关语言、词汇、语法等理论的使用，在后一阶段实习记录分析云南少数民族语言
备注	1. 周耀文赴保山专区调查未回，他所担任的实习课，由安荣代理 2. 为使同学阅读参考材料时，能掌握马列主义语言科学的基本观点，本期把斯大林语言学说提为导论来讲

少数民族语言

课程名称	少数民族语言	学时	讲课二实习二	学分	三	院系	社会系	年级	三、四
必修或选修	必修（民族组）	全年或学期课程		全年		担任教员		傅懋绩（讲课）刀忠强（实习）	
教学目的	通过傣语来学习调查研究少数民族语言的理论和技术								
教学内容及进度	1. 傣语的日常用语和语法要义 2. 傣文 3. 归纳语法规律的方法 4. 记录少数民族语言和归纳音位的理论和技术 （以上出傣文放在后一阶段教学以外，其他三项结合起来教学，不分阶段，无法按时间规定进度）								
教学方法	以西双版纳傣语为主和其他云南少数民族语言比较讲述并把学生分为三组记录保山专区傣语和丽江专区纳西语的并归纳其语言系统								
教材及参考资料	自编傣语课本和少数民族语言调查研究的讲稿，除参考少数已经发表的各种少数民族语言材料以外，大都是讲课人自己亲身调查研究的材料								
实习或实验	实习时间完全是傣语的学习								
备注									

中国少数民族史

课程名称	中国少数民族史	学时		学分	三	院系	社会系	年级	三
必修或选修	必	全年或学期课程		一学期		担任教员		江应樑	
教学目的	正确了解兄弟民族发展史，从大民族主义的统治压迫与解放后幸福进步事实对比显示兄弟民族光明前途与祖国伟大的成就								
教学内容及进度	1. 总论：批判不正确的民族见解，建立新的民族观（讲授 2 小时） 2. 民族之成长与中国多民族国家之形成（讲授 9 小时，课堂讨论 2 小时） 3. 蒙古民族史（讲授 10 小时，课堂讨论 2 小时） 4. 伊斯兰教各民族史（讲授 9 小时） 5. 满族史（讲授 4 小时） 6. 藏族史（讲授 2 小时） 7. 彝族史（讲授 2 小时） 8. 苗族史（讲授 2 小时） 9. 傣族史（讲授 2 小时）								
教学方法	1. 课堂讲授为主，适当加入课堂讨论 2. 每章讲授之先告知内容要点及要求目的，指定参考书，讲完后检查 3. 适当结合参观教学								
教材及参考资料	1. 自编教材学生笔记 2. 主要参考书："吕振羽 中国民族简史"，次要参考不再列举								
实习或实验	1. 曾举行旅行教学一次，讲解云南民族历史，云南回族革命事实 2. 暑假结合生产实习，赴兄弟民族区实习								
备注	本课程为一学年课，因上学期思想改造未上课，现缩短为一学期教完								

中国少数民族史

课程名称	中国少数民族史	学时		学分	三	院系	社会系	年级	二－三
必修或选修	必	全年或学期课程		三学期		担任教员		江应樑	
教学目的	从早期的民族压迫与反抗斗争史事中，正确了解各兄弟民族发展，光荣斗争历史，结合民族解放后的进步发展，和过去工作对比，显示兄弟民族的光明前途和祖国伟大的成就								
教学内容及进度	1. 总论：批判不正确的民族见解，建立新的民族史观，结合到学习民族史的方法（4 小时讲授，2 小时课堂讨论） 2. 氏族之成长：根据劳动创造的观点说明氏族成长之一般原理（讲授 2 小时，课堂讨论 2 小时） 3. 中国多民族国家之形成：系统的说明中国民族形成演变（讲授 12 小时，课堂讨论 3 小时） 4. 蒙古民族史								

续表

教学内容 及进度	1. 原始共产时代的蒙古民族（讲授 2 小时，课堂讨论 1 小时） 2. 奴隶社会时代的蒙古民族（讲授 2 小时） 3. 蒙古大帝国（教授 2 小时，课堂讨论 1 小时） 4. 元帝国社会经济的特殊情况（讲授 4 小时，课堂讨论 1 小时） 5. 民族文化之融合创造（讲授 2 小时，课堂讨论 1 小时） 6. 被压迫时代的蒙古民族（讲授 2 小时课堂讨论 1 小时） 7. 蒙古人民共和国（讲授 2 小时） 8. 解放后的内蒙古（讲授 2 小时）
教学方法	1. 每章讲授之先，告知内容要点及要求目的，指定参考书，一章讲完，检查是否达到要求，学生看参考书多少 2. 四分之三时间课堂讲授 3. 四分之一时间课堂讨论 4. 必要时结合参观教学
教材及 参考资料	1. 自编讲义，但不印发，由学生做笔记，计划全部讲完后再印发全部讲义 2. 主要参考书及次要参考书，名目繁多不列举
实习或实验	1. 期中曾举行旅行教学一次，旅行大观楼，结合大观楼长联及大观楼之修建讲述云南民族历史及回族起义受统治阶级压迫故事，引起学生对本门功课兴趣 2. 暑假结合生产实习，赴兄弟族区实习
备注	本课程原为 12 学分，两年教完（二至三年级）因上学期思想改造未开课，故缩为三个学期教完，减为 9 个学分

民族调查

课程名称	民族调查	学时		学分	三	院系	社会系	年级	二
必修或选修	民族组必修	全年或学期课程		全年课程，但上学期未开，暂作学期课程		担任教员		杨堃	
教学目的	使学生能掌握民族调查的理论、方法和技术，以便能在民族地区进行学术和调查研究工作；重点是云南兄弟民族的调查研究								
教学内容 及进度	1. 民族调查导论（三周） 2. 民族调查的方法和技术（五周） 3. 民族标本的搜集和整理（二周） 4. 民族调查的提纲（四周） 5. 如何写民族调查报告（一周）								
教学方法	课堂讲授，每周两小时 课堂讨论，每周一小时 小组讨论，每周一小时								

续表

教材及 参考资料	自编讲授提纲，主要参考资料为毛泽东选集；斯大林的著作；统计工作丛书；马恩列 斯思想方法论；罗森达尔　马克思主义辩证方法；云南时报；云南民族工作参考资 料；民族政策文件；干光远　怎样作调查研究和统计；白韬　怎样做调查研究工作
实习或实验	
备注	本课程原有课堂讨论及实习，系由刘尧汉负责，因刘尧汉离职（5 月 18 日），课堂 讨论由杨堃自兼，实习暂停，但暑假结合生产实习，后赴民族地区实习

原始社会史及人类学通论

课程名称	原始社会史 及人类学通论	学时		学分	三	院系	历史系	年级	一、二 两个年级
必修或选修	一年级必修 二、三年级选修	全年或学期课程		本系全年课程， 因上学期未开 暂改为学期课程		担任教员		杨堃	
教学目的	使历史系学生能掌握社会发展史第一阶段，原始共产主义社会的发生、发展和崩溃 的规律，及其在现代的情况和作用								
教学内容 及进度	1. 原始社会史导论：对象及其分期 2. 原始社会史的研究史和方法 3. 从猿到人 4. 原始民族 5. 民族部落公社的发展 6. 母系民族部落公社的繁荣 7. 从母系民族部落到父系民族 8. 父系民族部落公社的解体 9. 原始文化 10. 阶级与国家的产生 11. 从原始文化到文明 12. 在帝国主义与无产阶级革命时代原始社会的命运 13. 中国少数民族及其文化 14. 云南省的少数民族及其文化 15. 总论								
教学方法	每周讲授 2 小时，小组讨论 1 小时，课堂讨论 1 小时，或每两周举行一次小组讨论 及课堂讨论，时间各为 2 小时								
教材及 参考资料	以尼克尔斯金著，庞龙译原始社会史一书为课本，参考马恩列斯有关的经典著作， 和其他人类学，中国民族史纲，民族事务委员会所即各种保密文件，人民日报，云 南日报等，以作补充								
实习或实验									
备注	小组讨论仍由魏尔志辅导，课堂讨论由杨堃、魏尔志等人负责								

· 337 ·

［《文法学院 1952 年度第二学期教学大纲》，云南大学档案馆藏，云南大学全宗，档案号：1952 - Ⅱ - 28］

云南大学一九五二年度第二学期考试时间表

7.21（星期二）上午：原始社会史及人类学通论、俄文、中国少数民族史（乙）

7.22 上午：云南民族史、民族调查、劳动政策与劳动立法

7.23 上午：中国少数民族史（甲）下午：统计学

7.25 下午：马列主义名著选读

7.28 上午：辩证唯物论

7.29 上午：劳动保险

7.30 上午：少数民族语言、语言学、企业管理

7.31 上午：俄文、大一英文

［《1952 年度第一、二学期授课时间表》，云南大学档案馆藏，云南大学全宗，档案号：1952 - Ⅱ - 17］

一九五三年度第一学期各系教材调查表

科目：工会工作及劳动行政　　系别及专业：社会系劳动组

年级：三、四　　学年或学期课程：学期　　每周授课时数：各六小时

1. 教科书

2. 讲稿：自编讲稿（未印发同学）

材料主要来源：1.《劳动》，中央人民政府劳动部出版；2.《工人日报》，工人日报社出版社；3.《中国工运》，中华全国总工会对内刊物

3. 提纲

4. 主要参考书：列宁论职工会、斯大林论职工会、"苏联工会实际工作教程"、云南省劳动局编"劳动"

5. 存在问题及困难：没有教科书，也没有国内其他大学的教材提纲作参考；对于课程内容应该包括些什么不明白

填表说明：

1. 如采用教科书，请将教科书的名称，著者，出版年月填明；

2. 如自编讲稿，请说明材料的主要来源；讲稿是否引发全部；

3. 如未写讲稿，只有讲授提纲时，亦请填明材料的主要来源；

4. 此表填好后，请在一月廿日前送交系办公室汇转教务科。

任课教师：袁绩藩

1954 年□月□日填

科目：云南民族史　　　系别及专业：历史系

年级：三　　　学年或学期课程：一学期　　每周授课时数：四小时

1. 教科书

2. 讲稿：编教材印发

3. 提纲

4. 主要参考书：未指定主要参考书

　　　　　　搜录史料参考用书、名目较多、已印发史料目录

5. 存在问题及困难：本学期教学小组未能如计划进行，没有得到集体教学的效果

填表说明：

1. 如采用教科书，请将教科书的名称，著者，出版年月填明；

2. 如自编讲稿，请说明材料的主要来源；讲稿是否引发全部；

3. 如未写讲稿，只有讲授提纲时，亦请填明材料的主要来源；

4. 此表填好后，请在一月廿日前送交系办公室汇转教务科。

任课教师：

1954 年□月□日填

科目：原始社会史及人类学通论　　系别及专业：历史系

年级：一　　　学年或学期课程：全年　　每周授课时数：二小时

1. 教科书

2. 讲稿：自编讲稿

3. 提纲

4. 主要参考书：尼科尔斯基著，原始社会史；恩格斯，家庭私有财产和国

家的起源；从猿到人；斯大林，马克思主义与语言学问题

5. 存在问题及困难：尼科尔斯基著所著原始社会史一书，译文没有错误，但因俄文必看不懂

  原始社会史的教材主要是大学新世界民族志两方面的，没有实物，标本及照片教材，全凭口讲，教学效果受到限制。

填表说明：

1. 如采用教科书，请将教科书的名称，著者，出版年月填明；
2. 如自编讲稿，请说明材料的主要来源；讲稿是否引发全部；
3. 如未写讲稿，只有讲授提纲时，亦请填明材料的主要来源；
4. 此表填好后，请在一月廿日前送交系办公室汇转教务科。

任课教师：杨堃

1954 年 1 月 18 日填

[《本校各系教材调查表》，云南大学档案馆藏，云南大学全宗，档案号：1953 - Ⅱ - 16]

云大社会学系 1953 年课表

科目	学分	开课学期	授课教师	备注
劳动政策与劳动立法		三年级	李慰祖	采用苏联课本、参考苏联教材
劳动行政		三、四年级	樊子诚 袁绩藩	采用苏联课本、参考苏联教材
工会工作		三、四年级	何波 袁绩藩	采用苏联课本、全参考苏联教材
工业统计		三、四年级		采用苏联课本、参考苏联教材、全参考苏联教材
中国少数民族史		三年级	江应樑	采用苏联课本、参考苏联教材
中国少数民族语言（上）		三年级	傅懋绩 徐琳	采用苏联课本、参考苏联教材、全参考苏联教材

续表

科目	学分	开课学期	授课教师	备注
马列主义 民族理论		三四年级	侯方岳	采用苏联课本、全参考苏联教材
西南民族史		四年级	江应樑	采用苏联课本、参考苏联教材
中国少数民 族语言（下）		四年级	傅懋绩 周耀文	
云南民族史		四年级	方国瑜	

1953 年社会系 2 个教研组。

社会系民族教学小组：杨堃（负责人）、江应樑、方国瑜、龚荣星。

劳动政策工会工作教学小组：袁绩藩、何波（兼任）、樊子诚（兼任）、马雪如、陈宝珠。

［《1953 年课表》，云南大学档案馆藏，云南大学全宗，档案号：1953 – Ⅱ – 38］

云南大学一九五三年度上学期教学大纲

中国少数民族史

课程名称	中国少数民族史	学时	三	学分	三	院系	社会系	年级	三
必修或选修	必	全年或学期课程		三学期		担任教员		江应樑	
教学目的	经长期的民族压迫和反抗斗争的史实，正确了解中国各少数民族的历史发展，对大民族主义及历代反动统治压迫的斗争，和光荣的劳动创造果实——民族文化等事绩，结合到解放后各民族的进步发展，作一对比，显示兄弟民族的光荣前途和祖国伟大的成就								
教学内容 及进度	本学期仍接着上学期讲授； 上学期已讲完两个单元：①总论；②蒙古民族史 本学期计划讲三、四单元，内容及进度见附页								
教学方法	1. 讲授为主，辅以课堂讨论，即每讲完一单元，举行一次课堂讨论 2. 经常向学生提问题，检查教学情况，结合应用五级计分法 3. 系统指定参考书，做阅读报告，适当给予课外作业 4. 举行一次教学实习								
教材及 参考资料	1. 自编讲义，由学生笔记 2. 编印参考书目录，发给学生								

续表

实习或实验	期中举行一次教学实习，参观清真寺，座谈云南回族历史
备注	

中国少数民族史科教学内容及进度附页

中国少数民族史教学时间分配表

（1953 年度第一学期）

单元	讲授内容	讲授时数	讨论时数
伊斯兰教 诸民族史		13	4
	伊斯兰教之传入与回族的形成	2	1
	长期的被压迫与坚强的反抗斗争	1	
	回民起义	3	1
	维吾尔族	2	
	哈萨克族	2	
	其他诸族	2	
	解放后的欢欣	1	2
东北民族史		10	3
	古代之东北民族	1	
	汉魏六朝东北民族之发展演变	1	
	契丹	1	
	女真	2	1
	满族	3	
	现时东北之少数民族	2	2
藏族史		14	4
	藏族之形成	2	
	奴隶社会时代	2	
	喇嘛教与封建统治	4	2
	帝国主义的侵略	2	
	和平解放后之西藏	2	
	藏族之其他支系	2	2
	总计	37	11
		48	

本学期上课时间 17 周，共 51 小时，较表列时间多 3 小时，作为应付临时事件之用。

云南大学一九五三年度上学期教学大纲

西南民族史

课程名称	西南民族史	学时	三	学分	三	院系	社会系	年级	四
必修或选修	必	全年或学期课程		全年		担任教员		江应樑	
教学目的	初步掌握比较全面系统的西南各少数民族经历史发展到目前现状的一般知识，也知道一些研究民族历史的方法，并能批判一些不正确的资料，这样，一方面为将来进一步深入研究打下基础，另一方面能逐步的应用历史发展的知识，结合政策理论、民族语言、生活现状进行民族分类的研究								
教学内容及进度	（见附页）								
教学方法	1. 课堂讲授为主，教员自编讲义，由学生笔记；每讲一单元之先，讲明本单元目的要求、内容要点 2. 讲完一单元，举行一次课堂讨论；平时指定适当的课外作业，并训练学生阅读参考书能力 3. 本学期中举行一次教学参观，（结合云南回族史），寒假举行一个月的生产实习 4. 采用五级记分法，经常检查教学成绩								
教材及参考资料	自编讲义。 另编参考资料目录，印成小册，发给同学								
实习或实验	1. 学期中举行一次教学参观实习（参观清真寺，座谈云南回族史） 2. 寒假举行生产实习，由民委会领导赴兄弟民族地区实习一个月								
备注									

西南民族史科教学内容及进度附页

西南民族史教学时间分配表

（1953年度第一学期）

单元	讲授内容	讲授时数	讨论时数
目的和方法		2	
西南民族现有支系和分布		5	1
	种族、民族、部族、名称的形成	1	
	西南各民族名称及主要支系	2	
	民族分布及地理特征	2	1

续表

单元	讲授内容	讲授时数	讨论时数
		8	2
从历史上看西南民族的发展	西南民族的来源	1	
	东晋以前之西南民族	1	
	唐宋时代之西南民族	2	
	明代土司制度与清朝的改土归流	2	
	国民党反动时代的民族高压	2	2
		10	2
民族特征	民族特征及其形成	1	
	西南各民族社会发展阶段	2	
	从经济生活上看各民族的特征	3	
	语言及文字的民族特征	2	
	宗教、艺术及生活上的民族特征	2	2
第一部分结论		2	2
		10	2
藏族史	民族文化的长成及其与汉族文化的关系	2	
	宗教及其对民族生活所产生的影响	3	
	帝国主义的侵略与蒋匪帮的毒害	2	
	解放后的西藏	2	
	藏族的其他支系	2	2
课堂实习			2
总计		37	11
		48	

本学期上课十七周共 51 小时，教学计划所需时数 48 小时，多余 3 小时灵活掌握应用。

云南大学一九五三年度上学期教学大纲

劳动行政

课程名称	劳动行政	学时	三	学分	三	院系	社会系劳动组	年级	三、四
必修或选修	必	全年或学期课程		学期		担任教员		樊子诚、袁绩藩	
教学目的	使学生明确保护劳动发展生产的方针以及如何贯彻政府劳动政策法令								

续表

教学内容 及进度	1. 劳动政策与劳动部任务　　　　　第 1 ~ 3 周　　　3 周 2. 省、市劳动局及各科室组织及任务　第 4 ~ 7 周　　　4 周 3. 劳动局与国营企业组织关系　　　第 8 ~ 9 周　　　2 周 4. 劳动局与工会及其他方面关系　　第 10 ~ 11 周　　2 周 5. 调查问题（公私关系与劳资关系）　第 12 ~ 14 周　　3 周 6. 工资问题　　　　　　　　　　　第 15 ~ 17 周　　3 周 <div align="right">共 17 周</div>
教学方法	以樊子诚同志讲授为主，在樊子诚同志因公缺课时由教学小组向同学作补充报告或领导同学对所将材料及其他参考文件进行研究讨论 将同学分为小组，指定教员进行辅导 采用五级记分制，着重平时成绩
教材及 参考资料	中央人民政府劳动部编《劳动法令汇编》 云南省劳动局编《劳动法令手册》
实习或实验	省劳动局有工作总结报告时劳动组师生出席旁听
备注	樊子诚同志现任云南省劳动局副局长，公务繁重，不能经常每周到校上课，因而成立"工会工作及劳动行政教学小组"来加强辅导

<h3 align="center">劳动政策与劳动生活</h3>

课程名称	劳动政策与 劳动生活	学时	三	学分	三	院系	社会系 劳动组	年级	三
必修或选修	必	全年或学期课程		学期		担任教员		李慰祖	
教学目的	使学生充分体会人民政府劳动政策基本精神，明确劳动政策的目的与要求以及劳动政策与劳动立法在全国各地执行的情况与效果								
教学内容 及进度	1. 本课程教学目的与要求 2. 资本主义制度下与社会主义制度下劳动状况之对比 3. 劳动政策与劳动部任务 4. 劳动力调配 5. 失业救济和全面救济 6. 工资问题 7. 劳动犯罪 8. 厂矿民主管理 9. 集体合同 10. 劳资问题 11. 增产节约								
教学方法	1. 以讲课为主，适当地举行小组讨论 2. 单元制讲授，每单元讲授毕，小结一次								

续表

教学方法	3. 指定参考资料 4. 填写学习日志（另有表格） 5. 考试采用五级记分制
教材及 参考资料	中央人民政府劳动部编《劳动法令汇编》及其他参考资料
实习或实验	在省劳动局或省总工会有工作总结报告时师生出席旁听
备注	李慰祖同志参加政治经济学教研组并任讲课教员

工会工作

课程名称	工会工作	学时	三	学分	三	院系	社会系劳动组	年级	三、四
必修或选修	必	全年或学期课程		学期		担任教员		何波、袁绩藩	
教学目的	使学生明确工会组织在新民主主义国家政权下的法律地位与职责及工会在国家建设时期应有的作用及工会工作方法。								
教学内容 及进度	1. 工会组织问题　　　　　　第1~5周　　　　　　5周 2. 工会生产问题　　　　　　第6~9周　　　　　　4周 3. 工会文教工作　　　　　　第10~12周　　　　　3周 4. 工会财务工作　　　　　　第13~14周　　　　　2周 5. 工会女工及工厂工作　　　第15周　　　　　　　1周 6. 工会青工工作　　　　　　第16~17周　　　　　2周 　　　　　　　　　　　　　　　　　　　　　　共17周								
教学方法	以何波同志讲授为主，在何波同志因公缺课时由教学小组向同学作补充报告或领导同学对所讲材料及其他参考文件进行研究讨论 将同学分为小组，指定教员进行辅导 采用五级记分制，着重平时成绩								
教材及 参考资料	戈列金教授：苏联工会实际工作教程 苏联工会组织工作经验 五三工厂工会工作经验								
实习或实验	省总工会有工作总结报告时劳动组师生出席旁听								
备注	何波同志现任云南省总工会副主席，任务繁重，不能经常每周到校上课，因而成立"工会工作及劳动行政教学小组"来加强辅导								

[《1953年度教学大纲》，云南大学档案馆藏，云南大学全宗，档案号：1953-Ⅱ-064]

马列主义民族理论教学大纲

第一年学习计划

一、概论

二、马克思主义关于民族问题的原则——列宁□斯大林关于民族问题民族政策的理论根据

三、"民族"

四、民族问题与民族运动

五、民族问题的提法

六、俄国十月革命前的民族情况与布尔什维克底民族政策的制订——列宁斯大林底①民族问题理论与民族政策的发展

七、苏联在过渡时期如何处理民族问题——十月革命后民族政策的执行，从自由分离到自由联合，从法权平等到事实平等

八、反大民族主义与狭隘民族主义

九、各民族和各民族语言的未来

（以上半年）

十、解放前中国的社会历史情况、民族情况、内外关系

十一、中共民族政策的发展，民族区域自治实施纲领的研究

十二、过渡时期民族问题方面的任务——各少数民族如何过渡到社会主义

十三、云南的边疆民族情况

十四、民族上层统战工作与发动群众问题

十五、培养民族干部问题

十六、民族区域自治政策推行的经验

十七、民族区发展文化教育事业的研究

十八、少数民族的宗教信仰问题

（以上半年，合计一年。）

第二年学习计划

各民族情况的调查研究、社会发展史：

　　傈僳族区、卡瓦族区、景颇族区、凉山彝族区、藏族区、拉枯族区、傣族区、爱尼族区。

---

① 现做"的"，编者注。

社会系小组讨论学校工作计划大纲所提出的问题调整

（一）关于基本情况和要求

1. 计划大纲上所谈，同学们的基本情况有两种：一种是急躁，另一种是消极等待。本组认为尚有部分同学有惶恐情绪，尤其是四年级的同学为多。

2. 大纲上写"在学校行政事务方面，……过去拖沓现象尚未彻底改正，工作效率尚未显著提高"。

本组认为"彻底改正"不恰当，"显著提高"亦不恰当，只能说基本改正。

3. 行政部门的人员有配备极不恰当，有的人太怪，有的人无事可做，而且许多人业务水平太低。

4. 谈到教学上质量的变化，用成绩能百分百来说明解放后质量的提高是不正确的，而且恰恰是计划大纲上所列举各年级的情况是矛盾的。

（二）关于本学期主要的任务

1. 培养师资还应增加一条"争取送年轻教师去外面学习"。

2. 为达到培养师资，减少助教的事务工作，发配给各院酌量增设事务员一人。

3. 各系办公时间，最好能由学校行政统一划一，而且照顾助教的作息时间，办公时间最好规定一小时（收发室送通知最好能在系办公时间内）。

4. 关于健康问题，应扩大校医室。

5. 说课设备应该扩充。

6. 学校主要干道争取铺成三合土。

7. 注意校容，不要乱贴标语，旧标语、布告应随时扯去。

8. 卫生工作应该是经常的，不是突击的。

9. 同学宿舍组织清洁比赛，并应经常保持清洁。

10. 同学洗衣晒衣最好能规定一定的区域。

11. 礼拜六文艺晚会，全校集中大课堂不恰当，容纳不下。应该开放各教室，适当的让各系自己组织小型的晚会，或由学校行政掌握开数个小型晚会。

（三）作息时间本组一致同意第二种。

（四）本组建设后本学期进行预案如下：

七月十八日——停课。

七月廿日至廿五日——期终考。

七月廿七日至卅一日——教学总结与生产实习准备。

［《教务处（科）1953年全校性的工作计划、总结》，云南大学档案馆藏，云南大学全宗，档案号：1953 - Ⅱ -037］

教务处通知

一、兹将中央高教部（53）综文杨字第一一五号指示中有关修订教学计划应注意事项印发希在修订教学计划工作中参考：

1. 根据培养目标及时间，结合师生条件，全盘计划课程的开设。可将不急需的或过深的理论课程予以删除，一部分可学可不学的课程改为加修（有条件则设，有力量者可选），性质相近的课程予以合并，个别两学期开的课集中在一个学期，以减少课程门数及教学时数。但必须注意每门课程的科学体系，并保留本专业所必需而目前尚无条件开设的课程，以积极准备条件，保证完成专业培养任务。

2. 严格注意各课程之间的相互联系配合，以保证教学计划之整体性、系统性。课程之排列必须掌握"在广泛而全面的理论知识基础上进行专门课程的训练"的原则，普通基础课不能减的太多，以免影响培养出来的人才的理论基础。

3. 根据实际情况，合理地安排教学时间，使课堂讲授、实验、课程设计、课堂讨论、考试、毕业论文及课外自修等各方面有适当的配合。其中，上课时间（包括政治课、俄文课、体育课及实验课堂讨论在内），一般为每周三十小时，最多不得超过每周三十二小时；自习时间每日三至四小时，每周为十九至二十一小时，以避免学生负担过重。在安排每学期周时数时，一年级的时数应多些，以便教师在讲课及课堂实习中能多给同学们以帮助，以培养同学独立思考能力；实验及实习部分不应减少，以达到理论结合实际。

此外，我部编印的高等教育通讯中有关修订教学计划的报告，也可作各校 在具体修订教学计划时的帮助，希各校参考。

二、旧生补考注册选课日程如下：

九月九日至十一日　　　　　　补考

十日　　　　　　　　　　　各院系交本年度课程表

十二日　　　　　　　　　　各教师交补考成绩

十三日	（一）决定留级学生名单（二）将主修科一科不及格同学姓名成绩并送有关院系讨论
十五日	开学
	（一）通知有关院系留级同学名单
	（二）公布注册选课日期及办法
十六日至十八日	注册
十六日	召集各班主席开会说明集体选课办法、发给院系选课表格
十七日	公布课程时间表
十九日	发给教师授课时间表
廿一日（星期一）	旧生开始上课

[《各系教学计划、工作制度执行情况》，云南大学档案馆藏，云南大学全宗，档案号：1953-Ⅱ-040]

历史系工作情况

依据系工作及教研组工作暂行条例，结合我系工作情况，谨作初步的检查。

一　行政工作情况

（一）我系结合条例精神，分别推进系的工作，在系主任的领导下，初步实行分工负责，教学秘书协助系行政，推动及检查教学工作，提出改进意见。政治辅导员，尚未派充，对于学生生活及思想指导工作，做得不够，拟请派定以利工作进行，行政干事，按照职权范围，逐步配合工作，惟因自原社会学系民族组并入我系后，业务较多，而文法学院四系及政治课教研室各组只设工友一人，对于送达公文，联络送达工作，多由行政干事办理，影响工作推进。拟请根据目前及将来开展需要，再设事务员或练习事务员夷人，协助系行政干事本里事务工作。

（二）我系现有三个教学小组（中国史、世界史、西南民族史三教学小组）系行政负责人员，因本身教学及行政工作较繁，对于各教学小组工作的推动，如学习先进科学经验，加强集体主义精神，培养师资，储备专才等，未能抓紧，今后对这方面必须加强，以资策进！

（三）系工作暂行条例规定，印发教材讲义，教学资料等，须经系主任审核后，方能付印，实行起来较为困难，为便于工作进行，采取下列方法：①凡属教学小组教师，所印教学资料，须经教学小组同意后，方能付印；②未属教学小组教师，所印教学资料，由系主任审核或委托有关教学小组审核，再为付印。

二 教学小组情况

（一）我系现尚未设教研组，仅有三个教学小组，（中国史，世界史，西南民族史教学小组）具先搞一门功课的教学改革工作，与教研组工作条例精神，工作上尚有不少缺点亟待进一步的推进。

（二）本学期中国史小组、世界史小组、西南民族史小组，虽写教学提纲，编印教学资料、图表等，并集体审订教材，提出可行意见但与集体备课，举行试讲或座谈会等交流教学经验之要求，尚有若干距离，今后必须向这个目标，作更大的努力，为交流教学经验，改进教学，拟在本学期内举行专题研究及交流教学经验会各一次，俟取得经验后，再为推广。

（三）科学研究，除系方布置者外，各组亦结合其教学需要，分别进行，为西南民族史教学小组，以审订教材，改革教学内容及方法，为本学期的科学研究中心工作。

（四）师资培养工作，中国史小组现有助教二人，已订出培养计划，在小组指导下，按照计划，搜集资料，施行编拟讲义，共同修订在一定的基础上，培养其向专门化途径前进，惟指导工作，不够抓紧、全面，尚须改进，西南民族史教学小组现有助教一人，虽订出少数民族语言进修计划，但因指导人员，系校外兼课教师，亦未能抓紧指导工作，亟待克服困难。

（五）西南民族史教学小组，本学期先搞"西南民族史专论"，虽与省博物馆采取初步联系，解决了教学实习上一些问题，但因该科涉及范围较广，且乏系统专著，故补充必要资料，尚受一定的限制，为结合教学需要，及为成立汉族意外民族史专业创造条件，拟成立资料室派定专人，负责进行（附成立计划、请予核定），以应需要。

附成立西南民族史资料室计划及意见一份。

设置西南民族史资料室工作计划及意见

（一）理由

结合教学，进行西南民族史科学研究，为将来成立汉族以外民族史专业创造条件，并为全校展开面向兄弟民族工作，准备资料，特成立西南民族史教研室。

（二）工作

1. 搜集和整理

（1）整理前社会学系研究室（包括魁阁研究室）的图书资料（现存于我校图书馆）及西南文化研究室图书及研究资料，与图书馆收藏有关西南民族问题的专门书刊图表杂志报纸等，并将其集中于资料室，编就目录，以备全校师生参考。

（2）搜购及征求捐献，有关民族问题的书刊杂志报纸历史文物等，以应教学及研究需要。

（3）与有关业务机关及学校团体（如省民委会、省边工委会、省民族学院及博物馆、图书馆、以及中央民族学院，中国史学会等）采取经常联系，交流资料。

2. 编纂资料

（1）编辑西南民族问题论文索引。

（2）摘录西南民族史资料（如廿四史、九通等书）。

（3）抄录有关民族史全本、孤本、图书。

（4）收集云南历史文物资料。

（三）人事配备

进行搜集、整理、编目、管理及联络等工作，目前急需专职干部至少一人，请予配备，以资进行。

此上

教学秘书

系主任□□核转

教务处

秘书长 寸

副校长 李

西南民族史教学小组 杨堃 谨签

一九五四年五月六日

［《各系教学计划、工作制度执行情况》，云南大学档案馆藏，云南大学全宗，档案号：1953－Ⅱ－040］

关于开学前修订教学计划的部份情况

在开学前各系修订教学计划时，有几个系（农学系、矿冶系、经济系、以及机械系主任赴渝开会）未能按时作，其余的系在修订教学计划中有两三系解决了培养目标的问题，如农学系在修订教学计划时明确了农学系是"培养具有广泛的农学科学和领导农学生产能力，并专长新农作物的耕作，栽培和选育两种的理论和技术的高级干部，为发展农学生产，保证粮食和工农原料的共赢而服务"。但现在系内同人对于重点意见还不一致，有的强调农作物的耕作，有的强调广泛农学科学的知识。又如外语系，几年来对培养目标都不明确，特别自去年暑假后摇摆于英俄文之间，结果在同学间造成了"英文名为主要，实为次要；而俄文名为次要，实为主要"。形成两个重点，学习情绪不甚安定。经过修订教学计划，明确了外语系是为了"培养西方语言文学的研究人员"，所以对所开课部分调整，靠近英国语言文学专业来开设课程。这两系是在这次修订教学工作中比较突出一点。

教务处通知　一九五四年二月八日

根据我校寒假工作计划，二月八日至十四日各院系组修订教学计划教学大纲，兹经校务工作会议决定拟出修订的原则及注意事项提供参考。

即请 查照办理为荷。

此致

院系

附修订教学计划教学大纲的原则及注意事项

修订教学大纲的原则及注意事项

一、修订教学计划及教学大纲的三个原则：

1. 在原有基础上作适当的修订；

2. 在符合专业要求的原则下，适当地注意师生健康；

3. 在教学的政治目的上必须贯彻总路线的精神以适应国家建设的需要。

二、修订教学计划应注意事项：

1. 注意中央国家规定的课堂时数、授课时数和学习的总时数的规定；

2. 各课程的课外作业所需的时间应有适当的分配，临时测验，辅导复习，在方式方法上，及实践安排上均须有具体的规定；

3. 注意系与系间及本系课间的联系；

4. 三、四年级仍须上体育课，其因靠近专业开课而在时间安排上有困难者经教务处批准可以免修。

三、修订教学大纲注意事项：

1. 教学的目的性必须明确；

2. 重点必须突出；

3. 从学生的接受能力出发，在不打乱科学系统的原则下适当精简材料内容。

四、各系组根据自己具体情况，尽可能制订检查教学进度的办法。

五、二月十五日以前各院系将修订教学计划教学大纲的具体情况，书面会报教务处。

附注：

1. 一九五三年度下学期订于二月十八日开学，二月十八日至二十日注册补考，二月廿二日上课，六月廿六日本学期功课结束，六月廿八日至七月十七日考试，总计本学期上课十八周，考试三周，共廿一周；

2. 修订时可参考我处去年九月印发的中央高教部（53）综文杨字第一一五号指示及高教通讯第十二期天津大学关于修订教学大纲的意见一文。

1952 年度第二学期期中小考成绩统计表

文法学院社会系劳动组　　　　　　　　　　　　　1953 年 6 月

年级 \ 科目	90分以上	80分以上	70分以上	60分以上	不及格 50分以上	不及格 49分以下	缺考	共计	备注
二、三 工人运动		3	10	8	3			24	
三 劳动保险	1	1		3	1		1	7	苏开明因病缺考
三、四 企业管理	2	7	2				1	12	11
三、四 劳动政策与劳动立法							1	12	11
三 马列名著选读	3	1	2				1	7	11
二 辩证唯物论		11	4	2				17	

续表

人数＼年级　科目	90分以上	80分以上	70分以上	60分以上	不及格 50分以上	不及格 49分以下	缺考	共计	备注
二　统计		1		1	2	13		17	
二、三、四　会计								29	成绩尚未交来
四　成本会计								3	成绩尚未交来
俄文									参看民族组

注意：缺考学生请在备注栏内注明"姓名"及"原因"。

文法学院社会系民族组　　　　1953年6月

人数＼年级　科目	90分以上	80分以上	70分以上	60分以上	不及格 50分以上	不及格 49分以下	缺考	共计	备注
二　民族调查		2	6	2	1			11	
二　语言学	2	3	3	3				11	
三、四　少数民族语言	2	10	2	2				16	民三12人，民四3人，中文系四年级王金珠1人
二　中国少数民族史	4	2	1	2				11	
三　中国少数民族史		4	6	2				12	
三　马列主义名著选读		1	3	1				5	
三　辩证唯物论		2	7					9	
二、三　考古学通论	1	2	4	1	2	5		15	
二　民族政策									成绩尚未交来
二、三、四　俄文（第6组）			3	3	1	2		9	民族劳动两组全有
二、三、四　俄文（第21组）	12	6	6	3				27	尚有来那个组，未将成绩交来

注意：缺考学生请在备注栏内注明"姓名"及"原因"。

社会系学生期中考试总结（江应樑）

一、从此次考试中发现日常学习中存在的问题

　　1. 大多数同学未看完先生所指的主要参考书。

　　2. 上课时多数同学对自己不感兴趣的课不专心听讲（如考古学、民族调查）。

　　3. 下课后即把笔记丢一边，一直到考试才翻翻。

　　4. 多数同学对学习不太安心，时常想着并院系。

二、对考试的看法及对考试的准备

　　1. 考试期中大多数同学在思想上很紧张，也有些同学是为考试而考试的。

　　2. 有个别的同学对"考古学"是有意识的考坏，其思想是考好了并历史系。

　　3. 多数都是临时抱佛脚，有个别的到考时连笔记都未看完。

　　4. 集体复习未做到，都是各准备各的，帮助也很差。

三、考试中的纪律情况

　　1. 全系同学只有一人未参加此次考试（因病请过假）。

　　2. 考期中有少数同学开夜车，及有几节课不上。

　　3. 考期中参加文体活动及早操的只有 3/5 人（全系共 55 人）。

　　4. 考试。期中除个别同学外，普遍不睡午觉。

　　5. 有两个同学到临时不参加考试（二科一人，一科一人）。

　　6. 考试中有个别同学不大遵守考试纪律，如看别人卷子一眼（不是作弊）。

　　7. 由于不遵守作息实践又加上紧张的温课，所以很多同学都感到眼花。

四、对于今年大考的几点建议

　　1. 考前要给予一段温课时期，最好是三天。

　　2. 每隔一天考一科，最好在上午考。

　　3. 考前请先生有系统地帮助学生辅导一次。

　　4. 试题不要脱离实际。

　　5. 考试中先生不能启示（如有 21 组俄文先生、少数民族语言先生启示）。

五、其他

　　大二俄文（岑纪先生教）的期中考，无一人及格，同学总是跟不上，应设何办法补校之。

六月廿六日晚

［《1953 年各系期中考试总结》，云南大学档案馆藏，云南大学全宗，档案号：1953 - Ⅱ -042］

云南大学社会系一九五三年度上学期教师职务及课程简表

姓名	职别	专任或兼任	课程			专长	正在从事的著作及研究工作	附注
			名称	学分	注			
杨堃	教授兼系主任	专任	人类学	3			（一）中国西南兄弟民族调查研究（二）恩格斯著《家族私有财产及国家的起源》之注释及研究	
			专题调查研究	3	注			
江应樑	教授	专任	中国少数民族概况	3	注		正从事云南兄弟民族种族分类之研究及著作	兼政治课教研组工作，并协助云南省民委会调查研究工作
			中国社会分析	3	注			
金琼英	教授	专任	辩证唯物论	2	注		正从事马列主义哲学之研究	
			马列主义名著选读	3	注			
			社会科学概论	3				
袁绩藩	副教授	专任	劳动统计	3	注		研究劳动统计与劳动保护	现正在农村参加土改工作
			劳动保护	3	注			
石堉壬	讲师	专任	家庭与婚姻	2	注		原从事合作事业、劳动保护、家庭与婚姻之研究	现已调到北京（中国）人民大学学习
			劳动保险	3	注			
李慰祖	讲师	专任	马列主义民族理论	2	注		研究马列主义	兼任本校人事室主任及政治课教研组工作
			工人运动	3	注			
陈年榜	助教	专任	普通统计学	3	注		研究统计学、工资与生产之研究	现正在农村参加土改工作
			工资与生产研究	3	注			

续表

姓名	职别	专任或兼任	课程			专长	正在从事的著作及研究工作	附注
			名称	学分	注			
刘尧汉	助教	专任	世界民族志	3	注		从事社会调查与研究	现正在农村参加土改工作
			社会调查与研究	3				
傅懋勣	中国语文系教授	专任	语言学	3	注			
			少数民族语言	3	注			
马曜	副教授	兼任	中国民族问题与政策	3	注			
马雪如	助教	专任	人类学实习				学习人类学及社会发展史	
			一年级政治辅导					
魏尔志	助教	专任	统计学实习		注		学习统计学、政治经济学及计划经济学	现暂代社会调查与研究实习
			二、三、四年级政治辅导		注			
（人选未定）		劳动行政与工会工作	3		注			
（人选未定）		劳动行政与劳动立法	3		注			

附注：（1）凡课程抿成后有"注"字者，均是二、三、四年级课程，因学生去参加土改，暂时停用；

（2）刘尧汉先生因下乡参加土改，所授"社会调查与研究"一课，由江应樑先生暂代。

［《云南大学沿革中社会系》，云南大学档案馆藏，云南大学全宗，档案号：1954 - Ⅱ -01］

社会系一九五三年度第一学期工作日程表

一九五三

（一）九月廿五日（星期五）午后三时，系务会议，主要内容：

    1. 讨论并审定各科教学大纲；

    2. 讨论并通过"工会工作及劳动行政"教学小组工作计划及日程表；

3. 讨论并通过民族组教学小组工作计划；

4. 讨论并通过全系教学计划，工作计划及日程表；

5. 对我系修订教学计划作出小结。

（二）九月廿六日（星期六）将上次系务会议通过的各种计划缮交教务处。

（三）十月五日（星期一）第二次扩大校务工作会议。

（四）十月六日（星期二）系务会议主要内容：

1. 第二次扩大校务工作会议的传达报告；

2. 检查自开学以来的教学情况及存在问题。

（五）十月十二日（星期一）下午三时，召开的两组教学小组联席会议主要内容：

1. 讨论并通过寒假生产实习计划缮交教务处；

2. 漫谈教学经验。

（六）十月廿六（星期一）第三次扩大工作校务会议。

（七）十月廿七日（星期二）系务会议主要内容：

1. 第三次扩大校务工作会议传达报告；

2. 结合我系具体情况，对学习苏联考试制度及五级记分法作出实际可行的决定；

3. 检查三周来的教学工作；

4. 讨论并通过我系两组参加生产实习的师生名单，填交教务处。

（八）十一月五日（星期四）下午三时，两个教学小组联席会议：

1. 讨论并通过我系培养师资的进行情况，书面报告教务处；

2. 讨论学习苏联考试制度的报告，并做出书面小结报告教务处。

（九）十一月十六日（星期一）第四次扩大校务工作会议。

（十）十一月十七日（星期二）听取江应樑同志关于五级记分法的具体方法报告。

（十一）十一月廿四日（星期二）下午三时系务会议主要内容：

1. 第四次扩大校务工作会议的传达报告；

2. 讨论五级记分法的具体方法报告并将讨论结果书面汇报教务处。

（十二）十一月廿六日（星期四）下午三时两组联席会议，检查教学效果并适当修订教学计划及教学大纲，应于十一月二十八日书面交教务处。

（十三）十二月一日（星期二）教务处召集各系主任商讨试行苏联考试制度及五级记分方法。

（十四）十二月七日（星期一）第五次扩大校务工作会议

（十五）十二月八日（星期二）下午三时系务会议主要内容：

    1. 传达扩大校务工作会议报告；

    2. 讨论并通过寒假生产实习提纲于十二月十日交教务处；

    3. 准备两组教学经验交流会。

（十六）十二月十九日（星期四）下午三时，两组教学经验交流会，检查教学方法改进的情况，于十二月十九日书面报告教务处。

（十七）十二月廿日（星期二）下午三时，教务处召集各教研组负责人开会商讨布置教学经验交流大会。

（十八）十二月廿八日（星期一）第六次扩大校务工作会议。

（十九）十二月廿九日（星期二）系务会议，主要内容：

    1. 传达扩大教务工作会议报告；

    2. 讨论新的考试制度及五级记分法；

    3. 讨论暑假生产实习计划。

一九五四年

（二十）一月七日（星期四）全校教学经验交流大会。

（二十一）一月九日（星期六）午前或一月八日（星期五）召开临时两组联席会议：

    1. 讨论并做出试行苏联考试制度及五级记分法的小结；

    2. 讨论并通过两组暑假生产实习计划；

    3. 讨论全校教学经验交流大会的收获，并做出小结。

（二十二）一月十六日（星期天）本学期课程结束（本日照常上课）。

（二十三）一月十八日（星期一）第七次扩大校务工作会议；考期开始（四年级本周内考完）。

（二十四）一月十九日（星期二）下午三时系务会议：

    1. 传达第七次扩大校务工作会议报告；

    2. 讨论生产实习的具体问题；

    3. 检查本学期的教学工作。

（二十五）一月廿六日（星期二）下午三时，请江应樑同志对全系四年级同学做有关生产实习的报告。

（二十六）一月廿九（星期五）召开临时系务会议：

    1. 讨论并通过本学期教学工作总结；

2. 讨论生产实习具体问题；

3. 讨论下学期的教学工作计划问题。

（二十七）一月卅日（星期六）方仲伯同志关于生产实习的思想教育报告。

（二十八）二月一日（星期一）：

1. 第八次扩大校务工作会议；

2. 寒假开始；

3. 生产实习开始。

（二十九）二月二日（星期二）本学期最后一次系务会议：

1. 传达第八次扩大校务工作会议；

2. 讨论并通过本学期教学工作总结。

［《一九五三年度下学期教学计划》，云南大学档案馆藏，云南大学全宗，档案号：1954 – Ⅱ –012］

社会学系一九五三年度教学计划

（一九五三年九月二十五日制定）

我系分为民族与劳动两组，两年来均未招生，现仅有三四两年级，每组均于 1953 年初拟订专业计划呈交西南高教局，但始终未得到上级批示，所以在本年度订教学计划时，因为没有专业课程标准可供参考，故仅能根据我系具体情况，现有师资及毕业生发展方向（根据今年毕业生的工作分配情况；劳动组分到劳动局，民族组分到民委会）以制订本年度教学计划如下。

一、本年度所开课程及其目的

1. 民族组

本组教学之目的主要在为民族事务委员会培植民族地区的民族调查研究专业干部，其重点分为民族语言、民族史及民族政策三部分的调查研究工作，针对此目的。我组本年度所开的主要业务课有马列主义民族理论、中国少数民族语言（上）、中国少数民族语言（下）、中国少数民族史、西南民族史诸课，其中马列主义民族理论一课特请民委会王连芳同志担任，另有历史系所开的云南民族史、中国语文系所开的中国语言学等定为选修课，同学可任选一门。

另外尚有全校性政治课（政治经济学）及俄文（三年级必修，四年级选修）。

2. 劳动组

劳动组教学之目的在为劳动局及工会培植专业工作干部，针对此一目的劳动组本年度所开之业务课程有劳动政策与劳动立法、劳动行政、工会工作、劳动保险、劳动保护、劳动力调配、企业管理等课。其中重点课如，劳动行政及工会工作，为求得理论与实践相结合特聘云南省劳动局副局长樊子诚及云南省总工会副主席何波分别担任主讲工作。另外选经济系之工业统计及全校性之政治经济学及俄文等课（两组详细课程，任课教员及课程内容见课程表及课程教学大纲）。

二、成立教学小组

教学改革为全校目前及今后之中心任务，其中以成立教研组或教学小组为主要环节，我系虽然师资缺乏，条件较差，但经数次系务会议讨论后仍决定分别成立"工会工作及劳动行政教学小组"与"民族组教学小组"。成立教学小组之目的，在于改革教学内容及教学方法，交流教学经验，加强对同学之辅导，联系各课程内容，并培养师资。

关于教学小组之详细内容，分别见两个小组的工作计划。

三、关于教学内容及教学方法之改革

1. 教学方法

我系各课程在讲课时应配合同学程度、注意形象化讲授方法外，并决定加强课堂讨论及辅导，以巩固同学的学习效果。学校即将试行五级记分制及考试制度之改革，我系各先生决定学习并且采用。

2. 关于教材方面

我系自 1950 年起，部分课程（如统计学、原始社会史等）即曾逐渐采用先进教材，为吸取苏联先进教学经验起见，我系决定今后要尽量采取苏联及中国人民大学的教材，同时全系教员响应学校号召，本年度参加教员俄文学习。此外，并由报章杂志中搜集祖国在建设中的有关的实际资料编入讲义以丰富教学内容。

3. 加强理论与实际的联系

加强理论与实际联系的具体办法，一方面是与有关部门，云南民族事务委员会，云南民族学院，云南劳动局，云南省总工会密切联系，除聘请上述部门领导同志来我系任课外，民族教员杨堃、江应樑参加云南民委会研究室作研究工作，劳动组师生决定出席旁听云南省劳动局及云南省总工会的各项有关会议。

另一方面我系决定举行生产实习（四年级同学参加本年度寒假毕业生产实习，三年级同学参加明年暑假生产实习）。

四、培养师资

我系师资甚感缺乏，为完成将来教学任务起见，必须大力培养师资以便一两年后现有助教都能胜任开课，其具体培养方式如下。

1. 通过教学小组培养

劳动组现有助教陈宝珠、马雪如两人均参加工会工作与劳动行政教学小组，经过教学小组吸取教学经验，准备下学期开课。

民族组有助教龚荣星、胡桂秋两人，两人也确定参加民族组教学小组。

2. 师父带徒弟的方式

龚荣星培养的方向是兄弟民族语言，决定由傅懋绩教授负责指导协助，胡桂秋培养的方向俟胡桂秋到职后再确定。

我系助教四人均须拟订个人学习及进修计划交教学小组讨论确定。

3. 送往中国人民大学学习

拟在现有助教及四年级同学中选择条件适当者请学校于明年送中国人民大学学习，详细办法另拟。

五、生产实习

为求理论与实际能够密切配合起见，我系两组均确定四年级同学须于今年寒假参加寒假毕业生产实习，劳动组到工厂，教员四人参加；民族组到兄弟民族地区，教员二人参加，现正与有关部门商洽中，决于本年度以前拟出具体办法及实习计划。三年级同学将于明年暑假参加生产实习。

六、关于计划的检查工作

决定本学期举行期中检查两次，及时了解计划实施的情况，巩固成绩，并找出计划中某些部分未能完成的因素来进而消减这些因素，以便使计划能够顺利下去，在期末并须进行总检查一次，作纯教学总结来送交教务处审核。

关于检查时间由系主任确定。

附：我系开课表

附表一：社会系劳动组 1953 年度课程表

年级	课程名称	任课教员	每周学时	选修或必修	备考
三	政治经济学	戴钟珩	4	必	政治课
	劳动政策与立法	李慰祖	3	必	
	劳动行政	樊子诚、袁绩藩	3	必	
	工会工作	何波、袁绩藩	3	必	
	工业统计	余世箴	6	必	
	俄文		3	必	实习上课各三小时
四	劳动行政	樊子诚、袁绩藩	3	必	
	工会工作	何波、袁绩藩	3	必	实习上课各三小时
	工业统计	余世箴	6	必	
	俄文		3	选	外语系

附表二：社会系民族组 1953 年度课程表

年级	课程名称	任课教员	每周学时	选修或必修	备考
三	中国少数民族史	江应樑	3	必	
	中国少数民族语言（上）	傅懋勣	4	必	实习二小时讲课二小时
	马列主义民族理论	王连芳	3	必	
	云南民族史	方国瑜	4	选	历史系课程
	中国语言学	傅懋勣	4	选	语文系
	政治经济学	戴钟珩	4	必	政治课
	俄文		3	必	外语系课
四	马列主义民族理论	王连芳	3	必	
	中国少数民族语言（下）	傅懋勣	4	必	实习二小时，上课二小时
	西南民族史	江应樑	3	必	
	云南民族史	方国瑜	4	选	历史系课
	俄文		3	选	外语系
	中国语言学	傅懋勣	4	选	语文系

每生每周学时总计。

劳动组：

三年级 22 小时

四年级 12～15 小时

民族组：

三年级 17～21 小时

四年级 13～17 小时

［《文法学院社会系教学小组工作计划》，云南大学档案馆藏，云南大学全宗，档案号：1953－Ⅱ－059］

社会系一九五二年度第二学期教学总结（一九五三年八月四日）

I　一般情况

本学期教学工作是在思想改造的基础上开始的，在三月间开学后的两个星期内，即在全系的系务会议上讨论并通过了本学期的教学计划和每门功课的教学大纲，当时我们对于所拟的教学计划和教学大纲全都是满意的。但经过两个多月的教学经验，又根据教务处的号召，对于每门功课实际教学情况和全系总的教学情况所存在的问题作了一个全面的检查，发现许多不能切合实际的地方，因而又根据具体情况修正了每门课程的教学大纲，并以此为基础而修定了全系的教学计划。这是我们本学期的第一次检查工作。

修正后的教学计划和教学大纲是比较能切合实际需要的，在学校号召之下，系内每月工作都订有计划，同时学校又号召学习苏联先进经验，除听普希金教授报告的传达外，还阅读和讨论了许多有关改进教学的文件，并展开了业余政治学校的正规学习。本系同人对于这些学习，全以认真、严肃的态度，热烈的进行。这对于教学工作得到很大的帮助，但为我们的政治水平所限，仍然存在着许多缺点未能克服，通过六月间期中小考得到充分说明。

在期中考中发现许多问题，这些问题在期中小考总结内曾经呈报，兹不详述，这是我们第二次的检查工作。

根据小考总结发现问题后曾及时召开系务会议予以适当的处理，其详细内容已另见七月份工作计划，不再详述。

期中小考后由于业余政治学校的学习和对苏联先进经验的学习，一般同人的政治水平都得提高，业务上有了显著的进步，在期中小考中，所存在的问题几乎完全克服，唯有一部分课程如民族调查除在课堂上讲授外，还须与实习相结合。但因缺乏实习教员，实习未能举行，而暑假的生产实习也因本年特殊情况概未举行，这对于本系的教学工作是有很大的妨碍的。

经过最近业余政治学校学习的结束，每人所写的心得都能结合到业务上，同时又经过学期考试，对于教学质量乃又是作了第三次的检查工作。

总之本学期的教学工作经过这三次的检查，逐步得到提高和改进，最明显的标志是期末大考，学生们一般的成绩都有了显著的进步。

在订计划方面，五月初开始订计划，当时大家对于计划不够重视，订出的计划也颇空洞，流于形式，所以效果并不算好，六月份开始后特别是经过期中小考以后，对于按计划工作的体会就比较深入了，但却不免有点过于重视计划，不免感到有些紧张，经过多次的检查和改进，最近以来深深体会到按计划办事的好处而不觉不方便了。

II 教学态度

一、当初虽在思想改造的基础上，大家以严肃认真的态度，面向教学，但教师们仍然多单独备课，经过不断的学习和提高后才发挥了互助的精神，例如企业管理一课，主讲教师李慰祖同志中途因公赴渝，访问期间由陈宝珠、马雪如两助教来开始试教。当时在她们两人方面存在着恐惧心理，而在同学思想上也起了一阵波动，但由于同志们发挥了团结互助精神，如袁绩藩、金琼英教师帮助她们备课，同时在她两人的虚心努力下，试教的结果成绩良好，这一方面克服了课程中断困难，同时在试讲中也培养了师资。

二、每位教师都能认真的教学备课，按照自己所定的教学大纲和单元进行工作，尽可能的保证质量。例如过去教师们讲课多半写提纲，现在大部分都写讲义。

三、对于这次大考全体教师都能以严肃认真的态度举行。如考试前出复习提纲，加强辅导工作，考试时根据具体情况认真出考题，个别教师采用笔试与口试相结合（如江应樑教师曾采用此法）。评分时参考同时平时成绩笔记，并注意同学的学习态度，所以大考成绩普遍提高。

III 教学方法

一、本系各科教学方法以课堂讲授为主，自从听过普希金教学报告传达后，更明确教学方法和技巧的重要性，特别对于直观教学方法有了认识，应用后对帮助同学理解方面也收到了功效。

二、理论与实践相结合方面，本系先生因缺乏实际的工作经验，在理论联系实际方面是很不够的，幸而在民族组的民族政策课程是由陈方部长兼任，劳动组的劳动政策是由省劳动局樊子诚同志及省工会何波同志代课五星期。由于他们的政策水平及丰富的实际经验，讲课颇为生动，不仅使同学们得到鼓舞，也使本系同人在观摩上得到教育。同时劳动组同学今年四月参加了云南省首届工会代表大会旁听，使同学们对劳动组课程内容及今后工作任务有所重视，肃清了不少同学的转系思想。

三、关于集体教学方面，本系因为师资缺乏，各人所担任的课程全不相同，所以在教学方法上是多半采取单独备课方式，听普希金教授报告传达后，特别是听到教员组经验交流大会报告后，我们更明确了集体教学的重要性，因而就根据具体情况在某些课程中如企业管理是采取共同备课，互相听课，互相提意见的方法，另外如金琼英教师的课程有李慰祖、袁绩藩教师听课，陈方部长的课程有杨堃主任及魏尔志教师听课，李慰祖教师的课有马雪如、陈宝珠听。在形式上虽未组成教学小组，但实际上已向此方向努力。

IV　教学效果

思想改造后教师们都认真的教学，但有时不免表现着信心不足。在同学方面，有部分同学有些自高自大，对功课有所选择，不能全面予以重视，更有些师生因为院系调整问题而存在着等待思想。也还有极少数的同学（如王叙厚）学习态度极不端正，这些都在期中小考中明显的表现出来，并得到改正。若以期中小考成绩与大考成绩相比较即可看出最近一月来教学效果是有显著进步。这固然由于每位教师责任感加强和努力教学的结果，但与近半年来学习苏联先进经验和政治学校的学习师生们在政治思想上的提高是分不开的。

V　教学存在的缺点

本学期教学有成绩是肯定的，然缺点也是不可否认的，其重要有下列几点。

一、本系分为民族与劳动组，由于教员人数少，同时对教研组精神体会及大家思想上主观努力均不够，未能组成教学小组，就全校来说仅有社会系没有教学小组，除企业管理一门课外，许多课程都采用单独讲课的方式，因无教学小组，就没有收到集体教学的功效。

二、教员调动多对计划性有影响，如企业管理课程本学期调换了四个教员，劳动政策调换了三个教员，因而使教学计划不能很好的完成。

三、由于师资缺乏，大部分的教员每年所担任的课程都有变动，因而就不能很好的累积经验。同时，也没有充分的备课时间，对于教材就不能深入，在讲课中表现不够生动，不能很好提起同学兴趣，因而也使教师方面感到信心不足。

四、在辅导方面一般也做得不够，没有收到集体辅导的功效。

五、对于同学的思想领导方面，也是做的不够的。譬如，对于同学的思想情况虽有相当了解但是未能针对同学的思想情况施以教育解决思想问题。

VI　我们的几点经验和建议

一、无论本系同学选外系的课或外系同学选读本系的课程，应先经过系主任及担任课教师了解情况后，才能批准，以免同学对于课程内容因程度要求不同而收不到效果。

二、对于不同班次选修同一课程时，须要担任课程教师及助教对于低班同学特别多加辅导。

三、每门功课须注意经常检查教学效果，最好是采用江应樑教师试用过的卡片方法。通过口试等方式，来了解同学们的学习进度。

四、本系师资缺乏希望学校尽可能多留助教。

社会学系劳动组"工会工作及劳动行政教学小组"工作计划

一九五三年九月二十五日

社会系劳动组"工会工作及劳动行政教学小组"

工作计划草案 一九五三年九月二十五日系务会议通过

一、名称

本小组定名为"工会工作及劳动行政教学小组"（劳动政策与劳动立法一门因主讲教员不能参加本教学小组，故不列入）。

二、组成

本教学小组由何波、樊子诚、袁绩藩、陈宝珠、马雪如五人组成之。其中以袁绩藩为教学小组小组长（李慰祖同志因参加政治经济学教研组不能参加本教学小组）。何、樊两同志主讲，但为兼任教员，不能经常参加小组会议。

三、工作时间

每星期四下午三时十分至五时为本教学小组工作时间。

四、工作地点

为便于与何波、樊子诚两同志电话联系起见，以系办公室为教学小组工作地点。

五、任务

本教学小组之任务在于当"工会工作"或"劳动行政"主讲教员（何波、樊子诚）因公缺席时由其余组员进行补充讲授或与同学研究它讨论所讲材料及其他参考资料。为达到此目的，特规定其余组员（袁绩藩、陈宝珠、马雪如）共同任务及个别任务如后。

甲、共同任务

A、听课：组员袁绩藩、陈宝珠、马雪如经常出席"工会工作"及"劳动行政"两门课听课并作详细笔记。课前或课后与主讲教员碰头以求明确：

1. 这一课主要讲哪几个问题？2. 每个问题的中心内容为何？3. 应联系些什么实际问题，然后根据这几点整理笔记拟出讨论提纲或发问主题，以便向同学们进行辅导或讨论。并且随时针对每一讲内容，搜集参考资料来充实课程内容。

B、辅导：规定每星期一、四下午二时十五分至三时为"工会工作"及"劳动行政"辅导时间。同学在此时间内可将有关此两门课之问题、意见或建议向教员提出，教员能当堂解答则解答之，如不能解答则带回教学小组解答，如教学小组不能解答则提交主讲教员（何波、樊子诚）解答。在此辅导时间教员可向个别同学进行调查以明了其学习进度及思想情况（例如听不听得懂课、笔记有何困难、找到参考书没有、读了多少参考资料、对教员有何意见等），教学小组对每一个同学此项材料必须有一个系统的记录（采用卡片制）才能达到帮助每一个同学搞好学习的任务（袁负责四年级同学七人，陈、马各负责三年级同学九人）。

C、工作会议：每星期一下午教学小组工作时间内匀出一段时间由小组长总结上周工作情况并布置本周的工作，其余时间则讨论上周所讲材料并准备本周要讲材料。

每星期四下午教学小组工作时间作为集体备课时间，用来讨论教材，补充报告，讨论提纲和发问问题等内容。

D、集体备课：为了要使得"工会工作"和"劳动行政"这两门课得以继续不断顺利进行，组员袁绩藩、陈宝珠、马雪如必须在主讲教员因公缺课作有关课程内容之补充报告，或拟出讨论提纲及发问问题与同学进行讨论。

补充报告由袁、陈、马三人共同担任（其中由袁负主要责任）。但不论由哪一个组员作补充报告其内容必须贯穿集体备课的精神（个人负责的报告及日期另列）。

集体备课必须建立在个人备课基础上。讲课教员自然非作好充分准备不可，其他每一个教员也非事先认真阅读参考书、文件和反复思考不可，否则便无法共同进行研究。在集体备课过程中，必须充分使用批评与自我批评。所谓集体备课，其实质就是：在个人独立钻研的基础上，展开批评与自我批评，互相取长补短，借以提高教学质量的一种方法。

本组以集体备课作为培养师资的主要方法。

乙、个别任务

小组长（袁绩藩）之任务在于如下几点。1. 与主讲教员密切联系，随时了解课程内容及进度。2. 采取各种方式（补充报告或讨论）使"工会工作"及"劳动行政"两门课程继续进行不致中断。3. 领导教学小组做好对同学的辅导、集体备课和培养师资的工作。4. 按期做好补充报告及讨论提纲，日期及题目如下：

十月十日　　　　关于劳动政策与劳动部任务的报告或讨论；

十月二十一日　　关于工会组织工作的报告或讨论；

十一月十一日　　关于工会生产的报告或讨论；

十二月五日　　　关于劳动局与工会及其他方面关系的报告或讨论；

十二月九日　　　关于工会文教工作的报告或讨论；

一月十六日　　　关于工资问题的报告或讨论。

组员陈宝珠之任务。

1. 做好"工会工作"及"劳动行政"两门课程的资料搜集工作及整理工作（详细内容及办法另列）。2. 与"工会工作"主讲教员（何波）取得联系（事先明了他本周能否来上课？主要内容讲些什么？有何文件或参考资料要事先发给同学？下周课程如何进行，内容如何等）。3. 辅导同学，并对自己所辅导的每一个同学的学习情况及思想情况有所明了并有所记录（采用卡片制）。4. 通过集体备课来吸取教学经验并作为下学期自己开课的准备，并按期作有关"工会工作"的补充报告或讨论，日期及题目如下：

十一月十八日　　关于工会生产工作的报告或讨论；

十二月廿三日　　关于工会财务工作的报告或讨论；

一月六日　　　　关于女工、青工及工会工作的报告或讨论。

组员马雪如之任务

除了负责搜集并整理资料这一项外，马雪如之一般任务与陈宝珠同，但主要负责的课程是"劳动行政"并经常向"劳动行政"主讲教员（樊子诚）取得联系。马雪如负责之报告或讨论如下：

十一月七日　　　关于省市劳动局及其各科室组织及任务的报告或讨论；

十一月廿一日　　关于劳动局与国营企业的工作关系的报告或讨论；

十二月廿六日　　关于调查问题的报告或讨论。

六、培养师资

劳动组现有助教二人（陈宝珠、马雪如），一般对劳动组专业课程都缺乏深刻研究。劳动组目前是采取在教学小组中以集体备课的方式来培养师资，至于更有效的培养方法则为派到其他大学或研究机关去学习。陈宝珠培养的方向是企业管理及其他有关课程如统计、会计等，马雪如培养的方向是劳动保险、统计学等。

七、资料工作

"工会工作"及"劳动行政"这两门课都没有教本可循。因此对于与这两门课程有关的材料的搜集与整理为搞好这两门课程所必不可缺的工作，也是将来要搞好教学小组工作所必须建立的基础。没有材料谈不上研究，有了材料不加以整理也达不到研究的目的。为了要把资料工作做好，教学小组特推定陈宝珠同志负责资料搜集与整理的工作，其具体做法如下。

1. 向图书馆借出有关"工会工作"及"劳动行政"的书籍、杂志、报纸放在系内作为教学小组参考资料。

2. 经常向各书店调查有无与"工会工作"及"劳动行政"有关之书

籍或杂志出现，一有发现即填写请购单交图书馆订购或采购。

3. 经常向省劳动局及省总工会联系，遇见他们印行各种"对内"，特要求赠给社会系一份作为参考资料。

4. 对系内现有杂志（劳动、世界工会运动等）及报纸（《工人日报》《西南工人日报》等）进行目录分类及登记工作。

八、生产实习

为求得理论与实践相结合起见，劳动组四年级同学定于寒假（1954 年 2 月）到昆明茨坝工业部昆明机床厂进行毕业生产实习，三年级同学明年暑假到 203 厂或其他工厂进行生产实习（详细内容见实习计划）。

九、检查工作

教学小组每月检查工作一次。自十月始，每月之最后一次教学小组会议上（十月卅一日，十一月廿八日，十二月卅日）检查本月教学小组工作一次。其方式为各人报告。

1. 本月工作哪些已按计划完成。

2. 哪些计划未完成以及未完成的原因。

3. 在工作中取得的成绩和经验。

4. 工作中所遇到的困难及如何克服的办法。

最后由小组长总结本月工作的优缺点并根据本月工作的优缺点布置下月工作（教学小组平常工作会议，特别是检查工作会议应有记录）。

到学期末了大考前后总结本学期教学小组工作，其方式同上。

十、实行

本工作计划草案经系务会议通过转呈教务处批准后即付诸实行。

工会工作及劳动行政课程进度表

周次	工会工作 日期	劳动行政 日期	教员	教学内容
一	9.23		教学小组（袁）	根据劳动组情况及课程如何进行计划
一		9.26	樊子诚	劳动政策与劳动部任务
二	9.30		何波	工会组织问题
二		10.3	樊子诚	劳动政策与劳动部任务

周次	工会工作 日期	劳动行政 日期	教员	教学内容
三	10.7		何波	工会组织问题
三		10.10	教学小组（袁）	讨论劳动政策与劳动部任务
四	10.14		何波	工会组织问题
四		10.17	樊子诚	省市劳动局及各科室组织及任务
五	10.21		教学小组（袁）	讨论工会组织问题
五		10.24	樊子诚	省市劳动局及各科室组织及任务
六	10.28		何波	工会生产问题
六		10.31	樊子诚	省市劳动局及各科室组织及任务
七	11.4		何波	工会生产问题
七		11.7	教学小组（马）	讨论省市劳动局及各科室组织及任务
八	11.11		教学小组（袁）	讨论工会生产问题
八		11.14	樊子诚	劳动局与国营企业组织关系
九	11.18		教学小组（陈）	讨论工会生产问题
九		11.21	教学小组（马）	讨论劳动局与国营企业组织关系
十	11.25		何波	工会文教工作
十		11.28	樊子诚	省市劳动局与工会及其他方面关系
十一	12.2		何波	工会文教工作
十一		12.5	教学小组（袁）	讨论省市劳动局与工会及其他方面关系
十二	12.9		教学小组（袁）	讨论工会文教工作
十二		12.12	樊子诚	调查问题
十三	12.16		何波	工会财务问题
十三		12.19	樊子诚	调查问题
十四	12.23		教学小组（陈）	讨论工会财务工作
十四		12.26	教学小组（马）	讨论调查问题
十五	12.30		何波	工会女工及工会工作
十五		1.2	樊子诚	工资问题
十六	1.6		教学小组（陈）	讨论工会女工及工会工作
十六		1.9	樊子诚	工资问题
十七	1.13		何波	工会青工工作
		1.16	教学小组（袁）	讨论工资问题

［《文法学院社会系教学小组工作计划》，云南大学档案馆藏，云南大学全宗，档案号：1953－Ⅱ－059］

社会学系民族组教学小组工作计划

一九五三年九月二十五日　制订

改革教学内容及教学方法为学校之中心工作，而组织教研组又为其中主要环节，我组虽然师资缺乏，仅有教授二人及助教二人，但仍决定克服困难，成立民族组教学小组，经反复讨论后，制订工作计划如下。

一、本组之目的。

本教学小组之目的，在于发挥集体力量，以民族组四个重点课——马列主义民族理论、中国少数民族史、西南民族史及中国少数民族语言（上、下）——为主要对象，交流教学经验，商讨教材内容，改进教学方法，做好辅导工作，以求逐步提高教学质量并达到培养师资之目的；同时对民族组其他有关课程亦进行联系。具体任务如下。

1. 我组各先生的教材和教学方法须在小组会上报告讨论，以便交流教学经验，尽量采用先进教材，并求教学方法之改善。

2. 讨论和审订民族组各课教学大纲。

3. 民族组重点课马列主义民族理论与中国少数民族语言（上、下）系校外兼任教员所担任，无法抽出时间对同学辅导，其辅导工作由我组担任。

4. 拟订本组各项工作计划，包括生产实习计划及大纲。

5. 我组助教应拟订进修工作计划，经我组讨论和审订后，尽力保证其完成，以达到培养师资之目的。

6. 与上述四门重点课甚为接近而为民族组同学所选修的诸课程如云南民族史及中国语言学，亦须取得联系，以求互相配合。

二、组织内容及分工。

本组成员共有民族组教授二人，助教二人，并加入历史系有关民族课程教授一人（方国瑜先生），为响应增产节约号召，力使每一成员在分工上能发挥很大的能力，并结合师资培养尽量使年轻助教有进修、研究、并向教授学习的机会，各成员工作作如下分配。

杨堃：担任小组长，负责召集开会，拟订各种工作计划草案及工作日程草案（包括寒假生产实习计划及大纲），对各课轮流听讲并将听讲情况向小组汇报，及参加民族理论辅导工作。

江应樑：担任重点课中国少数民族史、西南民族史主讲人，并负责对生产实习作指导报告。

龚荣星：担任民族理论课的辅导工作，并在傅懋绩教授指导与协助下，对少数民族语言进行进修工作。

胡桂秋：与龚荣星共同担任"民族理论"的辅导工作，其进修方向及进修计划俟胡桂秋到职后再确定。

三、培养师资。

培养师资为我组主要任务之一，在于通过教学小组及师父带徒弟之形式，对我组年轻助教的进修工作给予指导和协助。

1. 我组开课教师，无论专任或兼任，对我组助教的进修工作均有指导与协助的责任。

2. 我组助教龚荣星的进修方向系语言学及兄弟民族语言（傣语），其进修方式主要采取师父带徒弟的方式，由傅懋绩教授负责指导，其进修计划应于十月底以前提出，交我组讨论后确定。

3. 助教胡桂秋的进修方向俟胡桂秋到职后再为确定，其进修计划应于到职后两星期内提出，交我组讨论。

4. 在我组四年级学生中，选择学习态度端正，成绩优良并有培养前途者于必要时提名交上级，以备留作助教及研究生。

四、寒假生产实习。

为求理论与实践能够密切配合，巩固在课堂上所学的理论学习成绩，并为提高教师业务水平起见，我组四年级学生及部分教员必须克服困难，争取于今年度寒假举行寒假生产实习四周（由 1954 年 2 月 1 日至 2 月 28 日）。

为保证实习能够进行的好，必须事先做好准备工作，与有关部门（云南民族事务委员会及民族地区地方政府）取得密切联系，拟订出妥善切实的实习计划及实习大纲。此项实习计划应于十月十四日以前与云南民委会商议并经小组讨论后制订送交教务处审核；实习大纲亦应于学校规定日期作出，送交教务处。

民族组三年级学生则应于明年暑假举办暑假生产实习。

五、例会及辅导。

我组每周举行例会一次，必要时得召开各种讨论会，开会地点在系办公室。

至于辅导时间俟全部课程排定并上课后，由小组会议讨论决定，列入工作日程表，送交教务处。

辅导方法亦俟小组会议讨论决定。

六、检查工作。

为保证计划能够如期完成起见，决定于每月最后一周的组会上进行检查一次，作出小结，以巩固已有成绩，并找出计划中不能完成部分的因素来，进而削减这些因素，同时及时揭发潜在力量，以便使计划能够更好更顺利地进行下去。

社会学系民族史教学小组工作计划及工作日程表

（1953 年 11 月 5 日修正通过）

本教学小组工作计划系于 1953 年 9 月初拟订后并经系务会议通过于 9 月 25 日正式呈交教务处及西南高教局，至 1953 年 11 月 5 日召开本教学小组正式成立会，经详细讨论后，及将本组名称及工作计划均有修正，并做出工作日程如下。

I 本组工作计划

一、本组之目的。

本教学小组之目的，在于发挥集体力量，以民族组三个重点课——马列主义民族理论、中国少数民族史、西南民族史及历史系云南民族史——为主要对象，交流教学经验，商讨教学内容，改进教学方法，做好辅导工作，以求逐步提高教学质量并达到培养师资之目的；同时对民族组其他有关课程亦进行联系。具体任务如下。

1. 我组各先生的教材和教学方法须在小组会上报告讨论，以便交流教学经验，尽量采用先进教材，并求教学方法之改善。

2. 讨论和审订有关民族史各课教学大纲。

3. 民族组重点课，马列主义民族理论，因系校外兼任教员所担任，无法抽出时间对同学辅导，其辅导工作由我组担任。

4. 拟订本组各项工作计划，包括生产实习计划及大纲。

5. 我组助教应拟订进修工作计划，经我组讨论和审订后，尽力保证其完成，以达到培养师资之目的。

二、组织内容及分工。

本组成员共有民族组教授二人、历史系教授一人及民族组助教二人，为响应增产节约号召，力使每一成员在分工上能发挥最大能力，并结合师资培养尽量使年轻助教有进修、研究并向教授学习机会。各成员工作做如下分配。

杨堃：担任小组长，负责召集开会，拟订各种工作计划草案及工作日程草案（包括寒假生产实习计划及大纲），对各课轮流听讲并将听讲情况向小组汇报，及参加民族理论的辅导工作。

方国瑜：担任重点课云南民族史。

江应樑：担任重点课中国少数民族史、西南民族史主讲人，并负责对生产实习作指导报告。

龚荣星：担任民族理论课的辅导工作，并在傅懋绩教授指导与协助下，对少数民族语言进行进修工作。

胡桂秋：与龚荣星共同担任"民族理论"的辅导工作，其进修方向及进修工作计划俟胡桂秋到职后再确定。

三、培养师资。

培养师资为我组主要任务之一，在于通过教学小组及师父带徒弟的形式，对我组年轻助教的进修工作给予指导和协助。

1. 我组开课教师，无论专任或兼任，对我组助教的进修工作均有指导与协助的责任。

2. 我组助教龚荣星的进修方向系语言学及兄弟民族语言（傣语），其进修方式主要采取师傅带徒弟的方式，由傅懋绩教授负责指导，其进修计划应于十一月底以前提出，交我组讨论后确定。

3. 助教胡桂秋的进修方向俟胡桂秋到职后再为确定，其进修计划应于到职后两星期内提出，交我组讨论。

4. 在我组四年级的学生中，选择学习态度端正，成绩优良并有培养前途者于必要时提名交上级，以备留作助教及研究生。

四、寒假生产实习。

为求理论与实践能够密切配合，巩固在课堂上科学的理论学习成绩并为提高业务水平起见，我组四年级学生及部分教员必须克服困难，争取于今年度寒假举行寒假生产实习四周（由1954年2月1日至2月28日）。

为保证实习能够进行得好，必须事先做好准备工作，与有关部门（云南民族事务委员会及民族地区地方政府）取得密切联系，拟订妥善切实的实习计划及实习大纲。实习大纲应于学校规定日期作出，送交教务处。

民族组三年级学生则应于明年暑假举办暑假生产实习。

五、例会及辅导。

我组每周举行例会一次，但由于和云南民委会合作，该会研究室每两周召开民族研究座谈会一次，时间：星期四下午二时半至六时半，地点：翠湖东路十七号。我组成员全体参加，故我组在校举行之例会，只能作每两周一次，时间：星期四下午三时一刻到五时（另见工作日程表）。

于必要时得有小组长召开各种讨论会。

至于民族理论课辅导问题由杨堃、龚荣星、胡桂秋负责，时间另定。

六、检查工作。

为保证计划能够如期完成起见，对检查工作必须严格重视，故将检查工作列入工作日程内，并将检查结果作出小结，以巩固已有成绩，并找出计划中不能完成部分的因素来，进而消减这些因素，同时及时揭发潜在力量，以便使计划能够很好地更顺利地进行下去。

II　本组工作日程表

1953 年 11 月 5 日：开第一次成立会。

内容：讨论和通过本组工作计划及工作日程。

1953 年 11 月 12 日：全体参加云南省民委会研究室座谈会。

内容：方国瑜报告"云南民族史上的彝族支系问题"。

11 月 19 日：本组第二次会。

内容：（1）江应樑报告"西南民族史"教学大纲；

（2）讨论本组 1954 年暑假生产实习计划。

11 月 26 日：全体参加民委会研究室座谈会。

12 月 3 日：本组第三次会。

内容：（1）方国瑜报告"云南民族史"教学大纲；

（2）审核龚荣星进修计划。

（3）检查本组各课教学效果，并结合检查情况适当修订教学计划及教学大纲，并将书面报告交教务处。

12 月 10 日：全体参加民委会研究室座谈会。

12 月 17 日：本组第四次会。

    内容：（1）江应樑报告"中国少数民族史"教学大纲；

      （2）讨论和检查本组之教学情况；

      （3）讨论本组寒假生产实习提纲。

12 月 24 日：全体参加民委会研究室座谈会。

12 月 31 日：本组第四次会议。

    内容：（1）讨论民族史上的专门问题。

      （2）检查本组教学工作。

1954 年 1 月 7 日：参加民委会座谈会。

1 月 14 日：本组第六次会议。

    内容：（1）讨论和总结本组本期教学工作；

      （2）讨论寒假生产实习的具体实践并作出最后决定；

      （3）讨论下学期教学计划和教学大纲。

1 月 21 日：全体参加民委会研究室座谈会。

1 月 28 日：本组第七次会停开。

    原因：本组杨堃、龚荣星参加寒假生产实习 28 日前出发。

社会系劳动组"工会工作及劳动行政"教学小组工作计划

一九五三年九月二十五日

社会系劳动组"工会工作及劳动行政教学小组"工作计划草案

一九五三年九月二十五日系务会议通过

一、名称

本小组定名为"工会工作及劳动行政教学小组"（劳动政策与劳动立法停开，因主讲教员不能参加本教学小组，故不列入）。

二、组成

本教学小组由何波、樊子诚、袁绩藩、陈宝珠、马雪如五人组成的，其中以袁绩藩为教学小组小组长（李慰祖同志因参加政治经济学教研组不能参加本教学小组）。何、樊两同志主讲，但为兼任教员，不可经常参加小组会议。

三、工作时间

每星期一、四下午三时十分至五时为本教学小组工作时间。

四、工作地点

为便于与何波、樊子诚两同志电话联系起见以系办公室为教学小组工作地点。

五、任务

本教学小组之任务在于当"工会工作"或"劳动行政"主讲教员（何波、樊子诚）因公缺席时由其余组员进行补充讲授或与同学研究讨论所讲材料及其他参考资料。为达到此目的，特规定其余组员（袁绩藩、陈宝珠、马雪如）共同任务、个别任务如后。

甲、共同任务

A. 听课。组员袁绩藩、陈宝珠、马雪如经常出席"工会工作"及"劳动行政"两门课听课并做详细笔记。课前或课后与主讲教员碰头以求明确：1. 这一课主要讲哪几个问题；2. 每个问题的中心内容为何；3. 应联系些什么生活实际问题；然后根据这几点整理笔记拟出讨论提纲或发问问题以便向同学进行辅导或讨论，并且随时针对每一讲内容搜集参考资料来充实课程内容。

B. 辅导。规定每星期一、四下午二时十五分至三时为"工会工作"及"劳动行政"辅导时间，同学在此时间内可将有关此两门课程之问题、意见或建议向教员提出。教员能当堂解答则解答之，如不能解答则带回教学小组解答，如教学小组不能解答则提交主讲教员（何波、樊子诚）解答。在此辅导时间教员可向个别同学进行调查以明确其学习进度及思想情况（例如听不听得懂、笔记有无困难、找到参考书没有、读了多少参考资料、对教员有何意见等）。教学小组对每一个同学此项材料必须有一个系统的记录（采用卡片制）才能达到帮助每一个同学搞好学习的任务（袁负责四年级同学七人、陈、马各负责三年级同学九人）。

C. 工作会议。每星期一下午教学小组工作时间内匀出一段时间由小组长总结上周工作情况并布置本周的工作，其余时间则讨论上周所讲材料并准备本周要讲材料。每星期四下午教学小组工作时间作为集体备课时间，用来讨论教材，补充报告，讨论提纲和发问问题等内容。

D. 集体备课。为了要使得"工会工作"和"劳动行政"这两门课得以继续不断顺利进行，组员袁绩藩、陈宝珠、马雪如必须在主讲教员因公缺课时作有关课程之补充报告，或拟出讨论提纲及发问问题与同学进行讨论。

补充报告由袁、陈、马三人共同担任（其中由袁负主要责任），但不论由哪一个组员作补充报告，其内容必须贯穿集体讲课的精神（各人负责的报告及日期另列）。

集体备课必须建立在个人备课基础上。讲课教员自然非做好充分准备不可，其他每一个教员也非事先认真阅读参考书、文件和反复思考不可，否则便无法共同进行研究。在集体备课过程中，必须充分使用批评与自我批评。所谓集体讲课，其实质就是：在个人独立钻研的基础上，展开批评与自我批评，互相取长补短，藉以提高教学质量的一种方法。

本组以集体备课作为培养师资的主要方法。

乙、个别任务

小组长（袁绩藩）之任务在于：1. 与主讲教员密切联系，随时了解课程内容及进度；2. 采取各种方式（补充报告或讨论）使"工会工作"及"劳动行政"两门课程继续进行不致中断；3. 领导教学小组做好对同学的辅导，集体备课和培养师资的工作；4. 按期做好补充报告及讨论提纲，日期及题目如下：

十月十日　　　　　关于劳动政策与劳动部任务的报告或讨论；

十月二十一日　　　关于工会组织工作的报告或讨论；

十一月十一日　　　关于工会生产工作的报告或讨论；

十二月五日　　　　关于劳动局与工会及其他方面关系的报告或讨论；

十二月九日　　　　关于工会文教工作的报告或讨论；

一月十六日　　　　关于工资问题的报告或讨论。

组员陈宝珠之任务：1. 做好"工会工作"及"劳动行政"两门课程的资料搜集工作及整理工作（详细内容及办法另列）；2. 与"工会工作"主讲教员（何波）取得联系（事先明确他本周能不能来上课、主要内容讲点什么、有何文件或参考资料要事先发给同学、下周课程如何进行、内容如何等）；3. 辅导同学，并对自己所辅导的每一个同学的学习情况及思想情况有所明确并有所记录（采用卡片制）；4. 通过集体备课来吸取教学经验作为下学期自己开课的准备，并按期做有关"工会工作"的补充报告或讨论，如下：

十一月十八日　　　关于工会生产工作的报告或讨论；

十二月二十三日　　关于工会财务工作的报告或讨论；

一月六日　　　　　关于女工、青工及工会工作的报告或讨论。

组员马雪如之任务：除了负责搜集并整理资料这一项外，马雪如之一般任务与陈宝珠同，但主要负责的课程是"劳动行政"并经常向"劳动行政"主讲教员（樊子诚）取得联系。马雪如负责的报告或讨论如下：

> 十一月七日　　关于省市劳动局及其各科室组织任务的报告或讨论；
>
> 十一月二十一日　关于劳动局与国营企业的工作关系的报告或讨论；
>
> 十二月二十六日　关于调审问题的报告或讨论。

六、培养师资

劳动组现有助教二人（陈宝珠、马雪如），一般对劳动组专业课程都缺乏深刻研究。劳动组目前是采取在教学小组中以集体备课的方式来培养师资，至于更有效的培养方法则为派到其他大学或研究机关去学习。陈宝珠培养的方向是企业管理及其他有关课程如统计、会计等；马雪如培养的方向是劳动保障、统计。

七、资料工作

"工会工作"及"劳动行政"这两门课都没有教本可循，因此对于与这两门课程有关的材料搜集与整理为搞好这两门课程所必不可缺的工作，也是将来要搞好教学小组工作所必须建立的基础。没有材料谈不上研究，有了材料不加以整理也达不到研究的目的。为了要把资料工作做好，教学小组特推定陈宝珠同志负责资料搜集及整理的工作，其具体做法如下。

1. 向图书馆借出有关"工会工作"及"劳动行政"的书籍、杂志、报纸放在系内作为教学小组参考资料。

2. 经常向各书店调查有无与"工会工作"或"劳动行政"有关之书籍或杂志出现，一有发现即填写请购单交图书馆订购或采购。

3. 经常向省劳动局及省总工会联系，遇见他们印行各种"对内文件"特要求赠给社会系一份作为参考资料。

4. 对系内现有杂志（劳动、世界工会运动等）及报纸（《工人日报》《西南工人日报》等）进行目录分类及登记工作。

八、生产实习

为求得理论与实践相结合起见，劳动组四年级同学定于寒假（1954年2月）到昆明茨坝西南工业部昆明机床厂进行毕业生产实习；三年级同学明年暑假到203厂或其他工厂进行生产实习（详细内容见实习计划）。

九、检查工作

教学小组每月检查工作一次。自十月始，每月之最后一次教学小组会议上（十月卅一日、十一月廿八日、十二月卅日）检查本月教学小组工作一次。其方式为各人报告。1. 本月工作那些已经按计划完成。2. 哪些计划未完成以及未完成的原因。3. 在工作中取得的成绩和经验。4. 工作中所遇到的困难及如何克服的办法。最后由小组长总结本月工作的优缺点并根据本月工作的优缺点布置下月工作（教学小组平常工作会议，特别是检查工作会议应有记录）。

到学期末了，大考前后总结本学期教学小组工作，其方式同上。

十、实行

本工作计划草案经系务会议通过转呈教务处批准后及付诸实行。

周次	工会工作 日期	劳动行政 日期	教员	教学内容
一	9.23		教学小组（袁）	报告劳动组情况及课程如何计划
一		9.26	樊子诚	劳动政策与劳动部任务
二	9.30		何波	工会组织问题
二		10.3	樊子诚	劳动政策与劳动部任务
三	10.7		何波	工会组织问题
三		10.10	教学小组（袁）	讨论劳动政策与劳动部问题
四	10.14		何波	工会组织问题
四		10.17	樊子诚	省市劳动局及各科室组织及任务
五	10.21		教学小组（袁）	讨论工会组织问题
五		10.24	樊子诚	省市劳动局及各科室组织及任务
六	10.28		何波	工会生产问题
六		10.31	樊子诚	省市劳动局及各科室组织及任务
七	11.4		何波	工会生产问题
七		11.7	教学小组（马）	讨论省市劳动局及各科室组织及任务
八	11.11		教学小组（袁）	讨论工会生产问题
八		11.14	樊子诚	劳动局与国营企业组织关系
九	11.18		教学小组（陈）	讨论工会生产问题

续表

周次	工会工作 日期	劳动行政 日期	教员	教学内容
九		11.21	教学小组（马）	讨论劳动局与国营企业组织关系
十	11.25		何波	工会文教工作
十		11.28	樊子诚	省市劳动局与工会及其他方面关系
十一	12.2		何波	工会文教工作
十一		12.5	教学小组（袁）	讨论省市劳动局与工会及其他方面关系
十二	12.9		教学小组（袁）	讨论工会文教工作
十二		12.12	樊子诚	调审问题
十三	12.16		何波	工会财务工作
十三		12.19	樊子诚	调审问题
十四	12.23		教学小组（陈）	讨论工会财务工作
十四		12.26	教学小组（马）	讨论调审问题
十五	12.30		何波	工会女工及工厂工作
十五		1.2	樊子诚	工资问题
十六	1.6		教学小组（陈）	讨论工会女工及工厂工作
十六		1.9	樊子诚	工资问题
十七	1.13		何波	工会青工工作
十七		1.16	教学小组（袁）	讨论工资问题

　　此系社会系民族组教学小组在开成立会时就修订和通过的新的工作计划及工作日程表。

[《文法学院社会系教学小组工作计划》，云南大学档案馆藏，云南大学全宗，档案号：1953－Ⅱ－059]

1954 年院系调整后上半年课程

一、民族组四年级

　　1. 西南民族史专论——组织教学小组集体教学，杨堃、方国瑜、江应樑、龚荣星参加，杨堃任组长，方国瑜主讲。

　　2. 马列主义民族理论——请省委边工委会侯方岳同志讲授，龚荣星带实习。

3. 民族语言——由兼任教授傅懋勣讲授，徐琳、周耀文带实习。

4. 俄文。

二、民族组三年级

1. 中国少数民族史——江应樑讲授。

2. 马列主义民族理论——与四年级合班上课。

3. 民族语言——与四年级合班上课。

4. 政治经济学——继续在文学院上课。

5. 俄文。

三、劳动组四年级

1. 基本建设——经济系四年级本学期新开课。

2. 工业统计——经济系课继续上学期。

3. 政治经济学二下——经济系原有课。

4. 俄文。

四、劳动组三年级

1. 劳动保险——袁绩藩讲授。

2. 劳动保护——袁绩藩讲授。

3. 工业统计——经济系课继续上学期。

4. 政治经济学——调拨至经济系班上课。

5. 俄文。

［《云南大学沿革中社会系》，云南大学档案馆藏，云南大学全宗，档案号：1954 - Ⅱ - 01］

一九五三年度下学期教学计划执行情况

系级专业	课程	备注
历史专业一年级	中国上中古史	历史系 1953 年开始开设历史专业，一年级为历史专业课
	世界上中古史	专业课
	历史文选	围绕专业所开课程
	原始社会史及人类学通论	围绕专业所开课程
	考古学通论	改为二年级课程，下学年度再开

续表

系级专业	课程	备注
	俄文	基础课
	中国现代革命史	
历史专业二年级	中国史（明清史）	专业课
	世界上中古史　6门	专业课
	古典文学　　6门	围绕专业开课
	俄文	基础课
	政治经济学	基础课
	马列主义基础	基础课
三年级（靠近专业）	中国史（明清史）	
	世界上中古史　6门	
	中国现代史　6门	
	中国近代史史料研究	
	俄文	基础课
	政治经济学	基础课
三年级（民族组）（靠近专业）	中国少数民族史	
	马列主义民族理论　5门	
	中国少数民族语言（下）5门	
	俄文	基础课
	政治经济学	基础课
四年级（靠近专业）	中国史（明清史）	
	中国思想史（上）3门	
	辩证唯物主义与历史唯物主义　1门	
四年级（民族组）（靠近专业）	西南民族史	
	马列主义民族理论　4门	
	中国少数民族语言（下）4门	
	俄文（选修）	基础课

[《一九五三年度下学期教学计划》，云南大学档案馆藏，云南大学全宗，档案号：1954 - Ⅱ -012]

1954 年教学大纲及民族组实习总结报告（历史系）

历史系教学大纲目录

历史系	一年级	中国史	田先烈、马忠民
		世界史（古代）	武希辕
		原始社会史及民族志	杨堃
		中国历史文选	李隽昌
	二年级	中国史	李埏、马开樑
		世界史（中世纪）	纳忠
		考古学通论	徐知良
	三年级	中国近代史	李为衡
		世界近代史	张家麟
	三、四年级	中国近代现代国际关系	陈复光
	三年级	云南民族史	方国瑜
		世界史（中世纪）补	纳忠
中国语文系		中国现代史	徐嵩龄
		世界现代史	李德家
		少数民族史专题研究	江应樑
		近代世界史（补）	张家麟

少数民族史专题研究教学大纲

系别及专业：历史系，历史专业 汉族以外民族史专门化。年级：四年级。

教研组及任课教员：民族史教学小组，江应樑。每周：课堂授课 4 小时、指导 2 小时、课堂讨论 1 小时、复习及课外作业 3 小时，共 10 小时。

目的及要求：①在民族史一般知识的基础上，以傣及苗两民族作重点，作专题性的讲授，使同学对此两个民族的历史发展及文化创造，得到较系统较深入的认识；②从深入研究两个民族的历史，联系到中国各个民族历史发展及文化创造的相互关系，继而体会中国各民族统一的不可分离的历史根据；③结合教学计划专门化课程精神，在讲授中进行研究，培养学生独立思考，掌握史料和从事科学研究的能力。

自编讲义：①傣族史专题论文（共五篇）；②苗族史专题论文（共六篇）。

主要参考书名称：附见各篇论文后。

1954.9.9

［《教学大纲》，云南大学档案馆藏，云南大学全宗，档案号：1954－Ⅱ－41］

历史系"历史专业"一九五四年度教学计划准备情况

系级专业		课程及门数	备注
历史专业	一年级	中国古代史（上） 世界上古中古史（上）	
		历史文选 6	
		原始社会史　6 中国革命史	
		俄文	
	二年级	中国古代史（下） 世界上古中古史（下）	
		古典文学 5	
		考古学通论 5	
		俄文	
	三年级	中国近代史 世界近代史	均已有人准备， 可能能够开课
		亚洲史（上）下学期　6	
		政治经济学	
		俄文	
	四年级	世界现代史 亚洲史（下）上学期　5	
		中国思想史 辩证唯物论历史唯物论　5	
		论文	
		俄文	
民族史组	四年级	民族史	
		少数民族语言　　5	
		马列主义民族理论 政治课　5	
		俄文	

［《一九五三年度下学期教学计划》，云南大学档案馆藏，云南大学全宗，
档案号：1954－Ⅱ－012］

历史系关于专业设置问题及教学经验

专业设置问题：

本系遵照西南文教部一九五二年十一月指示设置历史专业，当经系务会议一再讨论研究认为已经具备设置专业的基本条件，由系拟就历史专业及中国近代史专门化的计划草案呈报西南文教部，现在一年级已按照历史专业计划开课，二年级课程也尽量调整使靠近专业，又根据西南文教部指示，一九五三年暑假后，本校社会系民族组将并入本系设置汉族以外民族史专业，曾由社会系拟出专业计划附在历史专业计划之后一并上报。

历史专业方面，本学期末已成立中国史教学小组（由教师八人组成）进行集体教学已取得一些经验，但仍需增加业务能力强的教授一二人负责领导，世界史下学期起须开五班以上，现只教师三人，急待增加三人才能进行集体教学。

社会系民族组现只留下教授二人，如暑期后并入历史系，就现有师资条件考虑，只有开设汉族以外民族史专门化条件，还无设置专业的条件。

系务及中国史教学小组的点滴经验。

一、系务方面。思想改造前，系中教师不团结，有因人设科等混乱现象。本学期来上述现象已基本克服，自五月开始按照计划办事后，大家已认识订计划的好处，并且通过订计划，大家开动了脑筋，取得了成绩，由此更鼓励工作的情绪，在一致要求搞学教学的气氛下，进一步搞好了团结，加强了集体感，建立了汇报制度及工作检查制度，系有系务日记，学生班级有教学日记，如某教师一次迟到七分钟，一次迟到十七分钟，学生就在教学日记中登记，该教师在小组作了自我检讨，使大家受到了一次组织性纪律性的教育。另一方面，二年级学生开动了尊师运动，这种由下而上的积极形式，更加强了教师的荣誉感与责任感，使教师备课讲课一般都比以前认真，个别教师听到铃声跑步赶到课堂以致都喘不过来，一向死气沉沉的系，算是初次出现了一种紧张的新气象，能够取得这点成绩的关键是在于各级领导在订工作计划方面抓得很紧，行政上强调了系一级领导须自己多动脑筋，亲自动手，我们体会了这一正确的指示，抓住了订计划这一关键问题，在公开以后，就一步逼紧一步，坚决要求稳步前进不许退后，对于微小的进步都及时加以肯定，同志们最初感到麻烦，后来逐渐习惯了。近来都自动要求加强团结，大家开动脑筋，想办法，以搞好教学。

以上说明抓紧订计划，通过订计划是搞好团结，改进教学的有效办法。

二、中国史教学小组方面。已按照计划教学，纠正了中国通史从来未通下去的积习，在集体备课，小组互相听课等方面没有特殊经验，现在位得提出的点滴经验如下。

甲、分组辅导。中国史小组教师八人又分为两组，分别担任一二年级中国史，过去是四个教师同时间内辅导一班，辅导不能深入，自六月起改研究工作的重要条件，只有这样才能提高政治思想水平，提高业务能力，如分组辅导，每一教师负责辅导四个学生，课前课后都去了解学生学习情况，这样可以加强教师的责任感，也可以做到教学不脱离实际。

乙、绘制历史地图。历史地图的绘制与使用，可使学生对历史条件发生的时间和空间联系起来是巩固历史知识重要方法之一，世界史小组最新开始这一工作，到目前为止已印发世界史地图 25 幅，引起了学生课外画地图的兴趣。中国史小组吸取了这一经验，亦已重点地绘制了地图 17 幅，最近并模仿联系共产党党史参考地图方法，以问题为中心，印制三色套版地图，能使重要历史事件在图上突出表现，给予学生一个深刻印象。此外又发给学生空白图，使按照指定历史材料去制图，已制出黄巢起义图一幅，据学生反映，通过这次习作他们熟悉了黄巢起义的史实，切实体会到农民战争声势的浩大，并启发了他们独立思考问题的兴趣。

丙、性质相近的课程配合方面。中国历史选文已重点配合中国史小组讲授，如中国史讲至秦汉阶段时，历史文选就讲陈涉世家、项羽本纪和史记食货志等。

[《本校各系专业设置和教学情况汇报、1953 年二学期（1954.7）毕业生名单》，云南大学档案馆藏，云南大学全宗，档案号：1954－Ⅱ－014]

原始社会史及民族志教学大纲

系别及专业	历史系历史专业	年级	/	教研组及任课专员	杨堃
每周时数	（1）课堂讲授 3 小时（2）实习或实验□小时（3）课堂讨论□小时（4）辅导 1 小时（5）习题课□小时（6）复习及课外作业□小时				
	共计 4 小时				
目的及要求	在使历史专业一年级学生通过对原始社会的发展情况并结合世界两大阵营内少数民族现状，特别是中国少数民族现状，尤其是云南省内少数民族现状的具体分				

续表

目的及要求	析，加深对原始社会经济形态及其发展规律的认识和运用，以便对汉族以外民族史专门化的学习打下基础		
采用教本名称	原始社会史	编著者	苏联尼科尔斯基教授著 庞龙 译
自编讲义	采用教本仅供学生参考之用 自编讲稿，除与教本相配合外，并利用民族志方面的教材，以作补充		
主要参考书名称		编著者	

教研组主任　　　　系主任

日　期　　　1954.9

原始社会史及民族志教学日历

第　1　页

1954 年度□学期

（周次）日期	节次	讲授内容	时数
第 1 周 （9 月 6～11 日）	I 导论	1. 原始社会史的对象：---------------------- 名称、目的、任务和要求 介绍教学大纲及工作方法	一小时
		2. 原始社会史的史料问题：------------------- 一、考古学方面的史料 二、民族学方面的史料 三、民俗学方面的史料 四、语言学方面的史料 五、历史等方面的史料 六、自然科学（人类学、地质学、大生物学）	二小时
第 2 周 （9 月 13～18 日）		七、史料的批判和利用 3. 原始社会史的分期问题：------------------- 一、马克思列宁主义的社会经济形态学说 二、对莫尔甘的分期法的批判 三、苏联高等教育部分所采用的分期法	三小时
第 3 周 （9 月 20～25 日）		四、我们的补充意见 4. 原始社会史的发展过程和方法论：----------- 一、马克思和恩格斯以前的原始社会史的发展情况 二、马克思和恩格斯对于原始社会史的贡献 三、列宁和斯大林对于原始社会史的贡献 四、苏联原始社会史的现状 五、如何建设祖国需要的原始社会史	三小时

第4周 （9月27～30日）	II 原始社会的起源和形成期	1. 从猿到人：---------- 　一、劳动创造人类 　二、人类发展的三个阶段： 　　（一）猿人时期 　　（二）尼人时期 　　（三）真人化石时期 　三、对种族主义的批判	三小时
第五周 （10月4～9日）		2. 原群与原始氏族公社：---------- 　一、原群前期：曙石器时代 　二、原群后期：旧石器时代初期（中国猿人） 　三、原始氏族公社：旧石器时代中期（河套人）	三小时
第6周 （10月13～16日）	III 原始社会的发展和繁荣期	1. 母系氏族部落公社形成期：---------- 　一、旧石器时代晚期，母系氏族公社的形成（塔斯马尼亚人） 　二、中石器时代前期，母系氏族联盟和部落的形成（澳大利亚人） 　三、中石器时代后期，母系氏族和部落（小黑人和南美洲阿雅克人）	三小时
第7周 （10月18～23日）		2. 母系氏族部落公社繁荣：---------- 　一、新石器时代前期 　　新石器时代的特征 　二、新石器时代后期（伊洛魁人）	三小时

第8周 （10月25～30日）		3. 母系氏族部落公社解体期：---------- 　一、石金并用时代 　二、母系子家庭和舅父权（仇布瑞安岛人） 　三、母系氏族部落公社的残余形态 　　（1）中国民间礼俗与传说 　　（2）云南少数民族中的残存制度	二小时
第9周 （11月1～6日）	IV 原始社会的衰颓和解体期	1. 父系氏族部落公社形成期：---------- 　（铜器时代与青铜器时代） 　一、概论 　二、伊特尔敏人 　三、亚齐克人	一小时
		2. 父系氏族部落公社解体期：---------- 　（铁器时代） 　一、概论 　二、霍腾托特人 　三、荷马时代的希腊人	一小时

续表

第 9 周 （11 月 1～6 日）	IV 原始社会的衰颓和解体期	3. 从原始社会到阶级社会的过渡：------------------ 　一、军事民主制 　二、论农村公社 4. 期中考查（笔试）：------------------	一小时 一小时
第 10 周 （11 月 8～13 日） 第 11 周 （11 月 15～20 日） 第 12 周 （11 月 22～27 日） 第 13 周 （11 月 29 日～ 12 月 4 日） 第 14 周 （12 月 6～11 日）	V 原始社会与原始文化	1. 原始社会的生产力与生产关系：------------------ 　一、何谓生产力 　二、何谓生产关系 　三、生产力与生产关系 　四、原始社会的生产力与生产关系 2. 原始社会的基础与上层建筑：------------------ 　一、基础与上层建筑 　二、原始社会的基础与上层建筑 3. 原始社会的政治形态与国家的起源：------------------ 4. 原始社会的家族与婚姻：------------------ 5. 原始社会的意识形态：------------------ 　一、概论 　二、宗教与巫术 　三、道德与风俗习惯 　四、艺术与文学 6. 语言的起源和发展：------------------	一小时 二小时 三小时 三小时 五小时 一小时
第 15 周 （12 月 13～18 日） 第 16 周 （12 月 20～25 日）	VI 民族学民族志与民族调查	1. 资本主义的民族学和马列主义的民族科学------------------ 2. 世界两大阵营中的民族集团及其命运------------------ 3. 国内少数民族的分类与分布------------------ 4. 云南主要少数民族的生活情况------------------ 5. 云南少数民族调查研究提纲------------------	一小时 一小时 一小时 一小时 二小时
第 17 周 （12 月 27～31 日）	VII 结论	1. 原始社会史与民族志在历史专业中的重要性 2. 如何掌握这个武器为建设社会主义新中国而奋斗 3. 课堂讨论	三小时

第 5 页

参考书目：

一、课本：

尼科尔斯基教授著，原始社会史（庞龙 译本）

二、基本参考书：

1. 恩格斯：家族私有财产及国家的起源（张仲宝译本）

2. 恩格斯：劳动在从猿到人转变过程中的作用（曹葆华、于光远译本）

3. 恩格斯、玛尔克（潘光旦译，新建设，1952 年 12 月号及 1953 年 1 月号）（按另有林超真译本，名马克，见宗教、哲学、社会主义一书）

4. 马克思，前资本主义生产形态（日知译，文史哲 1953 年第 1、2、3 期）

续表

5. 马克思、恩格斯合著，德意志意识形态（郭沫若译本）

6. 列宁，论国家（解放社版）

7. 列宁，青年团的任务（莫斯科版）

8. 列宁，伟大的创举（莫斯科版）

9. 列宁，社会主义与宗教（三联版）

10. 斯大林，辩证唯物主义与历史唯物主义（莫斯科版）

11. 斯大林，马克思主义与语言学问题（解放社版）

12. 斯大林，无政府主义还是社会主义？（人民出版社）

13. 斯大林，马克思主义与民族问题（莫斯科版）

14. 斯大林，民族问题与列宁主义（莫斯科版）

15. 斯大林，马克思主义与民族，殖民地问题（人民出版社）

三、补充参考书：

1. 裴文中，自然发展史

2. 裴文中，中国石器时代的文化

3. 裴文中，中国史前时期之研究

4. 格罗莫夫，人类史前的地球（滕砥平译，商务印书馆）

5. 林耀华，从猿到人的研究

6. 贾兰坡，从猿人脑发展到现代人脑

7. 贾兰坡，骨骼人类学纲要

第 6 页

8. 贾兰坡，中国猿人

9. 贾兰坡，河套人

10. 贾兰坡，山顶洞人

11. 左列夫，人类是怎样长成的（陈应新译本，开明书店）

12. 朴罗舍茨基，人类是怎样起源和发展的（刘执之译本，三联书店）（按此书另有方堃译本，人类的起源和发展，上海作家书屋，毕译本，人类是怎样产生和发展的）

13. 徐仑，什么是原始社会（华东人民出版社）

14. 徐仑，什么是奴隶制社会（同上）

15. 徐仑，什么是封建社会（同上）

16. 雅科夫列夫，人怎样开始讲话（人民科学丛书）

17. 奥斯特罗维漠诺夫，资本主义以前的诸社会经济形态（政治经济学教程，第二分册，三联书店）

18. 康士坦丁诺夫，从原始社会到资本主义社会生产力与生产关系的发展（人民出版社）

19. 康士坦丁诺夫，社会意识及其形态（同上）

20. 格列则尔曼，马克思列宁主义的阶级和阶级斗争理论（同上）

21. 赫鲁斯托夫，马克思列宁主义论战争（同上）

22. 康士坦丁诺夫，人民群众和个人在历史上的作用（同上）

23. 康士坦丁诺夫，马克思列宁主义与民族殖民地问题（同上）

24. 拉苏莫夫斯基，社会经济形态（沈志远译）

25. 普列雪茨基，人类起源的科学解释与宗教传说

26. 柯洛尼茨基等，马克思列宁主义论宗教（孙亚明译）

27. 巴普洛夫关于两种信号系统的学说（中国科学院）

28. 赵以炳，第一信号系统和第二信号系统学说（巴普洛夫学说基本知识，中华全国科学技术普及协会）

29. 澳大利亚联邦（苏联大百科全书选译，人民出版社）

30. 婚姻（同上）

31. 特赛摩希金，阿里泰到山里去，二册（新文艺出版社）

32. 钟敬文，民间文艺新论集

33. 社会发展史画集，上集（华东人民出版社）

第 7 页

34. 普利云茨基，人类的起源详解（俄文）

35. 韩士兰，宗教的起源（法文）

36. 苏联大百科全书，对于《历史》一词的解释（徐士珍译，新史学通讯，1954 年 8 月号及 9 月号）

37. 普科斛茨基，人类学上唯物论对唯心论的斗争（科学通报，一卷七期，1950 年 11 月份）

38. 孔思，科学是一种社会意识形态（学习译丛，第四辑，1951 年 8 月）

39. 查米楬，民族与部族（历史问题译丛，1953 年底 3 本）

40. 福斯特利可夫，马克思恩格斯列宁斯大林论语言与思维的关系（学习译丛，1952 年第 8 号）

41. 罗常培、傅懋绩，国内少数民族语言文字的概况（中国语文，1954 年 3 月号）

42. 傅懋绩，云南少数民族语文的一般情况（新建设 1954 年 3 号）

43. 张向干，西康省大凉山彝族的社会经济制度（教学与研究 1954 年第 3 号）

44. 苏联考古学第十七卷社论：斯大林关于语言学问题与经济学问题的著作，与苏联考古学家们的任务（考古学报，第六册，第一二分合刊，1953 年 12 月）

45. 普挪特科夫斯基、季逵列宁科：什么是社会经济形态（人民日报，1953 年 7 月 14 日，第二版）

46. 狄雅可夫，尼克尔斯基合编，古代世界史，第一分册、序言、原始社会（日知译，高等师范学校参考资料，油印本）

47. 方国瑜，云南民族史（云大，油印本）

48. 杨堃，原始社会史分期表（云大，石印）

（按以上所列参考书目，颇不全。除课本一种为每一同学所必须参考以外，其他各种书目，仅在课堂讲授时指出有关的某些章节，供作参考，或供将来作研究工作时，参阅之用）]

[《云南大学社会系民族组四年级学生寒假实习工作总结及峨山县总果乡社会调查报告（内部参考文件）》，云南大学档案馆藏，云南大学全宗，档案号：1954－Ⅱ－041]

少数民族史专题研究教学大纲

系别及专业	历史系，历史专业，汉族及外民族史专业化	年级	四	教研组及任课教员	民族史教学小组 江应樑
每周时数	①课堂讲授 4 小时；②实习或实验□小时；③课堂讨论 1 小时；④辅导 2 小时；⑤习题课□小时；⑥复习及课外作业 3 小时				
目的及要求	①在民族史一般知识的基础上，以傣及苗两民族作重点，作专题性的讲授，使同学对此两个民族的历史发展及文化创造得到较系统较深入的认识。②从深入研究两个民族的历史，联系到中国各个民族历史发展以及文化创造的相互关系，而体会中国各民族统一的不可分离性的历史根源。③结合教学计划专门化课程精神，在讲授中进行研究，培养学生独立思考，掌握史料和从事科学研究的能力				
采用教本名称				编者著	
自编讲义	①傣族史专题论文（共五篇）②苗族史专题论文（共六篇）				
主要参考书名称	附见各篇论文后			编者著	

教研组主任系主任：000
日期　　1954.9.9

少数民族史专题研究 教学大纲
傣族史专题研究讲授内容
（一）吴越民族研究
①目的——明确民族来源，吴越之建国，吴越民族之文化创造，及其与中原文化之相互关系，从而了解中国灿烂文化，不是任何一个民族单独创造而是历史上各个民族共同劳动创造的果实，又经民族特征的研究中，探索其与后代傣族之历史关系。
②主要内容——中国南方民族之发展，吴越民族之族系的历史根据，吴越民族与北方民族之关系，吴越民族之特征，农业生产，金属的发明使用及冶铁技术的高度进展，成为吴越民族光辉的文化。吴越建国及其由原始公社进到奴隶制的探索，吴越之生活文化及其与中原文化之关系。
（二）百越民族研究
①目的——明确秦汉大民族主义的进展，使南方民族被侵略压迫而迁徙分散，造成当时民族史上的两大变动，一是北方民族的向南方移殖，二是越民族之分散迁徙而发展为傣种系诸民族的形成。
②主要内容——吴越建国后南方民族情况，百越—南越—瓯越—骆越—杨越—山越—闽越。秦始皇征南越与汉武帝达南方九郡，移民南方。百越民族之迁徙、分散、定居、文化之交流融合。

（三）金齿丛考

①目的——明确唐宋时代西南民族构成之两大支系，史籍中所称之金齿，即南方民族迁移到云南及其邻近地之主要的一个支系。

②主要内容——名称探源，金齿与百越之渊源。金齿与傣族之关系。分布区域考证，民族生活及其特征。

（四）"僰夷"考

①目的——宋元明之时，有关云南之各类载籍中，凡提到傣族系统的民族，所用之名称极为混乱，有所谓"白衣""白夷""百夷""僰""掸"诸名，而"僰夷"一名，最为模糊，究指今之民家抑傣族，众说纷纭，考证此一名称，即可直接明确宋元明时代傣族之正确发展情况及明确之分布地。

②主要内容——南诏大理时期云南傣族之情况，经傣族自己历史记载中考证宋元时代本民族之发展，白衣、白夷、百夷、伯夷，确系指傣族言。"僰夷"不全指傣族亦不全指民家。"僰夷"在某书应作傣族解，在某书应作民家解。元明时代傣族区域考。

（五）傣族近代史要

①目的——使学生明确近代傣族历史之发展，对比解放前后之情况，经而体会民族政策之精神与民族大团结之欢乐。

②主要内容——傣族分布，明清以来傣族之演变，经济生产，发展史上形成的民族特征，欢乐的今天。

少数民族史专题研究教学日历

1954 年度第 1 学期

（周次）日期	节次	讲授内容	必作习题	备注
一 区 1～4	1～2	本课程讲授之目的要求及主要内容		
二 区 6	3～4	怎样学习本课程		
区 11	5～6	吴越民族之来历	编制吴越民族大事年表	
三 区 13～18	7～8	吴越民族之形成及其特征		
	9～10	吴越建国		
四 区 20～25	11～12	农业生产		
	13～14	金属发明及使用		
五 区 27	15～16	经济发展		
区 2	17～18	奴隶社会之探索		
陆 区 4～9	19	小结		
	20	课堂讨论		
七 区 11～16	23～24	百越诸部落之分布及其变动	编制百越分布图	
	25～26	秦汉两代对百越之关系		
八 区 18～23	27～28	南方九郡成立后百越诸部族之演变		
	29～30	南越与东瓯		

续表

（周次）日期	节次	讲授内容	必作习题	备注
九 区 25～30	31～32 33～34	*[手写内容]*		
十 区 1～6	35～36 37～38	课堂讨论		
十一区 8～13	39～40 41～42	金齿源流 金齿及其有关之诸民族	编制记载"僰"族资料索引	
十二区 15～20	43～44 45～46	金齿分布及民族特征 金齿与古代百越及今日傣族之关系		
十三区 22～27	47～48 49～50	诸书可载金齿事绩之考证 小结		
十四区 29～4	51～52 53～54	僰族之于历代史籍中之记录 僰与汉的研究		
十五区 6～11	55～56 57～58	"白衣"与"僰夷" "僰夷"与"白夷""百夷"		
十六区 13～18	59～62	元明诸书所记之"僰夷"究指今之民家 抑指今之傣族？		
十七区 20～25	63～64 65～66 67～70	"僰"在各时代记录中有不同之辩 小结 课堂讨论		
十八区 27～31				

[《云南大学社会系民族组四年级学生寒假实习工作总结及峨山县总果乡社会调查报告（内部参考文件）》，云南大学档案馆藏，云南大学全宗，档案号：1954－Ⅱ－041]

法学院经济系劳动组四年级一九五三学年度选课表

科目：工业统计、大二俄文、大三俄文、政治经济学

姓名：徐遐龄、高继秋、丁维亚、杨凤舞、邹孟仪、苏开明、熊嘉骥

工资与生产实践教学大纲

系别及专业：经济系劳动组；四年级 教研组及任课教员：樊子诚、袁绩藩

每周课堂讲授四小时

目的及要求：

目的：了解劳动工作中工资工作的意义与内容，研究如何用立法与行政的
□□，依照必要与可能的原则供给劳动者适当的劳动条件，以维持生产，
并在发展生产的基础上提高劳动人民的物质生活与文化生活水平。

要求：学习苏联先进的工资理论与工资表来研究中国工资与工资有关的实
际问题。

采用教本名称：苏联工资制度讲义

编著者：谢旺诺夫、工人出版社，1952

主要参考书名称：苏联社会主义经济问题、工业企业的工资制度、苏联的
工资制度、苏联工业中的工资与工作组织

编著者：斯大林，人民出版社，1953

吴□：1953

柯那柯夫：时代出版社，1950

柯诺科夫：十月出版社，1953

云南大学一九五四学年度学生修习课程登记表

经济系劳动组四年级

课程：辩证唯物论与历史唯物论（全年）、工资与生产研究、工业企业组
织与计划

学生：尹琴馨、何汉川、沈象权、李汉、和建勋、施宝铨、马琼萱、高如
贵、庄梅瑛、张贵华、陈敏、董瑞芝、赵鹤琴、熊若华、邬树良、杨光
先、赵鹤鸣

［《云南大学选课表》，云南大学档案馆藏，云南大学全宗，档案号：1954 –
Ⅱ–033］

（二）学术讲座

1939 年教育厅聘吴文藻暑讲会

迳启者：

案准云南省教育厅公函，以本年暑期讲习讨论会，照案设有"学术讲

演""时事演讲"等项，应先期约聘名流担任，嘱为代聘讲师八人，并附讲师名单开示，俾便正式延聘。等由；遏校，兹特代聘台端为该会讲师，除将名单函送外；相应函达，致希查照惠允为荷。

　　此致

萧叔玉先生 林同济先生 汤惠荪先生 顾颉刚先生 吴文藻先生 王赣愚先生
张正平先生 朱驭欧先生

　　　　　　　　　　　　　　　　　　　　　　校章　启
　　　　　　　　　　　　　　　　　中华民国廿八年七月十二日

[《函聘肖叔玉、林同济、汤蕙荪、顾颉刚、吴文藻、王赣愚、张正平、朱驭欧、诸先生为暑讲会讲师会》（1949 年），云南省档案馆藏，云南大学全宗，档案号：1016 - 001 - 00982 - 005]

迳启者：

　　顷准大函，以本年暑期讲习讨论会，学术、时事演讲，应先期约聘名流担任，嘱为代聘讲师八人，并将名单开示，俾便正式延聘等由；遏校，兹就敝校教授中代聘八人，除先行公函聘外；相应开送讲师名单，函请查获早办理为荷。

　　此致

云南省教育厅

附暑期讲习讨论会讲师名单一份

　　　　　　　　　　　　　　　　国立云南大学校长熊庆来启
　　　　　　　　　　　　　　　　　　　　　　七月□日

代聘二十八年暑期讲习讨论会讲师名单

萧叔玉先生　　吴文藻先生

林同济先生　　王赣愚先生

汤惠荪先生　　张正平先生

顾颉刚先生　　朱驭欧先生

[《函聘肖叔玉、林同济、汤蕙荪、顾颉刚、吴文藻、王赣愚、张正平、朱驭欧、诸先生为暑讲会讲师会》（1949 年），云南省档案馆藏，云南大学全宗，档案号：1016 - 001 - 00982 - 005]

第 00347 号

敬覆者：

　　敝会近准贵校本月十一日函略开：本月二十日，为本校成立二十周年纪念，特于是日下午四时举行纪念会，希出席致词等由；自应照办，当经推定孟总干事立人按时出席，同伸庆祝，相应函复，敬希查照！

　　此致

云南大学

云南大学校友会　启

中华民国卅一年四月十八日

国立云南大学二十周年校庆纪念演讲及论文

　　国立云南大学植基于民国十一年。本月（四月）二十日为该校二十周年校庆，该校除举行纪念会、运动会、游艺会、成绩展览及委座坊印照片展览，以资庆祝外，特请该校教授及国内有名学者，分别举行纪念演讲及撰述纪念论文，均精心结撰或个人创获之作，特将各项题目，探载于后：

　　（甲）演讲部分

　　（一）社会科学十讲

　　（1）雷宗海：历史的形态

　　（2）潘光旦：当代的社会思想

　　（3）陈序经：西洋文化与中国文化

　　（4）王赣愚：自由主义的危机

　　（5）萧蘧：近代经济思想的动向

　　（6）林同济：贵士传统与中国文化

　　（7）贺麟：儒家思想的开展

　　（8）冯友兰：义利辨

　　（9）吴宓：美国的人文主义

　　（10）陈铨：民族运动与文学运动

　　（均已先后举行，编纂成册即交商务印书馆刊印）

　　（二）自然及应用科学十一讲

　　（依演讲先后为序）

　　（1）陈省身：微分几何学的现况及其问题

　　（2）吴大猷：日冕——天体中之一问题

（3）华罗庚：模式论

（4）王树勋：生活机能之物理化学分析

（5）吴学国：从物质构造问题说到科学思想的演进

（6）沈同：最近营养学之进步及其对于国人素食营养之解释

（7）殷宏章：光合作用

（8）庄圻泰：无穷级数轮之新进步

（9）赵雁来：近百年来有机化学之供献

（10）严济慈：压力对于照相片感光性之影响

（11）蒋导江：钢铁冶炼之新发展

（乙）论文部分

（一）文学及社会科学

（1）姜亮夫：巴黎藏敦煌唐写本切韵跋

（2）徐梦麟：诗与井田

（3）楚图南：白国商榷

（4）邹循正：读王秋涧剑韵行书后

（5）费孝通：禄村农田

（6）张之毅：易村手工业

（7）田汝康：摆夷的摆

（8）史国衡：昆厂劳工

（9）李有义：汉夷杂区经济

（10）郑安仑：堡村街子

（11）张之毅：土地和金融

（二）数学及农学

（1）庄圻泰：整函数论之新探讨

（2）华罗庚：圆球中格点数之研究

（3）崔之兰：侧囊在黑斑蛙鼻腔发生过程中之形成及退化之观察

（4）郑万钧：中国树木之新种

（5）崔之兰：雨蛙与黑斑蛙鼻腔发生之比较观察

（6）徐仁、董愚得：幼苗之解剖

（7）徐仁：油杉苗尖之组织及生长

（8）徐仁：麻黄苗尖之组织

（9）郝天和：昆明及其附近桑树害虫生活史之研究及其渐变防治法。

①黄龄灯蛾（灯蛾科）

（10）陈阅增：昆明原生动物之观察

（其他部分之论不及备载）

以上请速用蓝印纸写八张，并前所写之一张，分寄（一）云南日报（二）民国日报（三）昆明中央日报（四）朝报（五）重庆大公报（六）重庆时事新报（七）重庆中央日报（八）重庆扫荡报

熊庆来　章

四月十九日

［《本校二十周年校庆演讲及论文由（潘光旦、陈序经、王赣愚、肖蘧、林同济等）》（1942 年），云南省档案馆藏，云南大学全宗，档案号：1016 - 001 - 00993 - 006］

费孝通函请熊庆来拨给教室以作学术演讲之用

校长台鉴：

敬启者。太平洋学会报告十一月底可以结束，拟根据该项报告在本校举行公开演讲，以资提倡研究风气。自十一月十六日起，每星期一晚七时至八时半演讲，共分七讲。兹将演讲题目及讲员列后。如蒙课程股照排在第二教室核准，请拨教室，并予公布，是幸！专此

即请

教安

晚　费孝通　顿

批文：

（1）准照举行，即送教务处注册且酌排教室，并公布。十月二十九日。国立云南大学（印）

（2）请总务处公布并按时在第二教室备灯。十月三十日。熊庆来（印）

国立云南大学布告社会学研究室公开学术演讲

查本校太平洋学会社会学研究室定于自十一月十六日起，每星期一晚七时至八时半，举行公开演讲，以资提倡研究风气，共分七讲。兹将各演讲日期、讲员、讲题分别公布于后，仰本校学生一体知照。此布。

计公布社会学研究室公开学术演讲日期、讲员讲题表一份

校长　熊庆来

中华民国三十一年十一月二十一日

附：社会学研究室公开学术演讲表

日期		演讲员	演讲题目
十一月	十六日	李有义先生	《汉夷杂区经济》
	二十三日	费孝通先生	《小农经济的基础》
	三十日	张之毅先生	《乡村手工业的两种形态》
十二月	七日	张之毅先生	《土地与资本》
	十四日	史国衡先生	《战时后方新工业的人力基础》
	二十一日	许烺光先生	《巫术与医药》
	二十六日	谷　苞先生	《乡村行政结构》

［《奉教育部令据本校呈送民国三十一年度研究云南边疆建设调查报告准备案通知本校社会系费孝通主任》（1942年），云南省档案馆藏，云南大学全宗，档案号：1016－001－00098－014］

1944年费孝通演讲通知

布告本校学生费孝通博士讲演

布告

本日下午四时请云大社会系主任费孝通博士演讲，务希全体同学踊跃出席。

教务长　吴富恒

民国三十三年十一月十六日

［《布告本校学生本日下午四时请云南大学社会系主任费考通博士演讲希出席由》，云南省档案馆藏，云南大学全宗，档案号：1016－001－00222－006］

（三）调查实习

1941年李有义为社会系参观函请校长熊庆来①

本月八日，本校社会系专任讲师李有义率领该系学生约十人到市政府参观，应备公函一件，交李先生第往。

---

① 原文无标点，标点断句为编者所加。

总务处

十一月七日

文别：公函

送达机关：云南市政府

事由：为本校社会系拟订于本月八日率领学生前来参观，以资印证所学，请惠赐派员指导，予以便利由

第 01413 号

国立云南大学稿

迳启者：

　　查本校文法学院社会学系，兹拟订于本月八日由讲师李有义先生率领该系学生十人，前来贵府参观，以资印证所学，兹特备函持信前来，请烦查照，惠赐派员指导，予以便利，无任感荷。

　　此致

昆明市政府

校长　熊庆来

中华民国三十年十一月八日

迪之校长钧鉴：

　　职所授之社会机关参观班拟于本星期六下午参观云南财政厅及模范监狱，希即令文书科备函接洽为感，并希能于星期六前将公函送达，以免有误，专此即颂。

　　教祺

职　李有义鞠躬

中华民国三十年十二月一日

校长面谕，送请总务处函达

十二月一日

敬启者：

　　本校文法学院社会机关参观班拟于本星期六（六日）下午三时，前往贵厅参观，久仰贵厅政绩斐然，对学生观摩之处必甚多，希届时派员指导一切，无任感荷。

　　此致

陆厅长子安钧鉴

熊庆来　启

模范监狱函做此，仅另机关名称即可。

文别：公函
送达机关：云南财政厅、云南第一模范监狱署
事由：为本校社会系拟于本月六日前往参观，请予以指导由
第 01536 号
国立云南大学稿
　　查本校社会学系参观班，拟于本月六日（星期六）下午，由该系讲师李有义先生率领赴贵厅、署参观，籍资印证所学，相应函达，即希查照，惠予参观，并希赐加指导，以便观摩，实纫公谊。
　　此致
云南财政厅
云南第一模范监狱署

校长　熊庆来
中华民国三十年十二月五日

迪之校长钧鉴：
　　职所授之社会机关参观班拟于本星期六（十三号）参观市立养济院及集团，请即令文书课致函接洽为盼。
　　此致
教祺

职　李有义　谦启
中华民国三十年十二月十日

文别：函
送达机关：养济院集团、李有义
事由：为本校社会系前往参观，请惠允由
第 01565 号
国立云南大学稿

查本校社会学系此呈，兹订于本月十三号（星期六），由该系讲师李有义先生率领前往参观贵院、团，相应函达，即希惠允，为荷。

此致

昆明市立养济院长　卢

校长　熊庆来

中华民国三十年十二月十二日

复李有义函稿

李有义先生大鉴：

顷接来函，已由文书组函养济院请准予参观，至集团管理员姓名待查照再办，特请并持。

教祺

熊庆来　启

中华民国三十年十二月十二日

文别：公函

送达机关：云南日报朝报

事由：为本校社会系拟订于本月廿七日率领学生前来参观，请惠赐派员指导，予以便利由

第 01608 号

国立云南大学稿

迳启者：

查本校文法学院社会学系现因研究社会各项问题，特组织社会机关参观班，分别到各机关工厂参观，以资印证，素仰贵报规模宏大，设备完全，拟订于本月廿七日（星期六）下午三时，请系讲师李有义先生带领学生前来参观，籍资考查，相应备文函达，请烦查照，惠允派员指导，予以便利，无任盼祷。

此致

云南日报　朝报

校长　熊庆来

中华民国三十年十二月廿六日

［《为本校社会系联系参观事分函云南财政厅及云南第一模范监狱署昆明市

立养济院昆明市政府云南日报朝报并中央机器厂》，云南省档案馆藏，云南大学全宗，档案号：1016 - 001 - 00098 - 026]

1945 年为游钜颐路南调查函①

报告

事由：窃生系主任于费之命，于寒暑假期中派赴路南调查，兹定于照早动身，恳请发给护照及公函寻证照文件，以便前往工作，特此。

谨呈

校长　熊庆来

文书组速办

社会系学生　游钜颐　呈

填发学生护照

卅四年二月二日

迳启者：

查本大学文法学院社会学系学生游钜颐兹即开赴路南县作社会调查工作，相应函达，贵县查照，惠予便利，实纫公谊。

此致

路南县政府

校长　熊庆来

[《为本校文法学院社会系学生游钜颐寒假赴路南作社会调查函路南县政府》（1945 年），云南省档案馆藏，云南大学全宗，档案号：1016 - 001 - 00132 - 006]

1945 年为社会调查进行社会机关参观函②

敬呈者：

本系所开"社会调查"一课，拟分一部分时间作社会机关参观，以求理论与实践配合，惟前往各机关场所参观时，需有本校公函证明介绍，故

---

①②　原文无标点，标点断句为编者所加。

特恳请令文书组作缮公函八件，以资应用。（公函格式相同，机关名称及日期暂空，用时再填）

谨呈

校长　熊庆来

准予证照介绍

（1）文书组照办。

（2）此项证照函件代社会系费主任，慎重保护，以免发生□□□□。

社会系

卅四年三月十九日

国立云南大学公函

迳启者：

　　本大学社会学系现开"社会调查"一课，为求理论与实践配合起见，拟分别参观各机关团体，以资印证。兹拟于 □月□ 日□ 午 □时由教师□□□先生□领该系学生前来贵□参观，届时请烦予以参观之便利并派员指导，相应函达，即希查照惠允为荷！

　　此致

校长　熊庆来

中华民国卅四年三月二十三日

［《为本校文法学院社会系学生游钜颐寒假赴路南作社会调查函路南县政府》（1945 年），云南省档案馆藏，云南大学全宗，档案号：1016 – 001 – 00132 – 006］

1947 年办理社会调查证明书①

　　兹奉上社会调查证明书二十份，敬希代为填写并加盖校印，统希于今日下午办妥，以应急需。

　　此致

文书组

社会系

---

　　①　原文无标点，标点断句为编者所加。

中华民国卅六年三月十三日

选习社会调查名单

陈年榜　彭光前　查玉洁　尹勋国　陈洁英　赵锡乾　高文英　朱洵符
吴镇清　孙惠然　陈克祥　郑　权　马恩惠　纪廷琛　张起贵　蒋永尊
李靖姝　周朝栋

国立云南大学证明书

　　查本校文法学院社会学系学生　　按照学校课程规定，　　　之实地社会调查研究，敬希各有关机关给予该生研究协助，特此证明。

校长

中华民国卅六年　　月　日

（此为模版，原档案空白处即为空白）

［《函请云南大学文书组办理社会调查证明书》（1947 年），云南省档案馆藏，云南大学全宗，档案号：1016－001－00387－079］

1948 年本校学生前往大麻苴调查

敬呈者：

　　查本系研究室助理研究员刘尧汉、詹开龙暨四年级学生查玉洁、赵锡乾、高文英、马恩惠，三年级学生尹寿铭、杨锐等八名为收集社区研究及毕业论文资料，每周均须往大麻苴工作，来往旅费所需甚巨，而该员等实无力负担，盼由文书组以本校名义向川滇铁路昆明站办事处函给，给予该员等自昆明站至杨方凹站来回免费乘车优待证，俾该员等能即日前往开始工作为幸。

　　此呈

熊校长　批示

　　　　　　　　　　　　　　　　　　社会系主任　杨堃

　　　　　　　　　　　　　　　　　　卅七年十二月二十四日

　　准予备公函接洽

　　文书组办

　　十二月二十七日

公函　川滇路昆明站办事处

学字 NO. 5010

迳启者：

　　查本校社会系研究室助理研究员刘尧汉、詹开龙暨四年级学生查玉洁、赵锡乾、高文英、马恩惠，三年级学生尹寿铭、杨锐等八名为收集社区研究及毕业论文资料，每周均须往大麻苴村工作，来往旅费所需甚巨，该员等经历困难，无力负担，拟请贵处自卅八年一月一日起准予免费来回搭川滇车至杨方凹直至工作完毕为止，素仰贵处热心教育特为函恳为蒙，俯允即希，示复为荷。

　　此致

川滇铁路昆明站办事处

校长　熊庆来

中国民国卅七年十二月廿九日

　　［《为本校学生前往大麻苴收集社会研究就准予免费乘车到杨方凹函川滇铁路昆明站办事处》，云南省档案馆藏，云南大学全宗，档案号：1016 - 001 - 00132 - 018］

1949 年为社会系学生到马村调查

　　签请本系本年度课程开有"社会研究与调查"一科，须作实习，兹已选定本市东北郊马村（包括大马村、小马村、上马村、中马村）作为实习地点，惟恐当地居民不明真相，徒生误会，特请以学校名义函知昆明县政府，饬令当地乡保长予以调查方便为幸。

整理委员会　主任委员　姜

本校社会系　呈

卅八年十二月一日

公函昆明县政府

函为本校社会系开有"社会研究与调查"一科，已选定本市马村为实习地点，请查照转饬当地乡保长予以调查之便由

云南大学整理委员会公函

· 411 ·

迳启者：

　　本校社会学系本学年度课程开有"社会研究与调查"一科，须作实习，兹已选定本市东北郊马村（包括大马村、小马村、上马村、中马村）作为实习地点，惟恐当地居民不明情形，徒生误会，相应函请贵府查照惠予转饬当地乡保长予以调查之方便，并希见复为荷。

　　此致
昆明县政府

主任委员　卢

委员姜　代行

一九四九年十二月十二日

［《为本校社会系学生到本市马村作社会研究调查请饬当地保长给予方便函昆明县政府》（1949年），云南省档案馆藏，云南大学全宗，档案号：1016 －001－00950－022］

1951 年刘尧汉带领学生赴大麻苴做调查

刘尧汉带领大麻苴调查

　　我校社会系助教刘尧汉率领同学三十五人前往本市东郊大麻苴做社会调查实习，希沿途军警查验放行为荷。

主任委员　秦瓒

副主任委员　寸树声

云南大学　（印）

公元一九五一年四月六日

［《刘尧汉带领大道生染织厂实习、大麻苴调查，社会系四年级学生赴官渡乡作调查，暑期武定实习以了解兄弟民族生活情况》（1951 年），云南大学档案馆藏，云南大学全宗，档案号：1951－Ⅱ－22］

1951 年社会系学生官渡调查

社会系四年级学生赴官渡乡作调查通行证

第 809 号

受文者：昆明市公安三分局

一、兹有本校法学院社会系四年级学生关学尧、杨德俊、张之模三人，经昆明县农协会同意前往官渡乡做调查研究工作。

二、该生等自本年四月九日起至五月九日止，须经常往返于昆明市与官渡之间，敬希你局发给通行证，以利工作。

主任委员

副主任委员

公元一九五一年四月七日

寸树声等（印）

[《刘尧汉带领大道生染织厂实习、大麻苴调查，社会系四年级学生赴官渡乡作调查，暑期武定实习以了解兄弟民族生活情况》（1951 年），云南大学档案馆藏，云南大学全宗，档案号：1951－Ⅱ－22]

1951 年刘尧汉带领学生赴大道生染织厂作调查实习

我系"社会调查研究"班拟由刘尧汉先生率领前往大道生染织厂作调查实习，俾能使理论与实际相联系，希函大道生染织工厂委员会，以便接洽。（已经接洽好，我校公函仅是手续而已）

此请

总务长查核

社会系主任　杨堃

一九五一年四月十一日

社会系学生前来实习敬希惠允由

受文者：大道生染织工厂委员会

我校社会系"社会调查研究班"，由刘尧汉先生率领，前来你厂作调查实习，俾使理论与实际相联系。兹派员接洽，敬希惠允为荷。

主任委员

副主任委员

公元一九五一年四月十二日

我于本礼拜六（十四日）率领社会调查研究班学生三十五人前往本市西北郊林家院大道生染织工厂实习参观，希函公安第三分局给予通行证明为荷。

社会系助教　刘尧汉

一九五一年四月十二日

［《刘尧汉带领大道生染织厂实习、大麻苴调查，社会系四年级学生赴官渡乡作调查，暑期武定实习以了解兄弟民族生活情况》（1951 年），云南大学档案馆藏，云南大学全宗，档案号：1951－Ⅱ－22］

1951 年劳动组暑期实习

劳动组暑期赴失业工人训练班实习

受文者：昆明市劳动局

　　一、我校社会系劳动组学生于本届暑期赴失业人口训练班实习，以求理论与实际之结合，昨已得你局之同意。

　　二、实习日期暂定五周，（由本月八日至八月卅一日），兹将实习学生名单送请查照。

　　主任委员

　　副主任委员

公元一九五一年七月十八日

社会系劳动组实习学生名单

杨明英　董离仙　赵鹤鸣　赵云兰　杨琼珍　宗惠书　傅其鸽　周世雄
高曼云　高继秋　苏开明　文元伟　徐遐龄　熊嘉骥　杨凤舞　丁维亚
以上计十六人

一九五一年七月十八日

［《刘尧汉带领大道生染织厂实习、大麻苴调查，社会系四年级学生赴官渡乡作调查，暑期武定实习以了解兄弟民族生活情况》（1951 年），云南大学档案馆藏，云南大学全宗，档案号：1951－Ⅱ－22］

1951 年暑期民族组生产实习

暑期武定实习以了解兄弟民族生活情况

管字第 1324 号

受文者：云南省民族事务委员会

　　一、我校社会系民族组学生，于本届暑期赴武定兄弟民族区实习，时间暂定一个月，（由八月一日至卅一日）按实际需要可酌予延长，已得你会同意。

　　二、兹决定由系主任杨堃教授及刘尧汉助教率领前往并领导实习，敬希你会在本月底以前给予交通工具，俾按期开始工作，并请转知武定县人民政府予以协助指导，实习学生名单并送请查照。

　　附学生名单

主任委员

副主任委员

公元一九五一年七月十八日

社会系民族组实习学生名单

胡桂秋　张瑢华　李蓉芳　张尚义　朱赤平　王桂林　龚荣星　龚肃政

刀世勋　高吉昌　萧庆文　严汝娴　王耀知　沈国治　黄宝璠　赵大富

领导教师

杨堃　刘尧汉

共计师生十八人

公元一九五一年七月十八日

第 138 号

受文者：云南民族事务委员会

　　一、我校社会系民族组本届暑期得你会之协助赴武定兄弟民族区实习，兹为对实习地区之专区、县、区、乡村等各级人民政府联络方便起见，拟定名为"云南大学社会学系民族组暑期工作团"，并由杨堃、刘尧汉分担正副团长，率领学生十四人，作了解兄弟民族的历史、社会、经济、风俗、习惯等生活情况之调查研究工作，及刻楷书长章一枚，限在实习区使用，工作完毕，缴校收存。

　　二、敬希转知实习区域为荷。

主任委员

副主任委员

一九五一年七月廿八日

附名单：

杨堃团长　刘尧汉副团长

赵大富大组长　王耀知第一小组长　沈国治第二小组长

第一小组组员：胡桂秋　朱赤平　黄宝璠　王耀知　刀世勋　高吉昌　萧庆文

第二小组组员：张瑢华　龚荣星　赵大富　王桂林　龚肃政　严汝娴　沈国治

　　顷接我系民族组师生自武定来函称，该组自七月卅一日赴武定兄弟民族地区工作以来，因得民族事务委员会，武定专署及当地干部之协助，工作进展极为顺利，现因武定区生活费用（伙食费）与昆明相近，加之移动频繁，搬运费用较大，致该组费用超出原来预算一百万元。现该组决定于九月初返昆，需款甚急，解由校方备函向民族事务委员会请求补助该数一百万元，并直接电汇"武定专署秘书室转交云大社会系民族组暑期工作团"，以济眉急，量否得当，教请校委会主委秦、副主委寸批示。

一九五一年八月二十一日

［《刘尧汉带领大道生染织厂实习、大麻苴调查，社会系四年级学生赴官渡乡作调查，暑期武定实习以了解兄弟民族生活情况》（1951年），云南大学档案馆藏，云南大学全宗，档案号：1951–Ⅱ–22］

中央访问团工作

江应樑、石埻壬、高文英参加中央民族访问团工作

　　顷接昆明市军事管制委员会文教接管部函说"你校江应樑、石埻壬、高文英三先生同意参加中央民族访问团工作，在工作期间，其职务由你校职员中设法暂行兼代，薪给照发，特此函达，希即查照为荷。"相应录文通知，即希查照为荷。

　　此致
总务处

云南大学

一九五〇年九月五日

［《江应樑、石埻壬、高文英参加中央民族访问团工作》（1950年），云南大学档案馆藏，云南大学全宗，档案号：1950–Ⅱ–19］

1951 年高文英停薪尹寿铭参加访问团

云南大学教职员异动通知单

姓名	职别	异动原因	月薪	起薪及止薪日期	其他	备注
高文英	社会系助教	调职停薪		二月十五日止薪		

请即查照办理

　　此致

人事室　财务办

1951 年 2 月 21 日

　　查社会系助教高文英经校委会于二月十二日第卅次会议同意前往民族事务委员会服务，高先生薪资即发至二月十五日止，特此通知。

　　此致

人事室　财务股　转

2 月 21 日

云南大学校务管理委员会：

　　你校社会系助教尹寿铭同志，现参加中访团到普洱区工作，我会为工作上的需要，仍请你校准将他调来我会工作，并将他的供给转来为荷！

　　此致

云南省人民政府民族事务委员会　启

三月十三日

本校校务管理委员会：

　　（一）关于民族事务委员会调我系助教尹寿铭参加中访团，我系早经同意，惟将尹在我校之供给转该会一事，我系不表赞同，应由该会自行负责。因尹既脱离本校，本校既无供给之义务。

　　此项由人事查照尹寿铭供给等级或薪给数额交文书组通知，电发校务委员会。

云南大学临时校务管理委员会函民族委员会 函复尹寿铭供给希查照由
1951 年 3 月 21 日

受文者：云南省人民政府事务委员会

一、接你会三月十三日来函，请将我校社会系助教尹寿铭调到你会工作，并将他的供给转来。

二、查尹寿铭调到你会工作，我校早经同意，至嘱将供给转来一事，该员统经调离我校，即由你会予以供给。

三、尹寿铭在我校工薪系四十八分，尚有二月份尾薪请转知尹君来我校支领。

云南大学

公元一九五一年三月

云南大学教职员异动通知单						
姓名	职别	异动原因	月薪	起薪及止薪日期	其他	备注
尹寿铭	社会系助教	调职		二月底止薪		

请即查照办理

此致

人事室

云南大学

1951 年 3 月 21 日

[《云南大学干部调出的联系函件》（1951 年），云南大学档案馆藏，云南大学全宗，档案号：1951 - Ⅲ -08]

生产实习

函西南高教局呈报寒假生产实习计划请核准

我校学生生产实习，经我校教务处生产实习指导委员会研究后决定凡可以留待明年暑假再举行者，一律暑假实习，其余为必须在寒假实习者，可以拟具寒假实习计划。现经拟报寒假实习计划者计有工学院矿冶系、法学院经济系一个学院，社会系两个单位，共四个单位，均经委员会审查，认为确有在寒假实习必要，并均已将接受实习对象同意，特将各实习计划及需经费一九八七二八零零元，分别列报，请指示。

附矿冶系、经济系、社会系民族组、社会系劳动组寒假实习计划四份及清算表一二三份。

限本月底以前呈报 0029 号寄出。

[《文法学院社会系教学小组工作计划》（1953 年），云南大学档案馆藏，云南大学全宗，档案号：1953 - II -059]

一九五三年度生产实习计划表（寒假）

云南大学　　文法学院　　社会学系　　劳动组　　四年级

批准实习：部门　　拟往实习：工厂
实习场所：西南工业部昆明机床厂
日期：自 1954 年 2 月 1 日至 28 日　教师 4 人　学生 7 人
地点：昆明茨坝

实习领导人（职别）	实习性质：毕业实习	已具有之主要理论知识	曾于何处进行过实习	备考
袁绩藩（副教授）李慰祖（讲师）陈宝珠（助教）马雪如（助教）	1. 工厂生产计划及管理工作 2. 工会劳保工作 实习之目的在于使同学明了工厂实际生产过程以便把企业管理、统计、会计等课中所学得的基本知识应用到实际工作中去。同时又要使同学明了工厂中工会工作的重要性，特别是认识关于保护劳动与增加生产二者间的一致性	统计 会计 企业管理 劳动保险 劳动保护 工会工作 工人运动 劳动行政 劳动政策与劳动立法 工业统计	1951 年暑假参加过昆明市劳动局主办之罗丈村工训班 1952 年夏参加过昆明市劳动局劳资纠纷旁听 已进行教学实习简况 1953 年 4 月参加过云南省首届工会会员代表大会旁听	改二月七日出发

校长　教务长　生产实习指导委员会　系（科）主任

1953 年 9 月 25 日填报

一九五三年度生产实习计划表（暑假）

云南大学　　文法学院　　社会历史学系　　民族组　　三年级

批准实习：部门　　拟往实习：云南省民族事务委员会
实习场所：彝族聚居区
日期：自 1954 年 7 月 20 日至 8 月 31 日　教师 4 人　学生 25 人
地点：红河、罗平、大理中之一处

续表

实习领导人（职别）	实习性质：	已具有之主要理论知识	曾于何处进行过实习	备考
杨堃教授兼社会系主任	社会系民族组重点课：中国少数民族史、西南民族史、中国少数民族语言与民族理论 历史系：云南民族史等 为上列诸课之教学实习，以求课堂所讲的理论与民族地区的实际的具体情况相结合。以达到理论与实践的统一。为使社会系民族组毕业后在民族地区作民族调查工作，历史系毕业后研究民族史打下基础	社会系民族组曾学过人类学、社会调查、世界民族志、语言学、中国少数民族史、中国少数民族语言、民族政策、民族理论诸课 历史系曾学过云南民族史，考古学史	社会系民族组1952年曾在昆明县郊区兄弟民族区实习过 历史系1953年曾在昆明郊区作过古墓考古实习 已进行教学实习简况 社会系民族组民族政策，一门曾在云南民族学院作过教学实习，本学期民族理论一门亦是在民族学院进行实习中	此为1954年暑假社会系民族组与历史系合并实习的民族史教学实习计划

教务长　　生产实习指导委员会　　系主任

1953 年 11 月 25 日填报

一九五三年度生产实习计划表（寒假）

云南大学　　　　文法学院　　　　社会学系　　　　劳动组　　　　三年级

批准实习：部门　拟往实习：工厂
实习场所：昆明机床厂
日期：自 1954 年 7 月 26 日至 8 月 22 日　教师 4 人　学生 18 人
地点：昆明茨坝

实习领导人（职别）	实习性质：毕业实习	已具有之主要理论知识	曾于何处进行过实习	备考
袁绩藩（副教授）李慰祖（讲师）陈宝珠（助教）马雪如（助教）	实习之目的在于使同学明了工厂实际生产过程，以便把企业管理、统计、会计等课中所学得的基本知识应用到实际工作中去。同时又要使同学明了工厂中工会工作的重要性，特别是认识关于保护劳动与增加生产二者间的一致性	统计 工业统计 会计 企业管理 劳动保险 劳动保护 工会工作 工人运动 劳动行政 劳动政策与劳动立法	已进行教学实习简况 1953 年 4 月参加过云南省首届工会会员代表大会旁听	

校长　教务长　生产实习指导委员会　系（科）主任

1953 年 10 月 12 日填报

［《文法学院社会系教学小组工作计划》（1953 年），云南大学档案馆藏，云南大学全宗，档案号：1953－Ⅱ－059］

云南大学社会系劳动组寒假及暑假毕业实习提纲

一九五三年十月十三日拟

一、实习日期

　　一九五四年二月（寒假，四年级）及七八月（暑假，三年级）。

二、实习地点

　　茨坝昆明机床厂。

三、实习人员

　　教员四人（寒假及暑假），学生寒假实习七人，暑假实习一十八人。

四、实习目的

　　实习之目的在于使同学明了工厂实际生产过程以便把企业管理、统计、会计等课中所学得的基本知识应用到实际工作中去。同时并使同学明了工厂中工会工作的重要性，特别是认识关于保护劳动与增加生产二者间的一致性。

五、实习部门

　　昆明机床厂共分为十三科，现仅选与劳动组课程有关之计划科，生产科，劳动工资科，技术安全科及工会进行实习。

六、实习办法

　　为使学生对于所实习部门之工作有较为深刻及全面之了解，并为厂方便于分配实习人员工作计，初步决定每一个同学在整个实习期间内固定在一个部门内实习。若有的部门半月内可以完成实习者则同学可以互相调换实习岗位。教员四人视情况需要参加各组指导学生实习，各组经常互相汇报、交流心得并讨论问题。

七、实习内容

　　1. 计划科：计划科分为计划及统计二股。我组实习重点放在统计股，并深入车间作原始记录，其目的在于学习并应用新的工业统计方法。

　　2. 生产科：生产科之任务为分配工作任务并掌握工作进度。其工作分为两部分：一为预备工作，一为编造作业计划。做预备工作需要具有相当高之生产业务知识，非本组师生所能胜任。因此，本组实习重点放在学习编造作业计划。其方式为学习编造生产进度指示图表。

3. 劳动工资科：此科实际为计划科及生产科之资料来源处。其任务为：

（1）测定工资（制定技术人员，管理人员，医务人员及工人之技术标准）；

（2）测定技术定额（深入车间作有关产品数量、质量、劳动力、时间及原材料使用等各种技术定额之测定）；

（3）劳动组织与生产管理：（其工作包括人员分类，劳动技术分工，车间劳动组织等问题）。其目的在解决生产中劳动组织之混乱现象。

4. 工会技术安全科：实习之目的在于了解劳动保险实施情况及技术安全与卫生设备情况。参加实习人员可以协助进行劳动保险卡片登记、编号等工作及参加安全卫生检查工作。

八、领导问题

同学实习工作由厂方指派之人员及本组教员共同领导之。本组师生在实习期间成为工厂工作人员之一部分，完全胜任厂方之一切纪律。

九、保密问题

实习人员名单，列表交学校人事室加以审查，将可以参加实习者名单开给工厂，在实习过程中严格遵守工厂保密制度，对厂内一切有关生产之数字、图表、文件等非经许可不得引用。

十、生活问题

实习员工与该厂职工一同吃住，同学伙食由学校负担，教员伙食按实习办法由校方津贴。

十一、交通问题

该厂在绥靖路558号设有办事处，常有汽车入城，可能载实习人员及行李入厂。

十二、医药问题

本组实习师生都享有公医制待遇。

十三、本实习提纲除呈报学校转呈西南高教局批示外，并寄一份给昆明机床厂。如有不当之处与该厂商洽修改之。

［《文法学院社会系教学小组工作计划》（1953 年），云南大学档案馆藏，云南大学全宗，档案号：1953 - Ⅱ - 059］

文法学院经济系、社会系教学工作计划总结

云南大学经济系及社会系劳动组
一九五三年度寒假生产实习提纲

遵照中央高教部规定，经西南高教管理局批准，并经昆明机床厂同意，为求理论与实际能够密切配合，以巩固课堂上的理论学习成绩起见，两系决定于今年度寒假前往昆明机床厂举行四年级生产实习三周，拟部生产实习提纲如下。

一、实习之目的

经济系统计组：使学生结合着原始记录、统计报表而进行学习工业企业生产计划中各种生产财务技术指标的编制方法，步骤及相互之间的关系。

经济系会计组：以成本计算及财务计划的编制为中心，使学生学习原始记录，成本计算，会计报表等各项工作的方法和相互间之关系。

社会系劳动组：使学生明了工厂内工会工作内容，特别是认识关于保护劳动与增加生产二者间的一致性。

二、实习学生人数及其已具有的主要理论知识

1. 经济系参加实习学生六十九人，分为统计、会计两组（财经、理论两组则分别并入统计、会计两组实习）。

统计组学生已修过的课程为：工业统计、工业企业生产计划、成本会计等。

会计组学生已修过的课程为：成本会计、政府预算会计、银行会计等，上述诸课程均曾进行过课堂实习。

2. 社会系劳动组参加过实习学生共七人，其已修过的课程为：工会工作、劳动保护、劳动保险、企业管理、工业统计等。

三、实习内容及日程

1. 统计组。

第一阶段：2月8日至10日，共2天。

（1）听取工厂负责同志的专题报告。

（2）参观生产部门，认识生产过程。

第二阶段：企业统计工作实习，共实习6天到7天。包括三个部分。

甲、工厂的统计工作概况：全厂统计工作的组织情况、工厂统计工作的实施细则。

乙、原始记录：工时统计、材料统计、设备统计。

丙、企业统计月报：产品月报、劳动月报、财务成本月报。

第三阶段：企业计划工作，这是此次实习重点，共 9 日到 10 日。

甲、工厂计划工作概况。

乙、产品计划。

丙、产品计划执行与检查，包括措施计划、作业计划与调度计划，计划的总结工作。

丁、劳动计划。

戊、材料供应计划。

己、成本财务计划。

第四阶段：3 月 1 日至 3 日，共 3 天。编写实习报告及补充了解。

2. 会计组。

第一阶段：认识阶段 2 月 8 日至 10 日，共 2 天（其中一天是星期日除外）。

（1）听取工厂负责同志的专题报告。

（2）参观生产部门，认识生产过程。

（3）听取会计主管的专题报告。

第二阶段：财务实习阶段 2 月 11 日至 13 日，共 3 天。

（1）听取财务主管的专题报告。

（2）实习了解货币管理的内容。

第三阶段：会计实习阶段 2 月 14 日至 19 日，共 5 天（其中有一日是星期日除外）。

（1）统计会计科目的编组及内容。

（2）在凭证整理单日记账制下的簿记核算及材料核算的实质。

（3）实习了解凭证格式。

（4）实习了解凭证整理单日记账的记账技术。

（5）实习了解会计报表格式的内容及各表间的相互关系。

第四阶段：成本实习阶段 2 月 20 日至 25 日，共 5 天（其中有一日是假日除外）。

（1）成本计算（成本项目的分类）的专题报告。

（2）材料成本的原始记录，报表及核算。

（3）人工成本的原始记录，报表及核算。

（4）车间及部门成本的原始记录，报表及核算。

（5）产品成本的计算。

（6）成本报表的格式内容及各表间的相互关系。

第五阶段：学习计划阶段 2 月 26 日至 28 日，共 3 天。

（1）听取企业计划的专题报告。

（2）成本计划的内容。

（3）财务计划的内容。

第六阶段：总结阶段 3 月 1 日至 3 日，共 3 天。编写实习报告及补充了解。

3．劳动组。

第一阶段：2 月 8 日至 10 日，共 2 日（其中有一天是星期天除外）。

（1）听取工厂负责同志的专题报告。

（2）参观生产部门、认识生产过程。

第二阶段：2 月 11 日至 19 日，共 8 天（其中有一天是星期天除外）。

（1）明确安全技术劳动保护工作的职责和范围，以及总的要求（2 月 11 日）。

（2）了解安全技术劳动保护工作的实质，结合目前工厂内的生产情况，从哪几方面入手（2 月 12 日至 2 月 14 日，共 3 天）。

甲、以理论上认识结合实际工作，树立做好安全技术劳动，保护工作的思想基础（2 月 12 日）。

乙、以改善工人劳动条件为目的的技术改进（2 月 12 日）。

①在操作用如何减少工人的劳动强度，改用机械代替。

②保证劳动者在作业过程中的安全与保护的防护设备，单人劳动保护用品。

③防止职业疾病，增加劳动卫生设备。

丙、组织推动安全教育事宜，全面树立安全生产的统一思想（2 月 13 日）。

丁、安全生产规程制度的制订（2 月 14 日）。

戊、安全技术劳动保护工作的经常业务（2 月 15 日至 19 日，共 4 天）。

①工业伤害的登记、统计、报告规程。

②安全技术劳动保护改善措施计划的编造和执行（2 月 15 至 18 日共 3 天）。

③督促检查，组织推动国家劳动保护法令和厂长命令的执行并经常了解在现场有关设备操作……等情况，受理问题研究解决（2月19日）。

④安全生产的宣传教育鼓动工作（2月19日）。

第三阶段：参加劳动工资科工作，2月20日至28日，共8日（其中星期天除外）。

（1）工时定额（2月20及21日）。

（2）工资定额（技术分类）（2月22日及2月24日）。

（3）设备定额（2月25日及26日）。

（4）统计与计划（2月27日及28日）。

第四阶段：总结阶段（3月1日至3日，共3日）。编写实习报告及补充了解。

四、实习方式

1. 参观生产程序。

2. 听取工厂负责同志的专题报告并举行小组讨论。

3. 参加实际的实习工作。

五、实习指导教员：经济系十二人，社会系三人，共十五人。

经济系：

秦瓒（总领导人，系主任）　　赵继舜（副教授）　　冉俊彦（助教）

陆忠义（教授）　　余世咸（讲师）　　车祖荫（助教）

赵崇岭（副教授）　　马骏（讲师）　　魏尔志（助教）

朱应庚（副教授）　　金维璞（助教）　　赵宗煜（助教）

社会系：

袁绩藩（副教授）　　陈宝珠（助教）　　马雪如（助教）

一九五三年十二月拟订

［《文法学院社会系教学小组工作计划》（1953年），云南大学档案馆藏，云南大学全宗，档案号：1953-Ⅱ-059］

一九五三年云南大学社会系劳动组三年级实习人员名单

专业班级	姓名	职别	年龄	性别	籍贯
社会系劳动组	袁绩藩	教员		男	
社会系劳动组	李慰祖	教员		男	

续表

专业班级	姓名	职别	年龄	性别	籍贯
社会系劳动组	陈宝珠	教员		女	
社会系劳动组	马雪如	教员		女	
社会系劳动组	王叙厚	学生	20	男	云南兴义
社会系劳动组	尹琴馨	学生	21	女	云南下关
社会系劳动组	何汉川	学生	24	男	云南昆明
社会系劳动组	沈家权	学生	21	男	云南文山
社会系劳动组	李汉	学生	25	男	云南昆明
社会系劳动组	和建勋	学生	20	男	云南丽江
社会系劳动组	施宝铨	学生	19	女	云南昆明
社会系劳动组	马琼萱	学生	23	女	云南建水
社会系劳动组	高如贵	学生	21	男	云南沾益
社会系劳动组	庄梅瑛	学生	19	女	云南安宁
社会系劳动组	张桂华	学生	21	女	云南文山
社会系劳动组	陈丽敏	学生	21	女	云南昆明
社会系劳动组	董瑞芝	学生	23	女	云南腾冲
社会系劳动组	赵鹤琴	学生	21	女	云南昆明
社会系劳动组	熊若华	学生	19	女	云南昆明
社会系劳动组	郑树民	学生	21	男	云南顺宁
社会系劳动组	赵鹤鸣	学生	24	女	云南昆明
社会系劳动组	杨光先	学生	25	男	云南沪西

教务处查照　十二月卅日

云南省人民政府民族事务委员会 公函　族研字第 1747 号

公元一九五三年十二月廿九日

云南大学：

一、十二月十五日（53）教习字第二七零二号函已收到了。

二、关于你校社会系民族组学生今年寒假到兄弟民族区作生产实习的任务和要点，我会认为（一）实习组的领导关系为应服从县委县长以下各级地方的领导；（二）调查工作在不妨碍当地中心工作的条件下，地方予以协助。

三、我会已函请玉溪专署，特知峨山县府先期准备，予以指导协助，并请专署县府提出关于民族组的实习计划及调查提纲的意见。

　　四、我会现因工作需要，实无法抽调干部参加。

　　五、计划内所订民委会负责干部作有关民族政策的报告一节，我会由吴少默副主任委员出席报告，请决定时间地点预先通知为荷！

云南省人民政府民族事务委员会

［《文法学院社会系教学小组工作计划》（1953 年），云南大学档案馆藏，云南大学全宗，档案号：1953 - Ⅱ -059］

一九五三年云南大学社会系实习人员名册

专业班级	姓名	级别	性别	年龄	籍贯	政治历史情况	学校审查情况	备考
民四	杨堃	教授	男	52	河北大名			
	龚荣星	助教	男	29	云南梁河			
	龚肃政	同学	男	25	云南梁河			
	沈国治	同学	男	22	云南腾冲			
	王耀知	同学	男	22	云南昆明			
	萧庆文	同学	女	22	云南昭通			
	高曼云	同学	女	23	云南昆明			
	严汝娴	同学	女	20	云南富民			
	刀世勋	同学	男	25	云南车里			
	段春华	同学	男	27	云南泸水			
	黄宝璠	同学	男	22	云南邱北			
	高吉昌	同学	男	22	云南陆良			
	和发源	同学	男	28	云南丽江			
	王昭武	同学	男	23	云南晋宁			

［《一九五三年云南大学社会系实习人员名册、云南大学社会系民族组四年级寒假生产实习、云大社会系民族组四年级一九五三年度寒假生产实习提纲》，云南大学档案馆藏，云南大学全宗，档案号：1953 - Ⅱ -62］

一九五三年度生产实习计划表（寒假）

云南大学　　　　　　法学院：社会学系　　　　民族组　　　　四年级

批准实习 { 部门　实习场所　地点 }　拟往实习 { 部门：云南省民族事务委员会　实习场所：彝族集聚区　地点：峨山县玉屏乡 }

日期：自 1954 年 2 月 1 日至 1954 年 2 月 28 日

教师：2 人　　　　　学生：12 人

实习领导人（职别）	实习性质	已具有之主要理论知识	于何处进行过实习	备考
杨堃教授兼主任	民族组重点课中国少数民族史、中国少数民族语言与民族政策之教学实习，以求课堂听讲的理论与民族地区实际的具体情况相结合，以达到理论与实践的统一，为毕业后在民族地区做民族调查研究工作打下基础	已学过人类学，社会调查，世界民族志，语言学，中国少数民族史，中国少数民族语言，民族政策与民族理论诸课	曾于 1951 年暑假在定专区武定县兄弟民族聚集区实习过一个月 进行教学实习简况 社会调查一门曾在昆明作过教学实习，民族政策一门曾在云南民族学院做过实习	改二月七日出发，三月三日返校，杨堃先生不去，由助教龚荣星带

校长　　　教务长　　　生产实习指导委员会　　　　　　系（科）主任 杨堃（章）

1953 年 10 月 17 日填报

［《一九五三年云南大学社会系实习人员名册、云南大学社会系民族组四年级寒假生产实习、云大社会系民族组四年级一九五三年度寒假生产实习提纲》，云南大学档案馆藏，云南大学全宗，档案号：1953 – II – 62］

　　我系民族组四年级寒假生产实习原拟参加的教师是龚荣星助教和我两人。今因我在历史系一年级担任原始社会史一课的讲师和辅导工作，经过此次检查，使我深深地体会到了我必须利用寒假，专心准备教材和编写讲义，始能使第二学期的教学工作，有所改善。因此，我实不能再参加寒假的生产实习了。又因生产实习的领导机构是云南省民族事务委员会，我们已取得密切联系并已做好各项准备工作。我相信在民委会负责同志的领导下，并有龚荣星同志代表我系参加，是能够完后这次生产实习的任务的。

　　此致

云大生产实习委员会

社会学主任　　杨堃

1953 年 12 月 15 日

云大社会系民族组四年级一九五三年度

寒假生产实习提纲

　　遵照中央高教部规定，经云南高教受理局批准，并经云南省民族事务委员会同意，我系民族组决定于一九五三年寒假前往峨山县彝族聚集区举行生产实习三周，拟定生产实习提纲于下。

一、实习的目的及任务

　　实习为我组各课理论与实践相结合的教学上的重要内容之一，也就是说我组马列主义民族问题理论、民族史、少数民族语言诸门主要课程的教学计划中所具体规定的一个部分。

　　目的在使学生通过实习巩固课堂上所学习的理论学习成绩了解各民族的社会情况，并求了解当前民族工作的发展情况，从民族政策的具体体现来认识民族问题的理论根据，以及马列主义民族问题理论与政策和民族史、民族语言的相关性，从而正确认识过渡时期民族问题方面的方针和任务。

　　总的目的是配合国家建设的总路线，配合国家过渡时期帮助各民族发展与社会主义民族的民族工作的需要，使学生在实习中获得民族方面的知识，为毕业后投入国家民族工作做好准备，也就是培养同学在将来习惯于民族工作岗位上独立工作。

　　这次寒假实习因时间短促，对各个民族的了解不能照顾得太广，故除在参加具体的民族工作中认识民族的工作质性及其发展情况，从而对民族问题理论、民族政策有较深刻的体会外与结合民族史、民族语言的教学和民族研究工作的需要起见，对彝族支系问题，拟作深入和全面的调查研究，具体就是对峨山县彝族（彝族、山苏族、爱伲族）社会情况作重点的了解，使学生熟悉彝族情况，以便在下学期学习西南民族史研究一课中的彝族史部分打下基础。

二、实习内容

　　在云南省民族事务委员会协同专区、县各级地方政府的领导下进行了解和认识下列主要内容：

（一）以当地临时干部的身份，参加峨山县民族工作组与当地工作干部一起，结合当地民族区的中心任务工作，在工作中认识民族工作的质性和民族政策在民族地区的贯彻情况。

（二）在实习工作中同时进行彝族支系调查研究，了解峨山县彝族现状，分布情况，民族关系，历史来源，迁徙路线，支系亲属关系，语言及生活习俗等。

三、组织与领导

（一）总的领导。云南省民委会协同玉溪专署和峨山县人民政府作总的领导，并进行检查实习工作。

（二）组织。

1. 指导。

在筹备工作结束后由民族教师一人、同学代表一人、省民委会所派同志一人，并保留一人名额为峨山县人民政府指定专人，共四人组成民族组实习指导委员会。

设：

　　　　主任一人　　（省民委会或峨山县政府所派专人担任）

　　　　副主任二人　（省民委会或峨山县政府指定专人，民族组助教龚
　　　　　　　　　　荣星担任）

　　　　总干事一人　（民族组同学代表龚肃政担任）

实习指导委员会下，分设：总务、生活、保管各职。

2. 工作小组及其了解内容。

我组参加实习人数共十三人，教师一人，同学十二人，为使实习工作有步骤有计划有组织的分工进行工作，全体实习生均按调查研究的各项性质，分别组成四个小组在省民委会与当地政府领导下，在实习指导委员会的指导下，以小组为单位分别参加到当地工作组内进行工作，为使各小组便于汇报工作情况，反映问题，每小组设小组长一人，负责掌握全小组工作，现就了解民族情况的各种性质的需要，分别组成下列四个调查小组。

（1）支系名称和支系历史调查小组，人数二人，其主要调查内容。

①彝族姓的来源。

②彝族支系名称的来源，其自称是部落或氏族名称，亦或家长制的家长名称。

③汉族所称他们的民族名称，是否带有侮辱性？解放后使用何民族名

称，本族支系群众，上层的反映如何？

④彝族经典中有关民族发源地、迁徙年代、原因、路线。

⑤歌谣和传说中的古部落名称，古神名、古社会制度。

⑥彝族的父子连名制及有关始祖，迁祖的传说。

⑦母系方面的称谓，谱系，继承制度。

（2）语言调查小纲，人数三人至四人，调查提纲。

①基本词。

（甲）名词。

a. 子女的名称　　　　　b. 家族名称

c. 氏族名称　　　　　　d. 亲属关系名称

e. 朋友关系名称　　　　f. 地名

g. 身体各部位名称　　　h. 天时气候的名称

i. 动物家畜的名称　　　k. 植物农作物的名称

l. 生产工具的名称　　　m. 房屋及家庭生活用品名称

n. 疾病名称　　　　　　o. 婚丧方面的名称

（乙）代词。

a. 人称代词　　　　　　b. 指示代词

c. 疑问代词　　　　　　d. 联系代词

（丙）谓语。

a. 表动作的词　　　　　b. 表形态的词

c. 数词

（丁）副词。

（戊）置词。

（己）接连词。

（庚）助词。

（辛）叹词。

②语法。

（甲）主语与谓语的排列次序。

（乙）主语宾语谓语的排列次序。

（3）物质文化调查小组，人数三人，主要调查内容如下。

①衣服和装饰：日常、礼节、性别、质料、面案、制作方法及其名称意义，以及与婚姻状况有关的服饰。

②日常和饮食用具，质料、使用和制作方法。

③房内敬神或拜祖的器物，屋内火塘、种类、名称、方位、质料、及其与之有关的各种礼俗。

④住宅和村寨的方位及其标志物。

⑤富有民族特征的生产工具和生产方法，及本民族现在和解放前的生产情况，野兽野鸟对农作物的损害情况及其预防的组织。

⑥打猎或牧畜为其主要职业，一般的或个别的猎户使用的猎具及其打猎季节、方式、习惯、技术、迷信、猎物的分配及其经济价值。

⑦家畜家禽的种类、名称、蓄养方法，蓄牧业生产情况，用途及经济价值。

⑧山区灌溉情况。

⑨野生植物和各种菌类的采集、炮制及其经济价值。

⑩生产上的年龄，性别的分工，及其在人口中的比重。

⑪运输和交通工具，使用方法和习惯，及预防、互助情况。

⑫乐器的种类、名称、质料、制作和使用方法，及其与之有关的迷信传说。

⑬宗教的礼器，法器，及其含有的来源和意义。

（4）生活习俗调查小组，人数三人至四人，了解内容。

①男女在社会中的地位，及对于男女的社会观念。

②婚前男女社交情况和不成文法规，订婚仪式，聘礼及其阶级财产等的条件限制和有关的礼俗迷信。

③结婚仪式和婚后的夫妇关系。

④对子女的习俗（如歧视初生子、钟爱次子或幼子）和财产继承制度。

⑤疾病情况和本族医治方法，草药、迷信、仪式和死亡率。

⑥对死亡的看法，死前准备，死尸处理，灵魂观念，有无火葬习惯，火葬仪式，地点，方法。

⑦宗教活动。

（甲）土主，神灵的名称来历，崇拜仪式，及其神话传说。

（乙）宗教活动是否同是有关经济、政治的社会活动，及其表现在民族团结、社交的意义。

（丙）灵台的样式和各部质料、大小、更换情况，及其与本族婚姻、亲属、财产继承，姓的关系。

（丁）节日的传说、来历、举行的时间地点，仪式和参加人的成分和礼俗。

（戊）特殊的礼俗和禁忌。

(四）实习前的准备

1. 在云南省民委会和云大生产实习委员会同意实习提纲后，立即成立民族组寒假生产实习筹备委员会，由教师杨堃、龚荣星、民委会指定同志，同学代表组成，计划实习和办理一切准备事宜，杨堃任主任，龚荣星任秘书。

2. 分别在离校前进行以下几个专题报告。

（1）云南省民族事务委员会负责干部：有关"民族政策"的报告。

（2）方国瑜：有关峨山县"彝族史"方面的报告。

（3）江应樑：有关"生产实习"的报告。

（4）方仲伯：有关"政策和任务"的报告。

（5）傅懋绩和詹开龙：有关"语言调查"的报告。

（6）杨堃：有关"调查方法"的报告。

3. 全体实习生按照分组情况，分别请有关主讲教师做实习前的帮助，进行阅读参考书，练习音标，选定必要携带的参考文件和图书。

(五）实习地点和工作日程

1. 地点：云南省玉溪专区峨山县彝族聚居区。在峨山县彝族聚居区内，选择一个有代表性的典型村为重点了解，并附带作周围各村的重点访问，必要时可由一个小组去作专题访问。

2. 工作日程。

（1）1954年2月8日自昆明出发。

（2）1954年2月9日至10日在峨山县城作准备工作。

①听取当地首长报告和作当地中心任务的指示。

②了解当地情况，选定对象村，并抄录各种有关资料。

③准备物资。

（3）1954年2月11日由峨山县城赴工作地区。

（4）1954年2月12日至24日为工作期，第一天与工作干部开联系会。在工作期间内根据实习的需要开几次调查会和座谈会。

工作时间内的各阶段的目的和要求及时间分配，由各小组针对实际情况，订出计划，按计划完成工作。

（5）1954年2月25日至27日仍在实习地点补充材料和作个人及小组工作报告与整个实习的初步总结。

（6）1954年2月28日回峨山县城。

（7）1954年3月1日在峨山县城开座谈会，听取当地首长和干部对实习检查做的批示和意见。

（8）1954年3月3日返昆明。

（六）实习报告的要求和总结

参加实习学生，在工作结束前，必须写个人实习报告，其内容包括：

（1）对民族政策和民族工作的体会。

（2）根据实习提纲和计划详述各阶段完成的情况。

（3）自己了解了些什么情况，发现了些什么问题？详细的把材料分类写出。并另写出自己对这些材料的意见和看法。为使同学便于作个人实习报告，要求每人在工作期间每天均作实习日记，将个人的体会和了解的材料原始的记下，实习日记越详细越好，仅求真实和完备，不求修辞和文章的技巧，在记完日记后，重看一遍，发现疑问第二天作补充调查。实习日记在回校后交实习指导委员会。

每星期开一次全体检讨会，并口头汇报个人工作情况及了解的材料，每天以一刻钟的时间作为小组讨论会。肯定当天成绩，找出缺点。

在工作结束前，全实习组推出二、三人，根据个人书面实习报告和开会记录及有关参考资料作出全实习组工作初步总结，回到校后加以补充修正，最后作出书面的正式实习总结，分别呈报生产实习委员会和云南省民族事务委员会。

回校五日内实习指导委员会负责将实习所了解的资料及财务账目与各种单据分别呈报有关部门。

1953 年 12 月 29 日

［《一九五三年云南大学社会系实习人员名册、云南大学社会系民族组四年级寒假生产实习、云大社会系民族组四年级一九五三年度寒假生产实习提纲》，云南大学档案馆藏，云南大学全宗，档案号：1953－Ⅱ－62］

主送：西南高等教育局（一份）

抄送：云南省民族事务委员会（一份）　玉溪专署（二份）峨山县县

委会（一份）

　　事由：报送历史系民族组四年级学生寒假实习总结及峨山县总果乡社会调查报告 请鉴核由

　　我校历史系四年级学生（原社会系民族组）十二人，按照计划并经你局批准，及云南省民族事务委员会同意，于本年寒假（二月九日至三月三日回校）由助教龚荣星率领至玉溪专区峨山县总果乡兄弟民族区域，结合当地中心工作（开展生产及进行普选等），进行生产实习。在省民族事务委员会与峨山县县委会及各级人民政府的正确领导下进行工作，在具体实践中，思想及业务水平，均获得一定的提高，并为将来参加民族工作打下了良好的基础，参加实习师生，曾于工作结束回校后，作出实习总结，及调查报告，兹检送该项总结及报告一份，随文报请鉴核！附实习总结及调查报告 2 份（盖公章），并分报西南高教局，及省民委会（一份）、玉溪专署（二份）、峨山县县委会（一份）及其他有关部门备查。

　　此上

生产实习委员会

请秘书科备函分送

历史系

一九五四年六月七日

　　附件五份 另送教务处

　　附实习总结及调查报告八份

　　［《文法学院社会系教学小组工作计划》（1953 年），云南大学档案馆藏，云南大学全宗，档案号：1953 - Ⅱ -059］

云大社会系民族组四年级一九五三年度寒假生产实习

语言小组

社会系民族组四年级萧庆文　　50202

　　这次实习的地点是峨县第一区总果乡大法那村，几日由昆明出发十日到达了峨山，在峨山听了当地领导对总果乡情况的报告。十二日离开峨山到离城六十华里的总果乡。这一乡共包括有十四个自然村，人口有 1506

人，其中彝族最多，占总人口的 52%，其次是汉族占总人口的 33.3%，另外有一户山苏族，其他的均为窝伲族占 14%。

到了总果乡后，我们为了结合当地的中心工作——普选，于是我们全组就分为三个小组，分别的到三个自然村去帮助他们工作，其中我们语言小组就分到了距离总果乡十八里的小法那村旧寨。这一寨的民族全是窝伲族，只有四户彝族及很少的几家汉族，所以在这一村我们只是单纯的搞了五天的普选工作，到了普选结束后，因为在我们的业务上，我们主要是了解彝族的情况，在小法那村对于业务的结合不大合适，普选工作完成后我们这一组就由小法那村转移到大法那村，业务工作一直到了十八日才正式开始。

大法那村共有二十九户，其中彝族二十四户，汉族四户，到了村后首先我对村中的领导干部，把我们这次来的目的向他们说明，并且在其中还强调了是要通过当地的中心工作来作调查研究，当地的干部也把该村的一些在生产上及风俗上的情况给我们做了介绍。这样我们与村干部取得了联系后，通过他们把我们来的意义向群众说明。这样使得在作调查工作时群众思想上不会有什么顾虑，也就是要使群众能够知道我们是来做什么的。经过了这样做以后，当我们在进行语言调查时，他们都是很热烈的把所问到的字告诉给我们。

在进行工作中，我们是配合群众的生产工作来搞，在同时还采取了个别访问及开座谈会的方式。白天当他们到田里去工作，有时也和他们一齐去，和他们谈谈生产上的问题，通过这些来与群众建立起初步的感情，有时是在家中和他们做晌午的或是老人向他们学习语言。到了晚上我坐在火塘边上正式的开始我们的语言调查工作。在语言调查中有比较困难的东西或是在平时所问不到的。我们就用座谈会的方式召集村中的老大爹来向他们学习。经过了座谈会后，使得困难的东西在座谈会中也找到了一些解决。同时由于在工作中，因为时间的短促，我们语言小组中又分为两个小组来分别进行工作。到了大家的词汇都记得差不多了，我找一个时间来进行对音工作，这样能使所得到的词汇比较准确些。

在进行调查工作中，使我体会到了党的民族政策的正确执行情况，大法那村因为是一个彝汉集居的村寨，在解放前由于反动势力的压迫，在民族关系上是不好的。彝族他们自称为"netsʮ"但是汉族叫他们为倮倮，认为他们很落后，歧视他们。因为有时在政治上的统治者是汉族，汉族就利用封建势力来压作彝族。在解放前他们只要一看到汉族就很仇恨，只要说一句"thAi niy phoy siay JA"意即汉人来了，小孩子都会很害怕。由于过去一贯对少数民族的歧视，以及在历史上遗留下的民族隔阂，所以在民族关系上使得汉彝不团结，其次彝族在解放前，由于生产技术的长期停滞同时又加上地主阶级的压迫，所以使得他们在生活上是很苦的，每年虽然是自己辛辛苦苦所种出来的粮食，都被地主拿走，一年只有到山上去找野菜吃。

解放后，由于民族政策的执行以及进行了民族团结教育工作，同时也把过去为什么会造成民族间的不团结进行了追根，使得各民族都知道了引起民族间的不团结是由于过去地主阶级的挑拨。经过了民族团结教育后，直到现在在民族关系上是有了一些改变，汉与彝族之间的隔阂在基本上已经是解除了一些。其次在发展生产方面，这村的彝族在农作物上主要的粮食是米、麦、豆，因为他们是居住在山上，田的质量比较差点，过去因为耕作技术差，所以出产也很少。在现在政府帮助他们发展生产，发放了救济粮，银行又贷给了各项款，同时又动员了各民族多耕多犁，多积肥。过去很多少数民族地都没有厕所，但是现在已修了厕所积粪。如一个彝族农民说："过去国民党的人来个条子就是要我们的儿子，半开票子，现在共产党领导，来个条子就是叫我们要耕牛贷款来领，要水利贷款来领，要小猪贷款来领"。由这可看到少数民族对于党的热烈拥护，其次是因为过去缺乏农具及肥料，所以粮食出产很少。但是现在由于贯彻党的生产政策，很多彝族农民在去年得到了丰收。如本村的普绍尧在去年多增产了五石稻谷，很多老大妈都说："过去虽然是自己辛辛苦苦的种出了半年，自己一点都不得吃还要去山上找野菜吃，在今天毛主席的领导下，每年都得到了丰收。"他们都感觉到有了毛主席，有了共产党，我们的生活也好啦！有的还说："毛主席真好，连我们山里农都照顾到了。"所以他们都觉得现在有了毛主席领导，我们应该要多增加生产来建设我们的祖国。

在国家过渡时期总路线这一方面也可体会到国家过渡时期的民族改革是要使各民族逐步的过渡到社会主义，要帮助少数民族来发展文化、经济，要得到事实上的平等。虽然现在少数民族在政治上已经得到了当家作主的权利，但是在文化、经济上还是不很发展。但是在总路线的照耀下，现在少数民族的经济也比过去提高了，在生活上是在逐渐地好转，由于这些都可看出各少数民族在党的领导下，各方面都在发展中，而且是在由事实上的不平等而走向了事实上的平等。

在少数民族中发展文化也是很必要的，用他们自己的语言文字，这对于各项工作也是有很大的帮助。如在普选工作中，一个工作同志是彝族，在交代政策时，最初用汉语，但是有很多东西使得彝族都不能很好地体会出来，所以对于政策也不易接受，后来他会用彝语来交代，这样彝族们在接受起来比较容易。又如我们在记语言时，有些字用汉语说出来，他们很不了解意思，有时就会说出一个相反的意思来。于是我们就找村中的一个老大爹，他本身是汉族，但从小都是在这里长大的，对于彝语说的很好，当我们在记语言时，就把意思告诉了他，他会用汉字的意思，用彝语说出来，这样经过他与彝族老大爹们商量以后觉得这个字用彝语的意思已经与汉字相符合了，这样我们会把它记下来。由这看来，用本民族的语言来做本民族的事，是很好的，同时发展少数民族的文化在目前也是很重要的。他们都很需要自己的语言、文字。

大法那村虽然是彝族居多的村寨，但在语言上有很多词汇都已渗入到了汉语，在亲族称谓上前三代，后三代男女称谓没有区别。如叫祖父以上的曾祖父母、高祖父母都是叫"mʌɣmʌ↓"，叫祖父为"ɣɬɤɔɥ"，祖母为"ɣɿɾɐɬ"，父亲叫阿爹，母亲叫阿娘，儿子称"乙ɔɥ"，女儿称"nʌɬ"，但是在孙辈之后有区别，无论曾孙男女、玄孙男女都称"主乙ɥ"，孙男女称"主ɪɥ"，由这可看出一点，就是祖父以上的不分男女都称"nʌɣɬmʌ"，孙子以下的不分男女都称"主乙ɥ"，此外在子女的命名中，在本村大部分都是在小孩满月时请满月客（喝客），这时就是给小孩讨名字的时候，讨名字的对象是舅家。例如婆家姓普，舅家姓鲁，那么小孩的名就叫普鲁妹，用两家的姓来作名字，这名只是在小时用，到了成年以后，所取的名字就用汉名，此外在称谓上又有大小宗之别，伯父家的儿子无论是多小，叔父家的儿子再大，都是要叫伯父家的为哥哥。

经过了这几天的语言调查，我们可以看出本村彝语的一些特点，方言的区别很大，甲村的语言与乙村的语言有很多不通，但是这村的彝话有很多都是借用汉语的，如谓语中的希望、唱、欺骗、断定等，在辅、元音方面，辅音共有三十五个，元音一共有十二个，无声母以元音起头的有四个，复元音三个，韵尾四个，现将辅、元音依部位及高低排列如下。

（一）辅音：

双唇：p. ph. b. m.

齿唇：ᴍ. ʀ. v.

齿头：tȿ. tȿh. ʣ. s. z.

舌尖：t. th. l. n. ɬ. ȴ.

翘舌：tʂh. ʂ.

舌面前：tɕ. tɕh. ʣ. ɕ. ʑ.

舌面后：ʒ.

舌根：k. kh. ɡ. ŋ. x. ɣ.

小舌：ɢ.

喉：ʔ. h.

（二）元音：

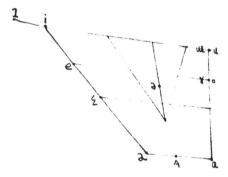

（三）复元音：ui. uʌ. oʌ.

（四）韵尾：in. iŋ. ʌŋ. oŋ.

语法方面，本村彝族的语法，是这样的。在主语与谓语的排列次序与汉语同，如：我说（ŋol sɤt（ŋo我. sɤt说））、你坐（nʌ niɬ（nʌ你. niɬ坐））、他跳（kʌ piɬ（kʌ他. piɬ跳））、鸟飞（xɤt deɬ（xɤt鸟. deɬ飞））、马跑（mo kol（mo马. kol跑）），在主语与谓语较繁的排列上又不同如：黑马跑（mo hɛl kol（mo马. hɛl黑. kol跑））、你和我去（nʌ ŋol thetsɤt（nʌ你. ŋo我. thetsɤt去）），其次是在主语、宾语、谓语的排列次序是如：我打狗（ŋol tɕhi ʋtɛl）、我骑马（ŋol mo dʑɤt），所排列的次序是主语、宾语、谓语。

这次实习中因只有短短的九天工作时间，所以有很多词汇没有很好地深入下去问，当在记音当中仍然是发现了一些困难的问题，如"ɬ"边音，以及有些喉头紧锁的音，能够听出，但是在这时很困难，不知应该如何记。这些问题在当时都不能得到及时的解决，这主要是这次实习中，在业务上没有领导，所以使得同学在实习中虽然是发现问题，而不能得到解决，也没有及时总结提高，希望在以后的实习中，对于业务的领导是必要的。同时在地点的选择上也要有适当的选择，不然使得在实习中，所费的时间，走路比工作的时间要多。

一九五四年二月二十八日于峨山

［《文法学院社会系教学小组工作计划》（1953 年），云南大学档案馆藏，云南大学全宗，档案号：1953 – Ⅱ –059］

寒假生产实习报告社会系四年级严汝娴

这次生产实习，学校当局和我们自己都很重视，在昆明时可听的大小报告使我们明确了这次实习的目的，不仅巩固了课堂上的理论学习，以求理论和实践的结合，而且还要具体的通过直接参加目前民族地区的中心工作，锻炼自己，使每个同学在即将到来的工作上有一些认识，关于这方面省里的先生和民委会副主委在特为我们作的报告中是强调过的。

我们一行十四人，二月九日由昆明出发，十日抵实习地点峨山，次日听取了峨山县委组织部刘同志关于峨山一般情况及目前中心工作的报告，并为我们选定了距城六十华里的总果乡为实习地点。总果乡包括十四个自然村，共 607 户，1506 人，彝族人口占半数以上，次为汉族、窝尼族、山苏族只一户一人。峨山县少数平坝外全都是山区，总果乡也不例外，六十里路不是上坡就是下坡，但同学们都情绪饱满，只四个半钟头就走到了。这几天正碰上峨山展开普选工作，到总果乡我们也就参加在这一工作中，为了普选工作的需要，我们十四个人分作三组，深入到三个工作点上去，语言调查小组和生活习俗调查小组分在距乡政府所在地廿华里的大、小法那村，我们定在小法那村旧寨，工作上要照顾附近的新寨、大法那和他拉嬷四村，通过普选工作，我们了解了四个村的民族情况，旧寨主要是窝尼族，其他三村主要是彝族。普选工作中晚上我们参加群众开会，白天登记人口或是个别宣传政策。到 16 日普选工作结束，领导上指示业务工作可以开始进行。因在乡里时大家决定，此次实习为时间过于短促，多方面的照顾是不可能了，故原定彝族支系的调查改为着重在彝族的调查。旧寨彝族只四户，不适宜做业务工作的基地，得乡上允许，17 日我们迁到距旧寨五华里的彝族聚居村大法那，全村除四户久居的汉族外皆为彝族。

目前农村的任何工作都是围绕着生产工作进行的。对生产我们是门外汉，只能遵照着乡上的指示，宣传一些增产节约、多耕多犁多施肥的道理，凡事我们都找村干商量，业务工作也是通过村干向群众说明来意，在不妨碍生产的原则下进行的。到大法那的第二天订出了工作的日程，以早饭后到晚饭前这一段时间为正式工作时间，进行了两天工作后，我们发觉这个日程对语言调查组是不恰当的，因那一段时间也正是农民们的生产时间，村子里除几个小孩子外就找不到人，生活习俗小组可以跟着彝胞在生产进行中了解情况，我们小组就必须安定下来才好录音，因此规定的工作时间不能工作，我们只好抓紧晚饭后农民休息的时间进行录音。在大法那九天的工作，前六天是录音，后三天对音，录音没有固定的对象，我们看到哪里有闲人就哪里去，一边聊天一边记音，当我们已学会一些日常用语后，彝胞们见面就用彝族语问 A꜔ mi꜕ tsɔ꜔ tsɔ꜔ ʑa꜔（饭吃了吗？）之类的问题，要是我们也能用彝语回答 tsɔ꜔ ʑa꜔（饭吃了），他们就特别高兴。在乡上的时候，本乡的负责干部就给我们讲过，这里的彝族很喜欢把自己的语言教给工作干部，这对我们语言组来说是最有利的条件。经过这几天的工作，我们也深深体会到这一点，我们不论碰到什么人，只要他（她）们有空，就会把你所要知道的告诉你，耐心的纠正我们不正确的发音，他们常会主动地指着一些东西，问"这记过吗？"如果回答是"记过了"，那他们就要你念给他们听，记得不对的又给指正，若回答是"没有记过"，他们就会马上告诉你。我们住房的主人白大爹是我们的一位好老师，我们记录的语句很多都是白大爹教的，要是出现一些较难发的或音级较多的词句，他总是耐心的、分段的教。当时学不会的，过些时又教。小孩子也很乐意当我们的老师，我也向他们学过一些具体的词句，教抽象的词句，我们爱找老大爹和中年人。个别访问时不能解决的问题就多请几位老年人采用座谈会的方式来解决，第一次座谈会是在业务工作开始的第三天（2月20日）开的，我们打算了解的问题是：①子女命名规则、②家族名称、③氏族名称、④民族名称、⑤亲戚称谓中较困难的一部分。开会的结果是子女命名规则大体上了解了。家族名称，除姓以外没有别的，如大法那彝族就是分白、普、关、鲁四姓。氏族名称，已无法知道。民族名称，也是知音不知意。彝族自称 ne꜔ su꜔ 亲戚称谓称呼；已难看出来原始婚姻形态的遗留。父亲的兄弟或母亲的姐妹都已经有了独立的称呼（如父称为 A꜔ ɛɛ꜔，伯称为*[手写音标]*，叔称为*[手写音标]*）对自己的子女和侄子女也用着不同的称呼（子称为*[手写音标]*，侄称为*[手写音标]*）。借用汉族称谓的也不少，如大爹，大妈，阿哥阿姐之类，只是音调上稍有差异，和汉族称谓比较起来，不同的地方只是上辈自曾祖以上称谓中不分男女性别，曾祖辈的统称作*[手写音标]*，下辈自孙子以下不分性别，孙辈一律称作*[手写音标]*，曾孙辈一律称作*[手写音标]*，凡侄子不论内侄外侄，一律称*[手写音标]*，侄女一律称作*[手写音标]*，侄媳可以和自己儿媳一样称为*[手写音标]*，也可以和侄女一样的称为*[手写音标]*。特别突出的一类是这里彝族大小宗分得很严，伯家的子女不论大小一定为长，叔家的子女不论大小一定为幼，本村的四户汉族都是按年龄论大小，现还不知彝族这种大宗小宗的观念是如何形成的，以及受何族文化的影响，据我所知，腾越边区的傣族也是大宗为长，小宗为幼。本县也有傣族，但不了解情况。

经那次座谈会以后老大爹们晚上有空就自然的集中到白大爹处来，一边聊天谈生产，一边教我们彝语，他们慎重的谈论着每一个词的含义，把最恰当的告诉我们。一位在当地长大的汉族老大爹自动的作为翻译，使我们的工作能顺利进行，记录下一部分抽象的词句。三天的对音工作，也主要是在晚上这种非正式的座谈会中进行的。老大爹们给我们纠正了录错的音，个别访问是弄错了意义的词汇也得到了修正。

在这九日之内，我们一共记录了六百四十多项词句，根据现有材料，可以大体上看出彝语的特点。现就原始资料分述如下。

一、声母览要：出现了三十五个，现据发音部位排列如下。

1. 双唇音：*p pʰ b m*

2. 齿唇音：*ŋ f v*

3. 齿头音：*ts tsʰ dz s z*

4. 舌头音：*t tʰ th d n l ɬ*

5. 翘舌音：*tʂʰ ʂ*

6. 舌面前音：*tɕ tɕʰ dʑ ɕ ʑ*

7. 舌面后音：*ʝ*

8. 舌根音：*k kʰ g ŋ x ɣ (ˀɣ)*

9. 喉音：*ʔ h*

10. 小舌音：*ʁ*

二、韵母出现十四个，排列如下。

1. 舌尖元音：ʐ

2. 前部展唇音：i ɪ e ɛ a

3. 后部展唇音：ɯ ɣ ɑ

4. 后部圆唇音：u o

5. 中央元音：ə A

三、复合元音很少出现，根据这次记录，有 ɯA ɯi oA 等三个。

四、有 ɯ Aŋ oŋ 等三个韵尾的出现。

五、语法。

1. 主语和谓语的排列与汉语相同，如"我说""你站""马跑"彝语的排列也是 ŋoʔ ʂɤt. ŋAʑɤʐmoʔ KAʑ。

2. 主语宾语谓语的排列次序是：主—宾—谓，如"我打狗""我种田""我喊你"彝语的排列是 ŋoʔ tɕhiʔLɤʐ. ŋoʔ miʔ KAʑ ŋoʔ ŋAʑiʔʑ。

3. 名词与形容词的限制关系是被限制的名词加限制的形容词，如"黑马跑""黄花落了"排列成 moʔnɤʐKAʑiʔ ɕɤʐ ɤʐ ʂɤʐʐKAʑ。

六、有音调。

经过这九天的记音对音工作，我们在业务上是有了些锻炼，从记音的速度来看后两天的进度超过前四天，意见的分歧也逐渐减少，但问题还是很多，如：没有固定的录音对象，有时是老有时是少，音调上很难统一。又因限于我们的业务水平，录音上的错误在所难免。上面所排列的音素完全是按原始资料中所出现的加以排列，很多相近的音素可能是属于同一个音位的，但为材料所限，我们也不敢肯定。我们人认为 a A a（α、A、a）可能属于同一个音位，a 是出现在 ʔ 辅音之后，是有条件的变音，a 只出现在 ɯ 的中平调之后，可能也是有条件的变音。ʐ 只出现在 V 辅音之后，以 i、e 音无对应现象，也是一种有条件的变音。

通过这次实习，我体会到了吴副主委在报告中所指示的通过中心工作才能获得资料的道理。这次由于我们是以临时干部的身份直接参加到中心工作中去，经常和干部、群众接触，很快就打好了关系，在大法那虽只短短的九天，我们和彝胞已经处得很熟了，去进任何一个彝胞的家里都会受到亲切的招待。坐在火塘边聊家常、谈生产或是随着他们去放牛搞生产，就像和亲人在一起。总之通过中心工作以一个干部的身份去接近群众，比着群众不熟悉的学生身份是好多了。农民是讲求现实的，要是不关他们目前的生活，不为他们做一些事，只向群众空讲一些社会主义的大道理，伸着手要材料，就不能得到群众的信任，群众就不会把所知道的东西全部告诉你，甚至会把访问当做包袱，这样就不可能和群众打成一片，工作也就无法深入。这次实习以我们语言组来说，业务工作是从十八号开始到廿五号为止，前后九天，每天还只能在吃晚饭的两三个钟头内进行录音，轮到参加群众会那天时间还更短，但是就因为我们是工作同志，群众把我们当作自己人，老老少少没有一个不是热心的教我们，使我们能在很短的时间内，大体上完成了任务。在亚力山大洛夫华著的《斯大林语言学著作中的哲学问题》论文集中有这样一句话："要通过各民族的母语才能很好的贯彻党的民族政策。"这次我们也实际体会到了，这里彝族成年人许多能讲汉话，但除用了和汉族交谈的，本族内部绝对不用（新名词和外来语例外）。他们像其他民族一样热爱自己的语言，习惯于用本族的语言传达感情。这次普选工作组长是一位彝族，在第一天的干部会上他用汉语传达政策，干部们听了很模糊，并不清楚是什么一回事。第二天他改用彝语在群众大会上讲，不单干部们理解了，老年人和妇女都有了谱气，这一点也说明了学民族语言和培养民族干部的重要。

解放以来峨山彝族，不论在政治上、经济上、生产上都有了很大的提高，早在1951年峨山就成立了民族自治区，彝族选出了自己本民族的县长，乡级干部也多由本民族担任。在土改中大家都分得了土地，为了支援国家的建设，他们响应政府号召组织起来搞生产，为了打粮食而改进耕作技术。目前大法那村的彝族为了生产更多的粮食，正酝酿把季节性的互助组提高为长年互助组。生活上，解放前是终年穷苦不得温饱，现在一般都可以收上粮食。今年还卖出了余粮。这些改变都是民族政策正确执行的结果。彝族的语言、风俗习惯和其他兄弟民族的一样受到了尊重，大法那村一位彝族老大妈说："这正是主席领导好了，各民族打成一片，我学你说，你学我说，国民党统治那会，哪个出来学我们彝话，我们也不爱教。"这一段简单的话，证明了民族语言文化的交流必须在平等互相充实的基础上才能顺利进行。要是用强制或同化的方式就一定要遭到反击。任何一个民族的文化都是在长期历史发展中形成的，它有着牢固的群众基础，斯大林曾正确的论述过：在各民族语言文化汇合为了共同文化之前，必要经过各民族语言文化充分发展的阶段。在这个发展的过程中，各民族的语言文化就会在平等的基础上互助充实，自然的接近起来。中国各民族当然也要经过这样一个文化语言充分发展的阶段。今天彝胞们的物质生活已逐步得到提高，对文化教育的需要很迫切。他们还希望有用自己民族语言编成的教本，使每一个人都能很多的掌握文化武器，这就是语言工作者的当前任务。

［《文法学院社会系教学小组工作计划》（1953 年），云南大学档案馆藏，云南大学全宗，档案号：1953－Ⅱ–059］

一九五三年度寒假生产实习报告

社会系四年级民族组学生龚肃政

社会系四年级民族组寒假生产实习个人小结

　　这次的生产实习主要的目的，是要使我们在课堂的理论与实际结合起来，上级一再的强调，要通过当地的中心工作，来护（获）① 得实习的材料，我们的小组计划因为对实际情况不了解，拟出的计划就是有些不能结合实际。

　　我们从昆明九号出发，十二号到了第一区总果乡，全乡的中心工作是以生产为主，但也做全乡的普选工作。为了普选工作，我们不按业务组分到各点村去帮助搞普选工作，我和高吉昌被分到了西松甸村，群众对普选的认识也很高，也可用一些事实来说明，当工作同志交代了政策之后，他们就行动起来，就在登记人口的那天早上，按我的估计，38 家人要到中午才能登记完，可是除（出）② 了我的预料，不消二时，登记工作就结束，他们对登记工作是很认真，如一位居民老大妈，我按照她所报的虚岁和属相，又改为选举手册的实足岁登记，后来说给了她岁数，她觉得岁数不合，心中就有些不满，后来把事情说明了，他（她）才喜欢，像这类的事情也不少，这就说明了做民族工作，交待政策要清楚，工作要认真细致，一点也不能马虎。又在划清阶级界限时，群众就能很快的读到本村那个阶级有没有选民资格，就结合到本村的两家地主，一家反动富农，没有选举

---

　　①② 　编者注。

与被选举的资格，现在他们是树立了当家作主的思想，普选全村的老小都知道，在十六号全乡选举那天，本来是全村大多数人家的撒秧日，可是他们为了选举好自己的代表来办理自己和国家的大事情，就商量好很早去撒好秧，中午来参加普选大会，他们就是这样热情的来拥护普选。到会的人数按各村的比例来看，也可算为第二个到会人数最多的村子。

全乡普选工作十六号结束后，我又被调到业务的语言组去，在小法那。因为我们实习对象是彝族，小法那只有阿尼族。所以得到乡的负责同志的同意，十七日那天我们转移到大法那去，讨论了后，十八号就开始业务工作，首先进行了一些分工，就是把我们四个人分为二组负责，第一组负责关于亲属称谓，第二组负责：副词、动词、代词……等，但因为客观的情况，白天不能进行工作，主观方面，我们对语言符号的掌握较生疏，具体就容易商量，结果小组就分不成了，就连找的对象也不是固定的。在工作的进行中，我对于他们生产方面是没有什么帮助，但是他们确实给了我很多的好处，在十九号的那天，我们同柏大爹去放牛。利用休息时间请他发音给我们记，在记音中，有些符号我们读的不正确，他很耐心的念。后来我把无根辅音"γ"也读会了。并且他所发给我们的音，如果我读的不正确，就替我们纠正。他老人家就是那样乐意的来教我们，当看我问他大爹累了时，他说：我天天放牛，同牛讲话，牛不会听，也不会说，你们同我来是最好的，我有说有笑的。这位老大爹真的是一位老教授，他不仅教了我们，还鼓舞了我们的情绪。同学们都说："跟这位老爹音记实在好呀！"

当把我们的来意目的传到全村的农民时，他们知道我们是学他们的话，不论是年老的、年轻的、小孩们，见到我们都用亲切的口吻，用他们的话来问我们，ŋɑ˦ miɤ˦ tsʊ˦ tsʊ˦ lɑ˦（吃饭了没有？）ɑ˦ʑɑ˦ tɑ˥ tsɑ˦（去哪里？）……如果我们又用彝话回答他们，他们更加喜欢。有些人还问你学过了这样（指物说）没有，如学了，他就要你说出来，如说出来不对，他又给你改正，如果没有学过他就教你，有些还怕我们学的时间短，记不了这么多，要我把它（指语言）挂（记）起来。所以，我们的语言调查就在这样的情况下到了二十五号基本上得到了结束，但还有助词、撒尼语的比较没有做。

另一方面，语言调查，在有些时候召开语言调查小组会也很必要，因为在有些村子里，不懂汉话的也很多，懂得多数也不算懂，开调查会也就可以给访问者互相交谈，到底这个词是相当于或相等于该民族语的什么词，所以我们利用村上不开会时间开了两晚上的调查会，收效很好，记录语言有一个缺点，不像别个小组中，不管在工作，在什么时候都可以访问出些来，我们语言组在他们工作（如下田地）中就不能进行业务工作。调查会，对我们来说很好，对被调查者来说，他们都很喜欢。

彝族的语言一般来说也很复杂的，在辅音方面，清音与浊音的分别也很严格，如 °ᵈᵒ̃ꞁ（狐狸）与 𝑡𝑏𝑟 种，音是清浊之分，意义方面就不同了。以语法上来读，主语与谓语的关系是与汉语同。如 ꞥᵍᵒᵛ𝑖ꞁ（我说），𝓯𝑎₂₁𝑣𝑏ꞁ𝓯ᵐ（你走），但是以主语、述语、宾语来看，排列是"主 + 宾 + 述"如 ꞥᵍᵒᵛ 𝑙𝑎₂₂ 𝑡ᶦᵈ𝑖̃ 𝑡𝑒₃₁（我打狗），ꞥᵍᵒᵛ 𝑚𝑖𝑡 𝑘ᵃ̃ꞁ（我种田），我还听见一种是加词嵌的，就是把一个词分开往中间加上一个字去，就成为另一种的意义，如"敢"彝话是 "ꞥᵍₐ₂ᵛ 𝑡ᶻₑᵣᵛᵍ𝑜̃ꞁ" "不敢"就是 "ꞥᵍᵒᵛᵐ 𝑎ᵛ 𝑡𝑠𝑒ᵗ"，就是把 "ᵗ ᵐ 𝐴 ꞁ（不）"加进中间去。还有被限制与限制词的关系，与汉语不同，如"一匹马"是 "𝑚𝑜̃ꞁ 𝑡𝑒𝑏𝑣 ᵈ𝑖̃ꞁ" 就是被限制词在前，限制词在后。关于以上例子，因为材料少，如加词嵌之类，仅发现一个，所以不敢断定彝族（指我们所调查的）是否有这种加词嵌的语言。从语言调查来说，我的语言水平太有限了。如果有我们的语言老师来参加指导，那对这次实习来说，一定有很大的提高，对发现问题，对解决问题也很好，不会像这样只能按照本子来做所谓的完成任务。

兄弟民族对他们的语言是如何的爱护，而且也是如何的需要有本民族的文字，在过去反动国民党统治时期，人民不仅在语言上受到歧视，在生活各方面上，如风俗习惯上，衣装上，都受到反动统治者的侮辱，人民在残酷的剥削压迫下，连立足的地方也没有。是受到渐渐地同化消减。当然少数民族所过的生活不像是一个人，只有在共产党毛主席的光辉照到了全中国，照到各个民族间上，各民族才能得到了平等。就在 25 号的晚上，我们要离开大法那，请村干给我们提意见时，一个姓普的乡委员说："对于同志们来学我们彝话，以后是要给我们老老小小当着一个人，以后大家识字。"他们是把学习本民族文字当着是"一个人"来看。过去的统治者，不把少数民族当做人的，只有毛主席的英明领导，民族政策的正确执行，所以各民族成立了自治区，峨山又是彝族自治县，兄弟民族今天是真正的当家作主，生活上各方面也有了逐步的改善，在民族政策上，各民族也得到发展，语言文字……的自由，毛主席是我们各民族前进的灯塔。

各民族对于他们的语言文字是迫切的需要，在目前的语文工作者的干部也很少，不能适应需要，为了培养需要的干部，国家是费了很多的资金和其他，所以我们的这次实习也是这样，通过了这次地实习后，我们回到校去还有一个学期的学习时间，在毛主席的领导下，在学校的教育之下，我要抓紧时间努力学习，以使今后做一个少数民族的语言干部。

龚肃政　1954.2.28
学号　50285

［《文法学院社会系教学小组工作计划》（1953 年），云南大学档案馆藏，云南大学全宗，档案号：1953－Ⅱ－059］

生产实习小结社会系四年级刀世勋

这次的生产实习在准备之初上是做得够充分的，在昆明时就听了三个有关的报告，这些报告不论是在思想上或业务上都给予了极大的鼓舞，对于所存的不良的思想倾向也得到了及时的扫除，起初我对于这次的生产实习是不重视的，那时我认为没有一位先生在业务上指导是不会有收获的，即使有收获也只不过是一些鸡毛蒜皮的东西，这样还不如在昆明读几本书有用。因此，我准备在临下乡时借故请假的，但是我听了这些有关报告后，才认识到生产实习的重要性，况且这次实习是结合我省当前民族工作的中心任务——调查了解彝族的支系问题，是一个课堂理论与实际相结合的良况，我马上就要毕业了，而且将要担负起光荣而艰巨的民族工作，更应该争取学会，在实际工作中使自己得到锻炼，所以我才决定下来的。

二月十日我们到达了峨山县，当天晚上中共峨山县委组织部刘部长给我们作了峨山县的自然情况和民族关系的报告，并选定了该县专区总果乡作为我们的工作地点，次日又作了总果乡的一般情况和民族关系的报告，在报告中强调了以生产为主，一切工作都要服从中心工作，我们参照着吴副主委和刘部长的指示，紧密的结合中心工作来进行业务工作的。二月十二日，我们和普选工作一道到了总果乡。为了普选工作的需要，我们分成三组按普选工作点出发，我们语言小组于二月十四日到小法那村旧寨，是彝汉窝尼杂居的村子，我们的工作要照顾新寨，大法那村，他拉么村，在头五天我们是专门搞普选的突击任务，于普选结束后，我组和生活习俗小组共同对附近各村的了解，来选择业务工作点，认为大法那村比较适合，于是两组同学在领导的同意下将工作点转移到大法那村，业务工作乃是结合中心工作来进行，因此我们除了参加村领导商量布置当天工作外，并轮流去参加互助组的活动，搜集群众意见及存在问题，来共同商量解决或向上反映，其余的同学借空闲时间进行业务工作，这样我们的工作时间每天最多只不过是四小时，如碰上大会，那时间就更少了。工作时间虽只有九天，而且每天只能工作约四小时，但大体上也能按照计划来完成业务工作。

大法那全村共廿九户，除杂居的四家汉族外，全都是彝族，成年人大多数都会讲汉语，该族的自称为 ned̥ suɹ，过去被给与歧视污辱之倮罗名称，解放后称彝族。

该村彝族在亲族称谓上只能数前三代和后三代，二辈：曾祖辈不分性别和亲远统称：maɹ maɹ，祖辈不分亲远，男称：Aɹ poɹ，女称：Aɹ moɹ；曾祖以上不管是几代都统称：Aɹ maɹ maʋ，下辈：子称：nod̥ zioɹ，女称：noɹ nɹ，孙则不分性别统称：noɹ ʑiɹ，曾孙以下统称：noɹ ʑɛt，较突出的是上辈曾祖以上不分性别，下辈孙子以下不分性别。该村彝族已有了守法观念，大宗小宗分别得很严，伯家子女皆是大，叔家子女皆是小，而该村的汉族是以见天为大，我们虽已发现了一些问题，但因限于业务水平，又无业务上的指导，无法深入下去，就此了之。

该村彝族语言的特点：声母较丰富，元音也多，现根据原始的出现分别排列如下。

1. 声母共有三十五个，依发生部位分述之。

a. 双唇音：p | ph | b | m。

b. 齿唇音：ɱ | f | v。

c. 齿头音：ts | tsh | dz | s | z。

d. 舌尖音：t | th | d | n | l | ʒ。

e. 翘舌音：tʂh | ʂ。

f. 舌面前音：tɕ | tɕh | dʑ | ɕ | ʑ。

g. 舌面后音：ʝ。

h. 舌根音：k | kh | g | ŋ | x | ɣ。

i. 小舌音：q。

j. 喉音：ʔ｜ʱ。

2. 韵母有十四个，依部分述之。

a. 舌尖元音：ɿ。

b. 前部展唇元音：i｜ɪ｜e｜E｜ɛ｜a。

普通的话，但在彼此之间的关系，就大不相同了，该村彝族同我说：见了工作同志，如像见到了毛主席，过去我们的话，是被人叫做倮罗话，不值钱的，现在在毛主席的领导下，第一次有同志来学话（指语言调查），我们的话值钱了！现在把我们当作人了。我们有了这样良好的基础和彝族同胞热心的帮助，不论是个别访问和开座谈会，彝族父老都很耐心的教我们实习，遇到困难时就三番五次的教我们，有一位柏大爹给我们发音时，看我们记录不下，或发生争执时，他总是和蔼地说：同志不要着急，慢慢学。又如：在二月廿日的座谈会上，在临分作两组时，鲁大爹在池塘边沉默了好一会，当干部请他到我组来时，他说：让我好好地想想，我要好好地教同志们带回此资料，以尽我老人之责。又田尧寿、普绍尧对我们说：经前我们宣传彝族将要在学校，使每一个人都得读书，可是群众认为是不可能的，穷苦的人只有盘田种地，而现在同志们来学习彝话，还说以后要用彝话编成课本来教我们，所以大家才相信。

在这些事实上都充分地说明了毛主席民族政策的莫名伟大，所有这些都是正确的执行了民族政策的结果，是和党的领导分不开的，而少数民族唯有在中国共产党的领导和关怀下才能获得新生和发展，才能成立自己的政权机关，才能用自己的语言，风俗习惯才能被人所尊重。——完！

一九五四年三月一日

［《文法学院社会系教学小组工作计划》（1953 年），云南大学档案馆藏，云南大学全宗，档案号：1953－Ⅱ－059］

支系名称和支系历史调查小组

寒假实习个人工作总结和发源

此次参加寒假实习，当初在我的思想上是有些抵触的，我觉得过一学期就要毕业了，毕业以后，终身都要从事少数民族工作，要了解少数民族情况，可以留待工作岗位去做，现在最要紧的，是加强理论方面的学习，又认为此次实习时间很短，还要配合当地的中心工作，材料及思想方面不会有多少收获，因此对此次的实习信心不足，思想也不明确。后来在实习前听了民委会副主委吴少默及方仲伯同志等的报告，初步批判了自己思想，认识了实习是为了理论与实际互相配合，使课堂上所学得的知识得到巩固和印证，同时今天我们参加实习，主要是为了推动生产，有利于劳动人民的利益和国家的建设，与过去资产阶级学者说单纯材料观点出发的实习是不同的，在思想上得到了一些明确，因此也就怀着比较热忱的心情来参加这次实习。

二月九日，我们从学校出发，当晚到了玉溪，次晨又从玉溪到峨山，到了峨山，看见城周有一小块平坝而外，四面却是山峦重叠，且对该地情况比较熟悉的人说，要到彝族聚居的乡去实习，最少要走五六十里以上的山路，并且吃食也很困难，于是只为个人打算，怕吃苦的念头，又浮到自己的思想上来，接着我们的实习地点决定在距县城六十里的总果乡。对于该乡，当地人有"冷总果，热化念，饿死丁皎赶蚂蚁"的俗语，以形容该地人生活的贫困与气候的寒冷，所以心中就有些顾虑起来。后来经过当地县委的两次报告，介绍了许多自解放以来峨山县少数民族在党的领导下，如何逐步提高认识，表现了英勇顽强的斗争精神以及热爱祖国的具体事例，如在过去清匪反霸时期，峨山县大部分的土匪是少数民族人民自己组织起来剿灭的。又自 1950 年成立了峨山县彝族自治区，少数民族有了自己的干部，少数民族有了自己的县长以后，一般群众都说"从此我们少数民族有了自己的政府，真正的当家作主了"。大家都是积极的努力生产，支援国家建设，如像 1953 年峨山全县超额提前完成了卖余粮的任务，而且纷纷鼓励自己的儿女参军，同时，县委又非常亲切地鼓励我们说，"今天的少数民族地区，还有许多落后的现象，到那里去生活很苦，但是当地的少数民族世世代代都在辛苦地生存下来了，希望同志们到那里去也能克服一切困难，为当地少数民族争取早一日过渡到幸福的社会主义社会"，使我深深地感到一个民族工作者责任的重大性，而且觉得应该端正态度深入到少数民族中耐心的为群众服务。

二月十一日，我们就由峨山城出发到总果乡总果村，配合当地干部，一连搞了五天的普选工作。在此次普选中，依照上级指示，结合农民利益，强调普选是为了推动生产，一切工作为生产服务的道理。由于工作干部有些是彝族，通过民族形式、民族语言来交代政策，所以群众比较容易接受了解。普选过后，群众普遍受到了一次深刻的民主教育，提高了觉悟，刺激了生产的积极性，加深了主人翁的认识，如总果村有些互助组通过这次普选以后积极地展开用积肥和耕种的工作，群众普遍都反映说："这回整的我们自己当家作主了，我们应该多打粮食来报答毛主席和共产党。"同时一听说我们是省府派下来的毛主席的干部，群众都很高兴地说："毛主席共产党真是看得起我们，你们这回到这里来，希望你们长久住在这里帮助我们。"见了我们都称"同志"或 ne˧ su˧（彝族语），把我们看成自己的亲人一样，态度非常的诚恳亲切，使我们深深感到党和毛主席的威望在群众之中已经深深地种下了根，群众对党和毛主席的热爱比自己的爹娘还要亲切深刻！而且通过这次普选，使我们也体会到了在少数民族地区工作，必须利用民族形式，通过本民族语言，以本民族的干部来教育本族群众，这样群众就容易接受了解，工作也就容易顺利进行。

十六日普选工作结束后，我们就来转入访问支系历史工作，在开始几天，因为急于搜集材料，单纯搞业务工作，对于我们此次访问的目的，事先对群众的交代也不够，所以一问到彝族迁徙路线和原因，以及家谱的情况时，部分群众误认为来翻自己的底牌，思想上有顾虑，后来针对情况，纠正了缺点，通过老人会生产会等说明了我们此次的来意，又和农民生活在一起，与农民一起到地里除草或耕作，在感情上大家慢慢融恰（洽）① 起来了，这样我们再继续访问时，群众都热情的告诉我们，谈到彝族的历史或考证他们的语言时，他们都很高兴地说："有了毛主席，才会关心我们关心到我们的老一辈。"又有的说，"给共产党毛主席也知道了我们老一辈到现在的所有事情，才好领导我们早一天过社会主义的日子"，而且多人都把过去在反动派时代被地主恶霸压迫的许多悲惨境遇，以及在解放后翻了身，打垮了地主恶霸，分得了田地，生活一年比一年有了改善的情形，一五一十地统统告诉给我们。如像雇农普照，家里只有一个失明的老婆和一个刚五六岁的孩子，他在解放以前，生活全靠烧炭过日，解放前一年，因为劳累过度自己的一双眼睛也失明了，平日里只得靠椿和推磨度糊口生活，一家三口人，每月中经常有五六天没有饭吃，但是地主恶霸还要时常来收款派税，因此使得他们"求生不得，求死不能"。可是解放以后，

① 编者注。

分得了田地，又有互助组替他们栽种，家中不够的粮食，又有合作社经常供应，所以他的那一双眼睛又有点亮起来了，因此他很高兴地对我们说："有了毛主席，我们的日子就一天比一天好过了。"通过这些具体事实，更使我进一步地体会到了，共产党毛主席真正是劳动人民的救星，我们应该坚决不移地永远跟着共产党和毛主席，忠诚的为人民服务到底，同时也进一步的对敌人加深了仇恨，更加认识了统治阶级的反动腐朽，恶毒的本质，并且也使我明白了实习为什么要总结中心工作，有利于中心工作的道理，事实证明，只有明确了立场，忠心诚意为人民群众服务，在生活与思想感情上与群众有了联系，工作才会容易推动，要了解情况也才能够深入。

其次，由过去彝族历史上可遭受到的惨遇，以及今日彝汉两族之间尚存在着的一些隔阂，使我更进一步了解了历代统治者的残酷性，和一个民族工作者的艰苦性与责任的重大性。例如总果乡总果村的彝族，从禄姓统治以来，人民一直过着牛马不如的生活。在禄姓统治时代，人民要做禄姓的马蹬，还要上地租，出兵款……负担非常苛重；又在反动派时代，彝族人民经常受大汉族统治者的歧视和压迫，骂彝族为"山猴"，"死倮倮"，恶霸地主（均为汉族）又仗着封建势力，抓兵派款，收粮征税，使人民不能喘过气来，同时有意挑拨民族间的矛盾，使彝汉两族互相隔阂，如山后场恶霸地主利用山后场汉族，将原在总果的街子强迫移到山后来，使两族人民一直到现在彼此都还有些隔阂。从这里，可以看出民族工作是非常艰巨而复杂的，因为长期的历史上的民族隔阂，并不是一早一晚就可能解决的，如像总果与山后两寨，经过土改及一系列的社会改革，隔阂基本上消除了，但至今仍有些遗留，所以做一个民族工作者必须耐心，有高度的政治觉悟和政治责任感，要有坚定不移地为人民服务到底的决心，这样，才能够帮助少数民族早一日过渡到社会主义社会。

［《文法学院社会系教学小组工作计划》（1953 年），云南大学档案馆藏，云南大学全宗，档案号：1953－Ⅱ－059］

工作体会个人总结

社四王昭武

在昆明，临行前，首长和先生们给我们许多宝贵的叮嘱和指示。二月十二日到了总果乡。当时全乡在进行轰轰烈烈的普选运动，我被派在距乡廿里外的玉和寨兼管者都村的工作。在这两个窝尼族聚居的小村里，我参加了点□□□的工作，由而接近了群众，熟悉了这些具有朴实醇厚感情的人们，在我的请教下，老人们把寨里的风俗习惯、古代窝尼先民的传说，和迁移路线等。告诉了我一些，青年们也弹些唱些有关的民族情歌，给我听，让我记。由于业务主要是搞彝族历史支系，参加了六天的普选工作，我又离开了旧地，转到距乡廿余里外的火石坡，廿九户全是彝族的小村寨，与王耀知同学一道工作，同去时，我们都一再相互叮咛嘱咐，首先仍要以做好当前又进行了发动春耕的互助合作运动的中心工作，并结合搞自己的业务，由此工作开始，我们获得的益处不少。

Ⅰ. 火石坡只是廿九户彝族聚居的小村，去后最先感到的是他们对毛主席无限的感激和热爱，也由而爱上了去到的干部，如历史上存在的民族隔阂，他们叫汉人为"塔天婆"。可是，见我们，他们像要说明似的说："叫你们，我们只叫同志，因为你们是帮助我们过好日子的好人。"其余的民族感情，使我很快地体会到，劳动人民热情的温暖，把我当做多年不见的亲人，硬要把好菜给我吃，我害了小病，又对我关心得无微不至，激起我心里深深的感激。要不是党和毛主席英明的民族政策的领导和各族人民政府干部的正确执行工作，我哪能受到这些温暖。人民又哪能这样的爱我、信任我、帮助我了解许多历史上存在的民族问题，甚至信任地将自己的困难托我转给政府，请求迅速处理……这些，更大大的激发与坚定了我终生要在这些真挚的人们中间，与他们一道，来改善旧的贫困生活，提高至与先进民族人民一起进入到社会主义社会。

Ⅱ. 在工作中，我们经常帮助他们，一道商量村里互助组里及发动春耕的问题。在生产上帮助了他们，使自己的工作得以进行。又如老贝马（法师）李应春（贫农）的耕牛从山上跌下后，就不能再做活了，他们夫妻很急，我们及时帮他审了事实的发生，乡上也立即给予处理，准他杀卖，我们除了安慰他还与他一同记录，怎样填补来买到耕牛赶上春耕。由而使他生产上解决了困难，思想上也打消了一向就怕工作干部的顾虑，也信任了我说的一些话。后来，工作上遇到的彝文、彝经和家谱等还是得他的尽力解释与翻译，才使我们工作有了进展。又如村干一向以为工作同志就是领导，因而一向不敢反映群众在工作上不满的意见，特别是对工作同志，虽有意见也不提，我们及时进行了宣传工作干部只是人民的勤务员，和起参谋作用，实际领导就还是人民自己和人民代表中选出的人民政府委员，这样更大大的鼓舞了群众对当家做主的认识提高，对民主生活的要求强烈了，这些有力的说明了，只有依靠中心工作的进行，自己的业务工作才能开展，只有关心群众他才能真正的依靠群众，来解决困难。事实也证明了，如我们进行搜集材料时，没有一起说明自己来意给他周围的人听，引起了老贝马的爱人及一些群众的怀疑，直到后来，村干部给予解释，才又释疑。这也说明产生急躁和单纯材料观点，到引起的脱离群众的缺点。

Ⅲ．工作中，我看到了民族隔阂的依然存在，表现在火石坡村提出的几个要求解决的事情，都是指明山后厂（汉族聚居村）人不好，他们常以个别的人与人之间的矛盾当做村与村的，甚至族与族的矛盾，将小事也扩大了。事实上，我赶了几次街子，见到的有些汉人，都以高傲的态度来对待兄弟民族人民，这些历史上统治者压迫兄弟民族的罪恶残余，今天还遗留和残存下来。因而也形成山后厂与各村寨不和的现象，民族团结的工作还需要努力。

Ⅳ．祭龙后，我看到了年轻人整日整夜跳锣的情景。火石坡村连跳七天七夜，听他们说，一年到头，有许多时间都用在跳锣上，……从跳锣的本身看。是男女生劳动倦了的最好娱乐，也是青年人的社交恋爱的一种场合，就相伴而产生了的是误了生产，以及结婚后竟有十多年不归家的妻子，我的立场想，发觉了男女青年今天的婚姻很大部分认识父母和媒妁的包办，买卖式的，因而他们对自己不满意的婚姻，只好用不归家作为抵抗。况且，姑娘们在"嫁而未归"的日子里，也成为自己一生最自由与幸福的时节，不珍惜自己青春美满的岁月哩。几年来，婚姻法还没有大力的开展与推行，我以为，要解决这个问题，首先在于大力推展与宣传婚姻法，赢得了广大群众的认识与支援，包办的买卖婚姻也就渐渐才能不存在了，相互的指出娱乐不误生产的道理，并积极地进步，充实与加强民族歌舞的多样形式的开展。当然，这也需要长时期的耐心工作才行。

Ⅴ．在民族地区工作干部的教育，也是异常重要的。我听过在总果乡工作已一年的王家瑢同志说："窝尼族是比较狡猾的，……"这样的例子还有……如果工作同志本身都这样看，那民族团结的工作是会要受到一些影响的。

工作的初衷，我经常为了自己生产知识过低，而开了些笑话，更加能对劳动人民给予半分有力的帮助，或是与他们参加体力劳动……即使在解决一些民族之间的问题上，也为了水平太低，对问题的关键仍模糊不清，这种不能牢固掌握科学技术的缺点，也严重的损害了工作。如记音记不下来，记支小调中要三番两次的修改，加之工作主动性不够，在有兴趣多下功夫，无兴趣的就少照顾，甚至不理睬。因而工作也不能圆满完成。

　　十多天了，在兄弟民族人民朴实的热情里，进而还有意义的工作和□□□觉他们劳动中的勤劳勇敢，为人的谦虚真挚使我受到很深的教育，在□□□□祖先们英勇的勤劳和创造的伟大，以及历年来在极残酷压迫下所进行的坚决对民的抗争。悲壮的可歌可泣的事实深深的教育了我，使我认识彝族的中华民族的组成者之一，是历经了多少艰险斗争而奋斗出来。今天，在毛泽东的光辉照耀下，他们有了自由也有了远大的发展，我见到了漫漫重重茂盛的森林，也见了滚滚的铁水，也捧起了从山沟里顺水流出的铜砂……这些宝藏说明了随着现代巨大工业的迅速发展，和兄弟民族人民在生产战争中的胜利，山区的面貌，会一日千里的改变……这次的实习，有力的锻炼了我的能力，是为将来参加民族工作时的独立工作打下了基础，对我们收获更多。

[《文法学院社会系教学小组工作计划》（1953 年），云南大学档案馆藏，云南大学全宗，档案号：1953－Ⅱ－059]

物质文化专业小组高吉昌

一、工作情况

　　我们小组于二月十二日到总果乡，十三日我就分到西松店村去参加普选工作，当天晚上我们先同村干商量后，就由村干用他们的语言先交代我们，再作补充、交代普选的目的意义及参加小组讨论，次日早晨登记户口、统计人口、晚上开大会又交代政策界限及代表提名，通过十五日晚，发选举证，并交代怎样选。十六日，开全乡选举大会，通过代表，会定普选工作结束。我也同时调回总果村来进行专业工作。从十七日开始我们物质文化小组因工作的需要而抄实习提纲项目分工，我自己负责七项目，一面结合他们的生产工作，进行个别访问，工作了五日，到 22 日，小组开了一个检查工作会，肯定了我们的工作，对一般材料是了解了些，但不够深入，故决定从 22 日到 24 日，仍作个别访问，进行深入了解。到 24 日晚开一座谈会，以五组中较有经验的八个人参加此会，来座谈总果村彝族解放前后的生产情况，25 日作补充笔记和个别问题，这就是我的工作情况。

二、工作体会及民族政策的体会

工作体会

1. 在五天的普选工作中，我体会到利用他们本民族的语言，充分交代政策，群众是容易接受些。在我们乡上，交代政策时先用汉语，大家模糊，后通过其民族形式，用他们的语言交代大家，就有印象、明白了。在我工作的村上，就这样，用他们的语言也就使会开后较好，群众也明白，普选的意义、目的，开会情绪亦很高。

2. 在工作中，能发扬具体联系是可以进一步的搞好同志们的团结，发挥大家的工作积极性，在这次普选工作中，我们不同的单位与同志团结及很好来工作（如在乡上或村上都如此）。

对民族政策的体会

1. 只有结合农村的中心工作，才能进行我们的业余工作，如我们这次能够完成我们的专业就是结合了农村的中心工作，不阻碍他们的工作而起帮助的作用，而后到他们当地，能联系机关及群众的帮助，才完成了专业。

2. 兄弟民族当家做了主，觉悟提高了，自从解放以来成立彝族自治区，有他们的政府、干部来当家做主，为他们服务，表现在解放后：有很多参军的弟兄民族、剿山区土匪，群众所起的作用，协助政府肃清土匪，次表现在土改后的生产，战胜山区特别困难的地理环境及生产上的困难，而普遍一般是逐年增产，就去年较前年是增产了一成半，个别的增产六七成。在普选工作中也可以看出，西松店村全村人口，162 人，到会的就有一百多人，情绪也是很高的。就以全乡大会来说，除去没有选举权和选举年龄者，及留在家中作保卫工作的一部分外，还有九百余人，参加开会，还是占了全乡总人口的绝大多数。在普选后工作中，有的名字搞错，他们一家人是几个来说，要另补发给他们，所以他们是重视普选和明确难得选一这票，就普选各村的反映，也可以说是对普选这一政治权利他们珍惜的。

3. 兄弟民族是很纯朴热情的，如我们个别访问到他们，他们都是很真实毫无顾虑的告诉我们，住在他们家里都像对待他们自己人一样关心我们，问什么他们就说什么，有时不问他都说些给我们听。跟他住食一齐，有时同他一齐到地里都很好，他们与我并没有什么民族的分别的感觉，离开时也很难别的，这兄弟民族的热情，是民族感情的具体表现。

4. 兄弟民族的勤劳智慧，他们住在高山峻岭中和耕种着二十多里至四五十里山坡路的田地，来去都带着犁耙或者一背一挑的重担，跑回来吃晚饭，这说明是比一般人更艰难刻苦些。就以他赶峨山街或别的较远的街子，都八九十里，百多里，背来一大背东西卖掉还要转回去，有时买了东西，又要背回去，就在田里耕种也是这样，天亮就走出几十里路干活，天黑才从田地里起身回来，回到家里都是快半夜的时间了，这说明他们的勤劳。弟兄民族的智慧也是很高的，如总果的木匠，他们当然是会受汉族及外族的或多或少的影响，但是他们建筑瓦楼厨柜等就与汉族一样好。在他们的副业中，也是能制造好的火药、硝、碱，销到各地，就算四弦琴等乐器，与汉族相较并不差，而且还更响些。另一方面表现在他们生产技术上，不论田地和园圃的种植，耕作技术都是很高的，再加上他们山区特殊的土地及水利情况，生产上的特殊生产经验、方法，这表明他们的生产技术是很高的。在语言上，他们都会谈几种，这也表现出智慧是很高的。

三、对材料的意见

1. 我能了解的材料是真实的，基本上是全面的有系统。

2. 这些材料对总果村彝族是很典型能代表他们的物质文化，但对全彝族来说就不够典型，而就不能全面代表全彝族，因为总果是一个彝汉杂居村，不免或多或少彼此受到些影响，如瓦房的建筑对比并没有保存着民族形式，与汉族差不多，平房还保存着一些民族形式的建筑，但总果村是平房少，瓦房多，而别的彝族集居村是瓦房少，平房（土场房）多，民族形式的建筑就更显著典型些。

3. 有厕所与没有厕所的区别，而别的彝族寨是没有厕所不能用人粪，总果村彝人都已经在早几倍（辈）① 人就有厕所，能用人粪做肥料，从园的种植和农业耕作技术也是在以前很早年就能精耕细作，只是在过去庞大的农民没有土地没有生活资料条件，来精耕细作，技术亦是很高的。

[《文法学院社会系教学小组工作计划》（1953 年），云南大学档案馆藏，云南大学全宗，档案号：1953 - Ⅱ -059]

---

① 编者注。

社会系民族组四年级寒假生产实习总结王耀知

1. 实习的目的与意义。在昆明的时候听了吴少陌副主委、方仲伯同志、江应樑先生等的生产实习报告后，在我思想上明确了一个过去未明确的问题。当然我们的实习是本质上的不同，是为中心工作服务的，具体的说，也是为总路线服务的。相反的，在中心工作中来进行业务方面的理论与实践相结合巩固学校的学的知识。

2. 实习过程。九日到了玉溪，十日到了峨山，十一日听取了县委书记的报告，十二日到了第一区总果乡，刚好赶上普选，我们与普选队一齐到了乡政府接着当晚展开了普选宣传工作，先把普选意义交代给干部，结合生产进行之，五天之内即开普选大会选举代表，第六天开人民代表会，即结束了普选，普选工作虽然在六天内即进行完毕，但我与群众的关系还未普遍，对本村民族情况也不了解，所以也没有多少体会，自己总认为先打好群众关系，先帮助农民搞积肥，检查农具，准备春耕、插秧，由于本村户数人口较多、时间短，我就转移到火石坡村彝族 29 户，距乡政府十五里。

3. 工作体会。由于在昆时充分的明确了此次实习的意义及目的，再加上开展五天的普选工作，所以材料观点随时被批判着。当我到村子里的时候，干部群众很欢迎、很热切的说，我们村自土改后一年多了都没有工作同志来这里，你来帮助我们搞工作那太好了，总之他们的言语都使我感到比在自己家里还亲切。当然，这是由于毛主席的民族政策的伟大，兄弟民族热爱毛主席的干部是事实，相反的，我感到惭愧，兄弟民族如此的对我热情，而我还抱着过去那一套资产阶级调查家的观点，这对得起兄弟民族对我的欢迎吗？绝对不可能。中国的少数民族不需要资产阶级的任何人进到他们的寨子，更反对把他们的生活习俗当做资产阶级的开心品，他们需要的是毛主席的领导，自己的政权，自己的语言，帮助自己发展生产的人，过好日子的人，帮助自己过社会主义的人。他们要的是民族团结、民族平等，他们反对民族歧视与民族压迫。

我先了解了本村生产的基本情况与阶级情况。自他们的祖先起就是到距村很远的地方种地栽田（20 里），走半天的路，只剩半天做活计，这种生产劳动是很苦的，所以剩余价值较少，无地主富农，除了少数几户中农外，大多为贫雇农。在历史上的遭遇也较悲惨，除了长期多汗

（汉）① 族地主恶坝（霸）② 的压迫剥削外，还时常遭土匪的抢劫，另外还有野兽（刺猪、兔子等）的袭击，见汉人即称 tAʃ hŋ phoʃ ʃet（意为汉人，又有地主之义）。如果小孩子哭的话，只消③说 tAʃ nŋ phoʃ ʃet，小孩就不敢哭了。一直到现在还有少数的彝族使用着这个恐吓的名词，可见汉族的统治者过去是很残酷的压迫他们，由于反动统治压迫及汉族地主剥削的结果，造成了很深的民族隔阂，少数民族长期过着悲惨非人的生活……

解放后，毛主席的光也照到了大石坡兄弟民族的身上了，首先在 1950 年即成立了峨山自治县，兄弟民族有史以来第一次获得了自己的政权，当家作主了。经济方面，土地改革分得了田地，山坡（树林）牛马等，至此永远摆脱了地主的剥削，贫困逐渐走向互助合作→长年互助→农业生产合作社（社会主义的集体农庄）。

毛主席真是无微不至的关心着全国劳动人民，关心着各族人民。土改后，帮助兄弟民族搞生产，如施肥、深耕细作、修沟打坝、改进耕作技术，提高生产效率，组织互助合作，又进行了粮食供应，卖余粮给国家，避免奸商的剥削，帮助山区农民走集体富裕、社会主义的光明大路。土改后，这些工作有了显著的成绩，农民的生活有了显著的变化，如有一个妇女说："国民党时我有一小点地，连上国民党的粮都不够，今天毛主席分给我田和地，我家人口少，但毛主席想的真周到，叫我们组织起来，我就参加了互助组，结果我家解决了劳动力缺乏的困难了，所以我要在互助组内积极的劳动，增加生产来回答毛主席给我的恩惠。"有一个五十多岁的老大妈说："我过去的生活真不如人，汉人保长把我的独儿子抓去当兵，剩下我老奶及两个小姑娘讨生活苦了 8 年，掏山茅野菜吃。解放了，土改后，我的儿子也回来了，还是个光荣的共产党员，我老奶眼巴巴的巴了八年，才算得见到自己的亲生血肉，现在一家人的生活是无忧无虑了。"

我听了他们的叙述后，觉得是毛主席的英明领导下才会有这样的团圆与好日子，但我自己又想了一下，我在学校里学习，自从毛主席来了，也一样的是无微不至关心着我。但农民知道了共产党毛主席的恩情后，积极

---

① 编者注，以下均将"汗"修改为"汉"用。
② 编者注。
③ 消，也有"需要"之义。

的生产组织合作互助，踊跃卖余粮给国家。可是我回忆一下，在这 4 年来我又为人民做了些什么，说起来真是惭愧，在学校里不很好的抓着时间去学习，脑筋也动很少，如你读俄文就不去努力自修，自己还以为只要跟得上班就行了。时时以自己的利益来打算，就不像农民一样时时刻刻忘不了毛主席，想起了毛主席的恩惠后即变为生产的力量，忠心耿耿跟着共产党走。

此次实习，我觉得真是本质上的不同。如像我们一到乡上即帮助了普选顺利的进行与完成。在总路线的照耀下，也结合当地情况宣传了社会主义的前途及互助组的巩固与扩大延长为长年互助，可以说是起了一个临时干部的作用。不像 1951 年在武定的那种，为了材料不惜一切手段，对当地中心工作不但无帮助，反而有害处，而且在我们思想上也只认为是取得别人不知道的奇特的材料，而不是去体会党在少数民族地区的政策及劳动人民的勤劳与智慧。

这次在我们进行业务实习的时候，开始还做得好，通过中心工作真的得到了材料，如像李家的家谱（视公布），我们与他（本村干部、人民代表）在一起经常研究商量生产上准备春耕的工作。在空闲的时候我提起了他们祖先的事情，最后他自愿把家谱拿给我看，他也满不在意的无丝毫怀疑。这是由于我们以一个干部的身份帮助他们搞生产，关心了其利益，他们也认识了，我们是来帮助他们的，是毛主席叫来的，所以你问他什么事，他都真心诚意的告诉你。但当中由于受了资产阶级大民族主义的影响及主观努力不够，还是或多或少存在着纯材料的观点。如到后期，时间也比较紧迫就产生了急躁，对当地如贝马李玉春，一见面就是读他的经典，对他的生产生活毫不关心，结果使他背上了怀疑的包袱，以为是要整他了，顾虑很大，幸好后来发现这种工作方式有问题，即（及）① 时通过村干部向其解释。由这件事即可说明不关心群众利益，不以群众利益为基础那是走不通的，更不是为人民服务的态度。

4. 民族政策体会。总果乡火石坡村全为彝族。在内部来说，只有贫雇中农，所以内部的团结较好，在距离村十五里的山后厂（汉族聚居村一百多户）解放前许多地主、乡保长都是由山后厂村的汉人担任，对周围的少数民族都进行过大民族主义的压迫与剥削，如像周围的许多兄弟民族所种

---

① 编者注。

的田地都是汉族地主的。受着地主的剥削，在政治上兄弟民族是被统治者，如火石坡 29 户人家就被抓去了 7 名青年去当国民党反动派的炮灰。文化方面，山后厂村的汉族有一个小学堂，不许周围的兄弟民族子弟去念书，保长派兄弟民族的款是特别沉重的，如有一家姓矛的，就是因为伪保长派他的款使其家庭经济破产一直到现在，虽然经过了土改，但矛姓对此事的怀恨在心、时时刻刻都在嘴上念着，当然历史上长期的对兄弟民族压迫是反动统治与地主阶级造成的，这样在许多年前，这里就是以民族矛盾而表现出来，掩盖了民族矛盾。土改时把一切民族隔阂、仇恨都归罪于地主阶级，找出了民族压迫的根，消灭了地主阶级，农民分得了土地，最主要最关键的民族问题是解决了，民族关系根本的改善了，各族劳动人民也团结起来了，这是毛主席民族政策的伟大胜利。但是民族隔阂是历史上造成的，是长期的历史产物。虽然主要的问题解决了，但在各方面在程度上也表现着民族不团结的现象，如像总果村的彝族见汉族即 ᵗᴬʸ ʰⁱ⁊ ᵖʰᵒⁱ（汉人，也有地主之义），不论是群众（汉族）或工作同志都如此说的。在他们互助谈话中都有这个字的出现，现在都像这样讲的。由此可见，民族隔阂不是很快的即消除了，但是在乡村干部一层来说，就在程度上有了不同的差别，叫工作同志叫同志不叫 ᵗᴬʸ ʰⁱ⁊ ᵖʰᵒⁱ 了，这当然是受了民族政策的教育后而改变的。

在此次卖余粮中，兄弟民族都不满意山后厂的汉人到合作社买大米吃，很多人说我们卖余粮是支持国家建设，卖给工人老大哥吃，又不是支援山后厂，不是卖给 ᵗᴬʸ ʰⁱ⁊ ᵖʰᵒⁱ 吃。当然这是包含有些狭隘民族主义思想在里面，他们即否认了汉族中的劳动人民。

在这问题上，山后厂的一些小手工业者即反映共产党只准少数民族活了吧，我们无粮食、不卖给我们，我们即活不成了，解放后倒反而受少数民族的气，有些恶劣的还说少数"死倮倮"倒翻了身了。毛主席只喜欢他们……当然这种思想显然的又是大民族主义的思想滋长着。诸如此类的问题很多。

在土改时，曾经还产生过兄弟民族干部不要汉族干部开会，在彝汉杂居的村子里，彝族悄悄的开会，使汉族农民找不到他们。相反，汉族干部们与少数民族开会，觉得很烦躁，说少数民族讲话很笨，说一半天又说不出一个明堂来，用一种歧视的眼光对待兄弟民族，这一个例子即证实了中央民委会在去年指示中的"如果消灭了 1/10 的大民族主义，就等于消灭了 9/10 的狭隘民族主义思想"。的确，如果汉族干部不歧视兄弟民族不会说话、讲不清楚，相反的，帮助兄弟民族干部学习政策的话，那来开会的时候不消你去找，兄弟民族会先来请你的。

当然兄弟民族现在在生产技术上、经济条件、文化程度是落在汉族的后面，所以，民族平等就有了程度上的不同。兄弟民族的不满意并不是汉族人民，而是不满意生活水平低、无文化程度、无生产工具，正如斯大林同志所说的，"所谓平等是政治上、经济上、文化上，各方面的平等"，又说"如果不从政治上、经济上、文化上帮助少数民族提高到先进民族的水平，那么，平等就是空洞的口号"。

的确，今天兄弟民族事实上就没有足够的口粮，没有优良的生产工具，更没有学校，如火石坡就找不到一个小学生来，更谈不上有会养家的人。这就说明民族工作的艰巨与光荣，是长期的。正如帮助兄弟民族提高到汉族的水平一齐过渡到社会主义的任务一样，因为我们的党是为各族人民谋幸福，是领导着各族人民过社会主义的，是大公无私的，先把各族人民的利益放在前面的，所以对兄弟民族是大力帮助，而且是长期的帮助，兄弟民族与汉族一齐过渡到社会主义社会。当然我们党的政策事实上如此，纲领上亦如此。我自己也认识了以后我是参加这项工作的一员，也觉得这任务是光荣的，是长期的，但是我配不配作为一个民族工作者，那还要主观努力改造锻炼自己，建立热爱劳动人民热爱兄弟民族的观点，加强对党的认识，努力学习马列主义毛泽东思想，在业务方面牢靠的掌握科学知识，使自己能符合一个民族工作者的水平，参加祖国伟大的社会主义改造！说是如此说，但检查一下我实际上是做了些什么，此次实习对人民付出的太少了，如像到离开乡的最后一天，我就忙着准备自己的行被、收拾东西，吃过饭还睡睡大觉，而就不抓紧时间与农民在一起，体会他们的劳动知识与劳动情感，像这样思想配当一个民族工作者吗？只管自己个人不顾劳动人民的生活，这是很羞耻的，就不想想我吃的是农民劳动的果实，就不想想我穿的用的是工人们的劳动成品。剥削思想仍在我的行动上散漫出现。

我有信心成为一个民族工作者，民族工作者是光荣的，就要克服这些坏思想，相反的，要热爱劳动，要热爱劳动人民，要消灭我思想上的资产阶级认识，要憎恨剥削阶级。

5. 业务的实际的配合。此次实习在业务方面我是抱着以工作为主材料为次的原则，所以就忽略了深入细做，如访问民族历史传说等的过程中，我无法访问，从哪里着手，由什么地方深入，哪些是突出的问题都不知道，如24日晚上开讲人生体会，搞得粗糙，后来我检查一下是我的业务水平太低了，也就证明了我在学校里也是粗枝大叶的进行学习的。的确，历史上尤其民族历史的很多问题就不知道。所以一旦与实际接触就成为空洞的东西，这才使我深深感到在学校里不很好学习的坏处，做民族工作的人对这一条来说也是很重要的，没有业务水平或很差，那条件也不够。的确这次的实践使我真正认识到在学校业务学习的重要性。

总之，此次实习对我来说收获是多的，也认识了自己的非社会主义的思想但主要的问题是回到学校中继续的努力改造、提高，抓紧每一个学习机会，不断地学习。

段春华生产实习总结

一、生产实习之目的

为使课堂上学习到的民族理论能够紧密地结合实际，与实际相一致，在实践当中求得印证，我级同学遵照中央高教部规定，在今年寒假期间，组成了寒假生产实习小组，到云南省峨山民族自治县做了一次生产实习。

二、生产实习过程简述

一月初组成寒假生产实习指导委员会，进行了紧张地准备工作，同时确定了生产实习的时间，确定了生产实习的内容也包括历史支系、物质文化、生活习俗、语言四个项目。一月廿日，听取了云南省民族事务委员会吴少然同志关于到民族地区应注意的事项的报告，吴少然于报告中强调指出：生产实习工作必须与当地中心工作相结合，通过中心工作来获取自己的材料，而不应该是孤立的来进行、把生产实习跟中心工作对立起来。二月继续分别听取了云南民族事务委员会詹开龙同志关于民族语言调查应注意事项的报告和我校文法学院院长方国瑜先生关于峨山县沿革介绍的报告，二月听取了我校方仲伯同志和江应樑先生的全校性的寒假生产实习报告，二月七日有关生产实习的各项准备工作均已就绪，二月九日从昆明出发，沿途经过呈贡、安宁、昆阳等地，当天下午二时抵玉溪州城，当晚住玉溪地委招待所。十日继续前进，上午十时抵达峨山，当天晚上听取了中共峨山县委会组织部部长关于峨山县民族分布情况、峨山县目前中心工作的报告。十一日确定了以距城六十华里的总果乡为我们的实习对象乡，十二日由县城出发到总果乡。总果乡是新划的乡，原来是小法那、宝升两个乡，土改结束后两乡合并为一个乡，改称总果乡，包括总果、山后场、旧寨、新寨、大法那、他拉媄等十四个自然村，共四零七户，一五零六人，其中最大的村是山后场，有一零六户，其次为乡人民政府所在地的总果村，有九十九户，其他均为十户到卅户的山村，亦有六户的小村为他拉媄村，全部为山区，以乡人民政府所在地的总果为中心，距离最远的为旧寨，他拉媄为廿华里，大法那为十八华里，近的为山后场仅七华里。全乡共有彝、汉、哈尼、山苏四种民族，以彝族为最多，占全乡总的52%，次为汉族占33.3%，哈尼族占14%，山苏族最少，全乡仅有一户一人。

到达总果之后，适逢该乡开展普选工作，当时该乡的中心工作主要是搞生产，一方面搞生产，另一方面又要围绕着生产来搞普选，普选任务紧迫，上级限期五天之内完成，为了结合当地中心工作，同时根据工作需要，我们全组在二月十四日那天，即遵照总果乡乡人民政府指示，以原来的调查小组为单位，分别下村协助乡干、村干开展生产工作和普选工作，我们生活习俗小组则被分到距总果廿华里之旧寨，兼顾附近的新寨、大法那、他拉媄三个村。二月十四日到十八日这五天当中，都是搞中心工作，没有进行业务调查，其原因一方面是因为忙于搞生产、搞普选，另一方面是我们考虑到旧寨系哈尼族聚居的村子，哈尼属于彝族里面的一支，虽然也应当进行了解，但跟彝族比起来始终是隔着一点，我们这次出来实习调查对象主要的是彝族，同时时间又很短促，要是对每一个民族都要调查的话，事实上不可能，因此我们决定只搞彝族，把全部力量摆在彝族身上，大家集中出力来搞彝族。二月十八日普选工作基本结束，为了工作上的便利，我组经领导批准，开始由旧寨转移至大法那村。

十八日到大法那村，十九日卅始进行调查，二月廿四日的下午结束，廿五日回峨山县城，在大法那的调查一共历时七天，在这七天的调查当中，我们同样也没有忘记各级领导给我们的"调查工作必须结合中心工作来进行"的指示，而不应该孤立地来搞调查，在调查当中我们也同样地兼顾了中心工作。我们在当地的工作方法一般的是晚上结合中心工作、协助村干宣传生产政策，白天跟群众一块下田，抓住群众在生产当中的每一个空隙时间，在田边、火塘边跟群众谱壳子，从谱壳子当中发现问题；开调查会，在不影响生产的原则下来进行了解，在调查村干方面，我们三个也进行了分工，我负责了解子女习俗（如歧视初生子，钟爱次子或幼子）和财产继承制度；疾病情况和本族医治方法、草药、迷信、仪式和死亡率，对死亡的看法，死前准备，死尸处理，灵魂处理，有无火葬习惯，火葬仪式、地点、方法。

三、调查得的材料

（甲）关于彝族迁徙路线

大法那的彝族有柏、普、鲁、矣四姓，据彝族老大爹们自己谈，柏家原籍临安，老辈时候由临安搬到峨山来，最先搬到距城八华里土官乡属之白草坪村，由白草坪搬到高平乡属的赶蚂蚁，由赶蚂蚁再搬到大法那来；普家祖籍也是临安，由临安搬到通海县属之长虹村，由长虹村搬到峨山县属贵台乡的木家山，从木家山再搬到大法那来；矣家最先在峨山石牌坊，由石牌坊迁到县属高平乡下皎，由下皎再搬到大法那来；鲁家不知道在什么时候搬来，究竟在什么时候搬来他们都已经不能证明，只说是老辈时候逃难搬来的。这里面可能包含着一段辛酸的、悲惨的历史。他们这种说法跟方国瑜先生的说法基本上是相符的。方国瑜先生主张："峨山彝族应当是由临安迁来，为什么会迁来呢？是逃难迁来的，是受到大汉族主义的镇压、屠杀、排挤、压迫被迫迁来的。少数民族最初都是住在地理条件较好、比较富庶的平坝区，后来由于历代反动封建统治者实行大民族主义的结果，使得少数民族被迫不断迁徙，由富庶的平坝退到贫瘠的山区。"峨山全县目前的民族分布情况也强有力地说明了这一点。全县人口最多的是彝族，占57%，彝族在这儿是一个大民族，汉族在这儿只居第二位，可是居住在平坝区的都是汉族，彝族则全部都居住在山区，解放前是汉族地主占统治地位，压迫剥削彝族。

（乙）关于称呼的习俗

彝族有一个特征就是父子联名，可是这儿的彝族并不联名。在家族间的称呼上则分大宗、小宗，以支节来分长幼，不分年龄，譬如：甲乙二人为同族同辈的弟兄，甲为大支家，乙为二支家，但是乙的年龄比甲的大，在这种情况之下，照汉族的规矩，甲喊乙一定是喊哥哥，乙喊甲为兄弟。但是这儿的彝族就不然，刚好跟汉族的习惯颠倒过来，甲喊乙为兄弟，乙反而喊甲为哥哥，支节大的便永远大下去，小的便永远小下去。

（丙）关于对子女的习俗（如歧视初生子，钟爱次子或幼子和财产的继承制度）

彝族父母对于自己的子女都是一般看待，当中没有任何歧视存在，但有时候对于子女中每一个也会发生特别钟爱的现象，那一定是这个子女很会孝顺和体贴父母，能听父母的话，对初生子不仅不歧视，而且是看得很重要，小孩满月也办满月宴，但办满月宴只限于初生子女。

第一个小孩满月，一定要请亲戚朋友吃饭。满月这一天，小孩的外婆家舅舅家一定要来。他们是不请自来的不速之客，来的时候要带一两只鸡，带些鸡蛋送给女婿家。这一天除请吃饭外，还吃红鸡蛋，但是这种鸡蛋大人是不吃的，只能当天来做客的小孩吃，主人事先计算好来做客的小孩一共有几个，就煮几个鸡蛋，这一天由外婆家给小孩取一个乳名。到孩子大了一点，能够上学的时候再请先生给取一个学名，有了学名以后即喊学名不再喊乳名了。财产方面，男女都可以继承（女子只限于未出嫁的），不过男的要比女的多分得一点。

（丁）疾病情况和本族医治方法，草药，迷信，仪式和死亡率

在疾病方面，由于卫生条件差，比较流行的是痢疾、疟疾、伤寒、霍乱，婴儿的死亡率很高，多死于□症，他们在过去长时期遭受着历代封建统治。大民族主义的残酷剥削与压迫，造成他们今天在政治上、文化上、经济上的落后状态，他们没有文化、没有知识、崇信鬼神，把一切的希望都寄托在鬼神身上、宗教迷信上，从宗教方面来求得解脱，解放前有了病不管是大病或小病都要送鬼，认为有鬼在作祟，就要请背马来看，看出是什么鬼在作祟，就请背马来送什么鬼。解放后情况已经改变了一些，大病才□□，小病则找本族草药医生吃草药了。

彝族里面有鬼有神，神与鬼并不能画等号。在彝胞的观念上，神的地位要比鬼高，管鬼的有三个神，一个是山神，是最大的神；另一个是龙神，龙神仅次于山神，祭神要先祭山神，然后才轮到龙神；第三是土地神。鬼也有大小之分，最大的鬼是天神鬼，祭这种鬼要用一只羊，两只鸡（大小不拘），半升米，四升谷子，香蜡纸烛，羊肉鸡肉都是煮熟了的，米则是生的，祭毕，羊皮、羊腿、鸡头鸡腿和生米都归背马，这些东西算是给背马的报酬，其次为东山鬼，祭东山鬼要用一只鸡、一点肉、一点糠，祭毕，鸡腿仍归背马，另外还有一些山鬼，祭山鬼则比较简单，只用一碗米或者是一碗糠，不论祭大鬼或者山鬼，都由背马去祭，病者的家属参加，山鬼有五个，名称如下：tsuɯ bɤ buʔ（脏鬼），ɛodtAʔ（豹子鬼），ʈɛɪ ɢieʔ（吊死鬼），guɯɪmaɪxaʔ（摔死的），做月子死的鬼。

　　小孩还有一种病叫蛊吃病，蛊多半是吃小孩，但有时大人也会着这种病。蛊是一种鬼，据彝族的迷信说法，丌是挨吃着的小孩或大人，其症状如下：下巴壳痒，鼻子不出鼻涕，肚子会泻，手指发痒。着这种病的人家在家中烧火药，焚板枝，以这两种东西的烟子来熏这种鬼，熏后病者即好了，这种鬼在它没有变成蝴蝶以前的时候，偶尔会看见一道道红光从天空划过。

　　对死亡的看法是，人死后还会托生，还有因果报应，好人死后托生人生好日子，坏人死后变牛马。看到一个人要死了就准备后事，死后实行土葬。富有一点的人家还给灵柩停在家中一个时期，也像汉族一样的扎孝堂，请汉族地师择地、择日子，不过，请地师择地的机会一般是很少的。因为彝族有一个规矩，年满卅岁或卅岁以上的人死了，是葬在祖坟上。不满卅岁的人死了，则可以不择地点、随处乱葬，而彝族每一家都有他们自己的祖坟坟地，请地师择地只是在一种情况下，即死人年满卅岁，或者卅岁以上，自己祖坟上的坟地已经葬不下的时候，才会去请汉族地师择地。

　　死了人也跟汉族一样的用棺材装殓，所用棺材式样及其大小形状，也跟汉族一样，并无特殊之点。

　　出殡的头天晚上，便把背马请来，在灵柩面前念话（念彝文），据说念了之后死者在阴间才能早日得到超度，念经对死者有好处。这天晚上，背马在念经，别的人在吹喇叭（兄弟民族乐器的一种），敲大鼓，诵经声、喇叭声、鼓声混在一起响成一片，通宵达旦，出殡的头天开始待家，一直待到葬后的第二天。出日早上，灵柩抬出村子（抬灵柩不出钱，都是村子里的人帮忙），要在半路上停一停，死者的儿子在这时候就把事先准备好的菜饭拿出来祭奠一次，叫做给死者吃晌午饭。到了下葬地点下葬后，死者家属和亲戚朋友在那儿吃一顿饭后就回来了，当天晚上黑夜，死者的儿子或者是姑娘，有姑娘最好是姑娘，从家里带一点灶灰，一担白柴到今天中途停灵柩的地方，把灰放在地上，把柴放在灰上点燃之后，转回家去，这叫给死者送火。第二天早上，死者的儿子又带着酒菜到坟上祭奠一次，边祭边吹喇叭，这叫做给死者送早饭，这一天，相帮的亲戚朋友仍留在死者家中吃早晚饭。到出殡后的第二天，亲戚朋友已经散去，只有煮饭做菜的人被留下来吃早饭，请煮饭做菜的人多吃一顿是因为这些人在帮忙当中比较苦和比较累，一个月之后全家去上一次坟，六月廿五日（火把节）去一次，腊月廿五日又去一次，后面两次是兼请亲朋在坟上吃饭。

一个人死后有魂，人葬下去之后，他的魂魄也会归家，魂魄归家的这一天叫做"回杀"，哪一天着"回杀"只有背马知道，背马会看"回杀"。这一天晚上，死者的亲戚朋友即到死者家中住一晚上，去做死者家属的伴，力量来得及的人家，还为死者立碑墓，碑墓上写的全是汉文，汉字，汉意。

"魂魄"不算是死人才有，就连活人也有"魂"，一个人生了病，如果请背马来看，看出来是失了魂的话那就必须"叫魂"，这个魂只有背马叫得回来，由病家拿出一只全鸡，一个煮熟了的鸡蛋给背马，请背马带着这只活鸡和熟蛋到山上去叫，叫魂的山和叫魂的地点都是固定的，村子里面不管是哪一家叫魂都必须到那座固定的山，固定的地点去叫，譬如：大法那村叫魂就是到他们村子背后的那座山上去叫，背马叫完魂之后把活鸡带回病家，这只鸡在当时是不能杀的，病家接过背马的这只活鸡后便把鸡放掉，另外提一只鸡，杀了来款待背马，鸡头、鸡腿同样归背马，另外还送背马一升白米，背马在病家要找一块黄布或者是红布，把布剪成四四方方的一块小方块，用针线把方块布缝在失魂者的衣服上，在其背后最中最正的那个地方，钉上去之后就不去管它，由它自行脱落，据说要这样做，才能给魂钉住。

彝族中专门帮人家送鬼神的有背马、司娘婆，背马的地位比司娘婆高，比较重的病一定是请背马来看来送，给背马的报酬也比较高，原因是背马懂彝文，司娘婆则不懂，只有男人能当背马，女人则不能当背马，在解放前背马和司娘婆的生意都非常兴隆，简直是门庭若市，接应不暇，好多背马司娘婆都是靠干这一行吃饭，自己并不从事生产，解放后群众的觉悟已经逐步提高，他们的生意已经不像从前那样兴隆，已经呈现出一种萧条景象，这是必然的发展趋势。

火葬风俗现在已经找不出来，据说在老古辈时候是火葬，怎样葬法，他们自己也没见过，只是听见老辈子在谈，现在在这里的彝族当中，只有土葬一种方法了。

四、收获与体会

通过这次的生产实习，对我个人来说，无论对民族理论、民族史、民族政策各方面都有了一些帮助和有了一些提高，现在我就把我自己在这次生产实习当中所得到的收获与体会写下面。

甲、毛主席、共产党民族政策的伟大和正确

区域自治是解决民族问题的钥匙。

　　峨山——最早的名字叫嶍峨，后来才改称峨山，解放后属于玉溪专区，全县人口共计七三一五七人，境内有彝、汉、哈尼、山苏、回、花腰、苗、傣、阿大九种不同的民族，人口最多的是彝族，其次为汉族、哈尼族，在这儿彝族是一个大民族，汉族和其他民族则是少数民族，全县共有五个区，五十二个乡和两个镇，民族分布情况汉族多集中在城镇等较富裕的平坝区，彝族分布最广。

　　关于统治地位，彝族地主与汉族地主相勾结，压迫剥削统治本民族及其他兄弟民族，使各族人民生活陷入极端悲惨贫困的境地，如全县的匪霸周吉光（汉族）曾任伪县长、伪参议长，曾勾结各区汉族彝族地主恶霸压迫、剥削各族人民，二区甸中镇镇长周良与周吉光勾结在甸中称霸，当附近少数民族人民到甸中赶街时，被其无理索取地租，同时当地汉族奸商则仗势欺压敲诈，打骂少数民族，少数民族群众则不准汉族到山上砍柴，少数民族称汉人为：*thaʤni ʔphod tʂhodou*意为汉族不是人，称汉族男人为*thaʤni ʔphodphod*，女人为*thaʤni ʔmod*，自称为*liʤsu ʔphod*，*liʤsu ʔmod*，汉人则称少数民族为"山猴""倮倮"。过去彝族的小孩一哭，大人就哄小孩说：*thaʤni ʔphod*来了，小孩闻声即不敢哭。民族隔阂之深，可以想见。另外，如地主阶级宗派之间的斗争，争夺水利、山场、跑山玩小姑娘等形成多民族内部的不团结，闹纠纷的状况也很多，如二区玉美村与青龙寨都是彝族聚居的村子，两村青年因跑山玩小姑娘，在两村地主挑拨下发生械斗，青龙寨青年打死玉美村青年一人，打伤一人，事后两村地主复怂恿两村人民诉讼，从中渔利，造成两村人民长期的不团结，互相不相来往达数年之久。

　　从一九四九年起，峨山各族人民即在地下党领导下，开始进行了减租减息的反霸斗争，部分人民获得初步解放，及至云南和平解放，征粮期间，由于国民党奸匪及地方封建势力不甘心死亡，在这些人的煽动、胁迫下，大部分山区曾发生群体性的叛乱，匪势曾猖獗一时。但由于我军正确的执行了毛主席的民族政策，采用了镇压与宽大相结合的方针，团结各族人民进行清剿，匪众即迅速瓦解，至同年年底匪众已经基本肃清，并在山区贷放了稻谷四万五千斤，洋芋一万一千斤，水利贷款六千五百万，恢复部分生产，并在平坝汉族区域开展减退反霸工作，大大地鼓舞了山区各族人民反封建斗争的情绪，五一年二月又展开了伟大的镇反运动，接受了各族人民的要求，处决了全县性的匪霸周吉光、柏天民等，给各族人民掀去了压在头上的大石头，搞出了反革命组织，反动势力受到了歼灭性的打击，社会秩序超于空前安定，消灭了地主阶级，各族人民生活得到了解放。

由于全县民族关系比较复杂显著，群众的基础又比较好的关系，峨山县在五一年五月就实行了民族的区域自治，成立了峨山民族自治县人民政府，选出了各族人民自己的县长，自治县的成立，给各族人民的鼓舞是很大的，大大地提高了少数民族人民的积极性，增加了他们自己当家做主的责任感，进一步的密切了党、人民政府和各族人民群众的联系，很多少数民族人民都认识到了今天的政府是自己的政府，是为自己办事，因此对于政府的每一个号召，他们都积极地支持和响应，在过去的征粮、参军、剿匪多项运动中少数民族都尽了很大的力量，并在运动当中出现了不少的动人的模范事例。以上这些成绩的获得，主要是由于贯彻了民族政策，这些具体事例生动地说明了毛主席、共产党民族政策的伟大和正确，而区域自治又是民族政策里面最基本的一环，这的确是解决民族问题的钥匙，因为它不是建筑在空中楼阁上，不是矫揉造作，而是有一定的民族、一定的地域，是以地域为基础的。

关于祭龙饭，我自己也参加他们吃了祭龙饭，据彝族人迷信说法，如果不祭龙就会没有水吃。我自己没有负责搞祭龙，关于祭龙的仪式以及详细的状况在这儿就不准备涉及，只谈谈祭龙的浪费。据说以前祭龙浪费很大，每家都要杀一个猪，大吃几天，解放后经过教育已经没有从前那种浪费，但是还是要交两三条猪大吃一天。在人力物力财力上说起来还是一种浪费，但照理说，封建迷信应该禁止。可是它是带有民族形式的一种东西，你就不能禁止他，不让他祭。大法那的彝族群众反映："毛主席领导样样都可以改，独独祭龙不能改。" 在这种情况之下，你现在要提出来禁止的话，那保险会出乱子，所以现在只有尽量的尊重他的风俗习惯，对这个问题要善于等待，等待什么呢？等待少数民族的觉悟提高，通过他们，让他们自觉的来改。

跳乐跑山也是彝族同胞的一种风俗习惯，是青年男女社交的一种手段，每逢节日盛会必跳，特别是在正月二日祭龙这天晚上，跳的更乐，跳的更好，场面更大。二月十三日那天，总果村祭龙，晚上村子附近的山上就有人在跳乐，我们本来已经入睡，我跟刀世勋同学都觉得机会难得，曾经跟起来去看过一下（事先已征得乡领导同意）。

　　跳乐跑山都是在晚上，到了晚上，男女青年就到村子附近的山上去跳去跑，如果高兴起来的话可以跳过通宵，跑过通宵，甚至一连继续几十天不回家。在跳的时候不一定是本村的男子与本村的女子跳，有时候甲村的男子女子会跑到乙村跳，乙村的男子女子会跑到甲村跳。前面已经谈过，解放前，因为跳乐跑山，村与村、族与族之间曾经引起争执，发生械斗，造成人命事件，造成村与村、民族与民族之间的不团结。这种跳乐跑山，直到现在，还保留下来，跳乐跑山对兄弟民族完全有害无益。一方面是容易出事故，造成民族间的隔阂，解放后虽然已经没有这种现象，但仍应注意防止；再方面是严重影响了生产、工作、身体健康，在这儿的少数民族青年干部，青年男女，只要有人约出去跳乐，或者是听到跳乐的声音，就会丢下工作，丢下生产，跑去跳乐去了，情况是这样的，它本身同样的也是一种民族形式的娱乐，你也不能说是禁止他，不准他跑，不准他跳，你如果不顾实际情况，不从实际出发，硬性的来一套强迫命令，禁止他跳，禁止他跑，那也保险会出毛病。峨山民族自治县人民政府为此问题曾经伤透脑筋，虽然也提倡过让他们在村子附近跳，不要去远，想把他们引导到正当的娱乐上去，但是收效并不大，普遍反映："在村子附近跳不过瘾，没有意思。"你说有什么办法。唯一的办法是善于等待，等待少数民族觉悟后自己来改。

　　以上两种事实说明了中央对于目前民族工作必须采取稳步前进的指示方针是完全正确的，做民族工作必须善于等待，必须稳步前进，既要防止急躁冒进情绪，同时也要防止缩手缩脚停滞不前的倾向，而必须是采取稳步前进的方针。

　　做别的工作，犯了错误可以检讨一通了事，民族工作则是只许做好不许做坏，绝对不能犯错误，民族工作不仅是复杂的而且是艰苦的。拿我们在的总果乡来说，交通极端不便，一出门就是大山，到什么地方去都要用脚走，爬大山，住的是土堡房，吃的是粗米，卫生条件也极差，牛粪、马粪、猪粪到处皆是，人畜不分，人马牛猪四位一体，既没有汽车可坐，也没有电影可看，晚上臭虫蚊子叮，白天烟火瞅，精神生活物质生活什么都谈不上。如果你单从表面上来看问题就会想不通，认为兄弟民族都是落后的，如果另外掉换一个角度来看，从问题的本质上去分析，你就会知道少数民族的这种落后状态是历史上长时期的民族压迫所遗留下来的，并不是少数民族本身自甘落后，今天我们的任务就是要帮助少数民族改变这种落后状态，使他们赶上先进民族的水平，我们国家正处在过渡时期，目前全国人民都在为贯彻和实现过渡时期的总路线总任务而奋斗。过渡时期的总路线是照耀着各项工作的灯塔，照亮了我们前进的道路，同样的照耀着兄弟民族，照亮了民族工作，照亮了兄弟民族居住地的山区，兄弟民族的落后只是暂时的，他也要和全国人民一道过渡到社会主义社会去。想到这里就会给自己带来了无穷的力量，更加坚定了自己将来从事民族工作的信心。我现在得出一个结论，民族工作是艰苦的复杂的，但也是光荣的，我愿意终身从事民族工作。

丁、彝族良好的互助精神

彝族的互助精神极好，我们由旧寨转移到大法那天（二月十七日），村子里面鲁炳亮（彝族）家有一条黄牛因为吃着火硝死了，大法那村连鲁炳亮家在内一共廿九户彝族，四户汉族，牛死了以后，他们把牛分成十六分，由十六家人来分吃，因为牛小，只分给了十六家人吃，如果牛大的话，就要家家分吃，他们的习惯不单是死了牛大家要分吃，就是死了猪死了羊也要分吃，以前分吃暂时不付钱，到秋收时才折还粮食，现在分吃是给分，一时拿不出来的人家可以缓个把两个星期（指总果，总果赶集）。这种分吃有一种帮助的意义在里面，因为在农村里面最值钱的和经济价值最大的就是牛、猪、羊，大法那村子的住址又是在一座大山的半坡上，坡的倾斜度很大，村子里面的黄牛水牛经常会跌死，某一家的牲畜遭瘟疫死了或者是跌死、病死，对这家人来说是一种最不可弥补的损失，如果牲畜死了大家不去分吃的话，这家人马上就会垮下来，翻不起身，那天汉族也有两家参加去的，但是汉族的这种分吃，只是解放后才参加，在以前根本就不分吃。其次，彝族有时在婚丧喜庆以及修建房子等方面也都有着互助，村子里面不管是哪一家，如果有了红事白事或者是盖房子，大家都自动的去帮忙，这种帮忙是无偿的帮忙，做红事或者做白事这一家，如果富有的话，帮忙的人可以在他家授饭，如果这家人在生活上是比较困难些，那就连饭也不授了，遇着某一家要盖房子，大家同样的要去帮忙，帮抬石头，下石脚，帮忙的头两天是不算工资的，只招待吃饭，到第三天才计算工资，有时候这种互助是扩大到村与村之间的，像我们在的时候距大法那村三华里路的他拉媢村死了一个人，大法那村的人就自动的到他拉媢去帮助抬埋，这种互助风俗，据彝胞自己谈，在老古辈时候就已经有了，这是彝胞独具的良好的一种互助精神，如像□族就没有这种风俗习惯。

他们日出而作，日入而息，都是勇敢的。建立根据地的时候，峨山县各族人民都派了自己优秀的儿女，参加到反美蒋的行列中去，跟反动派做出无时的斗争，另外，兄弟民族就是淳朴、和蔼可亲、诚实直爽，在他面前来不得半点虚假，只要你以诚待他，他也会以诚待你。二月十七日那天，我们刚由旧寨转移到大法那，四个男同学都住在楼上，这种楼没有楼板，是用土筑成的，土的下面一层是柴块，再下面一层才是楼楞，房子的主人是一位彝族老大爹，怕我们不好睡，我们一到就自动的送上草席来。别的人都铺上了草席，独独我的没有铺上，摆在床边。天黑了的时候，有农民杨常仁、柏普氏等四人都为彝族，手里拿着村农协会的铃证来请我开证明条子，因为第二天（十八日）是峨山城街期，他们每个人都有几只自养的猪需要出卖，所以来请我写证明条子，于是我就跪在床上给他们开条子，四个人围着我，条子开完他们发现我的床还没有铺上草席，怕我晚上睡不好觉，就很亲切的问候我：同志，睡的时候一定要把草席铺上。这种极其自然的出自内心的问候，使我很感动。在一个地方住久了就会发生感情，其他在生活方面对我们的照顾也是无微不至的。在兄弟民族地区，在久了就不想走，当我们要离开大法那的那天晚上，我们请他们给我们的工作提意见，在会上他们曾经一再的诚意的挽留我们，希望我们多在两天，参加他们二月开的祭龙盛典，过了祭龙再走，彼此都有些依依不舍、惜别之意，我们只好说：这是上级要调我们回去，没有办法的事情，一句话应付过去。总之少数民族同胞都是善良的可亲的。

最后应当提一提这篇报告，是在极端仓促的时间内（一天晚上）写成的，其中难免有错误的地方，特别是材料部分，都是一些原始资料，因为要赶着做总结的关系，只好照抄不误，其中一小部分虽然进行了一点分析，但是这种分析也只是我个人主观上的一种分析，并不见得正确，仅供参考。

二月廿六日于峨山民族自治县人民政府

［《文法学院社会系教学小组工作计划》（1953 年），云南大学档案馆藏，云南大学全宗，档案号：1953 - II -059］

1954 年 2 月云大社会系民族组寒假实习报告高曼云

这一次我们主要的实验目的是为了理论与实践的结合，同时也是我们毕业班最后的一次毕业实习，所以它的意义是含有双重性的。学校领导为了达到这样一个目的，就有计划地理出了一份关于民族调查的实习提纲交给同学提意见。结果大家都觉得合适了。为此我们小组中以自愿方式分成了四个调查小组。我们这一组是三个人即为生活习俗调查小组，调查对象是彝族——峨山县。

二月十一日到达了玉溪专区峨山县后，接着当晚就听了峨山县组织部长刘德俊同志的关于介绍峨山三年以来的民族情况，特别是在经过一系列的改革运动中如清匪、反霸、土地改革运动等，峨山各族人民对党及毛主席有了很大信任，其表现在参军运动、民族团结（彝汉之间）、缴公粮、收购等。由于有了这样优良的条件，今后对我们的实习调查工作是一种有利的帮助。接着刘部长又介绍了一些民族分布情形。

峨山县是在全云南第一个成立自治县的，一共是有十多种民族，但全县以彝族为主，其占全县总人口的67%，其他如汉、回、苗、山苏等次之。而有彝族分布的地区多半是聚居，杂居的很少。在经县委的考虑后，我们到距峨山县60华里的总果乡去。

一区总果的民族也有彝族、花腰、窝尼、汉、山苏，而彝则占人口的绝大部分。12日，我们到总果以后，首先是要通过中心工作获取资料，而当地是准备展开普选工作，所以我们的工作也不例外。由于普选时间的短促，在我们到总果的整五六天当中，差不多全组的人都被分到各村搞普选（一方面是根据我们的调查对象彝族地区）。2月14日我们到旧寨小法那搞普选（而小法那又是窝尼族），搞完普选后就到彝人寨大法那。从2月18日起，我们生活习俗小组正式结合当地中心工作生产。

总果大法那村户数共29户，彝族占总人口80%，汉人四户，其他则无阶级成分。全村是贫雇中农无地富，会说汉话的也很多。在访问当中，一位老大妈告诉我，在解放前他们大法那是受压迫榨取最深的一寨，全村没有一个不吃叶子树皮的，米饭是看不到，而整天当牛马所得来的钱还是落在地主手里（全乡最大地主柏枝华）。有的向地主借，则自己的田地牛马由于交不起息，就被地主抢去，或有的是活活饿死。据说过去本村有40多户人，到现在只有29户人，由于这样的情况，一直到解放后，大法那全村的人得到了彻底的翻身，在访问中随时可以听到他们讲共产党毛主席给我们饭吃；谈到团结互助劳动时，从他们的一些习俗中充分的可以看到，如盖房子，互相帮忙不取分文。又如某家的牛马失死或生病死，那群众一定要拼钱给死牛的那家买一条补上。对于歧视妇女，那根本就没有男女平等劳动，省吃俭用那是他们的自然本质，为了要更具体（表明）① 在这一次实习工作中（访问中、开会中）所得到的几点体会及认识略述于下。

（一）对民族政策的体会（民族区域自治）

当我到总果那两天，首先使我感动的是毛主席共产党的民族政策区域自治，其表现在当天晚上开普选大会时，最先是由普选负责人交代政策给各位乡委员，而这位负责人也是彝族，一共交代一两次吧！第一次是用汉话交代，结果乡委员都反映说对普选模模糊糊。后来负责人李同志又用彝话讲了一遍，后来经过乡委员讨论后认为基本上清楚了。这也就说明区域自治的一点，即使用自己的语言交代政策及自己的事是做好民族工作，基本解决部分民族问题的有利条件之一，也就说那天假如没有他本民族的干部去用自己的话加上民族情感去交代政策，那兄弟民族就不会去深刻体会、相信你讲的话。其次又表明在大法那村中，由于过去都是汉人当保甲长压迫他们，而现在有了他们本民族的领导，生产多打粮食建设社会主义，所以他们对党对毛主席是有了一定程度的信任，如当乡委员上峨山开会回来传达办好互助会运动时，他们均有一致的拥护，并想办法交粮食。

如当我访问到他们的生活情况时，他们都讲毛主席的政策分给了我们田，贷款给我们，没有吃的也给我们，没有生产工具也给我。又如尊敬民族的风俗习惯这一项，当我在访问跳乐的情况时，他们都说毛主席的政策教我们，在不妨害生产时仍然可以好好的跳乐，我们也好的跳了。

在民族团结方面在大法那村也表现得突出，据说过去他们最恨汉人 than niɿ phɐɿ。有些小孩一哭，大人就会恐吓小娃说"than niɿ phɐɿ 来了"小孩就吓得不敢哭了，而现在呢，当我们接近他们与他们说长说短时也没有听到过 than niɿ phɐɿ 三个字，而小孩子呢，那更是热爱我们，跑到我们同学床上玩来睡，同时，一早见我们就说"同志，ʌ4 miɿ tsoɿ tsoɿ lʌ4 即给吃过饭了？"我们也同样的回答说tsoɿʌɿ tsɐɿ hʌɿ（吃过了）。其次例子还很多，不再谈。

由上面的许多例子，我深刻的体会到只有毛主席的民族政策才能消除世代以来的民族隔阂，同时也才能恢复过去被统治阶级所压迫歧视下的民族元气，特别是结合到理论的事实上的平等（政治、经济、文化）有了相

---

① 原文无，编者加。

当的证实，而过去呢，只是书本上的一些认识，而且很肤浅，这一次呢，对理论与实践配合。

（二）对民族工作的体会

①在访问和开互助组会的当中，我体会到耐心安稳前进是非常重要的，而建立民族情感那更是最基本的条件了，例如当我访问时一来就很急躁地问他我所需要的材料。结果是那位老大妈是问一句答一句多余的也不讲。可是后来她去生产时即找猪草，我就陪她去，也帮她找一些，同时问她的家庭情况，生产有困难否，于是她断断续续地讲给我听了，甚至还讲一些解放前她们的生活情况。于是我所要的材料详细的也就出来了，这也就说明了要建立民族情况，只有从生活上、生产上与兄弟民族打成一片，才可能达到。

②其次，更重要的是要建立无产阶级的观点立场，因为民族利益是服从于无产阶级的总利益，例如在大法那村中有些青年都忙于搞副业，而主要的生产多半多坝积肥则不管着。像这样，假如工作领导不明确利益的大小，那也走上资本主义的道路，而影响了互助合作运动的开展。

③另外就是稳步前进。在兄弟民族地区，由于受到千年的压迫而易引起怀疑误会，所以一般的工作经验都不能硬搬。同时，一步不能急躁地当做一步走，那就很会犯错误。

最后要有吃苦性，经得住山坡的考验，要不然会埋怨工作倒霉，这是个别同学有深刻的体会。

（三）对彝族的勇敢爱劳动，团结互助的体会

①当我们一跨进了彝人寨大法那村时，就看到一群彝族农民在一棵大树下分割牛肉，一共分了廿五份在地上，每份都很均匀，每份都有肠子、肚子，过后问他们是不是今天有节日要宰牛，他们说不，这是鲁家的牛吃着硝，胀死掉，依照我们彝族的风俗是要每家拼钱帮助他家买一条，已死的牛平均分配。

另外在死人方面，假如哪家无钱抬葬，那别家也是同样的是无偿的给予帮助抬葬，又如当我们在访问雇农家，就看见另外一家贫农把自己刚满双月的小猪无偿地给雇农家养（因为这家雇农没有猪养）等例。

②在爱劳动勇敢方面，别的不说，就拿每天的白天来说，早饭他们一起来煮好，就吃，吃后就出去放牛的，背柴的，找猪草的（都年纪比较大的）等。田坝田菜。假如你要在白天去寨子中访问的话，根本就鸦雀无声

的，找不到一个人影，所以我们的工作只有结合他们的生产。一面讲白一面工作那是好的。在坝田当中，一天我跟着一个彝族妇女下田去就看见她脱草鞋套起牛就下水坝田了。技术方面也很熟练，当时心里对比了一下的确羡慕之至。有的妇女能开七八斗谷子的荒地。在村中，人人也很敬佩她……

由以上的一些例子使我感到兄弟民族的可爱，在以后的日子里我所听到的都不像这次体会的深刻。读兄弟民族团结互助劳动，思想上总有些不信或怀疑。过去在学校或各种场合之下，我看不到互助爱劳动的现象，满眼看到的都是自私自利、唯利是图，有时使我感到这不是人在地方。今天有了党和毛主席的领导、互助团结在兄弟民族地区的突出与显著性为此，共产主义的远景加强了今后搞民族工作。

（四）对于淳朴老实的体会

当你还没有接触和建立初步民族情感时，也许你会觉得冷酷无情，见人不理但当你跟他待熟了，在生活上与他一样，生产时也帮帮忙，那时就可以看出兄弟民族的确是有啥说啥，虚伪假脸在他们当中是找不到的。例如，在访问中的一些材料或谈到整个村子的情况和某家的情况时，问第一个时有些不信，问上两三个的确是与第一个说的一样，为此给我们的工作带来了很大的便利。

在吃穿方面那更不需要说。问他们，你们为什么不穿洋布，他们都说洋布不牢实还是大布土布好。

以上就可以说明我们一般的知识分子当中，很少有像兄弟民族的那种淳厚感，他们所有的这些特点是今后我们努力的方向。

（五）经验教训

①这一次的实习最大的缺点是时间太短，对于实习目的与计划不能全面的达到。例如我们风俗小组由于时间短就分了工，结果我们对整个的情况了解就不全面，又如民族情感由于时间关系体会不深。

②急躁性是我最大的缺点，在访问或开会时，自己总是希望一下就能使他们了解，结果是失败了，你一定得慢慢的用通俗的话去讲解，那是对工作有利的。

[《文法学院社会系教学小组工作计划》（1953 年），云南大学档案馆藏，云南大学全宗，档案号：1953 - Ⅱ -059]

民族组 1950 级 1953 年度寒假生产实习个人总结[①]

50488 沈国治

这一次的生产实习事先是做了一个小组的工作计划，个人的工作论理是按小组计划来进行，可是由于事先订立小组计划时因对具体情况不了解，因此所订计划未免有一些空洞而不结合实际，所以在实际工作与计划上产生了脱节的现象。

这一次的生产实习，我个人的工作大体分作如下的几个阶段。

第一阶段（二月十二日至廿一日）：我亦同全体同学一样十二日达到了实习地点总果乡，当时当地的中心是普选，由于事先领导上指示必须要通过中心工作来进行业务方面的调查（新旧实习的不同），又加以 1951 年到武定实习的经验教训在我思想上是有了一定的认识，因此一到实习地点就很愉快的卷入了普选工作中去，由于工作的繁重和时间的短促，因而工作生活都比较紧促，普选工作决定二月十六日共计 5 天内结束，在这 5 天中除了参加普选工作组，普选委员会研究工作而外还参加了乡委员会、乡代表会、村民大会，选民大会以及选民小组会等活动，另外还做了一些有关普选的事务工作，十六日通过了全乡的选举大会，普选工作虽然宣布结束，然而实际上工作并没有完毕，因此还必须参加一些活动，如乡人民代表大会、乡人民政府委员会以及帮助搞统计做普选工作的总结，实际普选的工作是到二月廿一日才告结束，这一系列的工作必须花费绝大部分的时间才能完成。

总的说起来，在这一阶段我个人的时间主要是用于普选工作上。对于业务方面，工作做的不够多，所收集的资料我个人都有这样的感受——片面不深入，但决不是说通过这样一段不算短的时间来搞中心工作，对业务一点都没有，不讲在思想上得到提高的话，但至少通过中心工作与乡村关系搞得比较好而且对弟兄民族的群众是有了一些认识和接触，这样对业务工作的开展是创造了一些条件。

由于我们个人所作了解的不够深入以及全面，因此我个人按照小组的决定廿二日、廿三日以及廿四日的三天仍进行个别访问继续深入，在访问的过程中结合了目前的生产进行了社会主义前景的宣传，廿四日晚参加了

[①] 原文无标点，标点为编者所加。

小组上召开的生产座谈会。对总果乡的彝族村民在解放前解放后的生产情况进行深入了解，经过这一段时间，能用主要的精力在业务方面进行工作，对所分配的任务基本上是得到完成，不过个别的问题什么材料也没有得到，这主要是怕为了材料而不惜一切手段将会在民族政策上犯错误，因此没有进行了解到底和对宗教的礼器法器及其所有的来源和意义这个问题，因找到了对象，但在对象的思想上有顾虑，对党的宗教政策仍不加了解，对其宗教信仰有相当的崇拜，因此不愿轻易示人。通过这一次的生产实习，虽然时间很短，但除业务上有一些收获而外，在思想认识上也得到提高，现在将主要的几点体会列写于下。

1. 总果乡是一个以彝族为主，其次为汉族、窝尼族的杂居乡。解放以前在历史上发生过很多的民族问题，解放以后虽然解决了一些，但不彻底，还有一些新的民族问题不断地显示出来，这种情况最主要是由于历代反动统治所种下的结果。另外一方面以我的看法还是由于工作干部对党的民族政策认识不够，对民族问题看不清楚，对民族团结、民族平等贯彻不够因而在消除民族之间的隔阂就不能起积极作用。由总果乡的工作来看，民族工作是一个艰苦而又光荣的任务，使我深刻的体会到做一个民族工作干部不仅要有艰苦朴实热爱业务的工作作风和生活作风，而且必须要具备有一定的民族理论、民族政策水平，这也就很好的提示给我，在学习的过程中不仅要学习艰苦朴实的工作与生活作风，而且必须认真学习业务方面的理论知识，这样将来在实际工作岗位上才能很好的来帮助解决一些民族问题，也才能成为一个很好的民族工作者。

2. 在民族地区的工作，能按照民族形式进行工作，是保证工作顺利进行的有利条件，通过在总果乡搞普选工作时，使我在这一方面增加了认识。普选工作开始交代普选政策，由于没有照顾民族形式没有通过本民族的干部使用本民族语言进行交代，群众在会上又不好说不懂，会议根据群众反映如四十、五十岁有没有选举权，瞎子聋子哑巴跛子有没有选举权，怕当选人民代表以后就要住在乡上或县上等思想。根据群众反映我们知道对所交代政策接受不了，发现问题以后，即通过本民族干部使用本民族语言交代，民族情感非常丰富，群众对政策容易体会，很快就为群众所接受。群众很快的行动起来，工作得到了顺利而迅速的开展。由这一个事实的经验教训使我更认识到民族形式的重要性，在民族工作中要克服一般化的工作作风，照顾民族特点，工作也才会真正有所收效。

3. 在未实行以前，由于民族事务委员会副主任委员吴少然同志以及学校党委向我们做的指示，"业务工作必须结合中心工作服从于中心工作，这样也才会真正得到一些收获"，又加以1951年到武定实习所得到的经验教训，在我思想上对结合中心工作这一事有了一些认识，但是仍不够深入，可是通过这一次实习，在认识方面是深入了一些，我认识到只有结合中心工作、服从于中心工作，与当地的工作干部乡干部思想才会统一，真正做到团结，通过在统一的目标下进行工作以后，在业务方面他们将会给你极大的帮助和方便，对群众来说也才会欢迎。因为中心工作是党领导各族人民走向幸福的生活上，而目前等待搞的工作它是与群众的切身利益紧密的联系着的，不结合中心工作就是违背了党的政策，违反了群众的利益，这样必然为群众所不欢迎，自然谈不上什么收获。

4. 通过此次实习使我认识到业务工作的进行，除结合中心工作服从中心工作而外，也必须把业务工作的进行向群众说明，让群众知道要了解些什么，与他们的实际生活关系怎样，才可以避免群众中产生一些不必要的顾虑和惑疑，使工作少走一些弯路，少受一些阻碍，因为业务工作的进行必须得到群众的帮助和支持才搞得成，群众不明确或有惑疑，就不可能很好帮助和支持我们，业务工作必然非常重要。

5. 在实习以前，我认为我们这一次的生产实习时间非常短促，除搞中心工作而外所剩时间并不多。为了业务上也要得到一定的收获，我想唯一的只有深入到群众中去，参加到群众的实际生活中，特别是劳动生产。到达了实际工作中，我得到了进一步的认识，参加群众的生产工作绝不仅仅是跟着跑跑，而应该是真正亲自参加劳动，但参加劳动必须要有一定的劳动技术水平，否则就会使群众把你当作包袱，成为了包袱就会影响群众的生产，同时群众在紧促的劳动中是不欢迎你的访问。

这次的实习，我认为从一开始至末了就重视了结合中心工作，这是完全正确的，我在结合中心工作上，深刻的体会到结合任何中心工作，就必须事先学习，具备有一定的基本知识，这样在工作中才称得上名副其实的。就如这次的实习，最初几天的迫切工作是普选，由于我们事先经过学习，而且还亲身参与选举，可以说具备了基本的知识，所以在普选工作中参加实习的每一同学是起了一定的作用，获得了一定的成绩，当然我个人亦不例外。普选工作结束以后，工作重点仍转在生产工作上，由于对生产知识的缺乏，因此我个人感到在生产工作上是有些莫名其妙，虽然起了一些作用，但是非常微小。

6. 由总果村的彝族村民的生产来看，他们早已知道使用人粪当做肥料，生产工具已有铁犁铁锄头等使用。由此看出生产水平还算不差。但解放以前，在深耕细作方面非常差，我个人认为由于彝族村民早就会使用人粪当作肥料，生产工具普遍达到了使用铁器的水平，不是彝族村民不知道深耕细作的好处，更不是他们本心上不愿深耕细作，而是由于历代反动统治残酷的剥削和高度压迫的结果，摧残得使生产力不能向前发展，村民过着诸如牛马般的生活，哪有余力来搞好生产，可是解放以后由于党、毛主席的英明领导推翻了各族人民的公敌，由于民族政策的光辉照耀下各族人民受到帮助和扶持，发给了各种的贷款，因此彝族村民有了充分的条件来进行深耕细作，甚而由个别户走向了长年互助的组织来进行生产，麦子的挖塘点种，多施肥多犁多耙多耗已有显著的提高。以 1953 年来说是旱灾相当严重的一年，但总果村的彝族村民普遍获得了丰收，这个一方面说明了党、毛主席的英明的领导，另一方面也说明了反动统治的残酷性和剥削压迫的严重性。

最后谈一谈存在的问题与意见，关于民族问题在今后应特别注意民族团结，民族平等，应该在群众中很好的贯彻。经过了普选所选出的人民代表政府委员绝大多数是旧有的干部，因此普遍存在着换班思想，虽然做了一些工作，但还不够。解放以后有些地方铸犁铧喜欢铸上一个凸的五角星于犁铧的正面，彝族村民反映希望不要铸上，因为会妨碍土的向上翻，另外希望政府能帮助派一个手工铁匠到乡，帮助他们能修理农具。关于我们此次以总果村彝族做调查对象，由于总果村是一个彝汉杂居的村子，其杂居大约有三百年以上的历史，因此彼此间起了一些融合同化的作用，当然彝族是受到了一定的汉化，因此所得材料不典型。

[《文法学院社会系教学小组工作计划》（1953 年），云南大学档案馆藏，云南大学全宗，档案号：1953 - Ⅱ - 059]

彝族的宗教节日

社会系民族组四年级学生黄宝璠

彝族和其他少数民族一样，迷信颇多样，故宗教节日亦很多。每年由正月至十二月以来每月都有，其节日意义及举行仪式，虽具有独特的民族色彩，惟大部分和汉族相合或相近，兹各分述如下。

（一）祭龙。祭龙为彝族一年一度最隆重的节日，在彝族中虎生风龙到雨的信仰颇深，故每年必须举行祭龙，向龙求雨，才能保证有充分的水量灌溉农作物，否则便会遭干旱。每个村落，无论大小，皆有龙树，所谓有村必有龙之称，在一个地方，当人口逐渐增加，或外人迁来，有发展为村落趋向时，便得定龙树。一般在概念上，必须有了龙树，才能成为村落，祭龙才开始，为村落正式建立之标志，故从某一村落开始祭龙的年代，往往可以考察出其建立的历史。

当由稀少的人家，快要发展为村落时，大家感到需要独立祭龙，经村人同意支持，便确定龙树，其方法是由一村中老人在附近山上选择生长茂密的大树，砍下约 2 寸长的一段树枝，携回卜卦，将树枝均匀破为两半，再合上由空中掷下，着地后，若一半面向地，一半面向天，便认为此树有龙气，能为村民造福，便正式定为龙树，若两面皆向地或向天，则认为此树根底浅薄，不能广施雨量，另行选择。

彝族对龙树的重视，一个普通的树，经定为龙树后，即视为有神龙附于其上，不得随意抚摸。往后，必须严加保护，注意培植，不得砍伐，使其生长愈繁茂，则神龙愈灵验。而龙树不轻易更换，往往一直供奉至其老死。若因此种原因，或野火烧山龙树致死而必须更换时，亦必须举行隆重的迎龙神大典，先选择好新龙树，至祭龙日，全村男女老幼，净足洗面，执祭物的老人前导至旧龙树前，全体跪地叩头，老人念祷词，详述更换龙树的原因，叩请龙神迁移，念毕卜卦（方法如前述），卦准则表示龙神愿意迁移，又将祭物抬至新龙树前叩祭，便算是已将"龙神"请来，然后，开始正式的祭龙仪式。

龙树确定后，全村即商议祭哪一龙，龙分头龙二龙三龙，各龙分别在农历正、二、三月举行祭祀。祭哪一龙一般视村子之祭日而定，如甲村祭头龙，乙村祭二龙，本村就应祭三龙，以表示龙头、龙身、龙尾俱全。今亲友参加时，祭龙虽为宗教活动，但会有浓厚的社交意义，逢祭龙必大肆请客，邀请邻村亲友参加。因此，祭龙日必须相间交错，才能互相邀请，如重复，则各在本村举行，便会失去此种意义。

祭龙为彝族最盛大的节日，故每举行一次耗费颇巨，其费用概由全村成员平均负担，不论大小按人头出钱，一般每年每人二升至四升谷子，而且祭龙为全民性的活动，不分阶级成分人人得参加，且户户有主办的机会，每年轮流一次，每次由四家共同负责，轮到负责的人，必须在秋收时，便将谷子收齐，购买祭龙猪饲养并筹划一切事宜，分工负责。至祭龙日，清早便将龙树打扫干净，在龙树周围插上松枝，数目与本村户数相等，再在距树根约二尺余的地方以糯米团摆成"一"字形。每堆三团，堆数亦与村户数相等，至下午四时左右，鸣土炮三响开祭，宰杀祭龙鸡猪各一只，将鸡煮熟后砍成碎片，置于龙树前，将猪肉砍下同样轻重的若干小块，其数目亦与本村户数相等，置于龙树右侧，称为龙肉。其余留作聚餐食用，再将花油覆于紧靠树根的体积与花油大小的石头上，此石称为龙石，亦不能移动和更换。又在每堆糯米团穿插上长约尺许的簧柴杆，杆中装少许清水，三粒米，三根松针以表示在一年中田里有水，食中有米，厨中有柴，使用俱全。

一应祭品摆设完备后，再鸣炮三响，时全村男女老幼陆续而至，每至者必须向龙树叩头，取食一片鸡肉，俟一一叩毕，开始聚餐，席设龙树两侧，不分尊卑，依次而坐，同举杯预祝今年好丰收，亲友欢聚一席，互问收成；一时欢乐之声，响彻山谷。饭后，再鸣炮三响，每家一人持提篓跪于龙树前，由一村中年高望重的老人立于最前面，念祭词意为"神龙有感，多降甘露，田中多水，食中谷满，家家丰收，岁岁安康"，念毕，按户分与糯米团、龙肉及簧柴杆，然后取水一桶猛向人群泼去，于是争相逃跑，大吼"雨来了，今年庄稼好"，一路吆喝回家，返家后，将簧柴杆置于灶头，龙肉悬于屋后，待至栽秧时，作祭田公地母之用，糯米团则于次日祭祖后全家分食，至午饭时再在原地原席聚一餐，至此，祭龙便真结束。

彝族祭龙虽为宗教活动，但含有深厚的社交意义，因每将至此节日，各家便纷纷邀三亲六戚远近亲友参加，而且在习俗上，各村客人，一概不需再缴纳费用，尽人所请概由公共招待，应邀者，往往不惜停止生产，跋涉数十里，远道参加，这样，虽名祭龙实则欢宴宾客，探亲访友之良机，故每达祭龙日，举凡本村亲友皆纷沓而至，齐聚村内，所来宾客，除参加聚餐外，又于次日分别访问亲友，互问健康，预祝来年之丰收，并连续受亲友之欢宴，有连六七日始行散去者，这样各村相互邀请，交错应酬，便密切了亲友间的关系，故彝族祭龙之风，至今尚盛行，固属宗教信仰所支持，但社交上的需要实属主因，盖彝族人民终年辛勤劳动，忙于农务，平时少有机会与远方亲友交往，多借祭龙聚会，这样祭龙虽然沿着古老的宗教形式，但在人们心中，宗教的意义已日益淡漠，而被视为一个扩大交际的佳期，尤其解放后，农村中社会意识发生了剧烈变化，宗教信仰的基础不断削弱，这种社交的意义就愈占更大的比重，正如一个老大爹所说："祭龙本没有那样意思，有了毛主席共产党领导，祭不祭我们还是要丰收，只不过有了祭龙，便可以和亲戚见见面。"

（二）山神土主。彝族亦信奉山神土地，在寨子（大法那）东面约里许之山坡上曾建有山神庙，庙为宽约一丈五尺，高约丈余的平房，房内靠南面墙以土基砌成，高约二尺，宽约尺余的平台，台上供有高约七寸的山神土地神像，除香炉蜡台，外便别无他物。

相传在洪荒之初，山神土地合造天地，山神铺天，土地铺地，天地交界之日为农历六月初六，因天小地大，天已造就，而地未竣工，就堆积未及铺平的石土，成今之山峦丘陵，混合泥土所用之水，到处倾泻，即成今之江川河流，彝族感山神土地创造天地，始有生灵出现，故立山神庙以祠，并定天地交界日六月初六为祭祠日，全村有一份公田租与人种，至祭祠日将租子收回购买鸡羊各一只，祭于庙中，祭后一户一人在庙中聚餐，彝族称为做会。

彝族因居高山，野兽很多，随时出没，伤害牲畜及农作物，为害颇大，加以地理条件较差，灾害容易发生，基于此种自然的威胁，故对山神土地的信仰很深，他们认为每年必须做会，请山神土地驱杀野兽，田公地母捉拿害虫，才能免除此种灾害，使五谷丰收，六畜兴旺。解放后公田还被分配，同时在党和人民政府的领导下，农民已组织起来，积极捕兽捉虫，兴建水利，战胜了多种自然灾害，连年获得丰收，农民们深刻体会到，只有用自己的力量，才能克服灾害，故对山神土地的信仰日益减少，甚至连山神庙都主张拆毁。

（三）端阳节及火把节。彝族亦有端节及火把节，其礼俗与汉族同，唯节日意义及宗教传说稍异。彝族认为时至五月，气候炎热，灵魂脱离身躯，携食物至山顶乘凉，须至农历六月廿四始附体，为避免灵魂为野鬼摄去，故在五月初五日，男女老幼皆在左手臂缠一红线，拴住灵魂。同时于门头挂上菖蒲，称为斩鬼刀，使野鬼见而生惧，不敢进家门。

至六月廿五日，全村杀一条黄牛，按户分食，廿五日各家皆扎火把，晚上小孩持火把戏耍于山林田间，招魂附体，并把火把插在田中，这样谷穗才能结实，有父母新近死亡者，亦须在坟上插一火把，表示让死者亦能欢度节日。

（四）中秋节。彝族亦有中秋节。传说中秋节为月亮生日，而月亮为崇拜的自然物之一，且在彝族信仰中，月亮仅次于太阳，故每至中秋，必祭月亮。加以时至中秋谷子收回，习俗上要请月亮"尝新"，其仪式如后：至农历八月十五日晚上，当月亮初升时，在土埕房上置一簸箕，以糯米所蒸之糕置簸箕中，再在糕旁放一兜谷子，上插十二炷香，表示向月亮祈祷，一年十二个月中谷米满仓，谷旁放两碗水及粟子等，祭物摆放好后，全家围坐簸箕旁，先吃水，传说水被月亮照过，吃后一年中能除病免灾，然后顺序分食其他祭物，边吃边注视月亮行走，预测明年庄稼的好坏。如月亮时而为明朗时而为阴影遮住，则明年雨量充足，宜于种红谷。如一片晴空，倒反而视为不利，明年可能有干旱，只宜于种白谷。

（五）特殊风俗禁忌。彝族在生活中禁忌很多，兹将重要者叙述于下。

门槛不许人坐，尤其不许外族女人踩踏，如被坐着或踩踏着，则庄稼会被牛羊吃。不许狗在座上大小便，这样终年运气不好。解大小便不能被旁人看见，若被看见，自己既认为羞耻，且见者做生意便会赔本，引起对方迁怒。又在彝族心目中，一般爱狗恶猪。相传在远古，有一妇人抱小孩解大便，所解出来的尽是鸡蛋大的米粒，妇人大喜，急欲拾取，乃以一粒米替小孩揩屁股，引起天神大怒，将世界上的五谷全部收去，发生饥荒，人畜多饿死，猪群则乱窜乱撞，夺人余食。有一犬则终日仰天哭泣，感动天神撒下碎谷子给犬充饥，于是人间始重有谷种，得以继续栽种，而获生机，自是便认为狗为人类利益的保护者，而猪只能损害人类利益。故农历元旦，清早开门时，先迎门者为狗，一年能大吉大利，赏以肉饭；先迎门者为猪，则一年内人畜多病，乱棒打出，平时对猪狗亦分别对待，吃饭时须先喂狗，人才能吃，人吃后才能喂猪。

实习体会。

（一）过去每听先生讲述历史上少数民族被压迫被排挤而不得已退居山野的时候，我会感到少数民族所居住的地方该是如此难，他们的生活亦是如此艰难。为了要探究这种感觉所由此产生的感受，我常在脑海里去画这样一幅图画，设想他们居住的地方也许是在山巅河谷，也许是在人迹罕到野兽出没的崇山峻岭，他们能吃到的也许只是一些山毛野菜，总之他们是住在地理条件最恶劣和最艰苦的地方。然而，十几天来，生活体验及观察比这种臆想还要深刻，我曾到过新寨、旧寨、大法那、他拉嬷等几个毗邻的彝族及窝尼族聚居村落，这些村落皆于半坡口，四周为大山所包围，头上是累累的山尖，脚下是两山造成的莫测的深渊，使这些依在山中间的小村落，这样孤寂，究然一者，令人感到这是与世隔绝的地方。由于山坡的陡削，田地都在山顶或山脚，农民们每日必须沿着蜿蜒的小径上下十余里的大坡到田地里劳动。基于这样的自然条件，各族人民和他们的祖先不畏自然困难，世世代代辛勤地劳动着，用自己的双手，在荒凉的山坡上建起了房屋，在风烟弥漫的山顶上开垦了良田，有个老大爹这样告诉我："当我们的老祖宗搬来的时候，这地方全是野草，哪会有一亩田，每地方是野草，到处没有田都是草，自然往往深山野草生长是繁茂的，但这有什么关系，我们有双手满身力气，我们会劳动。"真的各族人民和他们的祖先竟这样的勤劳勇敢，他们每天早出晚归，不分男女，在山林田间紧张愉快的劳动着。就这样，正如这个老大爹所说的，他们祖宗用自己的双手和勤劳再加上了日益增长的劳众终于战胜了自然的。由此事实充分的教育了我，使我深刻的体会到历史上各少数民族是如何悲惨的命运，历代统治者是如何残酷的压迫少数民族，同时也使我进一步认识了各少数民族人民勤劳勇敢的民族性格。

（二）在实习中，每天被这样一些事情感动着，即举凡我所遇到的彝族都在工作上给予最大的帮助，生活上又多于照顾，对我们表示了深切的关怀，无论男女老幼，一见面总是和蔼可亲地打着招呼："同志，你好，吃饭没有？"虽然是陌生的声音和面貌，然而在这些话中流露在彼此间的正有了深厚的友情。有时候，孩子们带着希冀的眼光要求访谈者讲讲朝鲜战场上的英雄事迹，同时他会如同对密友聊天一样，告诉我关于生活中很多所听得小故事，甚至要讲牛群跑散了如何才能叫回……有时还会俏皮的欢笑，这就会使我感到不是和一群生疏的孩子在交谈。这些使我们虽然感到陌生，生活在与我们平时生活环境全然不同的山区，但都没有一点羁旅之感，同时，表现了在我们之间除语言及生活习惯的界限外，似乎找不到足以能划分民族界限的时候，因为在生活的接触中感情的融洽，已使我们往往意识不到"我是汉族，我是彝族"。这使我深刻体会到解放了的今天，汉族和其他少数民族的关系已经历了根本的变化，历史上统治阶级所造成的压迫与被压迫、歧视与被歧视的关系，已被历史的记着，但友爱合作相互信任的关系正在日愈建立着，而这些生活上的细节充分的证明，这种关系的改变是三年来正确执行民族政策的结果，正如一名老大爹所说："只是有了毛主席的民族政策，我们才会亲热的像一家人，以前哪，你是汉族，我是彝族，你们也不会到这些地方来，就算来吧，怕要连人都找不到呢。"真的，这就是汉族和少数民族友好关系的最具体的说明。过去，彝族人们承担着大汉族主义的压迫，促成了他们对汉族的不信任，以至于不愿和汉族相处，首先确定在意识里的，便是"你是汉人、我是彝人"，而在你我隔阂和感到恐怖时的话中，大人常以 *chit ni t phot̄ Lau Ya-i*（汉人来了）唬吓小孩子停止哭泣。而解放后，在党的领导下，彝族人民获得了政治上的利益，又在毛主席民族政策的光辉照耀下及汉族的帮助下发展了经济与改善了生活，这些使他们在心里日愈滋长把对共产党毛主席的衷心拥护和爱戴及对于汉族的信仰，进而逐渐消除对汉族的隔阂和仇恨，如今，那些由历史所造成的，表现为过去彝汉间关系的一切不良现象已都只能作为回忆对比的资料而在人们的口边流传着。

（三）过去彝族人民因地理条件的恶劣、生产力的低下，纵然终年辛勤劳动也难获一饱，加以□□□等的残酷剥削，更使他们长时期陷于半饥饿的绝境，基于这样的经济基础，故彝族人民一般无力享受文化。儿童到年龄时便只好望学校兴叹，完全丧失了读书的机会，而在幼年便参加生产劳动，我曾对大法那村作过概略的调查，该村便没有一个有初中以上文化水平者，而达小学程度者亦仅三四人。解放前在学人数仅占学龄儿童百分之六，由这一数字充分反映出彝族人民是如何因政治条件限制而被排挤于校门外，若能勉送子女进学校，在校中亦遭受各种苛难及各式各样的屈辱。例如，贫农普小林在一九四七年，父母因感于其进学校的强烈愿望，忍痛凑足学费，送他进峨山小学读书，但进校后，地主阶级出身的少爷小姐对这个"小傈傈"经常给予极大的歧视和凌辱，上课不准他到前面，他的一举一动都为他们嘲笑的对象；学校当局亦给予他侮辱性的非难，不准他和其他同学在一起吃饭和住宿。这样不到一年，他已容忍不了这种待遇，加以收成不好，家庭不能再继续供给，便只好辍学回家放牛，由这一事实有力说明了解放前少数民族是如何的被迫与受教育隔绝。本来在反动统治所开办的为统治阶级服务的学校里，即连汉族劳动人民的子女亦无立足之地，更何况这些被歧视的少数民族。正如一名彝族老大爹所说"反动派的学校那是给汉族的少爷小姐开办的，哪能容纳我们的子女"，这使我深刻认识和体会到，反动政府是如何影响着少数民族的文化教育，继而更艰辛了今日少数民族文化的落后，是历代统治者血腥统治的结果。

解放后，在党和毛主席的领导下，彝族人民真正当上主人，伴随着政治和经济的发展，彝族中日愈增长着对发展文化、子女能进学校受教育的强烈需求。在调查中，我们每讲到少数民族文化发展的道路时，老年人一边为自己过去不能进学校而感到遗憾，一边为自己的子女真有充分享受文化教育的机会而兴奋。孩子则随时关心的询问着，少数民族是否也能读大学，当我们回答说在大学里现在有很多将来还要有更多的少数民族的子女时，他们乐的直搓手说："那我们不仅可以读小学还可以读大学了吧！"是的今后的少数民族不仅可以读小学而且可以读大学，党的领导和毛主席的民族政策便是实现他们这一愿望的保证，民族政策曾规定各少数民族有权发展本民族的文化，有权利用本民族语言受教育。事实亦证明解放后各种学校里，少数民族的学生在日愈增加着。而且仅在云南一省，截至目前为止，还有由国家和地方自治机关出资设立十余所学校。为保证实施这一权利所必须的民族学校，即以该村为例，现在就学的儿童已超过了过去的比例，而且和过去相比，他们在学校中享受了各种优待。这又使我体会到，在健全的政治制度下，少数民族的文化产业亦将获得不同的发展。

［《文法学院社会系教学小组工作计划》（1953 年），云南大学档案馆藏，云南大学全宗，档案号：1953 - Ⅱ -059］

云南大学社会系民族组四年级学生

寒假实习工作总结及峨山县总果乡社会调查报告

内部参考文件

云南大学社会系民族组四年级学生寒假实习工作总结报告

一、实习的目的

实习为我系我组各课程理论与实践相结合的教学上的重要内容之一，是教学计划里面不可分割的一部分，目的在使教师通过实习改进教学、丰富教学内容，学生通过实习巩固课堂上所得的理论知识，使理论与实践紧密相结合，在实践中，求得印证，总的目的是配合国家建设时期的总路线，配合国家过渡时期帮助各民族发展为社会主义民族的民族工作培养干部的需要，使学生在实习中，获得民族政策和民族工作方面的知识，为毕业后投入国家民族工作做好准备。为此，我系我组四年级同学十二人，遵照中央高教部规定，经呈奉西南高教局批准，并经云南省人民政府民族事务委员会同意，于一九五三年度，寒假组成了生产实习小组，由龚荣星（助教）率领到云南省玉溪专区所属峨山彝族自治区，作了三周的生产实习。

二、实习前的准备

一月初，筹备工作结束，组成了生产实习指导委员会。由云南省民族事务委员会，协同玉溪专署和峨山县人民政府做总的领导，委员会设主任一人（原拟由云南省民委会，派专人担任，但因民委会工作较忙，无法抽出专人担任），副主任一人（我组助教龚荣星担任），总干事一人（同学代表龚肃政担任），下设总务二人，文书一人，负责指导有关实习事宜，同时确定了生产实习的时间，并就了解民族情况的性质，确定了实习的内容，应包括民族历史支系、民族语言、民族生活习俗、民族物质文化，四个调查项目。根据调查项目，组成了四个调查小组。一月二十六日，听取了云南省民族事务委员会吴少默同志的关于到民族地区，实习应注意的事项的报告。报告中，着重指出，实习工作，必须与当地中心工作结合，为民族政策服务。一月二十七日，听取了我系系主任杨堃先生关于生产实习应注意的事项的报告。一月二十八日，听取了云南省民委会詹开龙同志的关于"语言调查"的报告和我校文法学院院长方国瑜先生"关于峨山县沿革介绍"的报告。二月一日听取了我校党总支书记方仲伯同志，江应樑先生，全校性的关于生产实习的报告。首长和先生们在报告中，一致强调指出，实习工作，必须与当地中心工作相结合，通过中心工作来进行业务调查，结合现场实际，使理论得到印证和巩固。以上这些报告，对我组同学帮助极大。同学们在实习前对实习的重要意义普遍认识不足，如有的同学说：过去到武定实习曾犯了不少的错误，对个人的帮助和提高不大，像实习那样，表现出对实习不重视。有的同学说，下学期就要毕业了，毕业以后终身都要从事民族工作，要了解少数民族情况，可以留待以后到工作岗位上，再去了解，而现在最要紧的是，加强理论学习，把理论与实践对立起来。有的则是单纯的材料观点，认为这次的实习时间很短，还要结合当地中心工作，材料方面的收获一定不大，对实习缺乏信心。有的同学则本来不愿去，可是又怕不去实习毕不了业，所以不得不去。有的因为个人有些私事，想借故请假不去。一般地说来，大家对实习的信心不高，抱着"去就去"的随便态度。后来经过听取了首长和先生们的报告以后，上述这些不正确的思想，才逐步的得到澄清，大家在思想上才逐渐的明确了生产实习的重要意义，为此次的生产实习奠定了好的思想基础。

三、实习过程简述

二月七日有关生产实习的各项工作均已准备就绪，二月九日自昆明出发十日抵达目的地峨山县城，当晚在县府听取了中共峨山县委组织部部长刘宝华同志，关于峨山县民族分布情况，峨山县目前中心工作的报告。

"峨山"距昆明一百三十三公里，最近已通车至车里的昆洛公路，即从峨山经过，最早的名字叫"嶍峨"，以境内有嶍山峨山两座山而得名，后来始改称峨山。解放后，属于玉溪专区的一个县，还在 1948 年的时候，地下党就曾经在这儿建立武装。1949 年曾领导这儿的各族人民进行过减租减息和反霸的斗争，由于民族关系比较显著，群众基础较好，在 1951 年 5 月，即实行了民族区域自治（为本省境内最早实行区域自治的一个县），成立民族自治县人民政府。全县分五个区共 52 个乡和 2 个镇，除第一区城关镇化念乡，三区甸中镇十街河。先生们指示"对有关民族情况调查时必须与当地中心工作相结合，及'服从当地领导'的方针"，所以无论在思想工作及业务等方面，都得了一些收获。

①进一步热爱了专业、初步坚定了终身为兄弟民族服务的信心。

当我们还未到峨山实习以前，大家对于自己的专业，一般虽能努力学习，但对专业的认识和热爱不够，个别同学思想上极不重视，如有的同学，平时对先生指定的课外作业与参考书，也不认真习作和钻研，有的则从兴趣出发，谨偏重自己喜欢的那科，对别科则很放松，有的则自以为有一套，显出了自满情绪。通过实习，碰到了许多具体事实却不能从中发现问题，或发现了也不能解决。事实上问题又总是互相紧密联系，单独了解是不可能的，如调查彝族支系历史的问题，除了要具备一定的历史常识外，还要有一定的语言学知识和马列主义理论基础，然后才能根据本民族的传说，及亲属称谓等，来发现此地彝族的来源和迁移情况，从彝族生活习俗及物质文化的发展情况中，去了解彝族的特点，又如只以彝族的特殊风俗"祭龙"来说，若要得到全面了解，就得调查彝族宗教信仰、生产技术及社会历史发展情况等一系列的问题，如没有较全面的知识，对问题又怎能得到彻底了解，所以通过这次实习以后，大家都深感所学的知识，距离人民的需要太远，而且校内所学的每门功课，都是将来投身在少数民族工作中所必要的常识，由而都认识了自己过去"自以为有一套"和"单打一"的错误想法，认识了今后应学好自己的每门功课，虚心认真的努力不断地提高自己的政治及业务水平，进一步加强热爱的专业思想。

在总果乡工作时，少数民族同胞，在各方面都热情地无微不至的爱我们关心我们，如在大法那村上，他们发现同学没有单席和垫铺，立即找了席子给我们，并亲热地说："睡的时候，定要垫上席子"；又如到了火石坡工作的同学病了，农民们亲切地看护。这些，使同学们都深深感受到少数民族的同胞不但是勤劳热情和勇敢，而且是诚挚热烈地爱着毛主席，也由而爱着来到的每个干部，使同学们感动地更加坚定了今后长期与兄弟民族共同生活在一起，和终身工作到底的决心。

②坚持了"服从领导，通过当地中心工作来做民族调查"的指示。

实习中，我们从到峨山县时，就获得了当地县委的领导。二月十日、十一日，分别听取了县委组织部部长刘宝华同志关于"峨山县及总果乡民族情况的报告"，听到了各族人民深受大汉族主义及地主阶级残酷虐杀的罪行而遗留下来的民族隔阂的问题。通过了党和毛主席民族政策的光辉照耀，各级人民政府干部几年来不懈地艰苦工作。一九五一年五月，成立了民族自治县，今天，各族人民有了少数民族自己的县长、区长、乡长……他们都说，"这圆几百年来的梦，想着了"……因而他们在政治上的热情很高，运动中表现了当家做主的精神，踊跃地支援了国家的各项的改革和今天的大规模工业建设。刘部长又着重地指出了山区面貌迅速的改变，如一九五三年在农业上遭受了旱灾虫灾等灾害后，全县的生产还比往年增产一倍半以上，最近的卖粮食运动，人民在认识了工业化对自己的好处后，短期内竟超额完成了预购的任务……这更说明，山区人民在各方面的改变，是与日俱增的，通过报告使我们更加明确了，实行区域自治这一解决民族的最好钥匙，从而更鼓舞了同学们对自己工作的光荣和民族工作前途美好的远景的认识。

到总果乡后，我们争取了当地工作同志王永琦为领导，办大小事，都得他和当地乡村干部的同意和支持，使我们工作便利不少，如该乡玉合寨和小法那是哈尼族聚居区，对于我们调查彝族情况是不适合的。在普选工作结束后，立即转点到彝族较多的总果、大法那、火石坡村工作，在他们的领导与布置下，我们进行了发动春耕，宣传互助合作运动的好处，及社会主义前途的美景，从而结合进行了民族分项的调查和访问，这样，由于做了中心工作，关心了他们，也交好了关系，使短期的工作中，基本上完成了预定的工作计划。

③充分依靠群众来发挥工作上的积极性，是胜利完成工作的有力保证。

实习前首长和先生们一再叮嘱，对于在兄弟民族地区工作，必须慎重稳进，依靠群众，耐心为兄弟民族人民服务，所以，同学们思想上有了明确的认识，工作上也没有犯过原则性的错误，而且也能刻苦耐劳，深入群众，积极的发挥自己的工作能力，如在工作的分配地区上，大多以工作出发，愉快地走上工作分配的村寨中去，普选中也都深入群众，耐心地交待普选政策，并协助登记选民和填发选民证，及时反映与解决普选中群众与干部的思想情况，很快地扭转了干部的换班思想，推动了普选的顺利完成，获得了同志和群众的欢迎。县委和干部们反映说："云大同学对于此次总果乡的普选有很大帮助。"有的村干说："同志们工作上努力，与群众联系的好"，于普选中交好了群众关系，与干部打成一片，工作也得到了很大帮助。如在总果乡工作时与当时的干部在一起开膳时，每天我们总争先煮饭和扫地，使他们能有更多时间来做工作，相互间的关系由而更亲洽，工作上也得他们的许多帮助，又如大法那的同学，白天常随农民到田里生产和到山上放牛，空隙时就成为调查的时间，农民也不感到这是负担，语言组的同学在记音上有些记得不正确，得村里柏大爹主动的耐心反复帮助，终于把从来未发会的ɣ字也读会而补上了。有时，同学们怕他太累，要他休息，他总不肯还说："我天天放牛，同牛讲话，牛不听呀，也不会说，你们同我来，我有说有笑的，还累那样。"同学们也深感到他是自己的一位很有经验的老教授，既诚恳教，又热情的鼓舞我们。同学们在工作上深入了群众，情感也融合在一起，生活工作都极为便利和愉快。

④进一步巩固了课堂理论的学习。

在民族调查方面，由于此次时间较短，参加实习的先生及同学的民族知识水平有限，因此对彝族支系历史问题，没有得到什么具体的解决。但在此次实习中，语言调查小组，一共记录了六百四十多项彝语词汇据此归纳了彝族音系，分析了基本语法，纠正了过去发音上不正确的一些音，还从记录亲属称谓中，发现了彝族大宗大于小宗的问题，生活习俗调查小组，对生活习俗，如男女在社会上的地位、婚丧、疾病的医治、财产继承制度及宗教活动等情况，做了普遍的了解，还对彝族特殊的宗教仪式"祭龙"及青年男女的"跑山"做了重点调查，也记录一些当地流行的歌谣；物质文化调查小组，对彝族衣食住行等的用具和名称，材料的制作方法及生产工具生产方法等作了一般的调查，还对解放前后生产工具与技术的改进做了比较；支系历史调查小组，除了对彝族祖先的传说和迁移的路线，作了一些调查外，还对解放前后总果乡的民族关系和当前存在的问题，做了一些了解，通过这些材料的调查，使大家不但对于过去课堂所学的知识，得到了印证和巩固，而且进一步的明确了理论必须结合实践的重要性。

实习中，亲眼见到各民族在党和毛主席的领导下，已逐渐团结起来，而且正满怀信心共同为祖国建设事业而努力的情景。如在解放前总果乡的各族农民，在地主阶级的统治挑拨之下，彼此不团结。过去汉族骂少数民族为"山猴""死保保"，少数民族则称汉族为 ζ su tant kǎ （意汉人是鬼），彼此一向仇视，甚至彝族叫孩子别哭时，都说 tǎn nǐi 7 pʰɔ lɜ ʔʌ-ɩ（汉人来啦）。但自解放以后，由于各级人民政府正确执行和贯彻了毛主席的民族政策，各族农民都认识到过去彼此间的仇视与隔阂，完全是反动地主阶级有意挑拨造成的，各族农民都是一家人，应该紧密团结起来，共同努力生产，由而根本改变了民族间的关系。如总果村的彝族，过去不愿与汉族在一起开会，说，"有了汉人就不好办事"，可是现在有些彝族人民，自愿与汉族农民结为一个互动小组，有事时也共同商量解决，所以去年、前年全乡增产一成半，大法那农民普绍尧增产了五石。同学们在记音中，彝族同胞热情地说："过去反动派时，我们进峨山赶街子，人们骂我们说的是保保话，看不起我们，今天有毛主席我们的话也值起钱来了。"这些活生生的事实，使大家在过去所学得的民族政策和民族理论得到了实际的印证，又进一步地认识了理论必须与实际结合，也才能认识问题与解决问题。

四、存在的缺点

这次实习，有利的锻炼与提高我们的工作能力，但由于客观条件的限制，以及主观方面努力不够，也存在不少缺点。

①工作上缺乏较好的计划和检查。

从准备实习的工作上，是有计划的，如制定实习提纲，确定了实习领导的机制和具体规定了实习的内容、地点和工作日程，针对实际情况，组成了各调查小组并推举了干事和小组长，也规定了一些实习中应注意的事项，但后来的执行情况，就不够了，工作没有认真进行检查，提纲的调查项目，份量过重，每小组的调查重点也不够明确，这次实习调查，只形成了一般照顾，所得材料，也较粗糙，工作后期有的为了赶时间、赶任务，显露了急躁情绪和单纯搜集材料的倾向，原来决定的每人每天记实习工作日记，以及口头报备个人工作和了解的材料，但工作中，除大法那村工作同学于二月二十一日检查过一次工作外，其余均未做，领导上对每次布置下去的工作情况，没有认真进行检查，也不能交流情况和总结提高，所以工作上造成些忙乱自流单干现象的缺点，各组不能及时提出问题，相互帮助与解决，如有同学只偏重搜集材料，有的又怕犯错误，调查时缩手缩脚……这些问题，直到最后做鉴定时，大家才提出意见。

②没有很好展开批评与自我批评。

工作中，除大法那的语言、生活习俗调查小组，结合检察工作展开过一次批评与自我批评，此外还有到达总果的次日，除对领导和团小组提过一次意见，其他对工作、生活纪律等，就从未正式召开全组会展开检查，因而表面上形成一团和气，有意见也不提，即使提了，个别同学也拒绝接受，如有同学在校内不参加听取吴少默和方国瑜等先生的报告，在峨山后又不听取县委峨山情况介绍的报告，表现了自由散漫的坏作风，领导对他提出意见，他拒绝接受，但全组却没有及时召开组会，进行批评，因而不好的生活作风，依然存在。回玉溪做总结时，他仍无故缺席开会，妨碍了小组工作的进行，也损害了小组的纪律，至于其他同学，也因平时就少批评与自我批评，工作上遇到困难，就不肯艰苦耐心的深入，甚至松懈和消极等待……若历史支系调查小组的同学，觉得有关历史的支系较难深入，因此在工作的最后两天，个别同学就睡大觉，使工作受到了损失。又如实习结束回到峨山时，个别同学为了工作上意见的出入，就彼此大吵起来，又如到玉溪做小组鉴定时，有的要求别人过严，不依实际情况，引起了不团结现象。有的则对自己太宽，对别人意见虚心考虑接受不够，甚至同学高吉昌，在回昆时，竟独自与朋友去玩，换搭乘车，这样违反实习纪律，浪费了车费，也使我们不能整齐回校，使先生同学担心不少。事后他还不愿进行检讨……这些无纪律无组织等的坏作风，就是平时没有展开批评与自我批评所得的教训，是深重的教育了我们自己。

③领导先生能力不强。

此次，领导实习的龚荣星先生，对同学的关心热枕，对待工作的耐心镇静，在主动争取团结当地领导，执行通过当地中心工作来进行民族调查等方面是做的比较好的，但由于他刚毕业不久，各方面锻炼不够，也缺乏工作经验，所以对许多问题，往往不能及时帮助解决，如语言调查小组在进行记音的时候，因为对象不统一，有时是老人，有时又是青年，所以音调不易掌握，而生活习俗小组，因有固定的对象，收集材料就较有系统，但这些好的经验，却没有及时推广，此外，语言组在记音时发现彝语中有加词嵌的现象，就是可把一个词分开，从中加上一个字，又可成为另一种意思了，但因这只出现过一两次，同学们不敢决定……而历史支系的调查中，发现彝族每家族有不同忌食的特征，同学们也不了解，这意味是什么问题……领导上不能对诸如以上类似的许多问题，给予说明和指示，也不能将问题引导而深入下去，因而所得的材料，也就只是粗糙和片面的，特别是历史支系小组所收集的材料，对彝族历史支系，并未解决了什么问题，这个教训也已说明，工作上若有一位能力和学识较强在思想上有一定锻炼的先生及时给予各方面的指示和检查，我们实习的收获，定比现在多得许多。

④缺乏生产知识和经验。

在这次实习中，我们配合了当地干部，依照上级县委的指示，帮助农民发现春耕和互助合作运动，以及深耕增肥等工作，也结合总路线宣传社会主义的前途和远景，部分同学还到田里帮助农民工作，对生产虽有些作用，但由于没有生产经验，许多田活都不会做，事实上，生产在农村中又是压倒一切的中心工作，不能生产，就是脱离他们，如火石坡村访问的同学，因农民都到河坝里生产去了，无法工作，最后只得返回总果。语言组的同学，每天记音都在晚饭后才能进行，这都指出了我们没有生产知识和能力，也没有积极的想法予以克服，四区河外乡有少数平坝外，其余都是山区，全县有彝、汉、哈尼、山苏、回、花腰、阿六、苗等八种民族，总人口共 73585 人。其中，彝族 41989 人，占全县总人口 57%，在这里是一个大民族；汉族 23455 人，占 33%；哈尼 3643 人，占 0.99%；山苏 2342 人，占 0.033%；回族 1015 人，占 0.013%；花腰族 938 人，占 0.011%；阿六 136 人，占 0.003%；苗族 62 人，占 0.001%（1952 年土改后峨山统计数字）。分布情况是汉族多集中于城关镇等，较富裕的平坝区和集镇部分与彝族杂居，彝族分布区域最广，大部分聚集于山区，其他除四族、山苏族聚居于一个村或一座山外，均与彝族聚居于山区，民族关系方面在解放前，全县以汉族地主占主要统治地位，彝族地主则与汉族地主交相勾结，共同剥削压迫本民族及其他各族人民。

十一日，确定了以位居峨山县城西北角距离县城六十华里之总果乡，为我组的实习地，到峨山后，即争取县委派专人领导，后因不能抽出专人来，故以有工作同志的乡为实习地点，以便有人领导实习。

十二日到达总果，总果乡是土改后才新划的乡，原为宝升、小法那两个乡，土改结束后两乡合并为一乡，改称为总果乡，包括总果、山后厂、旧寨、新寨、大法那、他拉嫫、西松甸、火石坡、者都、玉合寨等十四个自然村共 407 户，1506 人，其中最大的山后厂还有 106 户，其次为乡人民政府所在地的总果有 99 户，最小的为他拉嫫仅六户，其他均十户到卅户的小村，全部为山区。民族分布情况，全乡有彝、汉、哈尼、山苏，四种民族。彝族最多，占全乡总人口 57%，次为汉族占 33.3%，哈尼族占 14%，山苏最少，全乡仅一户一人，有的村聚居，有的村分居，以乡人民政府所在地总果为中心，距离最远的为旧寨、他拉嫫各为廿华里，最近的山后厂也有七华里。

十二日到达总果，当晚即说明来意，争取了当地工作同志，王永琦为领导人，当天适逢该乡开展普选工作，而当时该乡的中心工作，主要是搞生产，同时又要围绕着生产来搞普选，普选任务相当紧迫，上级限期五天（由十二日至十六日止）之内完成。为了结合普选工作和工作的需要，在二月十三日那天，我们即将原订的以全组集中一个点进行工作和了解民族情况的计划，改变为分组分地来工作。遵照县委会刘宝华同志指示，以及总果乡之人民政府和工作同志的指示分四点下村工作，以原来的调查小组为单位，分别下村协助乡干、村干开展普选工作与生产工作，各小组通过村上中心工作，就地进行了解民族情况，龚荣星先生留总果，历史支系一人到玉合寨，兼顾者都，物质文化组一人到西松甸，兼顾火石坡，语言组与生活习俗组到旧寨，兼顾新寨、大法那、他拉嫫三个村。

十六日普选工作基本结束，为了工作上的便利，并经领导批准，语言、生活习俗两组转移工作地点至大法那，同时历史支系、物质文化两组，个别调出工作的同学，亦陆续返回总果。二月廿五日各小组工作已告结束，廿六日分别到峨山集中，写个人实习报告，二月廿八日晚到玉溪。三月一日、二日两天，在玉溪做小组工作总结和全组鉴定及全组工作初步总结，三月三日返抵昆明，由离校日起至返校日止，共计历时廿三日，在这廿三天里，我们工作的时间，只十四日（由二月十二日起至廿五日止），其中又当分为两个阶段，二月十二日至十六日止，这一阶段，是搞生产与普选和了解情况与交好群众关系的工作。由于普选工作较忙，其他的如民族调查等工作，一般都没有进行，也因这阶段工作开展的较好，为第二阶段的民族调查工作，打下了基础，创造了有利条件，这阶段从二月十七日至廿五日止，是个生产和民族分项调查工作。工作中，在配合普选和生产方面，都在晚上举行群众大会，互助组会，协助乡干、村干宣传普选政策、生产政策，对农民进行国家过渡时期总路线的社会主义前途教育，登记选民，填写选民证，发现群众有在生产上的困难，能解决的及时与干部商量解决，不能解决的及时反应上乡，在调查民族情况中，一般是做个别访问，开调查会，开老年人座谈会等，有的白天跟群众一起下田，或放畜去，在田边火塘边与群众交谈，从中了解问题，发现问题，主要是抓住群众在生产上的每一空闲时间，在不影响生产的原则下来进行工作。

五、取得的成绩

此次实习时间较短，但由于我们工作自始至终，都遵循着首长及□□□□所以不能与他们完全打成一片，给工作受到了许多损失和影响。

六、几点体会和教训

①搞好团结，发挥群众力量，是搞好工作关键之一。

普选工作中，工作还是有来自不同地区和单位，彼此互不相识的人，工作又紧，但由于同志们能够团结，在思想和步调上取得一致，在统一的领导下，进行了分工而全力合作，因而顺利地如期完成了任务，群众们在轰轰烈烈的运动中，也受到了一次民主教育，大大的提高了他们当家做主的认识，也鼓舞了他们的生产情绪，又如在普选前，许多原有乡村干部，大都存在了换班思想。通过群众的帮助，最后又坚定了自己为人民服务的决心，如妇女委员普大嫂她说："有了共产党毛主席，我们农民才得光荣的当人民代表，以后我定好好工作和生产，争取做个模范。"同学们在调查工作中除了密切与干部联系外，还一般积极地进行了个别访问，并召开了老人会，生产能手会等座谈会，广泛的说明自己的来意和要求，通过团结干部，依靠了群众，工作也推展开了。

②主动争取当地领导及靠当地团组织和群众信任的本族干部，也是推动工作的关键之一。

他们对当地情况较为熟悉，且与群众有一定联系，依靠他们就会少走弯路，如在大法那村的语言和生活习俗小组，因为依靠了团组织和乡村干部，再说明来意后，也消除了群众的顾虑，反而得到人民的信任和支持，如语言组工作的后期，每天晚上，发音的大爹，就主动的到同学住处，耐心的发音。相反的在总果和火石坡工作的同学，由于没有深入广泛地向群众说明来意，当进行调查时，引起群众的顾虑，都问翻了底牌后要杂个整？如火石坡背马（巫师）的爱人见到同学经常去找背马引起了她的怀疑和揣测，思想有了顾虑，我们工作也就不能进行，后来重新交代来意，在生活上与他们融合一致，工作才又有了进展，这说明不注意这些问题，是不能将工作进行得好。交代与说明来意，和仅仅依靠干部再转向群众……这是可贵的经验哩！

③民族工作必须慎重稳进。

峨山彝族有两种风俗习惯，一种是正二月间的祭龙，一种是青年男女的跳乐跑山，前者是一种封建迷信，后者为青年男女社交的一种方式，一般都在晚上在山上跳，我们到总果时，就曾碰到他们跳乐跑山。每逢"祭龙"就要杀鸡宰猪，大吃大喝几顿，每每听到呼喊跳乐时，青年男女不顾劳动和开会都参加去了，经常跳到半夜或天明，有的竟兴奋地跳他几天几夜，我们到火石坡时，就亲眼见他们连跳了七天七夜。祭龙在财力物力上是一种浪费，跳乐跑山极重的影响了生产和健康，甚至引起不团结的现象。如一九五〇年，总果村和火石坡的一组青年，为了跳乐□小姑娘，还引起了械斗，致使总果一个青年被打死，引起了两村的纠纷，照理这样该禁止了，但是它是一种民族风俗、民族形式的娱乐，是千百年来形成的东西，决不能以强迫命令来禁止。如像"祭龙"，一位老大爹说道："毛主席领导下，样样可改，唯独祭龙不可以改。"所以现在虽尊重他们的风俗习惯，但也要从正面积极提出好的建议，启发与帮助他们提高政治觉悟，改善现有的贫困生活，让他们在自愿的基础上，逐步地改良这些不好的风俗，这个问题教育了我们认识必须"慎重稳进"的对待，半分疏忽与急躁冒进，都将为工作招来困难，但也不能消极等待和不管，必须是"慎重稳进"的努力去做才是。

④做民族工作必须重视和掌握民族语言。

在少数民族地区工作，如能掌握本民族语言，通过民族形式来深入群众和交代政策，对工作推动是很重要的。因为语言中，包含了民族情感，也易于为群众接受，如普选工作组长李顺廷同志，最初用汉语交代政策，过后群众还是不懂，情绪也不高，第二天他又改用彝语交待政策，群众聚精会神的听，过后都说，"用彝语讲，我们心也明白，记也记得了"，也为了这样，政策很快深入群众，后来，在工作上有了错误和填漏了选民时，群众都自动前来询问，要求改正。我们工作中，最初不通话，很难接近群众，后来学会几句，说起来，他们高兴得很，见我们总问："同志，A ɲniitsot tsot ŋai!"（同志，吃饭没有），我们也问，也答，说错时，他就帮着改正，以后的工作和生活中，深感通过彝语，每个彝胞都是我们多年熟悉了的亲人，即使讲不下去，也感到格外的亲切与融洽，从这里使我们意识到在民族地区工作，掌握本民族语言，是十分重要的。

最后还得提出的是这个总结是在仓促的学习空隙中写成的，虽然获得了先生、同学们的不少指示和批评与帮助修改，但由于我们的政治业务水平仍还有限，虽不断修改，但内中仍有许多遗漏和重复的地方缺点很多，尚希同志们给予批评和指正。

⑤民族工作是艰苦的，困难的，但也是十分光荣的。

民族兄弟，几千年来，在大汉族统治者压迫下，无论政治、经济和文化上，都很落后，解放前，总果乡少数民族，不但经常吃草根树皮，生活上很苦，由而都没有受教育的机会，也受尽了大汉族统治者的歧视与凌辱。自从解放后，少数民族在政治上彻底翻了身，生活上也得到改善，现在一般都吃到了大米，合作社还不断地供给从未有过的廉价的日用品。通过了土改二年，各族农民也认识了过去不团结所受的苦楚，因而民族关系，也有了显著的变化，基本上团结在一起了，但是几千年来留下的历史上的民族隔阂，绝不是一朝一夕所能解决的，因此在许多具体问题上，又引出了民族矛盾的现象。

如火石坡附近的一处山林地，过去是恶霸地主谢勤良所有，土改后，没收了分给火石坡九户农民。但有山后厂贫农尹镶玉经常到那里砍柴烧炭，劝也不听，乡上也未给予及时解决，火石坡农民不满，特别对整个山后厂的汉族不满，群众和干部都说："过去山后厂强占我们的土地，今天又来占我们的山林"，此外对供应粮食也不满，都说：我们多打粮食卖余粮支援工业建设，不是支援山后厂人，为什么他们自己有余粮不吃，偏要将粮食供给他们，我们不服气。这些虽都只是个别间的小问题，但往往扩大成了民族问题，从这里使我们体会到，历史上遗留下来的民族隔阂，要消除净尽非得长期的进行深入细缀艰苦耐心的工作不可，也由而民族工作，成为了十分光荣的特别是我们这一代人的任务。因为几千年来存在的问题，将逐渐的消除了，今日落后的边疆，也将随着祖国工业巨大发展而迅速改变，短时期内，就将赶上内地区域，前进中的兄弟民族人民，也要与先进民族的人民一道，在总路线的光辉照耀下，共同迎接美满的社会主义社会……这个美好的前途和光荣的任务，是大大地教育了我们自己，认识了只有加倍努力加强政治业务等的学习和锻炼，以便毕业后，愉快地担负起这个光荣的任务，好好的工作。

最后，还得提出的是这个总结是在仓促的学后空隙中写成的，虽然获得了先生同学们的不少指示和批评与帮助修改，但由于我们的政治业务水平均极有限，虽不断修改，内中仍有许多遗漏和重复的地方，缺点很多，尚希同志们给予批评和指正。

一、历史支系

彝族自称为 ne˧ su˧（奈苏），ne˧ su˧ 二字，照彝语本义，ne˧ 原为"黑"或"眼睛"之义，su˧ 为"活动"之义，ne˧ su˧ 两字合起来，就是彝族的意思。

关于彝族迁徙的路线及其祖先来源的传说，根据总果乡彝族李姓家谱记载及本族口头言传，有如下的一段故事。

在古代的时候，天下遭了大水灾，当时有钱的人，坐在金箱银箱里，带着大米逃难，没有钱的人家，就带了荞巴巴，坐在木桶里逃难，水越来越大了，坐在金箱银箱里的人，都被水淹死了。过了七日七夜，洪水骤然退落了，坐在别个木桶里的人也都从悬崖落下死亡了，其中只有一个木箱落在细花不树、鸟竹及剪刀草共同生长在一起的树木上，所以后来彝族以这三种植物做灵台（即彝族的祖先牌位），以表示永远不忘自己的活命恩人，在那个时候，周围除了有一盘磨和留在那个木桶内的两个兄妹以外，世界上再也没有什么人了。所以兄妹两人就共同约定说，我们两人各拿一扇磨到相对的高山顶上滚下来，如果两扇磨在山谷里合起来，上天就允许我们两个合婚了，后来两扇磨真的滚到山谷里的一棵梅树旁边就合起来，于是他俩就以梅树为媒，彼此共同结为夫妻，过了不久，他们生下了一个胡芦。胡芦一天比一天长大了，但是不会吃，隔了三年，他们将胡芦剖开一看，里面分成许多层隔，一隔是彝族，一隔是汉族，一隔是窝尼，一隔是三苏，还有几隔是苗族和摆夷……老大是彝族，彝族因为只会种地，又怕热，所以住在山上种地，老二是汉族，汉族也怕热，而且会做生意，所以住在平坝，老三是窝尼，窝尼和摆夷因为不怕冷，所以住在山谷里种田，老四是三苏，三苏族最怕热，又长于编篾竹，所以住在有竹子的高山上。从这段传说里，我们可以看出：

①彝族最早曾有过兄妹婚，并且在峨山一代，彝族来的最早；

②根据传说中提到有胡芦（原产于西北），彝族最初可能居住在西北，后来受了大汉族的压迫，然后才逐渐迁移到西南来，可能是羌族系统的一支；

③彝族原来就住居于海拔较高的山地，以荞麦为主要粮食。

至于总果乡彝族的来源，根据总果村、大法那、火石坡等寨彝族人民自称：普、柏、方、鲁等姓祖籍原先在临安（即建水县），其他李、金、吴诸姓是从峨山县城附近迁来的，总果村的普姓，是由临安搬至罗那，又由罗那迁至小倮倮（罗那与小倮倮不知地在何处），由小倮倮迁至峨山高平乡的丁皎，最后才迁到总果，其中一支后来又迁去火石坡。大法那的普姓，是由临安迁至通海县属之长虹村，由长虹村搬到峨山贵丰乡大家山，从大家山再搬到大法那来，总果、大法那两寨的柏姓，是由临安搬到峨山土官乡之白草坪村。由白草坪村搬到高坪乡的赶蚂蚁，然后又分别迁至总果和大法那，火石坡的方姓与总果村的方姓、李姓，由临安迁至总果后（路线经过不详），其中一支又迁去西松甸，后来西松甸遭了水灾，当中一支又迁去火石坡。大法那的鲁姓，相传也是由临安迁来，但其迁徙路线已不得而知，至于总果村的李、金二姓，是由峨山县城东二里的谢窝塘搬来的，到总果村后，李姓又分成三支，一支住总果，一支到王家哨，另一支到火山坡，大法那的关姓，初在峨山石牌坊，由石牌坊迁到高平乡之丁皎，由丁皎再搬到大法那，该乡彝族迁徙的路线大致如此。从这里，我们可以看出，总果乡的彝族大都由临安迁来，而以高平乡为其集中分散点，至于迁徙的原因，一般反映是为了当时统治的压迫逃难而来，但详细经过因年代久远失传，又无文字记载，没有确证可供参证。关于迁徙的时期和年代，已不能详悉其在何时，但根据朴、方、李等姓家谱，最先都无姓，如李姓始祖为阿介，第二代为阿克……都是以阿为首，中间相隔十数代，才有姓的出现，而方姓家谱记载，其祖第一二代是火葬，后来才逐渐改为地葬，可能是后来汉族迁来后受影响的，而山后场龙王朝碑记载（该碑刻于乾隆五十四年），山后场的汉族，是由总果村搬来的，但山后的山场，该碑记载原为总果村禄姓产业，又按总果村的禄姓，原为峨山城西二里土官村禄土司家的后裔，而土官村的禄姓，根据《元史·地理志》记载，元时有一个大酋长，名叫阿次的投降元朝，元朝委任他为土司，又根据明朝洪武十五年土官底簿记载，当时峨山县的土官是禄佑房，禄家在城西一二里元地，是倮倮人（彝族），皆可证为今土官村禄姓无疑，这可见自元明以来，彝族已成为峨山县的主要民族，同时在天启滇治中又记载，到明朝初年以后，汉族才渐渐迁居峨山县境内，总果村父老也言，总果村最先是彝族居住此地，归禄家统治，总果及山后场的汉人，是发现该地有铁矿后才逐渐迁来的。根据以上的传说和记载，总果乡的彝族，应该迁来先于汉族，而汉族则可能明时于峨山置卫所时，迁来峨山后又相继迁往总果村一带的，至于总果村的禄姓，现在已只有一户，而自称及一般彝族均言禄姓为过去禄土司后裔，但族别是汉族，这可能在清康熙四年改归流时，禄姓参加滇南诸土司抗清失败后，畏罪逃至总果改换民族，以流官身份继续欺骗人民统治其地，现在一般总果村父老均言总果初为禄姓田房，禄姓为战事失败后，才开始避难来此直接统治其地，并言禄姓为战事失败其后裔改名换姓者甚多，如有的已改为李、朱、马等姓，而今总果村禄姓家谱，也只从乾隆年代开始，可能是为了这个原因。

总果乡的彝族，多为小家庭制，儿子结婚接着就往往分家，分家的时候，一切财产要完全平均分配，女子没有这种权利，如果死的人没有儿子，可以由叔伯的儿子立嗣，在解放以前，彝族不能招婿，但解放以后，这种情况已经有了改变，除此之外，一切分家的方式方法都与汉族相同，在母系称谓上，与汉族也没有什么差异，如称祖父为A-˧ po˧-˩，祖母为A-˧ ne˧-˩，父亲为A-˧ te˧-˩，母亲为A-˧ mo˧˩，儿子为 ʑo˧ J，女儿为 nʑɿ˧，舅父为A-˩ ʑɤ˧-˩，舅母为 A-˩ ʑɤ˧，岳父为 A-˧ ʑɤ-˧ ˩ mA˩ mo˧，岳母为 A-˧ ʑɤ˧˩ mA˩ mo˧，在称谓上都是各有分别。在谱系方面，是以父亲为中心的家长制，每个家族都有不同的忌讳，作为各家族间认辨的标志，如普姓不吃细芽菜，李姓不吃獐子，方姓不吃石蚌，白姓不吃水牛肉。

在解放前，一般彝族人民生活非常困苦，因此彝族中有"官占坝，民占坡，倮倮住山坡"的俗语，而在政治地位上，彝族人民常常受大汉族主义者的歧视和压迫，如过去一般汉族骂他们为"死倮倮"，总果乡的汉族过去也常以"田少坟多，累死小倮倮"，讽刺污辱他们，而历代反动统治者，又常有意识的制造彝汉之间的矛盾，大肆压迫和剥削彝族人民，如在禄姓统治时代，人民除了受地租剥削外，还要受许多超经济的剥削，如骑马人民要做马蹬，杀猪宰牛也要献头献肉，还有募兵款等繁重负担，当然，彝族人民并没有以此屈服，如在百年以前总果全寨彝族人民曾为此激烈反抗，并集众杀死了禄姓兄弟二人，但这些统治阶级往往是以大汉族统治者的身份出现，因此在彝汉两族人民之间种下了一些很深的历史上的隔阂，加之又在蒋匪帮血腥统治时代，地主恶霸（绝大多数是汉族）依仗封建势力，在政治上和经济上都是极端残酷的压迫与剥削彝族人民，如抓兵派款，征粮收税，甚至连总果赶街也要移至山后场去（汉族聚居区），这样被恶霸地主利用挑拨的结果，因此民族矛盾往往掩盖了阶级矛盾，使彝汉之间的矛盾日益尖锐深刻起来，汉族骂彝族为"山猴"，"死倮倮"，而彝族则骂汉族为 Seit A-i ne7（意为汉人是鬼），彼此互相仇视和不满。

自从解放以后，由于党和毛主席民主政策的正确领导，以及各级人民政府的正确执行，又经过一系列的社会改革，尤其是土地改革运动，消减了地主阶级，打垮了封建势力，根本改善了各民族间的关系，各民族人民间的隔阂，基本上已经消除了，但是受了长期历史的影响，部分汉族对少数民族仍有歧视现象，而一部分少数民族对汉族也仍然有些隔阂，这从下面三个问题可以看出。

一、山林问题。火石坡附近有一处山林地（山场），土改前为谢恶霸所有，土改时农会吸收后，分给九户人，也曾发给土地证，现在这块山场上，有山后场贫农尹怀玉经常去烧炭，尹说，"我的老辈子时就在这里烧炭，土改时我也登记过了"，火石坡的人曾经通知过尹怀玉说这山场农会已经分给火石坡，叫他不要再去砍柴烧炭，但他仍然去砍柴，此事火石坡农会已反映到乡政府请给予解决，但乡政府现在都未解决，火石坡人民为了这件事情对整个山石场的汉族不满，有的人说"过去山后厂强占我们的土地，今天又霸占我们的山场去烧炭"，干部的反应也是如此。

二、挖沙问题。山后场需要抽炉的沙，经常到火石坡挖（因为这种沙只有火石坡有），但火石坡人却需要竹子，而后山场有竹子，确不让他们去砍，出钱买都不行，结果引起了火石坡彝族对山后场汉族的不满，一般农民反映说：如果不准我们砍竹子，以后山后场也不准来挖沙了。

三、收购问题。火石坡农民对此次卖余粮问题反映说："我们卖了很多粮食，支持工人老大哥，自己去吃山芋野菜，可是山后场的人不但由合作社大量供应粮食，而且连自己种的粮食都不吃，这是不平等的。"又有的代表说："我们多打粮食支援国家建设，不是支援山后场的人。"

从以上这些问题里，充分反映了总果乡汉彝两族之间仍然存在有大汉族主义及狭隘民族主义思想，还有些历史上遗留下来的民族隔阂存在，所以一碰着实际问题时，个别间的问题就往往扩大为民族间的问题，因而，往往容易把阶级矛盾，用民族矛盾掩盖起来，转移了视线，容易被敌人所利用。从这里，也可以看出民族工作是一件非常困难和艰苦的事情，必须耐心和长期的深入了解情况去解决才行。

二、峨山县第一区总果乡大法那村彝语调查

（一）调查经过

一九五三年度寒假，学校当局遵照中央高教部规定，经西南高教管理局批准，并经云南省民族事务委员会同意，我们前往峨山县彝族聚居区举行生产实习；其目的及任务是民族组各课——马列主义民族理论、民族史、少数民族语言——理论与实践相结合的教学上之重要内容之一；其次，是在于巩固课堂上所学的理论成绩，了解各民族的社会情况，并求了解当前民族工作的发展情况，从民族政策的具体表现来认识民族问题的理论根据，以及马列主义民族问题理论与民族政策、民族史、民族语言的相关性，从而正确认识过渡时期民族问题方面的方针和任务。总的目的是配合国家建设总路线，配合国家过渡时期帮助各民族发展，为社会主义民族工作的需要，在实习中获得民族方面的知识，为毕业后投入国家民族工作做好准备，以惯于民族工作岗位上独立工作。

实习指导委员会为使实习工作有步骤、有计划、有组成的分支进行，将我们全体实习生按调查研究的各项性质，分别组成：支系名称和支系历史调查小组、语言调查小组、物质文化调查小组、生活习俗调查小组四个小组。

语言调查小组是由萧庆文、严汝娴、龚肃政、刀世勋四人组成，调查内容是按照实习指导委员会所拟定之《中国少数民族语言调查手册》进行；其内容分基本词和语法两大部分：在基本词上分名词、代词、谓语、副词、量词、接连词、欢词等八项；在语法上分主语与谓语的排列次序，主语宾语谓语的排列次序两项。

这次的生产实习在准备工作上是做的比较充分的，我们除听了云南省民族事物委员会吴副主委有关"民族政策"的报告，方国瑜先生"嶍峨沿革"的报告，杨堃先生有关"调查方法"的报告，云大党总支书记方仲伯同志有关"政策和任务"的报告，江应樑先生有关"生产实习"的报告，并请了民委会詹开龙同志作有关"语言调查"的报告，并对调查提纲做了全面解释和重点指示，以便我组深入了解。我组同学听了这些报告之后，得到了很大的鼓舞和启示，从而进一步地认识到了生产实习的重要性，在这一基础上，我组同学都积极的练习音标，以在很短时间内完成语言调查任务。

一九五四年二月九日全实习组从昆明出发，当日抵达玉溪，次日到实习地点峨山县城，前后听了中共峨山县委组织部刘部长有关的民族情况、民族关系和自然情况的报告，以及总果乡的情况报告，十二日我们和普选工作组一道到离县城六十华里的工作地点总果乡，为了普选工作的需要，乡的领导人给我们分成三组，到三个主要的普选站进行工作，我组和生活习俗小组被分到小法那村旧寨，该村是以窝尼族为主，窝尼、汉、彝集居村，不适宜进行调查工作，因此我们全体参加普选工作，二月十七日，我们在领导的同意下，将工作点转移到离旧寨五华里之大法那村，以当地中心工作为前提结合进行业务工作。

大法那村全村共廿九户，除了久居的四户汉族外，其余全是彝族，成年人大多数都会讲汉话，该族自：ne˧ su˧，过去被称为倮倮、罗罗，解放后称彝族。

在昆明时我组原计划的工作时间为十四天，时间是相当短促的，同时因为工作点不适合，在前五天是搞普选工作，无法结合业务，所以结合中心搞业务工作的时间仅有九天，而且每天只能在晚饭后至参加互动组前进行工作，前六天我组是进行记音工作，后三天是进行对音，因为时间短促，我组在不影响当地之中心工作以生产为主的原则下来工作，显现得十分忙乱，因此我组的发音对象不一，更谈不上固定的对象，只要碰上该村彝胞，就不分老幼的进行访问。一般说来工作是顺利的，大体上按期完成了原定计划；在工作进行时间内，我组分别召开了两次座谈会，在会上专门解决在个别访问时遇到的困难问题，并通过在该村年长的汉族王大爹做翻译，有九个彝族老大爹慎重的考虑，然后告诉适当的词意给我们；从这两个座谈会开了以后，要是村中没有工作的话，晚上老大爹们就集中到我们住处闲谈，对音工作主要是依靠这种机会来进行的；在这九天中，我组一共记录了六百四十五项词条，大体上可以看出该村的彝语特点。

（二）音系归纳

由于生产实习的时间短，而且结合中心进引业务工作仅有九天，记录的词条少，单独的词义掌握不够，因此在归纳上是感到很困难的，部分的元音和辅音只出现一次或两次，例如：ʐ(ma˧tu˩k)，a(a˧水牛)，(ba˧犁"初")，g(go˧sʐ˧届)，g(ʐ8˩挖)，ɢ(ʔ8˧鸭)，ɬ出现了两次都是在别的词的后边，如，ʐni˩ɬin˧风，ni˩ɬo˩ɬin汁；轻擦鼻音在数词上出现了两次，如，ɲe˩b˩ʐ十，ʐɛ˧sʐ˩ʔ˩九；发音时在元音上喉头紧缩的有ʔi˩肝，dɛ˩蟹，两个各出现一次。兹将辅音和元音音调分别归纳如下：

1. 辅音：

p   pɑˇ zoˇ 神   tɑˇ pɑˇ 腿   toˇ tɕʰˇ 手动
ph   phuˇ poˇ 跑   ʌˇ phɣˇ 血   phɑˇ tɕʰˇ 臂
b   buˇ suˇ ŋɑˇ 月二   bɣˇ 山，草   mˇ pɑˇ 男

f   ʌˇ fɣˇ 去
v   sʌˇ vɣˇ 桃
ts   tsɣˇ 蓝，花椒   tsɣˇ ziˇ 北
tsh tshɣˇ 列   tsʰɣˇ 请
dz   dzɣˇ lɣˇ 王二   dzɣˇ 晴
ts   tsʰɣˇ 剥
s   sɣˇ 参   sɣˇ 晚，回   soˇ lɣˇ 苦香
z   zɣˇ 川   zɣˇ 拉，去   zoˇ 子
ʂ   ʂɣˇ 晚
t   tʌˇ pɑˇ 臂   tˇ iˇ 出
th   thˇ 衣服   thuˇ 白
t   dʌˇ 喝，吸   dʐiˇ duˇ 来
tɕ   tɕiˇ 佐(残)   tɕoˇ peˇ 上颚
tɕh tɕhiˇ bʐˇ 根   ziˇ tɕhʌˇ 刚才
dʑ   dʑiˇ 砍   dʐɣˇ 塞
ɕ   ɕiˇ 花，钱
ʑ   ʑiˇ tɕʰˇ 水
ʐ   ʐuˇ tɕʰˇ tuˇ 癣症
tɬ   tɬoˇ phˇ 舌
l   loˇ koˇ 门   loˇ 虎   ʐɕiˇ 孙子
n   noˇ koˇ 算   noˇ 病   niˇ 看
ŋ   ŋoˇ zoˇ 鱼   ŋoˇ 我王
m   moˇ 马   moˇ 教授   miˇ kˇ 懒
k   kuˇ 塑造   koˇ 跑
kh   khuˇ 拳远   khoˇ 月
x   xoˇ 送，赠   xɣˇ 拿
ɣ   ɣoˇ 被   ɣɣˇ 笑
h   ɕuˇ koˇ 桃棒
ʔ   ɣɣˇ 挖

ʔ

ʔɤ˥ 鸭　　　ʔɤ˥ lo˥ 鹅

2. 元　音：

i　　mi˧ hin˧ 凤　　　　　sɿ˧ 血　　tsʰa˨ 肺
e　　　　　　　　　　　　si˧pkʰe˩ 粿
　　　　　　　　　　　　se˧ 婿
E
ɛ　　　　　mɛ˩dɤi˧ 鼠
æ　　　　a˧mɛ˨ 堂嫂
A　　mᴈ˧du˩ 火
a　　lᴈ˧ 天上　mʌ˩ 老　　sʌ˧˨ 三　tsʰʌ˩ 茶
ɔ　　mo˧ 马　　mo˩ 老　bay do˨ 筷
u　　mu˧ tʰiɤ˩ 晚　　so˧kɤ˧ 茴香
ɯ　　mɯ˧ 天，凸　　su˧bɤ˩ 蒜　tsʰu˩ 六
ɤ　　mɤ˧tsu˩ 第　mɤ˩dɤi˧ 妻　sɤ˧ 走　tskʌ˩˧ 列，层

3. 复合元音：
ui　　A˧ vui˧ tsA˩ 为何
oA　　kʰʌ˩ toA˩ 逃
uA　　duA˩ 可·允许

4. 韵尾：
in　　mi˧ hin˧ 凤
iŋ　　mi˧ ʨiŋ˩ tɕʰi˧ 癔疾
Aŋ　　tsAŋ˧ ŋo˩ kʰo˩ 十一月
oŋ　　ko˩ koŋ˩ 鸥鸽

5. 无辅音以元音起头的：
ɛ　　ɛ˧ kʰA˧ 这样
A　　A˧ tɕʰi˧ 羊　A˧ko˧ 雨　A˧ ʨi˧ 香豆　A˧mɛ˧ 鹧鸪
o　　o˩ 楔
ɯ　　ɯ˧ bɤ˩ 骨

6. 声调：

mo˥ 高　　　mo˧ 马　　　mo˩ 教授
kɤ˥ 九　　　kɤ˧ 他　　　kɤ˩ 脚

音调除以上三个有对比现象外，尚有 35 调和 53 调；35 调有个别出现，如，*ℓɛ˧*，但又无对比现象，它在别的词前或是别的词后的较多些，例如：*mʌ˧mʌ˩*，"曾祖"，*dɛ˩he˧bʌ˧bʌ˧* "忽然"。53 调则无单独出现，所见的总是在别的词后边，如 *ʌ˧ne˩* "外"，*khʌ˩mɛ˩bei˥* "长远"，因此，这两个音调，因限于我们的材料，无法找对比来确定是否存在。

（三）语法

1. 主语、谓语的排列次序与汉语相同。

例如：我说 *ŋoʌ ɣʌ˧*
你站 *nʌ˩ xʌ˩*

2. 主语、谓语、宾语的排列次序是：主—宾—谓。

例如：我打狗 *ŋoʌ˩ tɕhiʌ˩ tɛʌ˩* 即："我狗打"
我种田 *ŋoʌ˩ mi˧ kʌ˧* 即："我田种"

3. 限制的关系，是：被限制的名词＋限制的形容词。

例如：黑耳蚣 *mo˧ nɛ˩ koʌ* 即："耳黑蚣"
黄花荞了 *vi˧ sʌ˧ bʌ˩xoʌ lʌ˧* 即："花黄下了"

4. 表主动的关系是在主语之后边，动词之前也加 "A" 来表示。

例如：我被他骂 *ŋoʌ˩ kʌ˧ "ʌ˧" ga˧*
他被我打 *kʌ˧ ŋoʌ˩ "ʌ˧" tɛʌ˩*

（四）亲族称谓

我组为了配合历史支系的调查，故将亲族称谓作为一个重点来进行调查，但据我组调查之结果，很难发现原始婚姻形态的遗留，但与汉族的亲族称谓比较起来，所不同的是大法那村之彝族，上辈自曾祖以上不分性别统称 *mʌ˧mʌ˩*，下辈自孙子不分性别统称 *ɟhiʌ˧*，曾孙以下也是不分性别统称 *ɟhiʌ˧*，凡是侄子不分内侄外侄一律称 *Zo˧tuʌ*，侄女也是不分内外一律称 *ʌɪ mʌ˧tuʌ*，特别突出之一点是大法那村的彝族大宗小宗分的很开，伯家的子女一定为长，叔家的子女一定为幼；可是久居该村之四家汉族，是按年岁不论长幼，不知其他村彝族有无此现象，我组没有深入了解 。

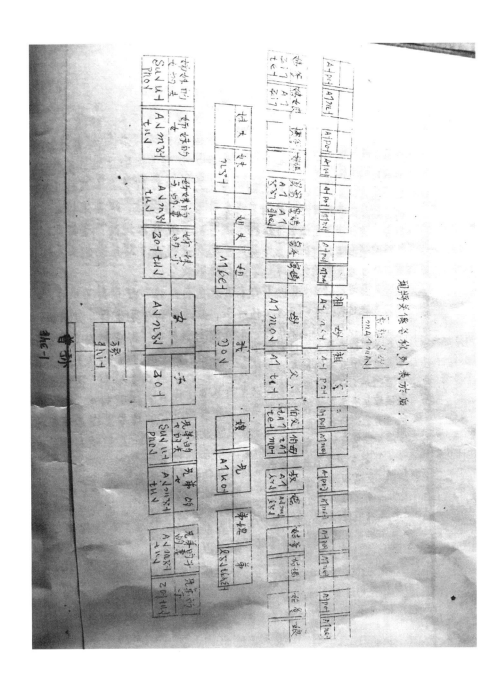

（五）在调查工作中的几点体会

1. 解放以来，峨山县的彝族同胞，不论在政治上、经济上、生产上都有了很大的提高，自从一九五一年成立民族自治区（以彝族为主的），彝族同胞选出了自己的县长，土改中又分得了土地；为了支援国家建设，彝族同胞们已组建起来搞生产，为了多打粮食，已改造了耕作技术，解放前彝族同胞一般的是终年劳作不得温饱，现在不但可以吃到粮食，而且今年还卖出了余粮，这些显著改进与提高，全都是毛主席民族政策执行的结果；另一方面，也说明了被压迫的各民族，唯有在中国共产党的领导下才能获得解放。

2. 彝族的语言，风俗习惯和其他兄弟民族一样受到了尊重，大法那村的彝族同胞对我们说："见了工作同志，如同见到了毛主席，过去我们的话被人叫做倮罗话，不值钱，进城赶街说彝话都要被人笑；现在开大会小会都说彝话，同志们还来学我们的话（指语言调查），今天在毛主席领导下，我们的彝话也值钱了，把我们彝族当人了。"这段话，充分的说明了彝族同胞对自己语言的热爱，使我们认识到了，在过渡时期开展各兄弟民族语言的重要性，在彝族同胞的物质生活已逐渐提高的今天，他们对于文化教育的要求是很迫切的，而且还希望有用自己民族语言编写成的教本。

3. 我们是在业务上无指导情况进行调查工作的，所以在这次的调查中，只有发挥集体力量，才能克服主观上的弱点，因此我们在进行访问时，由一名同学主持发问，其余的人就细心的听，然后讨论记录，这是就我们的体会，这一方面可以取长补短，避免主观急躁的来确定因素，另一方面，可以互相学习，通过工作来提高和巩固所学得的理论知识。

4. 由于发挥了集体力量，所以我们能在九天中，除了助词，动词和较抽象的词无法访问外，是按原定计划来完成工作任务的。

5. 虽然我们发挥了集体力量，并在这一基础上获得了一定的成绩，但是缺点还是很多的，首先还是主观上业务水平有限，因而产生了以下的很多缺点：

a. 在进行调查时既没有及时找对比，而且发现了也没有及时的问。

b. 在记录时，没有发相近知音来印证。

c. 没有开过一次业务会，来讨论已出现的和存在的问题。

d. 太强调集体，忽略了个人的意见，在记音时形成了少数服从多数，统一是较勉强的。

三、物质文化

总果乡总果村彝族服饰：

男服：除了大多数的衣服没有领，少数的都有领这一特点外，他们男子穿的衣服式样，材料都与汉族的男服相同，男子多是穿草鞋，有的穿布鞋，他们自己不会做，是从峨山城买来的，亦有的是从别的街子买来。

女服：他们女子的衣服是无领，在上面，我们平日所看到的衣领是一条假领，领高一寸，上面订着一寸多长的银链子，链端吊着银小桃、银小鱼等，银链的上端是订在银器订满的领边上，前面扣起来后，就是他们的银领装饰，领的布料和各种银器都是由峨山汉族输入，假领制作是有一块正方形八寸大的布，银器满订着的领订缝在那块布的中央，无领衣服穿压在假顶上面，银领露出即成，另外是妇女的裤子，其特点是花裤脚，花裤脚，全长约四寸至五寸，裤脚边缘上用花线绣上三角形花，（普通叫狗牙齿花），两端距边一寸长，各订一条一分宽的花辫子，两端最边的有订两条辫子，辫子与辫子之间是绣着用红、绿、蓝、白、黄各色配合的花，这就是他们的花裤脚，两只裤脚都是绣成一样的。

女帽：女帽是一般姑娘和未生孩子的妇女的帽，帽子略呈一个圆形，其特点是帽前尖角尖长突出至两眉之间，帽后拖着一寸五分方形布，布二角缝订一寸长的一个三角形尖角，帽后一寸五分的方布上又订着一条类鸡尾形状的布帽尾，绕起来顶上面是空着，鸭蛋大的椭圆形口，帽子的周围是用蓝、白布条约有五分宽四条，订缝在帽子的靠顶端和下端。中间约空着两寸左右，有的是空着，即黑布或青布，有的很少的绣上花，这就是他们的女帽，有的妇女和姑娘是戴女帽，有的因经济困难，不戴帽，那就是包包头，即用一块一尺五寸的正方形黑布，一角订二尺长五分宽的黑布带一根，二折起方布成一三角形，包扎在头上即成。生过孩子的妇女，不但不能戴帽子，而且不能像姑娘，那等包的包头，只是用一块一尺宽五尺至八尺长的黑布，拆约五寸宽包围在头上，头发挽上去，露出一发髻插一个或两个银别子在上面，关于他们的服饰，到一个节日，他们就穿着这一套新衣服，平日他们是穿旧的，少数才是穿新的。

住宅和寨的方位：

总果村彝族寨是一个彝汉杂居村，村的方位是没有一定的，依照他们的习惯是靠山而居，村周围也没有什么标志物，村上的住宅，建筑分两种，一为瓦房一为土坯房，瓦房建筑与汉族区瓦房一样，土坯房和瓦房的共同特点就是筑基是用自然的方瑰石砌成，土墙是与汉族房屋墙一样，土坯房的特点就是没有楼，屋顶是用木料担起来，椎上泥土成为平滑的土坯，在收割时期可以用来晒谷子、包谷、荞、麦等各种粮食，瓦房和土坯房都是他们本族能自己建造，土坯房有的是自己一家就可以建造，瓦房和有一部分的土坯房是需要请他们本村本族的木匠来建造，他们本族的木匠使用的工具与满汉族木匠的工具一样，是汉族区制造的，建造房屋和门，厨具等也与汉区没什么分别。

园圃：

他们的园圃的形式和耕种方法，厕所接近园圃，用大粪浇各种菜，及园内的清水，沟的大小、位置，都与汉族区的种植园圃没有什么不同之处。

日常和饮食用具：

陶器有大碗、小碗、瓦盆、罐等都是由汉族区输入，竹器除了竹筷、竹瓢、竹面盆、竹碗盂是他们自制的，其他的竹器都是由汉族输入。木器有木盂盆是自制的，制法是用八寸长的一节直径约五寸的无皮木头，凿一洞即可椿盂为木盂盆，洞口直径三寸，深约五寸，木锅盖为自制的木板厚一寸，是制成平的，木桶也是自制。这二种木器，有的是木匠制，有的是自制，其精细程度与汉族差不多。

房内敬神和祭祖的器物及屋内火塘：

房内的敬神和祭祖的器物，在供桌上除了祖公和师娘婆的纸条神外，就只有在祭祖时，临时用六个碗装饭、装菜、肉、酒献祭外，就没有别的什么。师娘婆家的拜神除了用六个碗献祭外，在供桌上只摆着，12 个黏土做的泥灵香台，高约四寸，大约一方寸，其用途为插香之用，和两个焊铁皮灯（与汉族的灯台一样，是在峨山城买来的）。

屋内火塘：有长方形和半圆形两种，面积为长约二尺，宽约一尺五寸大，方位无固定的位置，一般习惯是摆在进门右侧和进门左侧较为多数，亦有少数是摆在屋内正后中部，也有较少数的是不摆，烧一堆灰就烧起火来。挖火塘除无固定之位置，应无固定的时间，随时都可以挖。

打猎和牧畜情况：

这里是以农业为主，打猎只是在正六月间，各种农作物成熟时，为了保护各种作物，而进行个别打猎和集合专打，有的见不着兽就进行搜山，不拿火枪的就到各处去搜赶野兽出来，便以拿火枪的一部分人射杀，这是一种方法。另外一种是用陷坑和扣索的方法，这种方法在无火枪前是多用的，再有火枪后就少用了，甚至到现在不用，猎物的分配，方法是这样，每参加者不论男、女、老、少皆有一份，唯兽皮是为射杀着野兽的人所有。关于打猎的风俗，现在没有什么，在过去（九十年前）是打着野兽就在山上抬到山崖下去祭，等剥皮把肉煮熟后再抬肉去祭，这两种祭献的意义在祈祷山神能保佑他们能多打着些野兽。家畜蓄养方法是与汉族区一样，用各种家畜的圈来养，除冬季外就去放牧，家畜有猪、狗、牛、羊、马五类，其经济价值主要为了积肥，其次才是生产小家畜，如家庭经济副业收入之一，另外就是鸭鸡，但鸭少鸡很多，这两种就是为生蛋和生小鸡鸭，出卖为家庭收入，这是一种副业，其粪是为肥料，其蓄养方法是与汉族一样。

农业生产情况：

总果村的彝族农民，其经济生活是以农业为主，在生产方法和生产工具方面与汉民族农民差不多，由于总果村是一个彝汉聚居的村子，聚居时间据历史的考证至少有三百年以上，因此汉化的程度比较深，总果村的彝族农民早就知道了使用人粪做肥料，村内粪坑甚多，亦有园圃与栽种的农作物，因山高气寒，缺乏水，不适宜种稻，而种麦，包谷和荞，每一种作物的栽种大致是这样的，麦一般是在农历八月尾九月初进行栽种，解放以前多随牛屁股后撒种，少数已能挖塘点种，解放以后，成为了相反的情况，点种时还使用了粪水，解放以前，锄耙的工作都不够重视，其收割时间，大多三月即可收，但栽种大多麦为数不多，主要还是小麦，小麦四个月即可收割。麦子收完以后，接着就是栽包谷，在未栽以前先犁一次至二次不一，视雨水来的早晚而定，解放以后，普遍都争取犁上两次，犁了后，还进行耙，包谷生长出来，还进行两锄一耙的工作，然而在解放以前，甚至包谷生长出来还进行两锄一耙的工作，然而在解放以前甚至犁一次就栽，锄一次至多到两次，也不进行耙一下，包谷在农历八、九月间即可收割，收割以后又重新种上了麦子，荞方面一般种于轮耕的山顶上，堆炸柴烧后当做肥料有似刀耕火种的情形，解放后以犁一次提高到犁两次或三次，栽种时间由三月至六月，三月栽种一般要九十天左右才可收购。四五六月栽种者八十天左右即可收割，生产工具方面种类形式与汉族农民所使用的差不多。现在说一说主要的几种工具上的特殊点，犁锯据说本民族会铸在峨山二区茂腊，形式多喜欢等腰三角形而带长形，尖而长，这样才犁得深，同时才翻得起土来。犁齿喜欢直，露于表面四寸长，适于所犁地的一般深度，把一般比较短小因为田地狭小便于使用，过去有一句话，也许是统治者阶级对彝族农民的有意嘲弄，"田少埂子多累死小俫俫"，这不难看出大民族主义统治者对兄弟民族之歧视，同时可以看出此间田地的情形，锄头方面没有什么特殊，尤其生产方法，生产工具，可以看到其生产水平并不怎样落后。

农田灌溉以及鸟兽对农作物的危害：

总果村因居高山缺乏水源，水利非常不便，栽种的农作物，主要是靠雨水，但每逢雨水大时，许多种有农作物的土地能出水来而成为浆水地，此对农作物的成长是很不利，可是雨水过少，容易遭到旱灾的威胁，除此而外，农作物受鸟兽糟蹋亦很厉害，除一般的雀鸟而外，还有鹿子，刺猪等，其主要的是刺猪，对付的方法，除使用火药枪射杀而外，其他办法很不生效，解放以后，每年四五六月间彝族农民（包括汉族农民在内）有组织地进行猎取鸟兽，收效不大。

生产上的分工情况：

在生产上的分工，男女，长幼有别，一般犁耙工作是由成年男子当任，而成年妇女负责挖锄。耙栽的工作，妇女当任的工作，男子也会做，而且也要做，但不为主要工作，男女儿童方面读书者甚少，多以事放牛砍柴的工作。年长者视其劳动力而定，所负工作不一。由其分工来看，彝族农民男女老幼均劳动，而劳动的结果，由于历代反动统治的长期剥削，因而终年劳动仍吃不饱，穿不暖，因此在解放以前，绝大多数要掏取山茅野菜，如蕨菜尖、棠梨花、红颜芽等来弥补粮食的不足。

菌类植物的采集与其炮制：

菌类植物彝族农民亦有进行采集的，但不外销，仅供自食，食的方法多以放油盐进行煎煮，亦有部分对食一般的杂菌加放大蒜，用以避毒，由于野生知识缺乏常会发生吃菌类中毒的事，彝族农民往往以吃不成熟的毛桃，吃以排毒，但亦有未改而致身死的，一般能吃的菌类，如鸡枞，摆彝帽，黄练头，见水清，青头菌，羊乾菌，乾巴菌，米汤菌，扫把菌，红菌，古春菌等。

交通与运输：

交通甚为不便，无所谓道路之说，每条路均来经人工开出，亦未加人工修理和保养，而是长期人畜的来往，以及雨水的冲刷而引起的痕迹，在运输方面主要靠人力，男子用扁担做挑，女子做背，背的用具和方法，主要是一个竹篮（头粗底细），以及一条棕绳（两头细而圆），中间扁而宽（约二寸），将绳头相接勒于篮腰，将绳中勒于人的脑门上，背靠篮而起既成，可背各物放于篮内，亦有一些物品，不必放于篮内，可直接将绳勒于物上，如背柴等靠人力运输而外，亦有用牛马运输，牛马主要作驮，使用鞍架与汉族无多大区别，但因道路狭小，因而所捆驮子体积不大，不过用牛马运输者不多，主要是缺乏牛马。

四、生活习俗

（一）彝族的男女社会地位

总果乡大法那的彝族男女社会地位，以过去来说，一般的是平等的，也就说：他们的平等是建立在共同的劳动态度上，而绝没有谁依靠谁的寄生现象，也就如今他们自己讲的"我们彝族是那个有本事，劳动力好，大家就羡慕他，向他学习"。而在他们的观念中，更找不到男女彼此歧视的现象，如：村中有九个口齿不清的妇女，据说她们的劳动力胜过男子，开荒挺能干，一个人能开出一抱多谷子的田来，村子里的人都称赞她，拿大拇指比一比，向她学习的男女也不少。过去由于统治阶级对少数民族的榨取和压迫，使他们抬不起头来，但是在他们本民族内部，还是出现了不少的男女生产模范，而这些生产模范，往往又是受压迫最深的人，如：村中的团支书，普李氏等过去都是帮统治者地主阶级做牛马而终年只能吃野菜。关于男女在家庭中的地位，在他们的谈话及行动中，就没有而且找不到，谁应在家庭中应占支配地位，他们都觉得认为男的当家与女的当家也是一样，如男的出门时，女的在家中就可以掌握一切财产，又如男女都在家时，在财产的经营与购买上，有时是男女共同商量，有时也不做商量就决定，那也不会遭到任何一方的责备，有的家庭是谁有本事谁就当家，其他一方就一样也不管。由此就可看出他们的男女家庭地位来。关于在家庭中父母对于子女的看法，他们对男孩女孩都是一样对待以及爱护，只有在特殊情形下，女的不会生孩子，那女的就会遭到冷眼或讨小老婆，但多半讨小老婆的家庭都是不和睦的。

解放以后，经过一系列的改革运动后，特别是土地改革，彝族兄弟都得到了翻身，觉悟上也有了显著的提高，特别再加上了他们的天然本质，爱劳动爱互助的精神，在每次的改革中，都出现了不少的男女青年积极分子劳动模范，青年团员，为此更进一步的巩固了彝族男女社会地位的平等，如：政府挖昆洛公路的号召，共挖了一年，1952 年时始归家生产，回来以后夫妻又共同的响应了毛主席的增产节约号召运动，1953 年曾获得了全村性突出的丰收，这是全村农民所知道的。其他例子还很多不在举，由此更可以说明解放后的彝族男女地位的显着性。

（二）婚前男女社交情况订婚仪式及其阶级财产的限制、聘礼

总果大法那彝族婚前男女社交，过去多半出现于节日时的跳乐又叫跑山（节日：如祭龙、过年、火把节、七月半等），彝话叫做"小姑娘"。据说跳乐本身是一种纯娱乐性的，时间多半是在晚上，日子两三日或四五日不定，最先是由甲村的小伙子（其中包括已婚和未婚两种人）请乙村的小姑娘（其成员包括已婚未同居者和未婚者）约好时间地点，地点多在山上隔村四五里的地方，吃的多半是饭肉，钱则由请的小伙子各自积蓄和父母卖粮食供给，约好地点以后由小伙子背枪到半路上来接小姑娘，声势浩荡，上山以后就开始跳乐了，最先多半是跳集体的，由女女男男拉成圆圈配好对，由男的一个或二人弹四弦琴开始跳，女的有时也随着琴唱，并按拍子拍手巴掌，步调是相合的，唱的仍是情调，如我们搜集的：阿沙母枯亚、四弦啊！世上有青菜花等（挨后附上）集体的跳累以后，那就改成对唱：其子、（或站或坐唱）唱的内容仍然是情的，如所搜集的有：会其、响满场、白话，后者内容既丰又广（挨后附上）直跳唱到肚子饿（多半在半夜多此），大伙儿弄饭吃，吃后仍继续到天明或归家，或在山上睡（男女分得极严）。

由于风俗习惯的缘故，在跳乐当中不一定男女会发生恋爱关系，发展到结婚订婚的情况，那是罕见的（另方面是包办婚姻的限制）。万一有那就必然会发生争斗（甲乙两村），解放后，自然未发生过。

除了以上跳乐场合的社交外，其他社交场合则没有显著之地方。

关于订婚方面和仪式：大法那彝族订婚，那是父母包办，首先是由男方看中那一家的女的，而看中的标准那是所谓"门当户对"，多半为财产经济条件来决定，即有钱人说有钱人，穷人说穷人。看中以后就派媒人到女家去求亲，若女的答应时（由父母取得女儿的默允）后，就由男方用半开 5 块或 10 块，两壶酒，两升米，四合耘，公母鸡各一只，表示喜吉利，这叫做包婚，从此两家就结成亲家。

经过包婚后，仍还是有变动的，即女的又不喜欢男，又爱另外的男的也有（在跳乐当中），那就要由女的归还聘礼，有的由于父母的不允许，

男女逃往他处的也有，但以上情况均很少。

解放后新婚姻法的实施，彝族的婚姻亦随之改变，即多半是自由恋爱，即自己喜欢的，但父母帮说的也不少，在聘礼方面，那比过去稍微简单"门当户对"的封建势力已彻底摧毁，取而代之的是，劳动好，工作好，那就可以成为一对好夫妻。

（三）结婚仪式和婚后的夫妻关系

大法那的彝族婚姻是一夫一妻制的封建包办买卖式的婚姻，经济财产条件在过去是起着决定性的作用，而结婚首先是要经过包婚后，日期不管两三年也好，四五年也好，由男方看好日子后，准备好一切聘礼，通知女方。在结婚那日，男方就要送女方半开50块或100块，猪一头，两斗米，20斤酒，鸡一对，两套新布衣服，包头一个及首饰，这就叫做过礼银，在过礼银当中，女方不论是多是少都要讲价钱，嫌礼银少，但讲的结果一定得满足女方，部分的要求，自然满足不了的也有，可是婚姻一定是成功的，至于过了礼以后，女方准备打扮好，如穿上红绿边的裤子衣服顶头巾，男方则要在家里布置好天地祖公牌位，新房，然后用儿子去接女的，去接的人或新郎亲自去或新郎的兄弟去，接上女方以后，女方的许多姊妹陪送着去，一般是五个至八个，到男家后，新郎出门迎接则抱雉向天地作揖后，新郎新娘齐进堂屋，向祖公牌磕头三个，仪式就此完毕，也就说表示结过婚了，婚礼完毕后，新娘与姊妹们同进新房，新郎各自而去不同居。等九日后由新郎新娘向舅舅孃孃敬酒，据说舅舅孃孃是最大的，然后敬长辈。住三日后，新娘新郎齐回门，由新郎携雉一对，鸭一只，酒两壶送老丈人，住两日后由新郎单个带鸭而归，据说带鸭归是"鸭来鸭去"的意思，新娘住娘家一两年，两三年不定，只有农忙时才回婆家帮忙，帮忙时照样是要带着成群的姐妹们去帮，回来时同回。在这来往当中新娘新郎绝不讲话合居，一直要等来住熟了，决定来安家定居时，夫妻才互相讲话合居，于是他们的夫妻的生活才算开始，一般的相处是和睦互不相欺，共同劳动生产。

另外在女的娘家的那几年中，她的社交是相当自由的，如跳乐唱调，可是直到归婆家后，那由于风俗习惯的缘故，女的失去了社交自由，而男的仍然可以去玩小姑娘，但决不会遭到妻子的责骂。

在跳乐当中，男女互相绝不能发生性的关系，而且也不会发生。

（四）个人对材料的看法与意见

①以总果大法那的男女社交地位来说，那是带有原始色彩，其表现在男女平等，人人劳动，互不歧视，但封建意识还是有的，如婚姻的买卖、包办，跳乐时不发生性的关系，这是说明保持贞操，跳乐的内容形式也颇简单。

③而对民族团结上来说，还应加强。（汉彝之间）

（五）山歌

3/8 化舍珂头有那样（集体跳乐时唱）

| 3 3 5 | 1 1 3 | 2 2 1 | 6· | 3 1 1 | 2 3 3 | 6 6 5 |
| 化舍(尼) 珂头 有那(个) 样 不有 别样 有甘(尼) |

| 3 3 1 3 | 1 2 1 2 | 6 6 5 | 3 2 | 3 1 | 2 3 | 6 6 5 | 3 2 |
| 蔗 一棵 甘蔗 一合 糖 两棵 甘蔗 一合(尼) 糖 |

| 1 3 2 | 1 2 | 6 6 5 | 3 2 | 1 3 2 | 1 2 | 6 6 5 | 3 2 |
| 一合(尼) 糖来 逃生(尼) 活 逃生(尼) 活 逃生(尼) 活 |

对唱时的调子 （白话）

男：热你热伤了，挂你挂伤了，请你说三声。

女：你热难不热，你挂体不挂，不知挂那场。

男：兄在独崇村，独夕玩自场，别场兄不知。

女：哥在四海中，四方哥都热，八方哥熟人。

男：赶崴大街子，赶的那热闹，抬头一望夕，低头一看夕

　　一看不如妲，想搂崋不着。

女：穿的是一样穿，吃的一样吃，为那崋不着。

男：穿的我不说，吃的我不说，他话要讲完，讲完不如姐。

女：莫夸你莫夸，撇夫树又滑，鞋袜不能上。

　　其子（共十会）

一舍小其一舍山，　　　二会小其二会海，　　　三会小其三会山

一会山上有那样，　　　二会海中有那样，　　　三会山中有那样，

不栽别样栽高梁，　　　不有别有有海菜，　　　不有别样有思杨(果)

好吃不过高梁酒，　　　海中海菜难得吃，　　　三月思杨红又红，

好玩不过有姐来，　　　跟有鲜花难得玩，　　　这场鲜花玩得合。

　　以上是各种不同的数型唱法、下面还有但不再例举（意思相似

　　）

～～～～完～～～～

对唱时的调子（白话）

男：想你想伤了，挂你挂伤了，请你说三声。

女：你想谁不想，你挂谁不挂，不知刮哪场。

男：兄在独家村，独独玩自场，别伤兄不知。

女：哥在四海中，四方哥亲热，八方哥熟人。

男：嶍峨大街子，赶得那热闹，抬头一望望，低头一看看，一看不如姐，想抢华不着。

女：穿的是一样穿，吃的一样吃，为那华不着。

男：穿的我不说，吃的我不说，他话要讲完，讲完不如姐。

女：莫夸你莫夸，搬尖树又滑，称实不能上。

其子（共十会）

一会小其一会山，

一会山上有那样，

不栽别样栽高粱，

好吃不过高粱酒，

好玩不过有姐来。

二会小其二会海，

二会海中有那样，

不有别有有海菜，

海中海菜难得吃，

路有鲜花难得玩。

三会小其三会山，

三会山中有那样，

不有别样有思杨（果），

三月思杨红又红，

这场鲜花玩得合。

以上是各种不同的类型与唱法，下面还有但不再举例。

（六）对于子女的习俗（如歧视初生子，钟爱次子或幼子）和财产继承制度

彝族父母对于子女都是一样看待，当中没有任何歧视存在。但有时候

对于子女中每一个也会发生特别钟爱的现象，那一定是这个子女很会孝顺和体贴父母，能听父母的话，对初生子不惟不歧视，而且还看的很重要。小孩满月也请满月客。但请满月客只限于初生子女。

第一个小孩满月一定要请亲戚、朋友吃饭。满月这一天，小孩的外婆、舅舅一定要来，他们是不请自来的不速之客，来的时候要带一两只鸡，带些鸡蛋，这一天除了请吃饭外，还吃红鸡蛋，但是大人不吃，只请当天来做客的小孩吃，主人事先计算好来做客的小孩，一共有几个就煮几个，当天由小孩的外婆给取一个乳名，等孩子长大能够上学时，再由老师给他取一个学名，有了学名以后就喊学名。在财产方面男女均可以继承，不过男的要比女的多。

（七）疾病情况和本族医治方法，草药，迷信，仪式和死亡率

在疾病方面由于卫生条件差，比较流行的是痢疾、疟疾、伤寒、霍乱，婴儿的死亡率很高，多死于风症。他们在过去由于受统治阶级的剥削压迫，造成他们政治上和文化上落后，无知识，崇信鬼神，把一切病和希望都寄托于鬼神，从宗教方面来求得解脱，过去不管是有了大小病，都要送鬼，认为有鬼在作祟，就要请背马来看，看后着什么鬼闯着就送什么鬼，解放后情形已有了改变，大病才送鬼，小病则请本族的草药医生吃草药了。

彝族中有鬼有神，神与鬼不能划等号，在彝胞的观念上，神的地位要比鬼高，神是管鬼的，共有三个神：一是山神（是最大的神），二是龙神（仅次于山神，祭神要先祭山神，然后才祭龙神），三是土地神。鬼也有大小之分，最大的鬼是天神鬼，祭这种鬼要用一只羊，两只鸡，半斤米，四升谷子及香、腊、纸、烛，羊、雉均是煮熟的，米则是生的。祭毕，羊皮羊腿，鸡头脚、生米都归背马，这些都算给背马的报酬，其次如东山鬼，祭此鬼时要用一只鸡，米肉各一点，糖一点，祭画鸡肉腿，仍归背马。另外还有一些小鬼祭时很简单，用一碗米或糖，不论大鬼和小鬼均由背马去祭。病者的全家都参加。小鬼有五个名，称为 tsu↓brj↓bu↓脏鬼，ɛɒ↓tʌ↓豹子鬼，tɛnɛiɛ↓吊死鬼，yuɯnmʌxxɑ↓摔死鬼，坐月子死的鬼。

小孩还有一种病叫蛊吃病，蛊多半是吃小孩，但有时大人也会着这种病，蛊是一种鬼，据迷信的说法，凡是挨蛊吃着的小孩和大人：

其病状是下巴壳烂，鼻子不出鼻涕，肚子会泻，手指发麻，着这种病的人家必须在家装烧火药焚柏枝，以这两种东西的烟子来熏鬼，熏后鬼即

变成蝴蝶，打死后病者及无事，这种鬼在它未变成蝴蝶以前，人的肉眼是看不见的，只是在晚上的时候，偶尔会看见一道道红光从天空划过，那就是它了。

（八）对死亡的看法，死前准备，死尸处理，灵魂观念，有无火葬习惯

对死亡的看法，均认为人死后能托生，且有因果报应。好人死后托生人过好日子，坏人死后变牛马，人死后实行土葬，富有的则把灵柩摆上几天在屋中，扎孝堂，请汉族地师择日，择日，但请地师的时候很少。因彝族有一个规矩，即年满三十岁以上的人是葬在祖坟上，不满者则随便乱葬，而彝族每家均有他们自己的祖坟、坟地，死者年满三十岁而自己的祖坟，又已经葬满无法葬时，才会去请汉人地师来择地。

死人也跟汉人一样的土所用棺材，式样形状大小与汉族一样，出葬的头天晚上就请背马来念经。据说念经后，死者才能早日得超度，除背马外，别人在吹喇嘛，敲大鼓，直到天明，出殡的头天开始待客，直到葬后第二天，早上灵柩抬出村子（抬人的不出钱），在半路上停一会，死者的儿子在这时就把准备好的菜饭拿出来祭奠一次，叫做给死者吃晌午饭，到了下葬地点，下葬以后死者家属和亲戚朋友在那里吃一顿饭才归。当天晚上，死者的儿子或姑娘，从家里带一把灶灰一束柴到今天中途停灵柩的地方，把灰和柴放于地上，点燃之后回家，这叫给死者"送火"。第二天早，死者的儿子带着酒菜到坟上去奠一次，边祭边吹喇叭，这叫给死者送早饭。请帮忙的人多吃一天，第二天亲戚朋友散去，只有煮饭菜的人留下吃早饭多吃一顿，到满月以后，全家去上坟一次，六月廿五火把节去一次，腊月廿五去一次，后两次均请亲戚朋友在坟上吃饭。

彝族认为一个人死后有魂，人葬下去之后，他的魂魄也会归家，这一天叫做"回杀"，回杀这天只有背马晓得，而死者的亲戚朋友，到死者的家中住一夜，即是作伴，有钱的人家，葬后还为死者立碑墓，上写汉文汉意。

魂魄不单是死人才有，就连活人也有"魂"。一个人生了病，如果请背马来看，看出来是失了魂的话，那就必须叫魂，这个魂只有背马叫得回来，由病家出全鸡一只，煮熟的鸡蛋一个给背马，请背马带着这个生鸡和熟蛋到山上去叫，而叫魂的山和叫魂的地都是固定的，村子里不管哪家叫魂均要到固定的山上去叫，如大法那村叫魂，就是到他们村子后面的那一个山上去叫，背马叫完魂之后把活鸡带回病家，这只鸡在当时是不能杀的，病家接过背马的这只鸡后，便把鸡放掉，另外又提一只来杀了款待背

马，鸡头同样归背马，另外还送背马一升白米，背马要在病家找一块黄布或是红布，把布剪成四四方方的一块方块，用针线把方布缝在失魂者的背上，订后则不管他，由他自行脱落，据说这样才可以把魂定住。

彝族中有专门给人家送魂的背马和司娘婆，背马的地位则比司娘婆高，比较重的病，一定要请背马来送，给背马的报酬也比较高。原因是背马懂彝文，司娘婆则不懂彝文，只有男人能当背马，女人则不能当背马，在解放前背马和司娘婆的生意，都非常兴隆，简直是门庭若市接应不下，好多背马司娘婆都是靠这一行吃饭，自己并不从事生产劳动，解放后群众的觉悟已经逐步提高，他们的生意，已经不像以前那样兴隆，已经出现一种萧条景象，这是必然发生的趋势

火葬风俗，现在已经找不到，据说在老古辈时候是火葬，至于怎样葬法，他们自己也没有见过，只是听到老辈子讲过，现在彝族，只有土葬一种方法了。

（九）宗教活动

彝族和其他少数民族一样，迷信颇深，故宗教节日亦很多，每年由正月至十二月，几乎每月皆有其节日意义及举行仪式，虽具有独特的民族色彩，惟大部和汉族相同，或相近，兹各分述如下：

①祭龙

祭龙为彝族一年一度最隆重之佳节，在彝族中虎生风，龙行雨之信仰很深，故每年必须举行祭龙，向龙求雨，才能保证充分的雨量，灌溉农作物，否则便会遭遇干旱。每个村落无论大小，皆有龙树。有所谓有村必有龙之称，在一个地方，如人口逐渐增加，或外人迁来，有发展为村落趋向时，便得定龙树，一般在概念上，必须有了龙树，才能成为村落。祭龙之开始，为村落正式成立之标志，故从某一村落开始祭龙的年代，往往可以考察出其建立之历史。

当由稀少的人家，快要发展为村落时，大家感到需要独立祭龙，经村人同意支持，便确定龙树，其方法是由一村中老人，在附近山上选择生长茂密的大树，砍下约二寸长的一段树枝，携回卜卦，将数枝均匀破为两半，再合上由空中掷下，着地后若一半面向地，一半面向天，便认为此处有龙气，能为村民造福，便定为龙树，若两面皆向地或向天，则认为此树根底浅薄，不能广施雨量，另行选择。

彝族对龙树十分重视，一棵普通的树，经定为龙树后，即视为有"龙

神"附于其上，不得随意抚摸，往后必须严加保护，注意培植，不得砍伐，使其生长愈繁茂，则"龙神"愈灵验。而且龙树不轻易更换，往往一直信奉至老死，若因此种原因或野火烧山，龙树致死，而必须更换时，亦必须举行隆重的"迎龙神"大典，先选择好新的龙树，至祭龙日，全村男女老幼，净足洗面，由一手执祭物的老人前导至旧龙树前，全体跪地叩头，老人念祷词，（详述更换龙树的原因），叩请龙神迁移，念毕卜卦（方法如前述）卦准则表示龙神愿意迁移，如果不准则表示"龙神"不愿迁移，必须再叩头重卜，直到卜准为止，然后又将祭物抬至新龙树前叩祭，便算是已将"龙神"请来，开始正式的祭龙仪式。龙树确定后，全村即商议祭哪一龙，龙分头龙、二龙、三龙，各龙分别在农历正、二、三月举行祭祀，祭哪一龙一般视邻近村子之祭日而定，如甲村祭头龙，乙村祭二龙，本村就应祭三龙，以表示龙头、龙身、龙尾俱全，同时祭龙虽为宗教活动，但含有浓厚的社交意义，逢祭龙必大肆请客，邀请邻村亲友参加，因此祭龙日，必须相间交错，才能互相邀请，如重复则各在本村举行，便会失去此种意义。

祭龙为彝族最盛大的节日，故每举行一次耗费颇巨，其费用概由全村成员平均负担，不论大小按人头出钱，一般每年每人二升至四升谷子，而且祭龙为全民性的活动，不分阶级成分人人得参加，且户户有主办的机会，每年轮流一次，每次由四家共同负责，轮到负责的人，必须在秋收后将谷子收齐，购买祭龙猪饲养，并筹划一切事项，分工负责，至祭龙日，清早便将祭龙树打扫清洁，在龙树周围铺上松枝，其数目于本村户数相等，再在距树根约二尺余的地方，以糯米团摆成"一"字型，每堆三团，堆数亦与本村户数相等，至下午四时左右鸣土炮三响开祭，宰杀祭龙猪鸡各一支，将鸡煮熟后，砍成碎片，置于龙树前，将猪肉砍下同样轻重的小块，其数目亦与本村户数相等，置于龙树右侧，称为"龙肉"，其余留作聚餐食用，再将花油覆于紧靠龙树根的体积与花油大小的石头上。此石称为龙石，亦不能移动与更换，又在每堆糯米团旁插上长约尺许的篱柴杆。杆中装少许清水，三粒米，三根松针，以表示在一年中，田里有水，仓中有米，厨中有柴，食用俱全。

一应祭品摆设完备后，再鸣炮三响，时全村男女老幼陆续而至，每至者必须向龙树叩头，取食一片鸡肉。俟一一扣头，开始聚餐，席设龙树两侧，不分尊卑，依次而坐，同举杯预祝今年的丰收，亲友欢聚一席，互问收成，一时欢乐之声响彻山谷，饭后再鸣炮三响，每家一人持提篓跪于龙树前，由一村中年高望重的老人，立于最前面念祭词，意谓"龙神有感多降甘露，田中多水，仓中谷满，家家丰收，个个安康"，念毕，按户分与糯米团，"龙肉"及篱柴杆，然后取水一桶，猛可向人群泼去，于是争相逃跑，大吼"雨来了，今年庄稼好"一路吆喝回家，返家后，将篱柴杆置于灶头，龙肉悬于屋后，待至栽秧时，做祭天公地母之用。糯米团则于次日祭祖后全家分食，至午饭时再至原地原席聚一餐，至此祭龙便真结束。

彝族祭龙虽为宗教活动，但含有浓厚的社交意义。每将至此节日，便纷纷邀三亲六戚远近亲友参加，而且在习俗上，各村客人一概不需再缴纳费用，尽人所请概由公共招待，应邀者，往往不惜停止生产，跋涉数十里，远道参加，这样虽名祭龙，实则为欢宴宾客，探亲访友之良机。故每逢祭龙日，举凡本村亲友纷纷皆沓而至，齐聚村内，所来宾客除参加聚餐外，又于次日分别访问亲友，互问健康，预祝来年之丰收，并连续受亲友之欢宴，有连六七日始行散去者，这样各村相互邀请，交错应酬，便密切了亲友间的关系，故彝族祭龙之风，至今尚盛行，固属宗教信仰所支持，但社交上的需要实属主因，盖彝族人民终年辛勤劳动，忙于农务，平时少有机会与远方亲友交往，多借祭龙聚会，这样祭龙虽然沿着古老的宗教形式，但在人们心中，宗教的意义已日益淡漠，而被视为一个扩大交际的佳期，尤其解放后，农村中社会意识发生了剧烈变化，宗教信仰的基础不断削弱，这种社交的意义就愈占更大的比重，正如一个老大爹所说："祭龙本没有那样意思，有了毛主席共产党领导，祭不祭我们还是要丰收，只不过有了祭龙，便可以多和亲戚见见面。"

②山神土主

彝族亦信奉山神土地，在寨子（大法那）东面约里许之山坡上曾建有山神庙，庙为宽约一方丈五尺，高约丈余的平房，房内靠南面墙以土基砌成，高约二尺，宽约尺余的平台，台上共有高约七寸的山神土地神像，除香炉蜡台外，便别无他物。

相传在洪荒之初，山神土地合造天地，山神铺天，土地铺地，天地交界之日为农历六月初六，因天小地大，天已造就，而地未竣工。所堆积未及铺平的石土，即成今之山峦丘陵，混合泥土所用之水，到处倾泻，即成今之江川河流，彝族感山神土地创造天地，始有生灵出现，故立山神庙以祠，并定天地交界日六月初六为祭祀日。全村有一份公田租于人种，至祭祀日将租子收回，购买鸡羊各一只，祭于庙中，祭后一户一人在庙中聚餐，彝族称为"做会"。

彝族因居高山，野兽很多，随时出没伤害牲畜及农作物，为害颇大，加以地理条件较差，灾害容易发生，基于此种自然的威胁，故对山神土地的信仰很深，他们认为每年必须"做会"，请山神土地驱杀野兽，田公地母捉拿害虫，才能免除此种灾害，使五谷丰收，六畜兴旺。解放后公田已被分配，同时在党和人民政府的领导下，农民已组织起来积极捕兽捉虫，兴修水利，战胜各种自然灾害，连年获得丰收，农民深刻体会到，只有用自己的力量，才能克服灾害，故对山神土地的信仰日愈淡漠，甚至连山神庙也主张拆毁。

③端阳节及火把节

彝族亦有端阳节及火把节，其礼俗与汉族同，惟节日意义及宗教传说稍异。彝族认为时至五月，气候炎热，灵魂脱离身躯，携食物至山顶乘凉。须至农历六月廿四始附体，为避免灵魂为野鬼捉去，故在五月初五日，男女老幼皆在左手缠一红线，拴住灵魂，同时于门头挂上菖蒲，称为"斩鬼刀"，是野鬼见而生惧，不敢进家门。

至六月廿三日，全村杀一条黄牛，按户分食：廿五日，各家皆扎火把，晚上小孩持火把戮耍于山林田间，招魂附体，并把火把插在田中，这样谷穗才能结实，有父母新近死亡者，亦须在坟上插一火把，表示让死者亦能欢度节日。

④中秋节

彝族亦有中秋节，传说中秋节为月亮生日，而月亮为所崇拜的自然物之一，且在彝族信仰中，月亮仅次于太阳，故至中秋，必祭月亮，加以时至中秋谷子收回，习俗上要使月亮"尝新"，其仪式如后：

至农历八月十五日晚上，当月亮初升时，在土垕房上置一簸箕，以糯米蒸之糕至簸箕中，再在糕旁放一罗谷子，上插十二柱香，表示向月亮祈祷，一年十二个月中谷米满仓。谷旁放两碗水及粟子等，祭物摆设好后，全家围坐簸箕旁，先吃水（传说水被月亮照过，吃后一年中能除病免灾），然后顺序分食其他祭物，边吃边注视月亮行走，预测明年庄稼的好坏，如月亮时而为明朗，时而为阴影遮住，则明年雨量充足，宜于种红谷。如一片晴空，倒反而视为不利，明年可能有干旱，只宜于种白谷。

⑤特殊风俗禁忌

彝族在生活中，禁忌很多，兹择重要者叙述于下。

门槛不许人坐，尤其不许外族女人践踏，如被坐着或践踏着，则庄稼会被牛羊吃。不许狗在屋内大小便，这样终年运气不好。解大小便不能被旁人看见，若被看见，自己既认为羞耻，且见者做生意会赔本，引起对方恼怒。又在彝族心目中，一般爱狗恶猪。相传在远古有一妇人抱小孩解大便，所解出来的尽是鸡蛋大的米粒，妇人大喜，急欲拾取，乃以一粒米替小孩揩屁股，引起天神大怒，将世界上的五谷全部收去，发生饥荒，人畜多饿死，猪群到处乱窜乱撞，夺人余食。有一犬则终日仰天哭泣，感动天神撒下谷子给犬充饥，于是人间始终有谷种，得以继续栽秧，而获生机，自是便认为狗是人类利益的保护者，而猪只能损害人类利益。故农历元旦，清早开门时，先进门者如为狗，一年能大吉大利，赏以肉饭，先进门者如为猪，则一年中人畜多病，以乱棒打出。平时猪狗亦分别对待，吃饭时候先喂狗人才能吃，人吃后才能喂猪。

［《教学与生产实习》（1954 年），云南大学档案馆藏，云南大学全宗，档案号：1954 - Ⅱ - 041］

社会系民族组四年级 1953 年寒假生产实习总结

沈国治，高吉昌，龚肃政，段春华，高曼云，萧庆文，黄宝璠，刀世勋，严汝娴，和发源，王耀知，王昭武

云大社会系民族组四年级一九五三年度寒假生产实习工作总述

1954 年 3 月 2 日，于玉溪

和发源

优点：①工作比较积极，如在总果村多访问群众；

②有意见肯提，一切以工作出发，比在学校里有进步。

缺点：①工作有时主观急躁；

②对组员帮助不够；

③有时对历史支系访问工作抓得不紧（如又搞语言，又搞风俗习惯）。

王耀知

优点：①工作比较主动；

②有意见肯提；

　　　　③比较能接近当地群众（在火石坡）。

　　缺点：①对管理伙食不够负责任，如像一到总果那天去睡觉，又如到

　　　　　峨山将伙食责任推卸给沈国治，引起争执；

　　　　②结束前两天工作比较丧气；

　　　　③对少数访问对象，宣传来意不够，以致引起少数群众顾虑，

　　　　　如背马老婆有顾虑。

王昭武

　　优点：①尚能关心当地群众，如帮助农民李玉春反映解决耕牛问题；

　　　　②工作热情，如在火石坡病一好后就争取工作；

　　　　③对同学态度比在学校好。

　　缺点：①业务方面主动性较差，对业务工作不够深入；

　　　　②结束前两天，工作比较丧气；

　　　　③作全组总结时与段春华工作商量不够。

沈国治

　　优点：①对事务工作热心负责，不发怨言；

　　　　②对普选工作较热心（表现在协助普选组长做好总结工作）。

　　缺点：①对访问工作有缩手缩脚、不够大胆、结束前两天、访问工作

　　　　　做不好；

　　　　②对同学少提意见；

　　　　③有时与小组长工作商量不够。

高吉昌

　　优点：①能克服个人问题参加实习工作；

　　　　②能主动到西松甸参加普选工作；

　　　　③对搞全组材料工作态度还认真。

　　缺点：①组织纪律性较差，如有几次开会无故缺席；

　　　　②对领导不够尊重，接受意见时态度不够虚心；

　　　　③对小组工作抓得不够紧，业务也不够深入。

龚肃政

　　优点：①工作热心负责，直爽，有意见就提；

　　　　②重视业务工作；

　　　　③有互助精神。

缺点：①工作中易发牢骚，经之为此和同学闹小情绪；

②在个别业务问题上较主观。

段春华

优点：①由总果村到旧寨，由旧寨到大法那村自己提行李，表现得较能吃苦；

②实习期间对语言、生活习俗两小组的总务工作较细心负责；

③实习工作结束时，作全组总结热心负责。

缺点：①生活较懒散；

②总务工作在个别问题上不够关心，表现在由大法那到峨山时耽误付搬运费；

③由昆明到玉溪时和沈国治同学吵了一架；

④在茶馆里做个人实习报告。

高曼云

优点：①在业务访问中耐心，和群众处得好；

②工作完毕后回到峨山，曾与黄宝潘发生口角，后来能从工作出发，消除成见，协助完成改组的材料和总结；

缺点：①在峨山和黄宝潘同学口角不听劝告；

②在茶馆里做个人实习报告。

萧庆文

优点：①对业务工作关心，能按时完成任务；

②易于接受意见改正错误。

缺点：①对女同学之间的互助不够。

黄宝璠

优点：①工作较积极负责，能吃苦，无怨言，表现在由总果到高寨一个人下午去。以及主动找村干商量工作；

②有互助精神，表现在关心和帮助女同学；

③关心业务工作表现在小组分工分得好。

缺点：①工作有时忽冷忽热，表现在个别问题上性子急躁；

②在做业务总结工作时有些推诿；

③在峨山开小组会时与高曼云发生口角，不听劝告；

④对龚荣星先生提供工作意见时有埋怨情绪。

刀世勋

优点：①比较重视业务工作，有耐心，常和小组商量，包括做语言小
     组总结；

    ②工作较负责，有时找干部商量。

  缺点：①生活不够艰苦，主观强，埋怨多；

    ②在大法那时主持小组会有些推诿。

严汝娴

  优点：①比较重视业务工作，能发现问题；

    ②在业务上较能虚心的与同学商量。

  缺点：①生活上艰苦性不够；

    ③女同学之间互助不够。

［《文法学院社会系教学小组工作计划》，云南大学档案馆藏，云南大学全宗，档案号：1953－Ⅱ－59］

社会系民族组历史系生产实习

云南省人民政府民族事务委员会函

函复云南大学关于云大社会系民族组及历史系五四年生产实习计划的意见

主送：西南行政委员会高等教育局

抄送云南大学

  一、一九五四年一月九日高教（54）学字第九〇号来函收到。

  二、关于云大社会系民族组及历史系五四年生产实习计划，我会考虑后认为：

  （一）实习地点：拟以墨江县或禄劝县任择一县。理由是：

  （甲）这是彝族聚居区，民族种类复杂，彝族支系多，易发现民族有关的问题供研究之用。

  （乙）交通方便，利于四十天的调查工作。

  （二）实习调查原则：

  （甲）服从当地各级党政的领导。

  （乙）调查研究工作，服从于当地的中心工作。

  三、特函覆请查照。

          云南省人民政府民族事务委员会

          公元一九五四年二月十三日

［《1954 年生产实习》（1954 年），云南大学档案馆藏，云南大学全宗，档案号：1954 - Ⅱ - 19］

云南大学历史系三年级民族史组 1955—1956 学年生产实习

我系民族史组（一九五五学年度三年级生）学生朱复盛等十一人，在杨堃教授等率领之下于本年暑期（由七月十五日至八月十七日止）在滇西白族聚居区域（大理剑川一带）结合《白族史》及《马克思列宁主义关于民族问题的理论和中国的民族政策》课程内容，进行生产实习。在业务机关（大理专员公署，大理县人民委员会，剑川县人民委员会）指导及协助之下，使实习工作，得以顺利完成。参加此次实习师生，总结工作经验。作为今后实习参考起见，做出生产实习总结初稿，若将该稿送上，即请鉴核，并送云南省民族事务委员会备案。

此上

教务处

附生产实习总结初稿二份

云南大学历史系

一九五六年十月十九日

［《云南大学社会系民族组四年级学生寒假实习工作总结及峨山县总果乡社会调查报告（内部参考文件）》（1954 年），云南大学档案馆藏，云南大学全宗，档案号：1954 - Ⅱ -041］

云南大学历史系民族史组 1955—1956 学年生产实习总结

云南大学历史系三年级民族史组 1955—1956 学年暑期生产实习
工作总结初稿

一、基本情况

（一）参加这次生产实习的学生人数共十一人，教师三人，职工一人，共计十五人。

时间自七月十号至八月十七日，共三十九天。

专业性质为历史系历史专业云南少数民族史专门化白族史及民族理论与政策两门科目的生产实习。

（二）学校对这次生产实习是很重视的，根据高教部颁发的历史专业教学计划，本没有生产实习一项，但由于民族史组的特殊情况，并由于学生的自动申请，经过教研组和系务会议的通过，学校同意并重视这些生产实习，希望在这次实习中，创造些经验为将来民族史组的发展打下基础。

（三）在实习前，教研组开过三次会议，专门讨论如何拟订生产实习计划和做好各项准备工作。在教研组方面，曾由方主任报告生产实习计划一次，在同学方面，除去党团小组进行思想动员和协助工作外，并制定了生产实习公约。

在接受实习单位方面，由方主任和省民族事务委员会作了多次的联系。除共同拟定生产实习计划与工作日程计划外，并由省民族事务委员会李长猛同志作了关于民族政策的报告，并写介绍信给实习地区——大理专署。

此次关于田野考古方面的实习，还和省博物馆筹备处取得联系。该处本打算和我队同时出发，以便共同进行田野发掘与清理工作，但该处后因事故，未能出发，致使我队这次生产实习计划中拟定的考古发掘工作，未能按计划执行。

（四）教研组选定大理专区白族聚居区（下关、大理、剑川）作为实习场所，是完全正确的。因为一方面白族在云南少数民族中确是一个值得重点调查的对象。另一方面，从时间和交通工具的限制上来说，也是惟一的适当地区。

二、这次生产实习计划，由方主任拟出，经教研组讨论修正通过，并经民委会及省博物馆筹备处同意后制定的，因博物馆筹备处未能派人参加，所以计划中关于考古发掘部份，未能完成。又由于交通工具之困难，（如马匹、马车、汽车等会有问题。）故计划中所定日程，需作部份修改，但也有些计划上所没有的，我队也作了参观和调查。总的说来，我们正如计划中所说，是灵活运用了这个计划，通过了生产实习的目的，取得了一定成绩。

三、实习过程及其组织领导

（一）我队这次实习方式，是聆听首长报告，阅读有关文件，小组漫谈，在有领导下作有组织的参观、个别访问，并在条件允许下，开联欢会（如在喜洲举行一次联欢会，由白族同志表演了"绕三灵"、唱民家调等节目，在剑川并特请民间艺人张明德表演一次）。此外，并进行自拍及购买照片二百张，并采购了民族服装若干件，和文献资料数种，及一些碑文石刻拓片。

我们认为首先听取首长报告，并争取首长直接领导，或派专人协助，乃是这次取得成绩的一个重要因素。

我队曾举行过几次座谈会，由地方当局约请年老人士座谈。收获并不太大，因为他们所讲述，总不外南诏野史及地方志的内容。

（二）由于省民委会和地方首长，均不能直接参加生产实习指导小组，故仅由我校教师三人，组成指导小组，由于对实习地区的情况不够了解，在初期阶段并对同学健康情况及思想情况也不够了解，故指导工作抓得不紧，不免在工作中发现忙乱现象。同时也使个别同学有些急躁情绪，但经过检讨会议，情况就完全好转了。

（三）学生在出发前，对这次实习情绪很高，但由于准备工作，做的不好，也由于不惯于长途跋涉的艰苦及生活习惯的改变，指导小组未能及时予以解决，致使同学不免有松劲思想，在遵守劳动纪律方面，始终无人犯大错误，惟所订实习公约，未能及时进行检查、执行，故在生活纪律方面不够严肃，但经过几次检讨会议，情况大为好转。

四、学校与实习单位的联系

（一）在实习前，我校与省民族事务委员会的联系，不够密切，与地方有关部门更无联系（为县人民委员会文化科与文化馆）。通过这次实习，使我们与地方部门的联系，开始树立起来了。并使我们感觉到主动争取与省民委会的联系和争取领导，乃是十分必要的。

（二）我们感到地方对文物古迹的保护，有时重视不够。

如在大理：

1. 杜文秀墓失修，没有很好加以保护。

2. 大理古城的火葬墓，在开荒中，出土很多，但是项出土器物，文化馆没有一个。

3. 杜文秀元帅府里的好几付对联，现在一付也找不到。

4. "罗刹国"的庙宇，无人经营，倒塌得很严重。

剑川方面：

1. 文化馆对文物资料，搜集太少，对此工作重视不够。

2. 名胜"满间林"的建筑，由于没有专人保护，而完全毁坏了

（三）这次实习，同学们都感觉得到很多收获。

1. 瞻仰了大理区的名胜古迹，丰富了学习云南民族史的感性知识。

2. 熟悉了大理区的地理环境，对南诏之所以建都于大理有所体会。

3. 由于深入民间工作，因而对白族的风俗习惯，有进一步的认识。

4. 在喜洲地方人士，特为我们作了一次民族艺术的演出，使我们对民族形式有了更进一步的认识。

5. 参观了杜文秀坟墓及元帅府，并搜集了一些口头资料，对国民起义有更正确的认识。

6. 参观阳和乡农业生产合作社，认识了党解决民族隔阂政策的伟大性和现实性。

7. 拍了许多照片，和购制了一部分白族服装作为教具，增加同学们的感性认识。

8. 对于民族调查方法，有所提高。

9. 对写毕业论文，提供了许多材料，如地形、气候、物产风俗习惯等。

此外，有些同学打算根据这次实习资料，选择毕业论文题目，如"论白族的形成""从白族古代神话故事和民间传说中试探其共同文化和其共同的心理素质""唐王朝的统治洱海区域""大理区与缅甸在历史上的经济文化关系"等。另有些同学，虽不选择毕业论文题目，但这次实习，也使他们对民族史专门化增加了信心和兴趣，而对在课堂上，所讲授的民族史事，得到些印证，对民族理论与政策也得到更多的体会。

总之，每一个同学全认为在这次实习中，得到了提高。（详见各同学所填的实习报告。）

（四）在遵守民族政策方面，我组同学未犯错误，而且通过这次实习，并深入体会到党的民族政策的正确与伟大，以及执行民族政策的灵活性，也就是执行民族政策必须根据各民族的特点。一般化和公式化，不能解决问题，而是有害的（详见调查报告有关民族政策部分）。

五、我们的体会和建议

（一）由于这次生产实习，使我们体会到民族史专门化和对民族史专业来说，到民族地区作生产实习乃是不可缺少的教学环节之一，而且实习的期限不应仅限于三星期，至少需要五个星期，有时还须超过五个星期。希望高教部在制定综合大学历史系教学计划时，将此项工作明白列入。

（二）生产实习，必须做好准备工作，需要事前与民委会取得密切联系，并由该会派有专职干部负责领导。万一省民委会不能直接派专职干部领导工作，而需要我系教师担负指导工作时，就至少需要教师三人共同组成指导小组。在实习地区首长领导下，才有完成这任务的可能。若仅教师一人，是不能完成这任务的。

（三）民族史生产实习的方式和规程，是在一般生产实习中，有它的特殊性，高教部所规定的生产实习纲要或手册等全是针对工农理等在车间实习说的，往往与我组的实习情况不相适合，必须根据具体情况，对于该章程灵活应用才成。例如对工矿生产实习来说，每一单位仅填写一份实习报告，就可完成任务。而我队经验证明，全队同学发挥集体精神，共同作成学术性的调查报告，是必要的，而且是万能的（参见调查报告）。

（四）搞好师生间同学间的团结，是做好生产实习必要条件之一，通过这次实习，每一师生，无论在业务方面和政治方面，全得到显著提高。因而使师生关系同学关系均得到进一步的认识与改善。我们认为实习也是增进师生间同学间团结的一个重要条件。

[《云南大学社会系民族组四年级学生寒假实习工作总结及峨山县总果乡社会调查报告（内部参考文件）》（1954 年），云南大学档案馆藏，云南大学全宗，档案号：1954－Ⅱ－041]

云南大学学生参加民族调查研究工作总结

一、一般情况

云南省民族识别研究组于五月十五日正式成立，在省委统战部暨省委编委会的直接领导下，组织各方面力量，开始了对云南省几个民族单位的调查研究工作。调查工作分为三个阶段进行：由五月十五日至卅日为准备阶段，六月一日至七月五日为实际调查阶段，七月五日至卅一日为总结阶段，前后共历时两个半月，工作于七月底结束。

调查期间，云大历史系民族组同学十人参加了实习（其中一人因病准予休息），教授三人，助教一人参加了实习学生的指导工作。实习过程中由于先后听取了省委和民委首长关于此次调查研究的任务及性质的报告，大部分同学都是重视这一工作的，也初步明确了学术为政治服务。但也有个别同学是为了毕业论文而想多搜集材料。当分配任务下乡调查之际，有两个被分配回昆明参加调查访问工作的同学，曾引起思想上的被动和对立情绪，后经领导上进行反复帮助，始逐渐安定下来。

实习期间，省民委会对实习同学给予各种物质和文化生活方面的照顾，对下乡同学给予伙食补助费及其他必要的帮助，使之不感受困难，得集中精力搞工作，这也对工作进行起了一定的作用。

参加调查的同学分别参加三个调查组工作；计文山组有赵大富，孙岳素，哀牢山组有李鸿昌，尹培璋，杨金仙，昆明组有薛贤，刘传麟，章青萝，卢昌鼎。

文山组调查了原于僮族系统的"侬""沙""土佬""土族""天保""隆安""黑衣"等民族单位。哀牢山区调查了"蒙化""密俐""迷撒拔"等民族单位，昆明组调查了"西番""怒""俅""阿昌""本人""撒尼""阿西""罗武"等民族单位，同学们在调查中都能根据领导上指定原则进行工作，也有一定的提高。

二、工作中的收获和体会

在两月多以来的工作中，由于省委明确的指示了方针任务，也在各级地方党政的领导和帮助下，使调研工作得以顺利完成，特别对于同学们不论在理论上或实际工作中都有了一定程度的提高。同学们对于自己的专业有了更进一步的认识和热爱，例如，留昆的实习同学说："树立了民族专业的思想，舍不得离开识别组"。同学们在实际下乡调查中和在昆访问民族代表过程中体会到解放后各民族在政治经济文化各方面的显著提高，通过这些活的事例深深的教育了大家。例如，哀牢山组在调查岔江乡时，看到彝族农民生活已大大改善，自己当家作主管理本民族的事情深深受到感动。有的同学最先认为调查民族情况主要是搜集各民族的"奇风异俗"而已，对于帮助兄弟民族发展政治、经济、文化这一点认识不足，通过这次调查明白了过去的想法是错误的，并批判了自己的大民族主义观点。有的同学认为这次的调研工作等于多读了几年大学，通过了这次实际的实习，不论在理论和实际工作方法上都大大地得到提高。同学们都感到今天民族政策的伟大正确，特别是马列主义对民族问题的经典性的提法，斯大林关于"民族"的定义的提法，使这次民族理论的学习通过了实践而更深刻地体会到它的正确性。同学们一致认为，如果没有树立起马列主义民族理论的观点要想正确地对待民族问题是不可能的；因此，加强民族理论的学习和通过一定的实践，是提高业务水平最有效的方法。

两个月的实习当中，同学们听取了首长关于云南省少数民族情况的报告，关于调查研究方法的报告，在业务上得到充分的准备。也在实践中丰富了自己的感情、知识，接触到了许多新鲜事物，搜集到了领导所规定的材料，按期完成了任务。根据这些工作同学们都写出实习报告，并在最后作了思想总结。

总的来说，同学们参加这次的实习是有一定的成绩的，这些成绩的获得归纳起来有下列三项主要原因。

1. 积极地争取了党的领导：由这次工作中深刻地认识到党的领导，是取得工作成就的主要保证。

2. 随时抓紧了思想政治教育：由于随时向同学们进行了政治思想教育，同学们大都明确了科学为政治服务这一总的指导思想。反复地进行了关于保密制度，尊重少数民族生活习惯，注意团结，以及慎重稳进的工作作风的教育。

3. 事前充分做好了业务准备：在事前进行了必要的业务准备，介绍了我省少数民族的概况，内蒙古"达呼尔"族的调研经过，学习了调研方法。工作任务明确，因而能在短期内完成上级交代的工作。

同学们在工作中有下列的一些体会。

1. 课堂学习必须与实际调查相结合，可以互相印证，过去课堂学习感觉实际材料少，举例不多，这次实习接触到很多新的事物丰富了感性认识。

2. 一般访问与实际调查相结合。实习之初认为不到民族地区即不称作实习，经过一段时期的工作，事实上证明以前的想法是错误的，在昆明的访问和到现场的实习都同样能完成任务，这是方法上的不同，二者是必须密切配合的。

3. 在业务实习上进一步地认识了斯大林关于"民族"的定义的提法，对于四个特征（语言，地域，经济，共同心理状态）不应孤立地去看待，而是有机的结合，也应根据不同的民族情况，作不同的对待，不能一般化处理。

4. 民族政策的伟大正确。通过这次实习大部分同学都认识到今日我国的民族政策的伟大正确性，是马克思列宁主义民族政策在中国的具体体现。

5. 热爱民族专业，初步树立为兄弟民族服务的思想。

同学们在工作中也存在着各种不同的缺点：例如有的同学组织性纪律性不强，比较自由散漫生活不严肃，调查民族情况时轻易下结论，工作不够深入踏实，有的只注意个人兴趣，对主要任务重视不够。有自满情绪。在昆的同学有两人闹情绪，个别的不够遵守劳动纪律等都是工作中的一些缺点，今后应逐步克服。

三、结语

两个半月的工作对同学们的业务和政治思想方面都有一定程度的提高，基本上完成了领导交给的任务。下乡实地调查同学尚能遵守组织纪律吃苦耐劳未犯错误。

同学们于工作结束前一日并作了思想总结，择取自我检查，别人帮助的方式展开了批评与自我批评。会议上一般都本"知无不言，言无不尽"的精神，深刻地检查了自己的错误思想和工作缺点。并相互提供了宝贵的意见，收到了一定的思想互助的成果。但个别在昆同学还有对立情绪，尚需长期严肃地耐心地帮助和教育，继续克服个人主义的不良倾向，参加工作的教师在工作中一般地起了良好的作用，但也有个别实习指导教师在工作中未能完全尽到应有的职责，并助长在昆同学的情绪波动，同学们在思想总结会议中也对这些现象也能大胆的提出批评。

总起来说，在这次实习中，同学们是有很大收获的，不论在业务上和政治上都得到了提高，这是由于党的领导和全体同学努力的结果，多数同学在这次实习工作中都已起了助手的作用。今后更应加强民族理论和民族专业各课程的学习，打下为兄弟民族更好地服务的基础。

省民族事务委员会

省民族认识研究组

一九五四、八、五

[《云南大学社会系民族组四年级学生寒假实习工作总结及峨山县总果乡社会调查报告（内部参考文件）》（1954 年），云南大学档案馆藏，云南大学全宗，档案号：1954 - Ⅱ -041]

院系调整后的社会学系情况

院系调整后，原社会系民族组、劳动组教师相继调整到历史系、经济系、政治系，民族组、劳动组学生分别转入历史系、经济系。

1953 年下社会系调整办法^①

一、人事

1. 民族组：三四年级学生，全体分别并入历史系三四年级。

2. 劳动组：三四年级学生，全体分别并入经济系三四年级。

3. 社会系教授兼系主任杨堃调任历史系教授。

4. 社会系教授江应樑调任历史系教授。

5. 社会系教授金琼英调任马列主义基础教研组教授。

6. 社会系副教授袁绩藩调任经济系副教授。

7. 社会系讲师李慰祖调任政治经济学教研组讲师兼政治课教研室秘书。

8. 社会系助教马雪如调任外语系助教，本学期兼带经济系工业统计实习。

9. 社会系助教陈宝珠调任政治经济学研究组助教兼在经济系理论组工作。

10. 社会系助教龚荣星调任历史系工作。

二、课程

（一）社会系民族组

1. 合并历史系后，目前作为历史专业民族史专门化学生，并以此作为将来发展，成立民族史专业的基础。

2. 合并学生培养目的不变动——民族工作理论研究人材，所有课程仍本此项目的开设。

3. 四年级专门化课程共开三门：

（1）西南民族史专论——组织教学小组负责，由杨堃、方国瑜、江应樑、龚荣星参加组成，杨堃为组长，方国瑜主讲。

（2）马列主义民族理论——由兼任教授侯方岳主讲，助教龚荣星带实习。

（3）民族语言——由兼任教授傅懋绩主讲，徐琳、周耀文带实习。

---

① 　与 1954 年版有略微不同。

4. 三年级专门化课程共开三门：

（1）中国少数民族史——江应樑讲授。

（2）马列主义民族理论——与四年级合班上课。

（3）民族语言——与四年级合班上课。

（二）社会系劳动组

1. 合并经济系后，在经济系内增促劳动组。

2. 四年级应修本系课程三门：

（1）基本建设——经济系开。

（2）工业统计——继续上学期。

（3）政治经济学二——经济系原有课。

3. 三年级课程：

（1）劳动保险——袁绩藩讲授。

（2）工业统计——继续上学期。

（3）政治经济学——继续上学期。

三、经费

（一）社会系原有经费，一概随学生入教，分别随学生拨归至合并系内统一开支。

（二）凡可节约经费，本增产节约精神，节约后缴还国库。

四、社会系办公室处理

（一）原社会系办公室与政治学校办公室对调。

（二）对调后之办公室，拨归历史系，作为民族史教学小组专用资料研究室。

五、调整步骤

（一）本办法经调整小组通过后送请学校核准，印作定案。

（二）呈报中央高教部及西南高教局备案。

（三）用校令公布。

（四）由李副校长召集社会系两组师生作一次谈话（生产实习返校后）。

（五）历史经济两系分别开欢迎会。

（六）社会系不再拟制教学计划，即分别归历史、经济两系拟制。

对社会系教学计划意见

1. 重点基本上已经明确

（1）该系原来无教研组，本学期能排除困难，成立民族、劳动两个教学小组。

（2）除教学小组工作外，其他工作为改进教学办法及内容，培养师资、生产实习等，均与教务处做重点能配合。

2. 初订计划时，步骤比较乱，经过多次反复商讨，秩序是有了，检查工作已经能具体的订出，组织前的准备工作有些配合不够。

3. 要求不够具体，每一件事订出要如此做，但没有明确指出要达到什么要求——例如培养师资，师父带徒弟，未订明一年内要带到什么？达到什么目的？选送人大学习，学习后回来做什么？

4. 面铺得并不宽，会也开的不多，反之，却有些不够紧，发生一个偏向是部分教员忙，部分教员又觉较闲，如果不能自觉的主动□□工作或学习，那末，这部分较闲的教员，就违背了□□节约的精神了。

[《文法学院社会系教学小组工作计划》（1953 年），云南大学档案馆藏，云南大学全宗，档案号：1953 - Ⅱ - 59]

社会系调整办法

一九五四年二月十日①

我校决定将社会系民族劳动两组分别调整归并入历史经济两系报请 鉴核备案由

受文者：中央高等教育部、西南高等教育局

我校社会系原有民族劳动两组，共有教师八人，学生（三、四年级）四十六人，为了明确培养目的，加强教学领导，确定教师之专业方向，并结合云大将来发展需要，决定将社会系民族劳动两组分别调整归并入历史系及经济系。按此项调整，在去年九月间我校李广田副校长到京参加综合大学会议时，即奉中央高等教育部综合大学司口头指示，社会系两组应准备分别调整入历史、经济两系，惟以当时已开学上课，故未及时进行调整

---

① 原手写版与呈教育部函件一致，因此采用高教部函件。

工作，经过长期酝酿，多方协商，李副校长广田，寸秘书长树声，王教务长士魁，人事室周玺副主任，经济系主任秦瓒，社会系主任杨堃，历史系主任张德光，社会系教授兼教务处教学秘书江应樑等八人，组成调整小组，负责办理各项具体事项，兹经调整小组讨论决定，有关调整办法如下：

一、人事

以下照抄至→即分别归历史经济两系，拟制上述调整办法，除布告全校师生知照外，谨报告鉴核备案！

云南大学

公元一九五四年二月十二日

事由：我校决定将社会系民族劳动两组分别调整归并入历史经济两系报请 鉴核备案由

云南大学报告（54）教调字第 0265 号

受文者：中央高等教育部

抄致：西南高等教育局

我校社会系原有民族劳动两组，共有教师八人，学生（三四年级）四十六人，为了明确培养目的，加强教学领导，确定教师之专业方向，并结合云大将来发展需要，决定将社会系民族劳动两组分别调整归并入历史及经济系。按此项调整，在去年九月间我校李广田副校长到京参加综合大学会议时，即奉中央高等教育部综合大学司口头指示，社会系两组应准备分别调整入历史、经济两系，惟以当时已开学上课，故未及时进行调整工作，经过长期酝酿，多方协商，并以李副校长广田，寸秘书长树声，王教务长士魁，人事室周玺副主任，经济系主任秦瓒，社会系主任杨堃，历史系主任张德光，社会系教授兼教务处教学秘书江应樑等八人，组成调整小组，负责办理各项具体事项，兹经调整小组讨论决定，有关调整办法如下（第卅八次校务工作会议决定）：

一、人事

（一）民族组三四年级学生二十二人，全体分别并入历史系三四年级。

（二）劳动组三四年级学生二十四人，全体分别并入经济系三四年级。

（三）社会系教授兼系主任杨堃调任历史系教授。

（四）社会系教授江应樑，调任历史系教授。

（五）社会系教授金琼英，调任马列主义基础教研组教授。

（六）社会系副教授袁绩藩，调任经济系副教授。

（七）社会系讲师李慰祖，调任政治经济学教研组讲师兼政治课教研室秘书。陈年榜（学习中）调政治经济学研究组助教。

（八）社会系助教马雪如调任外语系助教，本学期兼带经济系工业统计实习。

（九）社会系助教陈宝珠调任政治经济学研究组助教兼管经济系"基本建设"的实习。

（十）社会系借用助教龚荣星，暂时调整至历史系作借用助教。

二、调整后的培养目的

（一）民族组合并历史系后，即取消民族组名称，在原有基础上，准备成立民族史专业，目前可靠近专业开课。故两班学生培养目的的变更，（培养民族工作理论研究专门人材）。

（二）劳动组合并经济系后，在经济系中增设劳动组，（与原有理论组及统计组并列）仍以培养劳动部门及工会工作干部为目的，就该组原有基础，结合经济系具体条件，适当开设适合培养目的课程。

三、调整后本学期课程开设

（一）民族组四年级：

1. 西南民族史专论——组织教学小组集体教学，杨堃、方国瑜、江应樑、龚荣星参加，杨堃任组长，方国瑜主讲。

2. 马列主义民族理论——请省委边工委会侯方岳同志讲授，龚荣星带实习。

3. 民族语言——由兼任教授傅懋绩讲授，徐琳、周耀文带实习。

4. 俄文。

（二）民族组三年级：

1. 中国少数民族史——江应樑讲授。

2. 马列主义民族理论——与四年级合班上课。

3. 民族语言——与四年级合班上课。

4. 政治经济学——继续在文学院上课。

5. 俄文。

（三）劳动组四年级：

1. 基本建设——经济系四年级本学期新开课。

2. 工业统计——经济系课继续上学期。

3. 政治经济学二下——经济系原有课。

4. 俄文。

（四）劳动组三年级：

1. 劳动保险——袁绩藩讲授。

2. 劳动保护——袁绩藩讲授

3. 工业统计——经济系课继续上学期。

4. 政治经济学——调拨至经济系班上课。

5. 俄文。

四、经费

（一）社会系原有经费分别随学生拨归至合并系内统一开支。

（二）凡可节约经费，本增产节精神，节约后缴还国库。

五、社会系办公室处理

（一）原有楼上社会系办公室与楼下业余政治学校办公室对调。

（二）对调后楼下办公室拨归历史系，作为民族史教学小组专用资料研究室。

六、调整步骤

（一）本办法经调整小组通过后送请学校核准，即作定案。

（二）呈报中央高教部及西南高教局备案。

（三）用校令正式公布。

（四）人事室分别书面通知调动教师。

（五）李副校长召集社会系两组全体师生作一次谈话（生产实习返校后举行）。

（六）历史经济两系分别开欢迎会（生产实习返校后举行）。

（七）社会系不再拟制教学计划，所有原社会系民族劳动两组教学计划，即分别归历史、经济两系拟制。上述调整办法，除布告全校师生知照外，谨报请鉴核备案！

兼云南大学校长

副校长

公元一九五四年二月十六日

西南高等教育局函云南大学同意你校社会系民族劳动两组调整办法

二月第〇二六五号报告悉。我部同意你校提出的有关社会系民族、劳动两组调整办法。核覆。

中央人民政府高等教育部印

三月十三日

[《云南大学社会系民族组四年级学生寒假实习工作总结及峨山县总果乡社会调查报告（内部参考文件)》（1954 年），云南大学档案馆藏，云南大学全宗，档案号：1954 - II - 041]

院系说明

经济系说明：

一、目前我系四年级共分财经、理论、统计、会计四个组，本学期社会系三四年级劳动组学生并入我系，专业性质仍旧，故四年级我系现共有五个组，三年级学生分政治、经济、统计及劳动三个专业，今后我系如接受新生，仅设政治经济一个专业。

二、师资方面：从数量上我系有 22 人，各科开课无问题，但质量上以经济史、政治经济学说史方面较差，为了开课，有的是边学边教。

三、照目前应开专业课，一般均为开设，无问题。

历史系说明：

一、我系自一九五二学年度起，开设历史专业，现在逐步充实教学内容，建成专业计划（一、二年级为历史专业，三、四年级靠近专业，开设课程）

二、我系拟于原民族组的基础上，创造条件，开设汉族以外民族史专业，详细计划，现正拟议中。

三、我系历史专业，现有师资，勉敷应用，因此，应开的专业课程，尚能开设，惟需稳步提高教师的政治及业务水平，方能够适应客观形势的发展。

[《云南大学院系说明》，云南大学档案馆藏，云南大学全宗，档案号：1954 - III - 13]

1953 年社会系期中考试总结

（一九五三年六月廿五日）

一、此次考试的成绩，因有数门未将成绩交来，故不能做出完全的百分比来。但根据现有的资料（另附成绩统计表），除去劳动组二年级考统计一门不及格所在百分之八十八以上，民族组二、三两年级考考古学通论一门，不及格所在百分之四十六以上，问题均颇严重外。另有俄文一门，因有两组尚未将成绩交来，故无法评为统计。但拟了解，凡采用李德才所编之俄文读本考，成绩均较好。凡采用朱谱萱所编之俄文读本考，成绩均较差。而参加大二俄文，采用朱谱萱所编之俄文读本第二册考，成绩特别坏。

除此两三门功课之外，一般来讲，不及格者仅是极少数，远不如考在八十分以上者八成之多。所以说考试成绩还算满意。

唯一般的讲，学生的理论基础是比较差的。而二年级的学生尤差。

二、从这次小考的检查中，各门功课在教与学两方面所存在的问题，彼此颇有出入。但一般的讲，在教师方面，是偏于理论的介绍，而联系实际不够。对同学的辅导不够。更因每人任课太忙，并各有所专，故彼此联系不够，未能发挥集体教学的精神。在同学方面，平日自修阅读，往往系从个人兴趣出发，有所偏重，不能照顾全盘的功课。更未认真奉行小组讨论和课堂讨论，发挥集体学习的精神。

三、学生对于这次小考，除因病或对某课自知太差无法及格外，全是认真准备，态度严肃。惟一般的讲，全是每人单干，未能互助，发挥集体温课的精神。对教师们的辅导，亦未能重视，而教师们的辅导，亦多流于形式，未能在辅导之前，掌握同学的思想情况。尤未能对于某些程度较差的同学，事前予以较多的帮助。

四、考试的方法，除去民族政策一门，因为特殊原因，系在堂下作报告外，其他各课，全是在堂上举行考试或口试。拟我系所得经验，如想在考试中检查教学成绩，则教师在出试题时必须十分认真，开动脑筋，照顾全面，胸有成竹。在可能范围内，为能将笔试和口试配合举行，尤有成效。江应樑同志在此次小考中，取得一些经验，将其个人所写小考总结附上，以供参考。

五、一般的讲，学生均能遵守纪律。全系共五十五人，仅有数人开过夜车或早车。亦有两三人在小考期中，为了专门预备考试，而不参加文娱活动，不上政治课，甚或在上课时间亦不上课，既不请假，又不参加考试。就有二年级学生王叙厚、何汉川两人（王叙厚缺考会计，何汉川缺考俄文一门）。至为何处理，则请校方决定之。

考试时的作弊现象，尚少发现。惟有个别学生，对考试纪律不够重视，如王叙厚在考工人运动时，在教师正出题同时，他还偷看笔记。考少数民族语言时，和发源与黄宝璠两生曾向教师作不应有的探问。考俄文时，赵鹤琴与熊若华两生，曾有交头接耳情况。其他各生，在考试纪律方面却均能遵守。

因参加小考而大病的学生在本系尚未发现，惟在小考期间，因精神过于紧张而患失眠，则颇普遍。因平素体质较弱，经过考试而患神经衰弱者，则有丁维亚、施宝铨、赵鹤琴、张桂华数人。另如陈启华患有肺病，已属第二期。此次考试颇优，而病未加重，健康如常，似可注意。

六、对于学年考试，我们有以下几点建议。

（一）请校方注意，将平素的辅导制度和检查成绩的制度，设法加强。不要使学生在平常松劲，在临考时过度紧张，反而有损健康。在为仍加强辅导上，我们建议，每系组在每年级均设一辅导主任及辅导助教一两人，经常担任辅导工作，并对成绩较差的同学要特别予以补习以机会和辅导。而辅导主任并要在每月之内，召集一次辅导会议。凡在该班任课的教师全要出席（系外教师，亦要出席）。对学生的思想情况和学习情况，要能全面掌握。各教师所给的教材和参考书，亦要有一适当的协商，避免重复或失之过多。每一教师，对所教的功课，定要认真辅导，出席小组讨论和课堂讨论，临时记分作为平素的成绩。务要作到平素认真，学年考试切不要过度紧张才好。

（二）考试题目不能多出几道，任学生自由选择。亦不应专考记忆的题目，使学生就记笔记。江应樑同志的小考总结，可供参考。

（三）请校方注意学生的政治教育和思想教育，设法发挥学生们的集体学习和互助的精神。

（四）在考试方法上，有何新的经验，请校方发来供大家参考。

附件：

一、民族劳动两组成绩统计表各一份；

二、江应樑同志的中国少数民族史期中小考总结一份。

[《1953 年各系期中考试总结》，云南大学档案馆藏，云南大学全宗，档案号：1953 – Ⅱ –042]

一九五五年暑假高等学校毕业生系（科）、专业（组）概况说明

云南大学历史系

概况：

民族史组：本组学生原属本校社会系，于一九五四年二月社会系撤销后，并入本系。

1. 学习内容：

（一）政治课：社会发展史、新民主主义论、政治经济学、辩证唯物主义与历史唯物主义等。

（二）业务课：中国民族问题与政策、马列主义民族理论、中国少数民族史、民族调查、世界民族志、少数民族史专题研究、考古学通论、社会调查与研究、人类学、中国近代史、世界现代史、中国近代现代国际关系史。

（三）语文课：俄文二年、语言学、中国少数民族语言。

2. 实习：本组学生于一九五四年六月至八月，曾参加云南民族事务委员会、民族工作组，前往文山哀牢山区参加民族识别工作两个月。

3. 宣传工作：视学生政治品质及学习成绩，可适当分配下列工作：

（一）民族史或民族问题研究工作。

（二）大学助教。

（三）民族工作干部。

负责人：张德光

云南大学经济系劳动组

概况：

劳动组是 1951 年设立的，原属社会系，1954 年 2 月并入经济系。劳动组的培养目标是劳动行政部门或工会的干部。

劳动组 1955 年毕业生学过的毕业课程有：劳动保护、劳动保险、劳动力调配、工资与生产研究、劳动政策与劳动立法、劳动行政、工人运动、工会工作等。

　　劳动组经常与云南省劳动局及云南省工会联合会取得联系，由该部门负责通知协助我组教学开课。全组师生并列席过 1953 年云南省第一次工会代表大会及劳动保护会议旁听。

　　1954 年暑假在昆明进行过劳动保护工作，又在云南省建筑工程局进行过工资实习工作。

　　劳动组毕业学生宜于做劳动保护工作，工资工作，劳动力调配工作。另外也可以做统计工作，因为他们也学过一年的工业统计。

经济系副教授　袁绩藩
1955 年 2 月 12 日

［《云南大学院系说明》，云南大学档案馆藏，云南大学全宗，档案号：1955 － III － 13］

图书在版编目（CIP）数据

魁阁及云大社会学系档案：1938—1954 / 马雪峰，
丁靖编. -- 北京：社会科学文献出版社，2024.2
（魁阁学术文库）
ISBN 978 - 7 - 5228 - 2289 - 1

Ⅰ.①魁…　Ⅱ.①马…②丁…　Ⅲ.①社会调查 - 调
查研究 - 中国 - 1938 - 1954 - 文集　Ⅳ.①D668 - 53

中国国家版本馆 CIP 数据核字（2023）第 152487 号

魁阁学术文库
魁阁及云大社会学系档案：1938—1954

编　　者 / 马雪峰　丁　靖

出 版 人 / 冀祥德
责任编辑 / 孙海龙　胡庆英
责任印制 / 王京美

出　　版 / 社会科学文献出版社·群学出版分社（010）59367002
　　　　　地址：北京市北三环中路甲 29 号院华龙大厦　邮编：100029
　　　　　网址：www. ssap. com. cn
发　　行 / 社会科学文献出版社（010）59367028
印　　装 / 三河市龙林印务有限公司

规　　格 / 开　本：787mm × 1092mm　1/16
　　　　　印　张：35.75　字　数：600 千字
版　　次 / 2024 年 2 月第 1 版　2024 年 2 月第 1 次印刷
书　　号 / ISBN 978 - 7 - 5228 - 2289 - 1
定　　价 / 258.00 元

读者服务电话：4008918866